国家社会科学基金项目
陕西省高校哲学社会科学重点研究基地项目
西北大学 211 工程专项建设经费资助项目

甘青宁三省区农村汉语言文字应用问题调查与研究

赵小刚　著

2013年·北京

图书在版编目(CIP)数据

甘青宁三省区农村汉语言文字应用问题调查与研究/赵小刚著.—北京：商务印书馆，2013
ISBN 978-7-100-10140-0

Ⅰ.①甘… Ⅱ.①赵… Ⅲ.①西北方言—方言字—调查研究 Ⅳ.①H172.2

中国版本图书馆CIP数据核字(2013)第166471号

所有权利保留。

未经许可，不得以任何方式使用。

甘青宁三省区农村汉语言文字
应用问题调查与研究

赵小刚 著

商 务 印 书 馆 出 版
(北京王府井大街36号 邮政编码100710)
商 务 印 书 馆 发 行
三河市尚艺印装有限公司印刷
ISBN 978-7-100-10140-0

2013年10月第1版　　开本880×1230　1/32
2013年10月北京第1次印刷　印张13 1/8　附录3 1/4

定价：50.00元

目录

前言 001

　　一、调查目的 003

　　二、调查方法 003

　　三、调查所考虑的因素 005

　　四、调查地点、被调查人数及问卷发放与回收的数量 007

　　五、调查内容 019

　　六、相关说明 019

第一章　甘青宁三省区农村居民普通话应用状况调查与分析 022

　　第一节　农村居民对推广普通话政策法规的了解及对
　　　　　　推普意义的认识状况 022

　　第二节　农村居民中应用普通话的人群 028

　　第三节　农村居民应用普通话的基本状况 031

　　第四节　农村居民应用普通话的实际情况 079

第二章　甘青宁三省区农村居民汉字应用状况调查与分析 …… 224

  第一节　农村居民对汉字有关政策法规的了解及对应用

    规范汉字意义的认识状况 …… 225

  第二节　农村居民中应用汉字的人群 …… 236

  第三节　农村居民应用汉字的基本状况 …… 240

  第四节　农村居民应用汉字的实际情况 …… 255

第三章　甘青宁三省区农村居民汉语拼音应用状况调查与分析 …… 297

  第一节　农村居民对汉语拼音有关政策法规的

    了解及认识状况 …… 297

  第二节　农村居民中应用汉语拼音的人群 …… 302

  第三节　农村居民应用汉语拼音的基本状况 …… 303

  第四节　农村居民掌握和应用《汉语拼音方案》的

    具体情况 …… 321

第四章　对甘青宁三省区农村居民汉语言文字应用状况

  调查结果的判断 …… 365

  第一节　对基本状况的判断 …… 365

  第二节　对具体情况的判断 …… 368

第五章　对甘青宁三省区农村居民汉语言文字应用水平
　　　　偏低原因的探讨 …… 374

　　第一节　语言文字政策贯彻不力 …… 375

　　第二节　交际状况与经济水平制约 …… 379

　　第三节　传统思想观念影响 …… 384

第六章　提升农村居民汉语言文字应用水平的建议 …… 389

　　第一节　提升农村居民应用汉语言文字应用水平的总体建议 …… 389

　　第二节　提升农村居民汉语言文字应用水平的具体建议 …… 396

后记 …… 408

补记 …… 411

附录（别册装）

前言

中华人民共和国成立半个多世纪以来，国家关于语言文字工作的任务，在不同历史时期有不同表述：

第一时期，20世纪50年代，新中国成立初期。1958年1月10日召开的政协全国委员会会议上，周恩来总理报告指出："当前文字改革的任务是：简化汉字，推广普通话，制订和推行汉语拼音方案。"

第二时期，20世纪80年代，国家发展的新时期。1986年1月6日召开的全国语言文字工作会议，将国家的语言文字工作任务调整为五项：1.做好现代汉语规范化工作，大力推广和积极普及普通话；2.研究和整理现行汉字，制订各项有关标准；3.进一步推行《汉语拼音方案》，研究并解决实际使用中的有关问题；4.研究汉语、汉字信息处理问题，参与鉴定有关成果；5.加强语言文字的基础研究和应用研究，做好社会调查和社会咨询、服务工作。

第三时期，20世纪90年代，改革开放深入时期。1997年12月23日召开的全国语言文字工作会议，将语言文字工作任务明确为四条：1.坚持普通话的法定地位，大力推广普通话；2.坚持汉字简化方向，努力推进全社会用字规范化；3.加大中文信息处理的宏观管理力度，逐步实现中文信息技术产品的优化统一；4.继续推行《汉语拼音方案》，扩大使用范围。

可以看出，虽然语言文字工作任务在不同时期有不同表述，内容有所增减，但贯穿始终的任务是：推广普通话，整理并推行现代规范汉字，推行《汉语拼音方案》。

自20世纪50年代以来，关于甘肃、青海、宁夏三省区的汉语研究，出现了一批较好的成果。显然，学界已经意识到了研究西部地区汉语问题的重要意义。但是，纵观整体研究成果，我们可以看到，其大部分还是一些地点方言的调查与描写，缺乏关于西部地区的普通话、规范汉字、汉语拼音应用问题的整体研究。毫无疑问，方言研究是区域语言、现代汉语研究的基础，其意义不言自明，因此我们应当对方言进行持续深入的研究。但是，在当今社会，随着改革开放的不断深入，通用语言文字应用的意义越来越大，尤其是在随着国家对广大农村地区社会和经济发展问题日益关切，农村的语言文字应用问题日益突出的情况下。对这些问题进行研究并提出解决办法，无疑是语言学对社会经济发展的最有力助推，是语言学工作者对改革开放的最佳的参与形式。

我们看到，甘肃、青海、宁夏三省区的农业人口所占比例极大，三省区农村想要开放，农村人想要跟外界交往，必须学习并应用普通话，可是关于三省区普通话应用问题的研究成果十分缺乏；三省区农村居民对掌握和应用现代规范汉字有着很不一致的认识，且在全部农业人口中，能够使用汉字的人数所占比例极小，而目前对这一现状进行调查研究的成果很少；《汉语拼音方案》已经推行了半个多世纪，但三省区农村居民对此方案的掌握与应用状况令人担忧：一般人似乎漠不关心，语文教育工作者大多缺乏必要训练，这给推行《汉语拼音方案》造成了极大困难,而且其中原因很少有人加以探讨。为此,我们设计了"甘青宁三省区农村汉语言文字应用问题的调查与研究"课题,想借此深入了解三省区农村人口应用普通话、现代规范汉字、汉语拼音的状况,正确估价人们的心理状态与现实动机;是在此基础上,提出相关建议,为有关职能部门掌握省区情况、制订合乎实际的语言文字规划和政策提供有价值的参考。

一、调查目的

掌握和了解三省区农村居民普通话、现代规范汉字、汉语拼音的应用状况,为国家制定有关政策提供参考。

(一)三省区农村经济条件相对落后,环境相对封闭。人们关于普通话、现代规范汉字、汉语拼音的观念怎样?掌握和应用的目的是什么?

(二)三省区农村多民族杂居,不同语言背景、不同民族的人员使用普通话、现代规范汉字、汉语拼音的情况有何不同?

(三)三省区农村各类人群应用普通话、现代规范汉字、汉语拼音的能力如何?

二、调查方法

各种方法综合使用,分而言之,有下列几种:

（一）访谈法

调查人员每到一地，即通过有关部门或联络人员的安排，主动与当地居民交谈。交谈内容从了解人们的生活状况到了解国家政策推行情况，从了解人们的文化观念到了解人们的语言文字观念。有时只为了从交谈中了解有关情况，有时则有针对性地提出一些问题。很多调查线索都是从访谈中获得，有些现象的解释说明也是从访谈中得到启示。

（二）问卷法

根据调查目的设计适量题目，制成问卷。由被调查人对问卷题目作答，调查人加以记录。如果被调查人具有一定文化程度，则由被调查人自己阅读题目与相关内容并作答；若被调查人是文盲半文盲，则由调查人阅读题目与相关内容，被调查人听取并加以选择，然后由调查人代为作答。

（三）观察法

调查人员到达村庄、学校、集贸市场等场所，不主动提问，一般性地观察人们使用普通话、现代规范汉字、汉语拼音的状况。如校园里教师和学生使用普通话的情况、学生的试卷作业书写情况，集贸市场交易中外地客商与当地人谈话的言语形式，乡镇干部讲话的言语形式，乡镇村庄的墙头屋背标语用字状况等。

（四）通讯法

一些需要核实、个别了解的问题，一些在调查中没有很好掌握而需要补充的问题，一些基本数据问题，我们利用信件、电话方式加以解决。

我们的整个调查从走访开始，课题组人员分赴一些村庄进行访谈，分别召开不同范围的座谈会，在此基础上确定调查内容；然后拟定问卷、确定被调查的人数、联系并落实当地收发问卷联络人。

为了较为全面客观地掌握甘肃、青海、宁夏三省区农村人口的汉语言文字应用状况，顾及地域状况（如山区与川区、村庄与乡镇）、文化状况（如民族聚居区与杂居区、语言背景）、人口状况（如性别与职业、年龄与文化程度）等方面因素，我们采取普遍调查的手段，尽量涉及三省区所有县份。

三、调查所考虑的因素

社会语言学的研究表明，民族、语言背景、性别、身份、年龄、文化程度等因素，对人们的语言文字观和语言文字应用行为都有一定影响。因此，这些都应当是调查所涉及的因素。

（一）民族

三省区农村具有中国大陆绝大多数民族成分。除汉族以外，人数相对较多的民族是回族、藏族、蒙古族等。为了便于统计分析，我们把所有使用汉语言文字的人群分为两大类：一类是汉族，另一类是非汉族（汉族以外的其他民族）。

（二）第一语言

每个民族都有自己的语言，一般说来，这就是第一语言。有的民族，如回族、满族，已经完全使用汉语，其第一语言即为汉语，这时就出现了民族跟语言不一致的情况。另外，在宁夏调查时了解到，同一个少数民族，如藏族、维吾尔族、东乡族，其不同年龄人员使用不同的第一语言，往往是年龄较大者的第一语言为本族语，而年龄较小者的第一语言为汉语。为了便于统计分析，我们把所有使用汉语言文字的人群按第一语言状况分为两大类：一类是汉语人群，另一类是非汉语人群。

（三）性别

由于传统观念的影响，三省区农村地区一般都是男性与外人接触交往，女性不敢或不好意思跟不熟悉的人交谈。青海、宁夏少数民族地区情况更是如此。我们调查过程中，明显感觉到这一点，即男性愿意配合调查，而女性多借故推托，因此接受调查的男性人数比例明显大于女性。

（四）身份

人们所从事的工作决定人们的身份。我们把被调查人员分为农民、牧民、教师、学生、乡镇干部、大夫、商贩、手艺人、宗教界人士。在甘肃和宁夏，纯牧民较少，所以我们把农牧民都视为农民；青海省牧民较多，与农民分别统计分析。

（五）年龄

我们初次去宁夏调查时，把人员分为7—20岁、21—30岁、31—40岁、41岁以上四个年龄段。以后，去甘肃、青海和第二次去宁夏调查时，又把三省区的调查对象分为五个年龄段，即15岁以下、16—30岁、31—45岁、46—60岁、61岁以上。每个年龄段的差距是15岁左右。这个差距基本能够反映不同群体的人的语言文字观念、语言文学应用水平等。进行最终分析时，统一按照五个年龄段考虑。

（六）文化程度

我们初次去宁夏调查时，把被调查人员文化程度分为小学、中学、大专本科三个等级。以后，去甘肃、青海和第二次去宁夏调查时，又把调查对象分为文盲半文盲、小学、中学、大专本科四个等级。进行最终分析时，统一按照四个等级考虑。

四、调查地点、被调查人数及问卷发放与回收的数量

调查尽量覆盖三省区农村所有县份。问卷发放数量略比原计划数量多余，以便于选择。

调查时我们发现，三省区有一个共同特点：应用普通话、现代规范汉字、汉语拼音的人数依次呈递减状，即说普通话的人数最多，应用汉字的人数次之，应用汉语拼音的人数最少。因而，所发放的应用普通话状况的问卷数量最大，应用汉字状况的问卷数量次之，应用汉语拼音状况的问卷数量最小。

（一）甘肃省

1. 调查地点与数量

甘肃省地形呈西北向东南倾斜的狭长状。自西向东，我们调查了酒泉市的敦煌市、金塔县、安西县，张掖市的山丹县、民乐县、临泽县、高台县和肃南裕固族自治县，金昌市的永昌县，武威市的民勤县、天祝县、古浪县；白银市的白银区、平川区、靖远县、景泰县、会宁县，兰州市的皋兰县、榆中县、永登县，临夏回族自治州的临夏县、康乐县、永靖县、广河县、和政县、东乡族自治县、积石山保安族东乡族撒拉族自治县，甘南藏族自治州的临潭县、卓尼县、舟曲县、迭部县、玛曲县、碌曲县、夏河县，定西市的岷县、渭源县、陇西县、通渭县、漳县、临洮县，平凉市的灵台县、静宁县、崇信县、华亭县、泾川县、庄浪县，庆阳市的庆城县、镇原县、合水县、华池县、环县、宁县、正宁县，天水市的武山县、甘谷县、清水县、秦安县、张家川回族自治县，陇南市的成县、礼县、康县、文县、两当县、徽县、宕昌县、西和县。

以上共 66 个市、区、县。各市、区、县选择 2 个乡镇，每个乡镇选择 2 个自然村。这样，我们选择的调查地点数为：66 × 2 × 2 = 264。

2. 被调查的人数

我们在甘肃省的调查分两次进行。第一次主要的目的是摸索情况，同时对农村居民的语言文字观念、讲说普通话、识字、使用拼音的基本状况进行了解，主要对15岁及以上人员作了调查。我们从每个村选择10位农民（虽然有些地方有牧民或半农半牧民，但总量较少，所以一概算作农民）、平均2位教师、5位学生，每个乡镇选择2位乡镇从业人员（包括乡镇干部，大夫、本地商贩、手艺人，宗教界人士等）。被调查的各类人员数量为：农民 264 × 10 = 2640 人，教师 264 × 2 = 528 人，学生 264 × 5 = 1320 人，乡镇干部 66 × 2 × 2 = 264 人。被调查人员的有效数应为：2640 + 528 + 1320 + 264 = 4752。

这次调查，由我们自己调查填写和联络人发回的调查问卷共 5100 套，其中 281 套因为内容不完整或漏填等原因成为废卷，约占回收卷的 6%。其余 4819 套悉为有效问卷，且覆盖了上述所有市、区、县的乡镇。这样，有效卷数量比设定调查人数多出：4819 - 4752 = 67 套。于是，在不影响调查对象和人数分布的情况下，我们抽去多余的 67 套问卷，不作统计与分析。

从确定要分析的问卷中，我们统计得到：汉族 3372 人，非汉族 1380 人；第一语言为汉语者 4429 人，第一语言为非汉语者 323 人；男性 2424 人，女性 2328 人；15—30 岁者 1454 人，31—45 岁者 1327 人，46—60 岁者 1238 人，61 岁以上者 733 人；文盲半文盲 523 人，小学文化程度者 1244 人，中学文化程度者 2604 人，大专及本科文化程度者 381 人。

在进行问卷调查的同时，我们根据工作需要，选择了 241 人作为访谈对象（包括不同民族、语言背景、性别、身份、年龄、文化程度的人员，其中 119 人也是接受问卷调查者）。

第二次调查，我们主要在 15 岁以下人员中进行。在上述 264 个调查点上，我们选择的调查对象只有学生和农民，每个村选择 4 位学生、2 位农民。被调查人员的有效数应为：264 × (4 + 2) = 1584。

这次调查，由我们自己调查填写和联络人发回的调查问卷共 1800 套，其中 98 套因为内容不符合要求或漏填等原因成为废卷，约占回收卷的 5%。其余 1702 套悉为有效问卷，且覆盖了上述所有市、区、县的乡镇。这样，有效卷数量比设定调查人数多出：1702－1584 = 118 套。于是，在不影响调查对象和人数分布的情况下，我们抽去多余的 118 套问卷，不作统计与分析。

从这些问卷中，我们统计得到：汉族 1217 人，非汉族 367 人；第一语言为汉语者 1461 人，第一语言为非汉语者 123 人；男性 861 人，女性 723 人；农民 528 人，学生 1056 人；文盲半文盲 214 人，小学文化程度者 921 人，中学文化程度者 449 人。

同样，在进行问卷调查的同时，我们根据需要，选择了 198 人作为访谈对象（其中 84 人也是接受问卷调查者）。

两次调查所选择的访谈对象共 241 + 198 = 439 人。

3. 各类问卷数量及被调查人员分布

我们从甘肃省两次所作的调查结果中，统计各类问卷数量如下：

（1）通用语言文字观调查问卷及被调查人员分布

通用语言文字观调查问卷共 4752 份。汉族 3372 人，非汉族 1380 人；第一语言为汉语者 4429 人，第一语言为非汉语者 323 人；男性 2424 人，女性 2328 人；农民 2640 人，教师 528 人，学生 1320 人，乡镇从业人员 264 人；15—30 岁者 1454 人，31—45 岁者 1327 人，46—60 岁者 1238 人，61 岁以上者 733 人；文盲半文盲 523 人，小学文化程度者 1244 人，中学文化程度者 2604 人，大专及本科文化程度者 381 人。

（2）普通话应用状况调查问卷及被调查人员分布

普通话应用涉及各类人员，所以此类问卷的数量即是所有被调查人的数量减去废卷或不合格卷数量，亦即有效卷的数量。其总量为 4752（第一次调查）+1584（第二次调查）=6336 份。涉及的人员及其信息情况为：汉族 3372+1217=4589 人，非汉族 1380+367=1747 人；第一语言为汉语者 4429+1461=5890 人，第一语言为非汉语者 323+123=446 人；男性 2424+861=3285 人，女性 2328+723=3051 人；农民 2640+528=3168 人，教师 528+0=528 人，学生 1320+1056=2376 人，乡镇从业人员 264+0=264 人（其中乡镇干部 132 人，大夫、商贩、手艺人 96 人，宗教界人士 36 人）；0—15 岁者 318（第一次调查中的 15 岁人员）+1584（第二次调查的 14 岁及以下人员）=1902 人，16—30 岁者 1454（第一次调查中 15—30 岁人员）−318（第一次调查的 15 岁人员）=1136 人，31—45 岁者 1327+0=1327 人，46—60 岁者 1238+0=1238 人，61 岁以上者 733+0=733 人；文盲半文盲 523+214=737 人，小学文化程度者 1244+921=2165 人，中学文化程度者 2604+449=3053 人，大专及本科文化程度者 381+0=381 人。

（3）汉字应用状况调查问卷及被调查人员分布

汉字应用只限于非文盲人员，即具有小学、中学或大专本科文化程度的人员。这样，有应用汉字能力的人员数量就是所有人员数量减去文盲半文盲数量，即 6336−737=5599 人。涉及的人员及其信息情况为：汉族 2956+1158=4114 人，非汉族 1231+254=1485 人；第一语言为汉语者 4043+1173=5216 人，第一语言为非汉语者 282+101=383 人；男性 2244+731=2975 人，女性 2200+424=2624 人；农民

2136＋344＝2480 人，教师 528＋0＝528 人，学生 1320＋1056＝2376 人，乡镇从业人员 215＋0＝215 人（其中乡镇干部 132 人，大夫、商贩、手艺人 62 人，宗教界人士 21 人）。0—15 岁者 299（第一次调查中的 15 岁人员）＋1475（第二次调查的 14 岁及以下人员）＝1774 人，16—30 岁者 1323（第一次调查中 15—30 岁人员）－276（第一次调查的 15 岁人员）＝1047 人，31—45 岁者 1185＋0＝1185 人，46—60 岁者 1051＋0＝1051 人，61 岁以上者 542＋0＝542（733—191＝542）人；小学文化程度者 1244＋921＝2165 人，中学文化程度者 2604＋449＝3053 人，大专及本科文化程度者 381＋0＝381 人。

（4）汉语拼音应用状况调查问卷及被调查人员分布

汉语拼音应用范围较小。走访时我们了解到，主要是教师、学生和一部分乡镇干部应用。因此，此类问卷统计与分析只针对教师、学生和乡镇干部。分析时重点考虑各身份人员的数量，而忽略民族、语言、性别、年龄、文化程度等因素。这样，具有应用汉语拼音能力的人员数量就是这三种身份人员的总和，即教师 528＋0＝528 人，学生 1320＋1056＝2376 人，乡镇干部 132 人，总共 3036 人。

（二）青海省

1. 调查地点与数量

青海省位于青藏高原东北部，省内区域以湟源县西南 40 公里处的日月山为界，分作东西两片，日月山以西是牧业片，约 69 万平方公里，约占全省面积的 96%；日月山以东是农业片，约 3 万平方公里，约占全省面积的 4%。

农业片主体在紧邻甘肃省的河湟谷地，是半干旱农业生态环境区，属于我国黄土高原的最西部,为黄土高原向青藏高原的过渡地带。我们调查了青海省东部农业片的三州、一市、一地区,共 22 个县份。这就是海北藏族自治州的祁连县、门源回族自治县、岗察县、海晏县,西宁市的湟源县、湟中县、大通回族土族自治县,海南藏族自治州的共和县、同德县、贵德县、兴海县、贵南县,海东地区的平安县、乐都县、民和回族土族自治县、互助土族自治县、化隆回族自治县、循化撒拉族自治县(撒拉族主要聚居在循化撒拉族自治县境内),黄南藏族自治州的同仁县、泽库县、尖扎县、河南蒙古族自治县。

2. 被调查的人数

上述 22 个县份,每县份选择 3 个乡镇,每乡镇选择 3 个村。每个乡镇选择 2 位干部,每个村选择 6 位农民,5 位牧民,平均 2 位教师,4 位学生,3 位大夫、商贩、手艺人,1 位宗教界人士。这样,所选择的乡镇数为 22×3=66 个,村庄数为 22×3×3=198 个,各类被调查人员的数量为:乡镇干部 66×2=132 位,农民 198×6=1188 位,牧民 198×5=990 位,教师 198×2=396 位,学生 198×4=792 位,大夫、商贩、手艺人 198×3=594 位,宗教界人士 198×1=198 位。被调查人员的有效数应为 132+1188+990+396+792+594+198=4290。

在进行问卷调查的同时,我们根据需要,选择了 317 人作为访谈对象(其中 221 人也是接受问卷调查者)。

3. 各类问卷数量及被调查人员分布

我们共印制了 5000 套问卷。由我们自己通过调查填写和联络人收回的共 4587 套,其中 203 份由于漏填、少选或多选而成为废卷。这样,有效卷数为 4587−203=4384 套,超出原定的 4290 位被调查人员数。在满足上述人员数量及其分布的前提下，我们抽取了多余的 4384－4290＝94 套问卷，不做统计与分析。

这样，我们从青海省所作的调查结果中，统计各类问卷数量如下：

（1）普通话应用状况调查问卷及被调查人员分布

普通话应用涉及各类各种人员，所以此类问卷的数量即是所有被调查人的数量减去废卷或不合格卷数量及多余卷数量，亦即有效卷的数量。

从这些问卷中，我们统计得到：汉族 2231 人，非汉族 2059 人；第一语言为汉语者 2689 人，第一语言为非汉语者 1601 人；男性 2317 人，女性 1973 人；农民 1188 人，牧民 990 人，教师 396 人，学生 792 人，乡镇干部 132 人，大夫、商贩、手艺人 594 人，宗教界人士 198 人；0—15 岁者 772 人，16—30 岁者 1373 人，31—45 岁者 1115 人，46—60 岁者 729 人，61 岁以上者 301 人；文盲半文盲 901 人，小学文化程度者 1587 人，中学文化程度者 1416 人，大专及本科文化程度者 386 人。

（2）汉字应用状况调查问卷及被调查人员分布

汉字应用只限于非文盲人员，即具有小学、中学或大专本科文化程度的人员。这样，有应用汉字能力的人员数量就是所有人员数量减去文盲半文盲数量，即 4290－901＝3389 人。涉及的人员及其分布情况为：汉族 1825 人，非汉族 1564 人；第一语言为汉语者 2214 人，第一语言为非汉语者 1175 人；男性 1993 人，女性 1396 人；农民 754 人，牧民 642 人，教师 396 人，学生 792 人，乡镇干部 132 人，大夫、商贩、手艺人 498 人，宗教界人士 175 人；0—15 岁者 791 人，16—30 岁者 985 人，31—45 岁者 909 人，46—60 岁

538人，61岁以上者166人；小学文化程度者1587人，中学文化程度者1416人，大专及本科文化程度者386人。

（3）汉语拼音应用状况调查问卷及被调查人员分布

跟甘肃情况相同，汉语拼音应用范围较小。此类问卷统计与分析只针对教师、学生和乡镇干部。分析时重点观察各身份人员的数量，而忽略民族、语言、性别、年龄、文化程度等因素。这样，具有应用汉语拼音能力的人员数量就是这三种身份人员的总和，即教师396人，学生792人，乡镇干部132人，总共1320人。

（三）宁夏回族自治区

1. 调查地点与数量

宁夏位于黄河上游地区。区域轮廓南北长、东西短。自北向南，我们调查了石嘴山市的大武口区、惠农区、平罗县，银川市的兴庆区、金凤区、西夏区、灵武市、永宁县、贺兰县，吴忠市的利通区、青铜峡市、同心县、盐池县，中卫市的沙坡头区、中宁县、海原县，固原市的原州区、西吉县、隆德县、泾源县、彭阳县。以上共21个市、区、县。

我们在宁夏回族自治区的调查，先后进行了两次。第一次，是我们在甘肃、青海、宁夏三省区所有调查中的首次，主要是了解有关情况，尝试调查问卷的合用程度，发现问题。我们调查了北部平罗县的5个乡镇，中部同心县的4个乡镇，南部西吉县的5个乡镇。每个乡镇选择2个自然村。

第二次调查了除上述三个县以外的其他18个市、区、县，每市、区、县选择3个乡镇。每个乡镇选择3个自然村。

2. 被调查的人数

第一次调查时，每乡镇平均选择2位从业人员（乡镇干部、大夫、商贩、手艺人、宗教界人士）；每个村平均选择5位农民，2位教师，4位学生。这样，所选择的乡镇数为5 + 4 + 5 = 14个，村庄数为14 × 2 = 28个，各类被调查人员的数量为：从业人员14 × 2 = 28人，农民28 × 5 = 140人，教师28 × 2 = 56人，学生28 × 4 = 112人。被调查人员的有效数应为：28 + 140 + 56 + 112 = 336人。

第一次调查，我们共印制问卷480套，由我们自己调查填写和联络人发回的调查问卷共411套，查看结果并进行统计时发现，只有330套可用，约占回收卷的80%。其他81套因答非所问等原因成为废卷，约占回收卷的20%。有效卷未达到预定的数量，导致各类人员分布与原计划的有效数字不太吻合：农民143人，教师67人，学生101人，从业人员19人（乡镇干部8人，大夫、商贩、手艺人9人，宗教界人士2人）。

从这些有效问卷中，我们统计得到的情况为：汉族215人，非汉族115人；第一语言为汉语者326人，第一语言为非汉语者4人；男性223人，女性107人；当时考虑儿童一般从7岁上学，所以此次调查中，被调查者的年龄从7岁（含7岁）起，7—20岁者101人，21—30岁者81人，31—40岁者79人，41岁以上者69人；小学文化程度者213人，中学文化程度者98人，大专及本科文化程度者19人。

在进行问卷调查的同时，我们根据需要，选择了121人作为访谈对象（其中105人也是接受问卷调查者）。

第二次调查，每乡镇平均选择7位从业人员（乡镇干部、大夫、商贩、手艺人、宗教界人士）；每个村平均选择9位农民，3位教师，10位学生。这样，所选择的乡镇数为18 × 3 = 54个，村庄数为54 ×

3 = 162 个。各类身份人员数分别为：乡镇干部、大夫、商贩、手艺人、宗教界人士 54 × 7 = 378 人，农民 162 × 9 = 1458 人，教师 162 × 3 = 486 人，学生 162 × 10 = 1620 人。这样，被调查人员的有效数应为 378 + 1458 + 486 + 1620 = 3942 人。

第二次调查，我们共印制了 4500 套问卷。由我们自己通过调查填写和联络人收回的共 4363 套，其中 205 套由于误填或漏填而成废卷。这样，有效卷数为 4363 − 205 = 4158 套，超出原定的被调查人员有效数。在满足上述人员数量及其相关情况需要的前提下，我们抽取了多余的 4158 − 3942 = 216 套问卷，不做分析。

从这些问卷中我们统计得到：汉族 1853 人，非汉族 2089 人；第一语言为汉语者 3936 人，第一语言为非汉语者 6 人；男性 2681 人，女性 1261 人；农民 1458 人，教师 486 人，学生 1620 人，镇干部 193 人，大夫、商贩、手艺人 144 人，宗教界人士 41 人。0—15 岁者 434 人，16—30 岁者 1498 人，31—45 岁者 1301 人，46—60 岁者 512 人，61 岁以上者 197 人；文盲半文盲 828 人，小学文化程度者 1222 人，中学文化程度者 1143 人，大专及本科文化程度者 749 人。

在进行问卷调查的同时，我们根据需要，选择了 193 人作为访谈对象（其中 139 人也是接受问卷调查者）。

两次调查所选择的访谈对象共 121 + 193 = 314 人。

3. 各类问卷数量及被调查人员分布

我们从宁夏回族自治区两次所作的调查结果中，统计各类问卷数量如下：

（1）普通话应用状况调查问卷及被调查人员信息

普通话应用涉及各类人员，所以此类问卷的数量即是所有被调查人的数量减去废卷或不合格卷数量，亦即有效卷的数量。其总量为 330 + 3942 = 4272 份。涉及的人员及其信息情况为：汉族 215 + 1853 = 2068 人，非汉族 115 + 2089 = 2204 人；第一语言为汉语者 326 + 3936 = 4262 人，第一语言为非汉语者 4 + 6 = 10 人；男性 223 + 2681 = 2904 人，女性 107 + 1261 = 1368 人；农民 143 + 1458 = 1601 人，教师 67 + 486 = 553 人，学生 101 + 1620 = 1721 人，乡镇干部 8 + 193 = 201 人，大夫、商贩、手艺人 9 + 144 = 153 人，宗教界人士 2 + 41 = 43 人；0—15 岁者 67（第一次调查中的 7—15 岁者）+ 434 = 501 人，16—30 岁者 115（第一次调查中 16—20 岁者 34 人，21—30 岁者 81 人）+ 1498 = 1613 人，31—45 岁者 125（第一次调查中 31—40 岁者 79 人，41—45 岁者 46 人）+ 1301 = 1426 人，46—60 岁者 20（第一次调查中 45 岁以上者）+ 512 = 532 人，61 岁以上者 3（第一次调查中 61 岁以上者）+ 197 = 200 人；文盲半文盲 0 + 828 = 828 人，小学文化程度者 213 + 1222 = 1435 人，中学文化程度者 98 + 1143 = 1241 人，大专及本科文化程度者 19 + 749 = 768 人。

（2）汉字应用状况调查问卷及被调查人员分布

汉字应用只限于非文盲人员，即具有小学、中学或大专本科文化程度的人员。这样，有应用汉字能力的人员数量就是所有人员数量减去文盲半文盲数量，即 4272－828 = 3444 人。涉及的人员及其信息情况为：汉族 215 + 1312 = 1527 人，非汉族 115 + 1802 = 1917 人；第一语言为汉语者 326 + 3111 = 3437，第一语言为非汉语者 4 + 3 = 7 人；男性 223 + 2681 = 2363 人，女性 107 + 1261 = 1081 人；农民 143 + 698 = 841 人，教师 67 + 486 = 553 人，学生 101 + 1620 = 1721 人，乡镇干部 8 + 193 = 201 人，大夫、商贩、手艺人 9 + 93 = 102 人，宗教界人士 2 + 24 = 26 人；0—15 岁者 67（第一次调查中的 7—15 岁者）+ 296 = 363 人，

16—30 岁者 115（第一次调查中 16—20 岁者 34 人，21—30 岁者 81 人）+ 1253 = 1368 人，31—45 岁者 125（第一次调查中 31—40 岁者 79 人，41—45 岁者 46 人）+ 1075 = 1200 人，46—60 岁者 20（第一次调查中 45 岁以上者）+ 365 = 385 人，61 岁以上者 3（第一次调查中 61 岁以上者）+ 125 = 128 人；小学文化程度者 213 + 1222 = 1435 人，中学文化程度者 98 + 1143 = 1241 人，大专及本科文化程度者 19 + 749 = 768 人。

（3）汉语拼音应用状况调查问卷及被调查人员分布

跟甘肃、青海两省情况相同，宁夏回族自治区汉语拼音应用范围较小。因而，此类问卷统计与分析也只针对教师、学生和乡镇干部。分析时重点观察各身份人员的数量，而忽略民族、语言、性别、年龄、文化程度等因素。这样，具有应用汉语拼音能力的人员数量就是这三种身份人员的总和，即教师 553 人，学生 1721 人，乡镇干部 201 人，总共 2475 人。

五、调查内容

1. 普通话应用状况
2. 现代规范汉字应用状况
3. 汉语拼音应用状况

六、相关说明

（一）本调查报告主体分为两部分。第一部分分三章，第一章为甘青宁三省区农村居民普通话应用状况调查与分析，第二章为甘青宁三省区农村居民汉字应用状况调查与分析，第三章为甘青宁三省区农村居民汉语拼音应用状况调查与分析。第二部分三章，第四章是对甘青宁三省区农村居民汉语言文字应用状况调查结果的判断，第五章是对甘青宁三省区农村居民汉语言文字应用水平偏低原因的探讨，第六章是提升农村居民汉语言文字应用水平的建议。

原打算对三省区农村居民的通用语言文字观进行调查，因此第一次赴甘肃各地了解情况时，做了相关工作。后来考虑到本调查的主要内容为普通话、规范汉字、汉语拼音三个方面，加之时间与人力原因，未对青海省、宁夏回族自治区农村居民的通用语言文字观进行调查。

（二）普通话状况调查与分析综合考虑民族、第一语言、性别、身份、年龄、文化程度等各种因素。因为无论何种民族、语言、性别、身份、年龄、文化程度的人员，都可能应用普通话。应用汉字状况的调查与分析主要考虑文化程度，把应用汉字的人员分为小学、中学、大专本科几个段落。这样就把文盲半文盲排除在外了。调查中得知，青海省一些少数民族人员认识的汉字很少，应用汉字的能力极弱；但其中有的人文化程度较高，应用民族文字的能力较强。为分类和分析便利计，我们仍把这类人员放在其实际的文化程度段落中看待。为观察各类人员应用汉字的状况，非文盲人员又据身份进行分析。应用汉语拼音状况调查与分析主要考虑人员身份，因为能够应用拼音的人员范围狭窄，许多具有应用普通话和汉字能力的人员，不具有应用汉语拼音的能力。我们注意到，三省区农村应用汉语拼音的人员身份差异明显，应用者主要是教师、学生和乡镇干部。因此，这一调查与分析主要按照身份进行。

然而，因为人们应用普通话、规范汉字、汉语拼音的能力与其对普通话、规范汉字、汉语拼音的态度及应用意义的认识不是一回事。即便不会使用汉语拼音的人，也可能会说普通话，会写汉字。同样，不会说普通话的人，也可能会用汉字。不管哪类人员，不管其应用能力怎样，总会对掌握和应用普通话、规范汉字、汉语拼音及其相关的意义，有自己的认识。因此，涉及人们对普通话、规范汉字、汉语拼音的态度和其应用意义的认识时，调查和分析又整体考虑所有人员。为减少调查当中的困难，我们的访谈式调查涉及各类人员，而问卷式调查视不同情况确定。

（三）普通话应用状况调查的数据较多，所以本报告行文时，以表格形式列出，表格作为附录缀于报告后部；汉字和汉语拼音应用状况调查的数据相对简单，所以本报告行文时采用直接叙述的办法。

（四）在调查与分析的过程中，我们整理有关材料，发表了3篇论文。《甘肃农村居民通用语言文字观的调查与分析》（载于《语言文字应用》2007年4期）是对第一次赴甘肃各地调查的一些情况加以整理的结果。《青海省农村普通话应用状况调查与分析》（载于《语言文字应用》2008年3期）是对青海农村居民应用普通话基本情况分析整理的结果。《宁夏农村汉字使用情况的调查与分析》（载于《甘肃联合大学学报》2008年4期）是对第一次在宁夏调查的一些情况加以整理的结果。

第一章

甘青宁三省区农村居民普通话应用状况调查与分析

第一节 农村居民对推广普通话政策法规的了解及对推普意义的认识状况

一、农村居民对国家推广普通话方针政策的了解情况

国家关于推广普通话的方针政策，是随着时代的变化和推普工作的实际情况适时加以调整的。

1956年2月6日，国务院发布《关于推广普通话的指示》，新中国成立后的普通话推广工作正式开始。当时国家语委确定了"大力提倡，重点推行，逐步普及"的工作方针。这个方针符合当时的社会实际，对于普通话的推广起到了重要的促进作用。经过几十年的推行，普通话有关工作取得了很大的成绩，普通话已经深入人心。

1982年修订的《中华人民共和国宪法》规定"国家推广全国通用的普通话"，第一次在根本大法中明确了普通话的通用语言地位。这标志着新时期以来，推广普通话工作进入了一个新的阶段。随后，

推广和使用普通话陆续写进民族区域自治法、义务教育法、教育法等多种法律、法规。这样，推广普通话不再是一般的提倡、号召，而是大力推行。

1986 年，全国语言文字工作会议把推广普通话列为新时期语言文字工作的首要任务。会议指出，形势变化了，推广普通话工作要有新的进展，工作重点要放在推行和普及方面，在普及方面应当更加积极一些。1992 年国家语委把推广普通话的工作方针调整为"大力推行，积极普及，逐步提高"。1997 年全国语言文字工作会议确定了新世纪的推普目标，即：2010 年以前，普通话在全国范围内逐步普及，交际中的方言隔阂基本消除；21 世纪中叶以前，普通话在全国范围内普及，交际中没有方言隔阂。

为了贯彻上述方针，实现国家目标，国家语委根据推普主题，在新旧世纪交替之际，采取了三项措施，即"目标管理，量化评估"、"普通话水平测试"、"全国推广普通话宣传周"。这些措施有力地促进了推广普通话工作的健康发展。

显然，半个世纪以来，各种政策与规定的数量不少。但是，我们在访谈过程中感到，甘青宁农村居民没有适当渠道，因而对推普有关政策所知甚少。

在访谈中，我们问到下面几个问题：

1. 新中国从何时开始推广普通话？
2. 就你所知，哪些法律、法规要求人们学习和使用普通话？
3. 有没有人向你和周围的人员宣传过推广普通话的政策？如果有，是什么人？如果没有，你怎么得知有关普通话的政策？

关于第 1 题，正确回答应该是：1956 年或 20 世纪 50 年代中期。经统计，甘肃省接受访谈的 439 人，回答正确的有 78 人，约占

17%；青海省接受访谈的 317 人，回答正确的有 41 人，约占 13%；宁夏回族自治区接受访谈的 314 人，回答正确的有 53 人，约占 17%。这就是说，农村居民中 80% 以上不知道国家何时开始推广普通话。

关于第 2 题，只要能够回答出有关的任何一种法律、法规，都应看作正确回答。但是三省区农村 97% 左右的受访人基本不知。经统计，甘肃省接受访谈的 439 人，回答正确的仅有 13 人，约占 3%；青海省接受访谈的 317 人，回答正确的仅有 6 人，约占 2%；宁夏回族自治区接受访谈的 314 人，回答正确的仅有 9 人，约占 3%。显然，三省区农村居民对国家有关法律法规的了解甚少。

关于第 3 题，只有极少数人回答"有人宣传过推广普通话的政策"，这样回答的人基本上都是中小学教师和学生。教师们回答说，上级教育主管部门要求他们说普通话，也向他们宣讲过一些政策。其他人绝大多数都回答"没有人宣传过推广普通话的政策"。有些农牧民说，他们从家里上学的孩子那里知道，老师和学生在校园应当说普通话；另有一些农民说，他们在赶集的路上或学校周边的标语上看到，人们应该学习普通话。

人们对方向性的政策了解不多，对具体措施、法规知道得更少。下面的问卷调查反映了这种状况：

题目一，选择。根据题意，在你认为正确的答案上打√（注意：可由答题人自己阅读题目并选择答案，也可由调查人阅读，被调查人听取并选择答案）：

1.20 世纪 50 年代，国家确定的推广普通话方针是_____。

A. 努力宣传、大力提倡、重点推行　B. 大力提倡、重点推行、逐步普及　C. 大力推行、积极普及、逐步提高

2.＿＿＿＿＿规定"国家推广全国通用的普通话"，首次明确了普通话的通用语言地位。

A.《中华人民共和国宪法》　B.《中华人民共和国国家通用语言文字法》　C.《普及普通话工作评估指导标准》

3. 1997年，全国语言文字工作会议确定了新世纪的推普目标，要在＿＿＿＿＿，普通话在全国范围内普及，交际中没有方言隔阂。

A. 20世纪末　B. 21世纪初　C. 21世纪中叶以前

4. 围绕推广普通话主题，国家采取了三项措施，即"目标管理，量化评估"，"普通话水平测试"和"＿＿＿＿＿"。

A. 公务员普通话水平达标　B. 全国推广普通话宣传周　C. 监督教师和学生的校园用语

关于第1题，正确选择应当是B。甘肃省接受调查的6336人当中，有444人作了正确选择，仅占7%；青海省接受调查的4290人当中，有172人作了正确选择，仅占4%；宁夏回族自治区接受调查的4272人当中，有256人作了正确选择，仅占6%。

关于第2题，正确选择应当是A，但大部分人选择了B。甘肃省接受调查的6336人当中，有253人作了正确选择，仅占4%；青海省接受调查的4290人当中，有129人作了正确选择，仅占3%；宁夏回族自治区接受调查的4272人当中，有171人作了正确选择，仅占4%。据我们了解，很多人之所以选择B，主要是认为《国家通用语言文字法》可能规定语言使用问题，而《宪法》不管语言问题。看来，大部分人并不知道这些法律法规的内容，而仅仅根据字面猜测。

关于第3题，正确选择应当是C。甘肃省接受调查的6336人当中，有507人作了正确选择，仅占8%；青海省接受调查的4290人当中，有 215 人作了正确选择，仅占 5%；宁夏回族自治区接受调查的 4727 人当中，有 386 人作了正确选择，仅占 9%。

关于第 4 题，正确选择应当是 B。甘肃省接受调查的 6336 人当中，有 507 人作了正确选择，仅占 8%；青海省接受调查的 4290 人当中，有 257 人作了正确选择，仅占 6%；宁夏回族自治区接受调查的 4272 人当中，有 378 人作了正确选择，仅占 8%。

对于以上 4 个题目，回答正确的人数比例都在 10% 以下。足见三省区人们对国家推广普通话的相关法律和法规了解不多。

二、农村居民对推广普通话意义的认识

1956 年 2 月，国务院发布的《关于推广普通话的指示》指出："由于历史的原因，汉语的发展现在还没有达到完全统一的地步。许多严重分歧的方言妨碍了不同地区的人们的交谈，造成社会主义建设事业中的许多不便。语言中的某些不统一和不合乎语法的现象不但存在于口头上，也存在于书面上。在书面语言中，甚至在出版物中，词汇上和语法上的混乱还相当严重。为了我国政治、经济、文化和国防的进一步发展的利益，必须有效地消除这些现象。"可见，新中国成立不久，政府即从口语和书面语交际两方面入手，指出了推广普通话对我国社会发展各方面的意义。

那么，甘青宁三省区农村居民对推普意义的认识如何？我们在调查问卷中设计了下面几个题目：

题目二，判断正误。若认为正确，则在题后括号内打√；若认为不正确，则在题后括号内打 ×。（注意：可由答题人自己阅读题目并选择答案，也可由调查人阅读，被调查人听取并选择答案。）

1. 推广普通话有利于增进中华民族凝聚力。（ ）
2. 推广普通话对贯彻国家各项政策有重要意义。（ ）
3. 说不说普通话，跟经济发展无关。（ ）
4. 推广普通话可以提高人们的中文信息处理水平。（ ）

关于第1题，应当在题后打√。甘肃省接受调查的6336人中，有3231人打√，约占被调查人数的51%；青海省接受调查的4290人中，有2102人打√，约占49%；宁夏回族自治区接受调查的4272人中，有2307人打√，约占被调查人数的54%。

关于第2题，应当在题后打√。甘肃省接受调查的6336人中，有1711人打√，约占27%；青海省接受调查的4290人中，有944人打√，约占22%；宁夏回族自治区接受调查的4272人中，有812人打√，约占19%。看来，大部分人没有感受到推广普通话在贯彻国家政策方面的作用。

关于第3题，应当在题后打×。甘肃省接受调查的6336人中，有4308人打×，约占68%；青海省接受调查的4290人中，有2231人打×，约占52%；宁夏回族自治区接受调查的4272人中，有3033人打×，约占71%。看来，大部分人都承认应用普通话的经济意义。

关于第4题，应当在题后打√。甘肃省接受调查的6336人中，有2661人打√，约占42%；青海省接受调查的4290人中，有1630人打√，约占38%；宁夏回族自治区接受调查的4272人中，有1880人打√，约占44%。数字比例表明，三省区农村群众认为推广普通话可以提高中文信息处理水平的人数不到一半。这就是说，还有一大半人不了解推广普通话具有现代文化意义。

第二节　农村居民中应用普通话的人群

一、按照听说普通话的能力对人员进行的类型划分

十多年前，由于西北农村地区生活条件较为艰苦，经济相对落后，交通不太便利，外地人到这里生活、工作或从事其他行业的人很少，这里的居民大部分也很少外出跟其他人接触，因此人们应用普通话的意识不强，应用普通话的人较少。近十年来，农村居民外出的人越来越多，外地人进入这里从事经商等活动的人也在增多。在这种情况下，三省区农村居民中学习并使用普通话的人数也有所增加。但就目前三省区农村整体状况来看，还有许多人不愿说或不会说普通话。

我们按照听说普通话的能力，把甘青宁三省区农村所有人员分为三类：第一类是能听能说人员，第二类是能听不能说人员，第三类是不能听不能说人员。

就我们对一些乡镇、村庄走访的情况来看，这三类人员的人数比例大致各占三分之一。

二、应用普通话的人群

从理论上说，普通话的应用包括听说读写各个方面，但对农村居民（尤其是农牧民）而言，能听会说比能读能写更加必要，也更符合生活实际。因此我们主要调查了解三省区农村居民的听和说状况。

就听普通话的状况而言，上面所说三类人员中，前两类都具备听懂普通话的能力，因此三省区农村中能听普通话的人数整体上多

于能说普通话的人数。

就能听会说普通话的人群（第一类）而言，我们可将他们按照身份再分为四小类：

第一小类，农牧民。这是农村居民的主体。农村经济文化状况发展如何，与他们整体素质直接相关。多年来，三省区农村因封闭而落后，广大居民基本在本土耕作或放牧，感觉不到普通话与其生活之间的关系，因而便不会去学习和应用普通话。改革开放政策实行以来，西北农村居民的观念开始发生变化。人们不再是困守田地和牧场，仅仅维持生存，而是设法提高生活质量，于是越来越多的劳力向外输出。三省区农村的农业人口，年龄介于20—50岁之间的人员（尤其是男性）纷纷前往外地，参与建筑、搬运、开采等工作。少数年纪较轻的女性也逐渐走入城市人的家庭、饭店等服务行业做保姆及其他各类服务人员。在新的环境里，这些人员为了适应城市生活，为了工作的方便，不知不觉地学习并应用普通话。有时，一些外地人深入本地做生意或从事其他工作，当地农民（牧民）也可以使用普通话与之交流。

第二小类，教师和学生。西北农村居民的生活条件和交通状况等因素，决定了三省区农村中小学的教师和学生都在当地学校教学或上学，很少有南方人或城市人深入农村学校从事教师职业。在传统意识中，生活在本乡本土，便不好意思或没有必要学说普通话。因此，长期以来，三省区农村中小学校园里，基本上没有普通话的声音。20世纪90年代初，国家语委、国家教委发布《关于小学普及普通话的通知》，要求各种"农村小学，2000年前争取做到师生在教学中使用普通话，学生掌握普通话和汉语拼音能达到小学语文教学大纲的基本要求。以少数民族语言为教学语言的学校2000年前要做到汉语课使用普通话教学"。稍后"两委"又发布《关于普通中学普及普通话的通知》，提出"农村普通中学争取到2000年实现各科教学和集体活动使用普通话。以少数民族语言为教学语言的普通中学要在2000年以前实现在汉语教学和其他需要使用汉语的场合使用普通话。"此后，各省区也相应颁布了一系列规定，加上其他因素的影响，教师和学生的认识开始发生变化。普通话渐渐进入校园，进入课堂。2000年末，国家颁布《中华人民共和国国家通用语言文字法》，该法第十条规定："学校及其他教育机构以普通话和规范汉字为基本的教育教学用语用字。"各省区教育管理部门采取了相应措施，监督教育教学语言的运用状况，因此教师和学生大都能应用普通话。

第三小类，乡镇干部。20年前，西北农村乡镇（公社）干部和工作人员一律使用当地方言或民族语言，这种状况被认为是干部具有浓厚的家乡观念，是干部与群众打成一片的基本表现。近10年来，乡镇机关的干部和工作人员同其他人一样，观念日渐发生变化，大多能以一种开放的心态处理日常工作。随着干部交流、外出学习、考察实践、公务接待等活动日益增多，加之高校毕业生来乡镇就业，这些干部和工作人员开始有意识地在一些场合说普通话。

第四小类，大夫、商贩、手艺人、宗教界人士。在三省区农村，这一群体是介于乡镇干部、教师学生和农民（牧民）之间的人群。他们没有离开农（牧）业，仍以农（牧）业为生存根本，但又有一些其他营生手段，在农（牧）闲暇或周围居民生活需要时，从事一些非农（牧）业的活动，从而获得额外经济收入。原本这些人都在当地生活，并无说普通话的要求，但近年来随着他们从农（牧）业外获得利益越来越多，他们的观念开始发生变化。有的人有时离开家乡，短期外出进行非农（牧）工作，如大夫在外开诊所，商贩远去他乡做买卖，宗教界人士应邀赴他乡甚至城市做法事等，工作迫使他们改变交际形式，于是开始习染普通话。在他们的带动下，同行业其他人也有了学习普通话的意识，有了应用普通话的行为。

第三节　农村居民应用普通话的基本状况

改革开放以来，随着全国经济文化的大力发展，农村居民与城市接触的机会越来越多。在此形势下，甘青宁三省区农村居民对通用语言文字作用的认识及应用状况发生了明显变化：人们掌握和应用普通话的目的日益明确，大部分人逐渐获得应用普通话的能力，不少人在一些特定场合可以用普通话进行交际。虽然从整体来看，三省区农村居民应用普通话的水平有待大力提高，但是我们相信，应用普通话的观念已经为人们普遍接受。

一、应用普通话的场合、目的、能力

2005年夏天，我们走访青海省东部地区，在湟源县波航乡纳隆村和乐都县高店镇大峡村了解到，村民中有人跟前来收购山货的外地客商谈生意时说了"标准话"（这是当地人对普通话的叫法），生意成交了。于是，人们认为："说标准话生财哩！"一时间，众村民对说"标准话"议论纷纷。

我们意识到，上面的事件说明，应用普通话让村民得到了实惠，青海农村人因此受到了触动。循此，我们又走访了相邻的几个村庄，

证实此类情况同样存在。于是，课题组成员就"说标准话生财"的语言学意义进行了分析。大家认为，"说标准话"事件的发生，由三方面因素促成：一是特定场合，二是双方目的，三是普通话能力。外地客商与村民交际，构成了一个有别于当地人日常交际的特殊语言环境，形成了一个特定场合；村民与客商为了达到各自目的，共同选择了双方都能听懂的普通话；村民与客商交谈之前，都已具有应用普通话的某种能力。

这类事件让我们感到，在西北农村地区，推广普通话的确成为促进经济文化发展，提高人民群众生活水平，让更多的人分享改革开放成果的十分紧迫的任务。为此，我们先后在甘肃、青海、宁夏农村地区，就居民应用普通话的场合、应用普通话的目的、应用普通话的能力三个方面进行了专门调查。

（一）关于调查内容的说明

1. 农村居民应用普通话的场合

过去，在三省区农村广大地区，一般来说，一个村镇的居民整体使用一种汉语方言或民族语言。近年来，国家西部大开发政策稳步实施，新农村建设工作逐步推进，推广普通话的工作也向农村扩展延伸。随之，三省区农村的语言生活悄然发生变化。现在，一个村镇的居民因性别、年龄、文化程度、所操主业等因素的不同，其言语形式出现差别。最明显的就是，除了汉语方言或民族语言之外，普通话逐步成为人们认可的交际言语形式。若在前来谈买卖的远方生意人较多的场合、集体进城打工的场合、被人用普通话召唤的场合、电话中与外地人沟通的场合等，有人使用普通话，大家并不感到怪诞和诧异。为了弄清普通话应用的范围，我们对三省区农村居民应用普通话的场合进行了调查。

2. 农村居民应用普通话的目的

改革开放政策的持续贯彻，使得三省区农村居民交际状况发生了重大变化，因而语言应用格局出现新的态势，言语交际圈明显裂变。以前，处于同一生活区域的居民，共同构成一个相对稳定的交际圈。近年来，交际圈一分为四：当地居民一般场合交际圈，当地居民特定场合交际圈，当地居民与外来人员交际圈，外出务工、经商等人员与所在地居民交际圈。在不同的交际圈内，各人怀着不同的交际目的，使用着不同的语言形式。据了解，上述四个交际圈中，后三个都跟普通话应用有关。那么，曾经长期使用某一种语言形式的三省区农村人，抱着何种目的开始学说普通话，并走入不同的交际圈？为了回答这个问题，我们对人们应用普通话的目的进行了调查。

3. 三省区农村居民应用普通话的能力

严格说来，普通话能力应当包括口语和书面语，包括听说读写，包括修辞文化，包括不同情况下的语言转换能力。（于根元主编：《应用语言学概论》，商务印书馆2005年版，第152页）可是由于种种原因，三省区农村还有不少文盲和半文盲，他们不能读写。即便是进过学堂，认识一些汉字的人，绝大部分也不能顺畅使用现代汉语书面语。所有这些人，其普通话主要从广播、电视和社会交往中习得，他们对普通话的应用仅限于听说层面。另外，普通话作为一种"话"，其本身是一种口头语言形式系统。该系统的表层是供人们说与听的语音串，其深层则是一整套相互配合的规则，诸如声韵调配合规则、词语结构规则、句子构造规则等。从逻辑层次上说，考查应用普通话能力的强与弱，首先是考查听说水平的高与低，亦即口头使用和通过听觉理解各种规则的水平的高与低。照此理解，则"国家推广全国通用的普通话"（《中华人民共和国宪法》第十九条），对三省区农村居民而言，首先应当注意听说层面的推广。那么，目前三省区农村居民听说普通话的能力如何？我们就这个问题作了调查。

（二）基本情况调查及其结果的分析

1. 调查问卷及相关说明

为方便调查，我们对应用普通话的场合、目的、能力三方面问题综合考虑，以问答选择的形式将三方面内容设计为一个问卷。题目如下：

题目三，选择。每个题目提供两个以上选项，在你认为正确的选项上打√。每题只应打 1 个√，每卷应当而且只能打 50 个√。（注意：可由答题人自己阅读题目并选择答案，也可由调查人阅读，被调查人听取并选择答案。）

1. 你在家里是否说普通话？（是、否、偶尔）
2. 你的家庭成员中是否有人会说普通话？（是、否）
3. 你觉得家里是否便于说普通话？（是、否）
4. 如果你在家里说普通话，是否有人反对？（是、否）
5. 如果你家成年人说普通话，你是否反对？（是、否）
6. 如果你们家有中小学生，他们在家里说普通话，你是否反对？（是、否）

7. 如果你们家来了客人，这个客人说普通话，你是否也说普通话？（是、否、偶尔）

8. 你在当地公众场所是否说普通话？（是、否）

9. 当地公众场所是否有人说普通话？（是、否）

10. 当地公众场所是否便于说普通话？（是、否）

11. 如果你在当地公众场所说普通话，是否有人反对？（是、否）

12. 如果你所熟悉的人平时使用汉语方言或民族语言，而在当地公众场所说普通话，你是否反对？（是、否、无所谓）

13. 如果你所熟悉的人平时使用汉语方言或民族语言，而在当地公众场所读报纸或文件时用普通话，你是否反对？（是、否、无所谓）

14. 如果在当地公众场合有你熟悉的人说普通话，你会跟他一样也说普通话吗？（是、否）

15. 如果在当地公众场合，有外地人用普通话跟你交谈，你是否也用普通话？（是、否）

16. 有关规定要求，校园语言是普通话。你在校园里说普通话吗？（说、不说、偶尔）

17. 在校园里，你说普通话，自己感到别扭吗？（是、否、无所谓）

18. 平常你和你的家人都使用汉语方言或民族语言，而在校园里，你和你的家人都用普通话交谈，你觉得别扭吗？（是、否、无所谓）

19. 在校园里，你跟你的家人交谈，你用普通话而家人用汉语方言或民族语言，你觉得别扭吗？（是、否、无所谓）

20. 你能适应校园里说普通话的气氛吗？（能、不能）

21. 在农村，中小学是推广普通话的先行单位。就你所在村镇情

况看,你觉得是这样吗?(是、否)

22. 没有第三人在场的情况下,你跟外地人交谈,使用普通话吗?(是、否、偶尔)

23. 在你的家里,有家人在场,你跟外地人交谈,使用普通话吗?(是、否、偶尔)

24. 在外地,你跟陌生人交谈,使用普通话吗?(是、否)

25. 在当地公共场合,你跟陌生人交谈,使用普通话吗?(是、否、偶尔)

26. 外地人来当地谈生意或工作,你觉得这个人应当说普通话吗?(是、否、无所谓)

27. 外地人来当地长期工作,你觉得这个人应该说普通话,还是继续说自己的方言?(普通话、自己的方言)

28. 你接听一个外地人打来的电话,你使用普通话还是方言?(普通话、方言)

29. 如果你使用普通话,目的是为方便交际吗?(是、否、不一定)

30. 在一些场合,即使你说方言,别人也能听懂,那么你说普通话吗?(说、不说、不一定)

31. 你是否遇到过因为使用方言或民族语言而出现交际困难的场合?(是、否)

32. 在农村推广普通话是引导农村居民追求时尚吗?(是、否)

33. 有关规定要求,老师和学生在学校都应讲普通话,这是为了追求现代时尚吗?(是、否)

34. 在外地尤其是大城市务工的农村人员,说普通话是为了追求城市人的生活方式吗?(是、否)

35. 你自己或家人说普通话,是出于追求时尚的目的吗?(是、否)

36. 你的家人在城市生活一段时间后，回家乡时说普通话，你认为这是赶时尚的结果吗？（是、否）

37. 你讲普通话是为了满足工作需要吗？（是、否）

38. 你讲普通话是为了求得一份工作吗？（是、否）

39. 为了求得一个职业，一定要说普通话吗？（是、否、不一定）

40. 你讲普通话是为了适应周围环境吗？（是、否）

41. 你讲普通话是为了提升自己的文化品位吗？（是、否）

42. 你讲普通话是因为普通话音调好听吗？（是、否）

43. 你能完全听懂普通话并流畅地说普通话吗？（是、否）

44. 你能听能说普通话，但在别人听来，你所说的普通话，口音太重，是吗？（是、否）

45. 你能听能说普通话，但在别人听来，你所说的普通话，词语往往不属于普通话，是吗？（是、否）

46. 你能听能说普通话，但在别人看来，你所说的普通话，语法往往不合乎普通话规范，是吗？（是、否）

47. 你能听懂普通话，但自己不会说，是吗？（是、否）

48. 你听不懂普通话，也不会说普通话，是吗？（是、否）

49. 你不说普通话是因为觉得自己的方言或民族语言亲切，是吗？（是、否）

50. 你不说普通话是因为觉得长年生活在当地，自己的方言或民族语言足够应付交际，没有必要使用普通话，是吗？（是、否）

上述题目，1—28题，是关于普通话应用场合的调查，题目把农村居民应用普通话的场合分为家庭、学校、公众场合、跟外地人交往四个方面；29—42题，是关于普通话应用目的的调查，题目把应用普通话的目的分为方便交际、追求时尚、求职或工作需要、适应社会四个方面；43—50题，是关于普通话应用能力的调查，题目把应用普通话的能力分为听说流畅、能听但所说普通话明显带有地方口音、能听但所说普通话夹杂很多方言词或民族语言词语、能听但所说普通话的语法不太规范、能听但不能说普通话、既不能听也不能说普通话六个方面。

关于应用普通话的场合、目的方面的题目，一般由被调查人自己作答或根据他们的选择代为作答。关于应用普通话的能力方面的题目，一般由调查人针对题目所问内容提出有关普通话语音、词汇、语法的具体测试问题，根据被调查人回答状况代为作答。

我们对回收的问卷作了详细统计。下面按照省区，分别将统计结果列表显示并加以分析。分析时紧密结合访谈所了解到的情况。

2. 调查结果的统计与分析

（1）甘肃省状况

1）甘肃省农村居民应用普通话基本状况调查数据统计（见附录表1）。

2）分类数据分析。

第一，应用普通话的场合。

从族别背景来看，人数比例显示出两个明显的特点：一是无论汉族，还是非汉族，在家庭内部和当地公众场合，应用普通话的人都很少，而在家庭中应用者尤少。何以如此？我们就此询问过一些农村群众，很多人回答说："没有必要应用普通话！自己的话自家人能听懂，普通话反而听不懂。"这一回答使我们明白，在任何场合，应用任何一种语言的目的都在于方便交际、方便沟通。当人们感到在特定场合应用汉语方言或民族语言而没有任何交际障碍且能更好地显示人与人之间的统一社群关系或亲情关系时,就不会应用其他语言形式。20世纪50年代中期,国家开始推广普通话。当时推广普通话的动机,首先是为了消除方言分歧。而在家庭内和当地公众场所,不存在方言分歧问题,人们自然而然使用得心应手的本土方言或本民族语言。这使我们想到,进入21世纪以来,国家继续在全国推广普通话,这仍然是在宏观层面上推行的一项国策,是在多民族、多方言的背景下形成一种在更大范围内通用的语言形式,以更好地为人们交际服务,而非排斥方言。我们一方面应当要求人们学习和掌握普通话,必要时能够加以使用;另一方面也应当注意,不可走向极端,过分强调普通话的重要性而试图取代方言。这样才是实事求是的做法。二是非汉族人员在学校和跟外地人交往的场合,应用普通话的人数比例都低于汉族。这在三省区农村的表现大致相同。据我们观察,甘肃省农村汉族聚居区的中小学教师和学生在校园里使用普通话的积极性较高,教师、职工和学生在课堂、课外活动及教学相关活动中都能努力使用普通话。大部分教师在与同事、家长、学生交流的过程中也能注意使用普通话。在非汉族聚居区的中小学教师,无论属于哪个民族,应用普通话的态度都很积极。访谈时,我们了解到,有少数非教师人员当初并不了解学用普通话的意义,但经过引导说明,他们都表示愿意克服困难,努力学习并使用普通话。

  从语言背景来看,第一语言无论是汉语还是非汉语,其使用者在家庭和当地公众场所使用普通话的人数比例仍然很低。令我们感到有趣的是,以汉语为第一语言的人员,在校园里使用普通话的人数比例较高;而以非汉语为第一语言的人员,在跟外地人交往的场合使用普通话的人数比例较高。分析得知,第一语言为汉语的人群多是汉族,所以在校园里使用普通话的比例高。第一语言为汉语的人员，与前来办事的外地人交往，大部分情况下使用汉语方言。因为甘肃农村接触的外地人基本上是甘肃本省人员，还有一些青海、宁夏、陕西的人员，其所操汉语方言虽有不同，但互相能够听懂，所以不用普通话；走出家乡以外办事（如联络文艺演出、走亲戚）、做生意（如贩卖牛羊皮）或打工（如建筑、搬运）的人员，习惯上多选择陕西、宁夏为目的地，在那里，使用家乡方言也无大碍；少数远赴广东、浙江、上海的打工者，才主动应用普通话。而第一语言为非汉语的人员，为便于交流，大多数情况下跟前来谈生意的外地人都用民族语言色彩浓厚的普通话交谈；前往汉语区做生意、打工者，更需努力应用普通话，所以他们当中应用平普通话的人数比例略高。

　　从性别群体来看，在当地公众场合应用普通话的男性多，而在学校应用普通话的女性多。因为甘肃农村地区公众场合出头露面者多是男性，如在乡镇政府与干部们谈话、在大型集会场合发言等；而女性生活圈子相对较为狭窄，对外说话的机会很少，只有在学校这种语言环境相对宽松、制度允许或要求应用普通话的场合，才敢开口讲说普通话，而此时男性则相对显得顽固守旧，应用普通话的人数比例略低。

　　从人员身份来看，仍然是家庭内应用普通话的人数比例最低，就连平时在校园里说普通话的教师和学生，回家后一般也不说普通话。据学生们说，他们回家有时在练习普通话、看电视、听广播过程中，用普通话与家人交流，家人也表示谅解。由于工作原因，乡镇干部在当地公众场合应用普通话的人数比例较高。近年来，农村乡镇干部中补充了不少高等院校毕业生，他们在校园中应用普通话的语言习惯在新的工作环境中相对得到了保留，也敢于在公众场合应用普通话，因此在当地公众场所，应用普通话的乡镇干部人数比例较高。教师和学生说话的主要场合就是校园，而且由于制度要求，所以他们在校园里应用普通话的人数比例最高。在农村，校园是一个相对优越的语言应用平台，而乡镇干部多有机会进入学校指导工作，所以他们应用普通话的人数比例相应略高。在跟外地人打交道的场合，乡镇干部出现的机会明显多于其他人，一方面陪同外来各级领导视察工作，另一方面出差外地考察学习，都需要应用普通话，因而他们应用普通话的人数比例较高。大夫、商贩、手艺人由于职业之故，经常接触外地人员或需赴外地贩运行艺，所以其应用普通话的人数比例趋高。此外，这些年来，宗教界人士跟外地人交往频率越来越高，有时外地人上门讨教问卜，有时自己应邀赴外念经做法事，一些有名的宗教界人士甚至被少数官员聘为随身顾问。此类交往，都需要宗教界人士应用普通话，因此他们应用普通话的人数比例也很高。

　　从年龄阶段来看，数据显示三种趋向：一是下降向，即随着年龄段增大，在家庭和学校应用普通话的人数比例逐渐减少；二是上升向，即随着年龄段增大，在跟外地人交往的场合应用普通话的人数比例逐渐增大；三是先升后降向，即随着年龄段增大，在当地公众场所应用普通话的人数比例增大，16—45岁区间比例最高，然后降低。在武威市黄羊镇，我们了解到，有的人上中学时在家里和校园里说普通话，毕业后反而不说了，问他为什么，他说一个原因是生活环境不同了，更重要的原因是年龄大了，不好意思开口了。而随着年龄的增大，跟外地人接触的机会增多了，所以说普通话的频率也高了。16—45岁区间，是一般人生活工作的最好年龄段，此段内经历的场合、接触的人较多，所以应用普通话的人数比例最高。

从文化程度来看，数据也显示两种相反走向，即文化程度越高，在家庭、当地公众场所和学校应用普通话的人数比例越高，跟外地人交往时应用普通话的人数比例越低；文化程度越低，在家庭、当地公众场所和学校应用普通话的人数比例越低，跟外地人交往时应用普通话的人数比例越高。我们了解到，在甘肃农村，具有大专本科文化程度的人员，其工作岗位主要是学校教师和乡镇干部，这些人在高等院校学习期间，基本都使用普通话，工作后也惯于继续使用，虽然环境有些变化，但他们觉得说普通话顺口顺耳，所以他们不仅在学校、公众场合使用较多，即便在家庭内部也比其他人使用得多。文盲半文盲人员在家庭、学校和当地公众场合没有机会说普通话，但偶尔当外地人前来招工或商洽生意时，文盲半文盲人员会设法使用普通话，尤其当他们前往外地打工、做生意时，面对陌生环境中的陌生人，无法用自己的方言或民族语言进行交流，于是开始学说普通话。这样，对文盲半文盲人员而言，跟外地人交往时应用普通话的人数比例就比在其他场合的比例相对增高。

第二，应用普通话的目的。

从族别背景来看，无论汉族还是非汉族，为了追求时尚和适应社会而应用普通话的人数比例都较低，但为了交际的方便和求职的需要应用普通话的人数比例都较高，抱着求职目的应用普通话的人数比例尤高。这就说明，无论哪个民族，人们是否愿意应用一种新的语言形式，首先要看这种语言形式是否有利于交际，是否有利于提高生活质量和生活水平。

从语言背景来看，无论第一语言是汉语还是非汉语的人群，应用普通话的目的都是为了求职和便于交际，而求职的人数比例更高。这说明人们更看重应用普通话的能力对求职的重要意义。相对而言，非汉族人员为了交际和求职而应用普通话的人数比例都比汉族人员为高，这又说明，在改革开放的今天，第一语言为非汉语的人员通过应用普通话来拓宽交际渠道的需要更加迫切，应用普通话为求得工作岗位创造条件的目的更为明确。

从性别群体来看，男性和女性认为应用普通话有利于交际、有利于求职的人数比例都相对较高；但男性当中认为应用普通话利于求职的人数比例略高于女性，而女性当中认为应用普通话便于交际的人数比例略高于男性。如果把便于交际和求职需要视为两个不同的台阶，交际显然是初级台阶，求职是高一级台阶，因为求职首先需要具有普通话交际能力。这就表明，甘肃农村的女性应用普通话的目的更倾向于扩大交际面，提高交际能力，而甘肃农村的男性应用普通话的目的更倾向于求职层面，提高生活水平。

从人员身份来看，认为应用普通话方便工作或求职的教师人数比例较高，认为应用普通话可以适应社会的学生人数比例较高，认为应用普通话便于交际的宗教界人士人数比例较高。这种比例分布说明，教师的工作岗位与普通话关系密切。我们了解到，近年来，甘肃教育主管部门规定，中小学教师上岗必须持有普通话等级证书，如果普通话水平测试未达到规定水平，工资、晋级就会受到一系列限制，甚至没有资格上讲台。对广大中小学生而言，他们依靠教师引导来认识普通话的意义，并加以运用。因为对他们来说，求职就业的问题还无须马上解决，所以其心目中，应用普通话主要的目的在于适应社会发展。

从年龄阶段来看，随着年龄增大，四组数据呈现出四种状态：一是认为应用普通话有利于交际的人数比例呈上升趋势，二是认为应用普通话可以追求时尚的人数比例呈下降趋势，三是认为应用普通话可以得到一份工作的人数比例呈两端低中间高的趋势，四是认为应用普通话可以更好地适应社会的人数比例呈两端高中间低的趋势。显然，年龄越大，人们越看重普通话的交际作用，同时越不把应用普通话作为一种时髦看待。我们了解到，25—45岁的人员正是求职、晋升职级的年龄阶段，随着全国各行各业相继要求业内工作人员应用普通话的政策及相关规定深入人心。该年龄区间的人员无论是已经有了工作岗位者，还是正在求职者，都比其他年龄段的人员更加重视学习和应用普通话。对于20岁以下的少年儿童和50岁以上的中年人来说，他们基本上不存在就业压力，因与外界交往较少而应用普通话的场合也相对较少，所以他们当中较多的人认为应用普通话是顺应时代发展、适应社会进步的需要。

从文化程度来看，数据显示，随着文化水平提高，认为应用普通话利于交际、能够更好地适应社会的人数比例呈上升趋势，而认为应用普通话可以追求时尚、可以找到工作的人数比例呈下降趋势。这说明，文化程度越高，越重视普通话的社会应用价值，而轻视其个人自我满足价值。

第三，应用普通话的能力。

从族别来看，汉族人员能够较为流畅地听说普通话的人数比例相对较高，能够听懂普通话但自己所说的普通话带有较为明显的汉语方言或民族语言口音的人数比例也相对较高。这就是说，整体观之，汉族人员听说普通话的能力强于非汉族。这显然跟甘肃农村地区汉族使用汉语北方方言，而普通话以北方方言为基础方言的事实有关。需要说明的是，我们在附表1所列的"听说流畅"，只是用相对标准来衡量，是就特定人群的能力层次来看，不把他们跟受过专门训练的人员相提并论。这里所说的"口音重"，其表现因人而异，如果是甘南藏族自治州人，则所说的普通话带有甘南口音；如果是河西走廊地区农村人，则所说的普通话又有明显的河西口音。即便是同一个县同一个乡，不同村的人也操不同口音。严格说来，这种状况属于方言和普通话的过渡地带，是方言普通话或地方普通话，是方言和普通话的中间层次。（于根元主编：《应用语言学概论》，商务印书馆2005年版，第108页）我们调查和统计时，对这种中间层次忽略不计。表中统计数据显示，非汉族人员当中，能听懂普通话但自己所说普通话明显夹杂非普通话词语和语法、能听懂普通话但自己不能说普通话、既听不懂普通话也不能说普通话的人数比例，都比汉族人员高。就具体数据而言，汉族与非汉族之间，既听不懂普通话也不能说普通话的人数比例差距较大，汉族有3%，而非汉族则有15%。

从语言背景来看，数据的整体走向类似于从民族角度调查的结果，即听说流畅、能听但口音重的人数比例对比显示，第一语言为汉语的人员应用普通话的能力较强，而第一语言为非汉语的人员应用普通话的能力相对较低；能听但词语非普通话、能听但语法不合普通话、能听但不能说，不能听不能说的人数比例对比显示，第一语言为汉语的人数比例低，而第一语言为非汉语的人数比例高。可是，当把相同目的栏下的汉族跟非汉族、汉语跟非汉语数据差[1]进行比较时，我们看到，汉语和非汉语人员之间的差数统统大于汉族和

---

[1] 即同一个目的栏（指附录表1左边所列各项，即听说流畅、能听但口音重、能听但词语非普通话、能听但语法不合普通话、能听但不能说、不能听不能说）下，同一个项目（指表格上边所列各项，即民族、第一语言）内，大数字减去小数字所得的差。"听说流畅"和"能听但口音重"两栏，用前一数字减去后一数字，如"听说流畅"栏，汉族人员跟非汉族人员的比例差数是21−12＝9；而汉语人员跟非汉语人员的比例差数是25−8＝17。17＞9，即后一差数大于前一差数。"能听但词语非普通话"、"能听但语法不合普通话"、"能听但不能说"、"不能听不能说"四栏，用后一数字减去前一数字，如"能听但词语非普通话"栏，非汉族人员跟汉族人员的比例差数是15−13＝2，而非汉语跟汉语人员的比例差数是19−7＝8。6＞2，也是后一差数大于前一差数。其他各项道理相同。

非汉族人员之间的差数。这表明，就语言应用能力而言，语言背景因素比民族因素具有更大的影响力，第一语言为汉语的人员，其听说普通话的能力明显强于第一语言为非汉语的人员。

从性别来看，男性的数据显示，听说流畅、不能听不能说的人数比例低于女性，能听但口音重、能听但语法不合普通话规范、能听但不能说的人数比例高于女性，能听但词语非普通话的人数比例与女性持平。可见，在甘肃农村，具有较强普通话应用能力和纯粹没有普通话应用能力的男性比女性少，而能听能说但词语运用不合乎普通话规范的男性和女性相当，能听能说普通话但语音和语法不合乎普通话规范，以及能听但不能说普通话的男性比女性多。这表明，更多的男性具有一定听说普通话的能力但整体水平不高，而更多的女性没有听说普通话的能力但少数具有比一般男性更强的普通话应用能力。

从身份来看，在各调查项中，各类人员显示的数量比例各具特点：(1) 听说流畅的人数比例，农牧民最低，教师和学生最高。原因是，甘肃农村的农牧民一般没有人专门要求他们学习和应用普通话，没有制度约束他们学说普通话，仅凭自己留心，只在少数场合说一些普通话；而教师和学生则在专门知识引导、专人指导下学习普通话，且有明确制度约束。2006年12月7日召开的甘肃省语言文字工作会议要求，师生员工在教育教学活动中要说普通话，把说普通话作为教师录用聘用的必备条件、教师业务考核的一项内容；已获得普通话等级合格证书但在教育教学活动中不使用普通话经批评教育仍不改正的，由发证机关收回其普通话等级合格证书，并由核定教师资格的行政机关撤销其教师资格。因此，相对而言，教师和学生有更多听说普通话的机会，因而听说能力强。据我们对天水市秦安县的西川中学、莲花中学、五营中学、陇城中学几所学校的了解，教师普通话水平测试成绩达到二级乙等以上的教师都在90%以上。(2) 能听能说但口音较重、能听能说但语法不合乎普通话规范的人数比例，学生教师最低，大夫、商贩、手艺人、宗教界人士最高。我们从与被调查人的交谈中看到了这一点，被调查人自己也这样认为。我们还用后文的题目五、题目六加以测试，结果相同。我们认为，这是因为，学生正处于学习和掌握语言的最好年龄段，他们一般都能听懂电影、电视、广播和其他人所说的普通话，一些学生所说的普通话虽有较明显的汉语方言或民族语言口音，但这样的人总数不多。大夫、商贩、手艺人及宗教界人士多游走于本乡镇和其他乡镇农村，有时也在城市短期逗留。他们大多能够听懂普通话，但因为多是自学、模仿，发音很不标准，因而他们当中有更多的人所说的普通话带有较重口音。(3) 能听能说但所用词语不合乎普通话规范、能听不能说普通话、不能听不能说普通话的人数比例，学生教师最低，农民最高。我们从与被调查人的交谈中观察到这一点。我们还用后文题目七加以测试，结果相同。访谈时，一些中小学老师谈了他们自己的看法：学生一开始就接触书面语，在学校这个相对较好的普通话环境中熏陶习染，所以学生使用不规范词语、能听不能说、不能听不能说的人数较少；而农民则经常在汉语方言或民族语言环境中生活，难免使用汉语方言或民族语言词语，因而这几个调查项的人数比例较高。

从年龄段来看，大致表现出三种状态：一是听说流畅的人数比例，两头低中间高，即15岁以下和60岁以上的人数比例较低，而40岁左右的人数比例较高。经过分析我们知道，年龄处于两头的人员，或者未曾进入社会交往层面，听说普通话的频率不高，因而谈不到流畅；或者年事已高，与外界交流较少，自认为没有必要学习普通话，因而听说流畅的人数比例也较低。二是能听懂普通话但自己所说普通话在语音、词汇和语法方面带有较明显的非普通话色彩的人数比例，随着年龄增大而呈下降趋势。这说明随着年龄增大，人们应用普通话的整体能力在不断提高。尤其最近几年，甘肃农村人员与外界交往比之以前大为频繁，年龄20岁以上的很多人或参军，或外出务工，与外界交往的环境迫使他们学习和应用普通话，因而在一定程度上说，年龄越大，所说普通话越符合规范。三是能听不能说、既不能听又不能说的人数比例，随着年龄增大呈上升趋势。现今年龄在40岁、50岁、60岁区间的人，分别出生于20世纪60年代、50年代、40年代。我们了解到，在甘肃农村，60年代出生的人员，一部分没有上过学，没有太强烈的应用普通话意识；另一部分上过小学、中学，但上学期间一直使用汉语方言或民族语言，老师课堂上也用方言讲授，这些人也没有形成说普通话的意识。但这两部分人在小时候已能听到普通话广播，看到以普通话为道白的电影，近些年又看到普通话播音的电视节目，所以能听懂普通话但自己不能说。50年代出生的人，大部分没有接受学校教育的经历，生产生活当中完全使用方言或民族语言，其普通话能力多靠广播、电影、电视影响而少量获得，所以他们有时可以听懂普通话，有时听不懂，几乎都不能用普通话交流。40年代出生的人，十之八九为文盲，自小至老都在本乡本土生活，很少与外界接触，小时候形成了方言或本族语言观念，成人后时时刻刻使用方言或本族语言，这种自我语言意识与自足语言实践顽固地拒绝人们学习新的言语交际形式，所以他们听不懂普通话也不能说普通话。

从文化程度来看，文化程度越高，听说流畅的人数比例越高，其他五个调查项的人数比例越低，大专本科学历者在能听不能说、不能听不能说两项的人数比例为零。这就是说，应用普通话能力与接受教育的程度成正比。同时表中数据还显示，无论哪一个学历层次的人员，在能听但词语非普通话、能听但语法非普通话两项中的人数比例都较低，都在 10% 以内。由此可见，在语音、词汇、语法三者当中，语音对人们应用普通话的能力影响最大。这就提醒我们，推广普通话首先必须解决好语音问题。

（2）青海省状况

1）青海省农村居民应用普通话基本状况调查数据统计（见附录表2）。

2）分类数据分析。

第一，应用普通话的场合。

从族别背景来看，相关数据提供了两方面消息：一是汉族人员在家庭和当地公众场所应用普通话的人数比例低于非汉族（主要是撒拉族、土族、蒙古族、藏族），而非汉族人员在学校和跟外地人交往场合应用普通话的人数比例低于汉族。二是各族人员在家庭中使用普通话的人数比例最低，在跟外地人交往的场合使用普通话的人数比例最高。调查得知，第一个方面表明，汉族人员应用普通话的行为受家乡观念的制约，而非汉族人员应用普通话的行为则受民族意识的影响。尽人皆知，在西北乃至整个中国农村，长期流传着这样的俗谚："宁卖祖宗田，不改祖宗言。"现在看来，这实质上是安土重迁的农业社会背景下必然形成的一种语言观念。人们认为，家乡土是衣食之源，家乡话是亲情纽带。若迫不得已，衣食之源可以更置，而亲情纽带则决不能扯断。于是，至今广大农村的汉族居民在家乡（包括家庭）不愿或不敢说普通话。与汉族情况略有不同，有的中年以上非汉族人员认为，祖祖辈辈都依靠农牧业为生，都使用本族语言，现在自己年纪较大，恐怕学说普通话太难。第二个方面表明，亲疏关系对普通话的运用有不小的影响。据一些被调查人讲，家庭对话或亲人交谈，使用方言或自己民族的语言显出一种天然的和谐与融洽。除非是中小学生按照学校要求在家中进行练习，否则，任何一个家庭成员面对家人都难以开口使用普通话。可是，人们跟关系疏远的人尤其是外地人交谈，心理障碍较小，而且在市场经济背景下，村民跟外地人打交道，往往出于一种获利目的，此时他们可能努力去说普通话。因此，跟外地人交往的场合下，应用普通话的人数比例最高。

从语言背景来看，我们原以为第一语言因素所显示的数据，应当和民族因素显示的数据有着相同走势，因为语言是构成民族的首要条件。但事实上，第一语言的观念对人们应用普通话的意识与行为独自产生影响，即第一语言为非汉语者，其应用普通话的积极性受语码转换特有的抗力阻挠。表中数据显示，第一语言为非汉语者，除学校之外的其他三种场合，其人数比例均低于第一语言为汉语者。访谈中了解到，学校一般要求教师和学生学习并应用普通话，为此，第一语言为非汉语者在校园里较为努力地使用普通话，因而人数比例相对较高。而在其他场合，即便他们情愿说普通话，却由于感到从自己的第一语言如撒拉语、土族语、蒙古语或藏语等改讲普通话，既不顺口也不顺耳，因此宁可使用民族语言。在一些生意交往中，他们宁愿请第一语言为汉语者或第一语言为非汉语但能够较好地使用汉语的人为翻译，这样，势必导致在向第一语言为非汉语的人群中推广普通话时，困难且缓慢。

从性别群体来看，在当地公众场合应用普通话的男性比例高于女性，而跟外地人交往的场合，应用普通话的男性比例低于女性。这种状况既与传统上人们对男女有不同规约有关，也跟当今社会发展过程中女性作用发生变化有关。在农村当地，传统上抛头露面一般是男性，无论与本地的干部、大夫等交往，还是与外来的游客、商人等接触，多由男性出面。女性一般不在公众场合出现，更不允许多言多语。近十年来，农村进城务工经商的人员越来越多，许多家庭的年轻夫妇前往南方打工。有些生活贫困的家庭甚至打发女孩随务工队伍外出挣钱，有的女孩进城当服务员或做保姆。客观形势造成女性在社会经济生活中的作用发生变化。在外地，她们必须跟陌生人接触，不得不学说普通话。因此，在这种场合下，女性应用普通话的人数比例较高。

从被调查人身份来看，跟外地人交往的场合，农民和牧民应用普通话的人数比例都在80%以上，但两者交往外地人的具体地点有别，农民中有一部分人留在当地务农，大部分人进城加入建筑、搬运、装潢队伍，还有少数人经商，所以他们跟外地人交往的场合有的在当地，更多的在外地；而牧民长年生产生活在当地，因此跟外地人交往的场合主要在当地，如牲畜、肉类、乳品交易市场。教师和学生应用普通话的主要场合是学校。调查得知，青海省教育管理部门要求，年龄在45岁以下的任课教师，普通话水平最低须达到二级乙等，否则没有上课资格。日月乡中学担任语文教研组长的蒲老师说："评价一个老师教课的好坏，首先要看他普通话说得怎么样。"在这种情况下，老师们在学校都努力应用普通话。学生按照老师要求，在校园也使用普通话。乡镇干部、大夫、商贩、手艺人、宗教界人士，在与外地人交往的场合，应用普通话的人数比例也相对较高。宗教界人士有的在本地主持或参加祭祀活动，有的去外地进修学习。去外地学习归来者，大多能够较好地应用普通话，有的人还在一些场合劝导村民学说普通话。听说个别非汉族宗教界人士还向学校主动提出捐款，用于奖励普通话水平最好的民族学生。

从被调查人年龄区间来看，调查数据反映出如下现象：一是就区间关系（横向）说，随着年龄增大，家庭中应用普通话的人数比例呈递减状，而跟外地人交往的场所应用普通话的人数比例呈递增状。二是就区间内部（纵向）数据关系说，16—30 岁、31—45 岁、46—60 岁、61 岁以上这四个区间，按照家庭、当地公众场所、学校、跟外地人交往的场合顺序，人数比例都呈递增状，唯独 0—15 岁区间的数据不符合这个规律，即在学校应用普通话的人数比例最高，而在公众场合应用普通话的人数比例最低。访谈得知，随着年龄增大，人们的语言应用观念趋向保守。年龄越大，在家庭中地位越高，跟家人、亲戚、朋友、邻居谈话用汉语方言或民族语言，就越显得持重和老练，越让人感到亲切与和蔼。也就是说，年龄越大，越不愿意在家庭说普通话，只有跟外地人交往的场合，偶尔使用，于是，有了年龄越大而跟外地人交往使用普通话的人数比例越高的现象。0—15 岁，正是一般人上中小学的年龄，由于教育部门的要求，学生在校应说普通话，因而该区间人员在学校应用普通话的人数比例最高。同时，因为中小学生跟外地人交往相对较少，所以他们在这种场合应用普通话的人数比例相对最低。

从被调查人文化程度来看，学历越低，在家庭中应用普通话的人数比例越小，而跟外地人交往应用普通话的人数比例越大；反之，学历越高，在家庭中应用普通话的人数比例越大，而跟外地人交往应用普通话的人数比例越小。因为文盲和半文盲人员在家乡原本不说普通话，但是最近几年，他们当中的年轻人绝大部分外出从事非农业工作，在跟城市人口或来自其他地方的民工交际中，不得不边听边说普通话，于是，形成一种现象：跟外地人交往的场合中，文盲和半文盲人员应用普通话的人数比例最高。大专本科学历的人虽然较少，但是在大专院校学习期间，他们大部分已开始应用普通话。毕业回农村后，其工作单位多是学校、乡镇政府、乡村医院、文化工作站，这些人把应用普通话的习惯沿留至工作地。有些家庭的年轻夫妇都有大专或本科学历，在家庭内部也说普通话。这样，学历层次较高者，在各种场合应用普通话的人数比例均较高。

第二，应用普通话的目的。

按照族别分析，在调查表所列四个目的项中，汉族和非汉族尽管同类数据的具体数值不同，但数据反映的事实完全相同，即出于求职或工作需要而应用普通话的人数比例最高，约占被调查人数的一半左右；出于交际方便目的而应用普通话的人数比例次高，为了适应社会而应用普通话的人数比例较低，追求时尚的人数比例最低。显然，各族人员都看重的是普通话对生活与工作的实际帮助作用。这一事实与农村生活状况相符合。在青海农村，人们最迫切的要求是改善生活条件，提高生活水平，尽快走上致富路。他们深切感到，单靠传统的农牧业生产，根本无法实现这一愿望。农民们说，过去务农，基本不用花钱，农业收成尚可养人，而现在种地，需要不断投入人力财力，但庄稼收成不一定能够解决温饱。牧民们说，从前要看谁家富不富，见面就问养的牲畜多不多；从前常年随畜走，畜犊畜奶去换酒。而现在，即便牛羊满地跑，不如瞅着电视好；奶油奶茶香，还想有个电冰箱。显然，牲畜的多少已不再是衡量家庭贫富的标准。人们逐渐直面商品经济，需要在第一产业之外，求得其他职业或工作，从而加快致富速度。为此，越来越多的各族年轻人出外务工，为了在县城、省城或更远的地方找到一份较为轻松而收入较高的工作，他们尝试使用普通话。

按照语言背景分析，汉语群体和非汉语群体有明显的共性特征，即为了求职或满足工作需要而应用普通话的人数比例最高，为了方便交际而应用普通话的人数比例次高。这一点跟族别背景下的情况相同。但另外两组数字显示的情况有别，即族别背景下追求时尚的人数比例最低，而不同语言背景下为适应社会发展而应用普通话的人数比例最低，仅为5%和2%。显然，人们普遍还没有意识到，应用普通话是当代社会一个合格公民整体素质、道德修养和精神面貌的重要体现；没有意识到，人机交际环境下，应用普通话是个人、集体、国家在信息化高速公路上快速迈进的必要手段；更没有意识到，全球化背景下，应用普通话是彰显现代化程度、塑造中华民族整体形象、增强中华民族凝聚力、提升综合国力的重要条件。

按照性别特征分析，男性和女性应用普通话的目的没有明显差异，仍以求职或工作需要、便于交际为第一和第二目的，以适应社会为第三目的。但是，相对而言，以求职或工作需要为目的的男性人数比例高于女性，而以便于交际为目的的女性人数比例高于男性。这是因为，农村的男性一般担负着谋划家庭生计的主要责任，他们的劳动效益和劳动成果是决定家庭生活水平与质量的主要因素。男子长大成人后，会自觉不自觉地挑起生计重担，或在家乡操持农耕牧放、在村镇一些公务部门充职做工，或在外地寻求工作、致富养家。而女性的生活担子相应较轻，她们更看重普通话的交际功能。

按照身份特征分析，若以便利交际为目的，则乡镇干部的人数比例最高，因为青海农村乡镇往往农牧区兼有，不同的民族群体交错分布，乡镇干部常常要跟操着不同语言形式的群众交往，这是很多干部尤其外地赴青海工作的干部首先面临的问题,最好的解决办法当然是应用普通话。若以追求时尚为目的,各类人员的比例都很低,但学生相对比例较高,这显然是特定的年龄段和少年儿童特有的认知心理所致。若以求职或工作需要为目的,则教师人数比例最高,原因是,国家有关法规明确要求,学校应以普通话为教育教学用语。青海省同全国其他省市一样,教育主管部门相应制定了一系列办法,对教师应用普通话的状况进行考查监督,因此大部分乡、村教师认为,满足工作需要是应用普通话的主要目的。若以适应社会为目的,则牧民人数比例最高。据了解,近年来青海省相继出台了退牧还草、生态移民等方面的政策。一部分牧民从草场迁入移民新村定居,家里有了普通话播音的广播电视,孩子送进学校接受以普通话为教学语言的文化教育。政府还制订政策,引导牧民从原来的第一产业(放牧)向第二、三产业转移,发展具有自己民族特色的旅游业、医药业等,人们开始广泛地接触来自外地、应用普通话的人员。生活方式的巨大变化,使人们真切感到,应用普通话是适应社会发展、适应新生活的当务之急。

按照年龄特征分析,表中数据告诉我们,15岁以下、46—60岁、60岁以上人员应用普通话的首要目的是适应社会;16—30岁、31—45岁人员应用普通话的首要目的是求职或满足工作需要。这就是说,少年儿童、壮年和老年人感到,应用普通话能让他们适应当代社会,少年儿童借此步入现代文明,中老年人借此享受改革开放的成果。青年和中年人感到,应用普通话能让他们改变生活,青年人借此有望叩开农牧业之外的就业门路,中年人借此可得到二、三产业的较高收入回报。

按照文化程度分析,有两种情况,第一种,文盲半文盲、小学、中学程度的人员，应用普通话的目的首先是求职或满足工作需要，其次是便利交际；第二种，大专本科程度的人员，应用普通话的目的首先是便利交际，其次是适应社会。由此可见，两种情况下，便利交际是共同目的，但访谈表明，文化程度较低者把应用普通话作为能够改变物质生活状况的一种手段，而文化程度较高者却把应用普通话当作提升精神文明水准的一种方式。

第三，应用普通话的能力。

以民族群体而言，在设定的六个调查项目中，前两项（听说流畅、能听但口音重）数据对比显示，汉族的人数比例高于非汉族。可见，汉族人员整体听说普通话的能力强于非汉族。这一点跟甘肃情况完全相同。中间两项（能听但词语非普通话、能听但语法不合普通话规范）数据对比显示，汉族的人数比例低于非汉族。就是说，在能听能说普通话的人员中，更多的非汉族人员所用词语不属于普通话范围，或来自当地汉语方言。如普通话说"这个人很矮"，同仁县加吾乡藏民说："这个人实话的矬。"（"实话"意思是"真的"，"矬"意思是"矮"）或夹带本族语词，如普通话说"姐姐漂亮"，互助县红崖子沟乡土族村民说："阿佳好看。"（在土族语中，"阿佳"指跟自己同辈但年龄较长的所有女性）后面两项（能听但不能说、不能听不能说）数据显示，汉族的人数比例低于非汉族。这说明，汉族人员中不能说普通话的人比非汉族少。

以语言背景而言，数据的整体走向类似于从民族角度调查的结果，且所显示的规律与甘肃省同项情况相同。这里不再重复叙述。

以性别而言，男性数据与女性数据各显特点：男性人员比例数两端小，中间大。相反，女性人员比例数两端大，中间小。这就是说，对男性而言，听说流畅、不能听不能说的人数少于女性，而能听但口音重、能听但词语非普通话规范、能听但语法不合普通话规范、能听但不能说的人数多于女性。对女性而言,听说流畅、不能听不能说的人数多于男性,而能听但口音重、能听但词语非普通话、能听但语法不合普通话规范、能听但不能说的人数少于男性。与甘肃情况基本相同:具有较强普通话应用能力和纯粹没有普通话应用能力的男性比女性少,而能听能说普通话但整体听说水平不高的男性比女性多。或者说,更多的男性具有一定听说普通话的能力但整体水平不高,而更多的女性没有听说普通话的能力但少数却具有比一般男性更强的普通话应用能力。事实上,西北地区农村人员应用普通话的状况多年如此。我们认为,这是自然跟社会双重因素影响的结果。就人的语言生理基础来说,女性比男性更早学会说话,同时女性的语言模仿能力强于男性,因而女性比男性听说能力更强。但在西北农村,传统社会观念认为,无论男女,都不应该使用"言子"(指说话人使用的不同于自己所操方言之话语),尤其在家乡,若不得已,男性犹可适当使用,而女性则绝对不能。受此观念影响,女性一般不学说普通话。因此,没有听说普通话能力的女性多于男性。近年来,这种情况有所变化,但习惯性影响仍然存在。

以身份而言,情况各有差异,现逐项分析:(1)听说流畅的人数比例,最高的是教师和学生,最低的是农民和牧民。这显然是因为教师和学生接受过或正在接受普通话训练,而农民和牧民则大部分没有这个机会。(2)能听但口音重的人数比例,最高的是乡镇干部和大夫、商贩、手艺人。据了解,乡镇干部当中,约有十分之一的人受过高等学校校园环境熏陶,其应用普通话的能力相对较强;另外一些干部凭借耳闻印象在一些场合说普通话,他们给人明显的感觉是汉语方言口音或民族语腔调较浓。大夫、商贩、手艺人既有本地人又有外地人，他们相互之间、在民族杂居区跟当地人之间，其来往和交易，都应用各自力所能及的普通话，因而凸现出四面八方的口音。(3)能听但词语非普通话的人数比例，最高的是农民和牧民，他们绝大多数是文盲半文盲或小学文化程度且年龄在45岁左右者，有的人识字，但平时不读书、不看报，掌握的普通话词语很少，因此，说起普通话来夹带大量汉语方言词语或民族语言词语。如"人家给你说了两句撒情子话，你就高兴得很"。这里的"撒情子话"指恭维话，是青海方言词语，不是普通话词语。(4)能听但语法不合乎普通话规范的人数比例，最高的是大夫、商贩、手艺人和牧民。许多藏医、非汉族商贩和手艺人在周边游走时，常用普通话作为基本交际语言，其普通话带有明显的非汉语语法痕迹，如藏族手艺人常说："我这个手艺有。"按照普通话语法，这句话的语序应当是"我有这个手艺"或"这个手艺我有"。说话人受了藏语的影响，使用了汉语词语，却套用了藏语语序。牧民情况与此相同。(5)能听但不能说的人数比例，最高的是农民和乡镇干部。这些人当中，小学文化程度者居多，且年龄都在50岁以上。他们常年在本地务农或工作，与外界交往甚少，但因为具备初级文化程度，能够凭借汉字的引导与提示理解普通话，所以对普通话并不感到陌生，大体可以听懂广播电视的普通话播音，能听懂别人说的普通话。经询问，50岁以上的农民几乎都承认，自己根本不会说普通话。我们问他们为何不开口试试，他们说："这是年轻人的事情，自己天天和土坷垃打交道，用不上标准话。"能听但不能说普通话的乡镇干部基本上是藏族、土族、撒拉族干部，他们出生于民族家庭，上的是民族中小学，会说一些汉语方言，能大体听懂普通话，却不能用以交际。(6)不能听不能说的人数比例,最高的是农民和牧民,这些人少量为男性,大部分是女性,既包括藏族、回族、蒙古族等少数民族人员,也包括汉族人员,基本都是文盲且年龄在60岁左右者。他们从未离开本土,听不懂普通话播音,很少跟使用普通话的人交往,对普通话较为陌生。若跟他们交流,非得用当地话不可。未曾定居的大部分牧民,对普通话几乎一无所知,外界人进入牧区,须说当地话,否则将会不受欢迎。据日月乡南部牧区的牧民介绍,由于特有的随畜而动的生活方式限制,他们与外界交往极少,既不去周围农村,也绝少进城,没必要学习普通话。游牧地区几乎是普通话的盲区。

以年龄区间而言,各种数据呈现出两个特点:一是低、中、高三个年龄段的人员,其应用普通话的能力层次分明;二是年龄区间的变化,引出两种相反的数据走势。先分析第一个特点:(1)15岁以下儿童能听但口音重的人数比例最高,不能听不能说的人数比例最低。因为这个年龄段的儿童绝大多数都在小学或中学学习,教育部门要求老师和学生将普通话作为校园用语,师生基本能够听说普通话,但受汉语方言或民族语言的语音影响,所以学生所说的普通话口音较重。(2)31—45岁人员,听说流畅的人数比例最高,不能听不能说的人数比例较低。这些人员出生于20世纪六七十年代,目前正值年轻力壮,是农牧业生产的主力,各种交际活动较为频繁,其中农业人口多有出外务工经历,生活环境和工作需要迫使他们学说普通话,因而很多人都有较强的听说普通话能力。一些妇女、非汉族牧民不能听说普通话。(3)61岁以上的人员,听说流畅的人数比例最低,不能听不能说的人数比例最高。这些人员,以前没有机会外出,现在年龄偏高更不外出,因而与家乡以外人员没有交往,生活圈子固定在家庭或村社。他们使用汉语方言或民族语言过程中，没有遇到太多的言语交流困难，所以学说普通话的意识相当淡薄，主动应用者更少。现在说第二个特点，表中数据反映，随着年龄增大，能听但口音重的人数比例逐渐减小，即从 26%、25%、21%、19% 到 17%，而不能听不能说的人数比例逐渐增大，即从 8%、9%、12%、16% 到 27%。这显然说明，年龄越大，不能应用普通话的人员越多。

以文化程度而言，所列六项数据比例的规律性最强：文化程度跟听说流畅、能听但口音重的人数成正比，即文化程度越高，则听说流畅、能听但口音重的人数越多；文化程度跟能听但词语非普通话、能听但语法不合普通话、能听但不能说、不能听不能说的人数成反比，即文化程度越高，则这四项的人数越少。

3）综合数据分析。

第一，对"0"的考察。

调查结果统计表中，有两个比例数为"0"，一个在"应用普通话的场合"栏"家庭"项，跟"文化程度"栏的"文盲半文盲"项的相交点；另一个在"应用普通话的能力"栏"不能听不能说"项，跟"文化程度"栏"大专本科"项的相交点。虽然"0"所在的位置不同，但促使其出现的一个基本条件是文化程度：文化程度最低者（文盲半文盲），有一部分人根本没有应用普通话的能力；文化程度最高者（大专本科），一般都有应用普通话的能力。这就是说，应用普通话的能力跟接受教育的程度密切相关。

第二，对较低比例数所在项的考察。

首先，"应用普通话的场合"栏中，"家庭"项的整体比例数相对较低。这表明，在青海农村，无论哪种人群，都不愿在家庭内应用普通话。由此看来，推广普通话应当考虑公共交际与家庭交际的区别，做到两利两便：利于国家政策推行，利于社会交际；便于家庭和谐，便于个人使用。

其次，"应用普通话的目的"栏中，"追求时尚"项的整体比例数相对较低。可见，人们普遍认为，应用普通话不是为了追求时尚，而是为了便利实用。

再次，"应用普通话的能力"栏中，"不能听不能说"项的整体比例数相对较低。就是说，在青海农村，没有应用普通话能力的人只是少数。反过来说，虽然青海农村人员整体应用普通话的水平不是太高，但大多数都有应用能力。这就告诉我们，推广普通话时，应双管齐下，一方面引导没有应用能力的人员学习和使用；另一方面须提升已有一定应用能力人员的水平，促使地方普通话向规范的普通话靠拢。

第三，对较高比例数所在项的考察。

首先，"应用普通话的场合"栏中，"跟外地人交往"项的整体比例数相对较高，22个比例数当中，18个在40%以上，最高为95%。由此可见，绝大部分人员应用普通话的场合是跟外地人交往。

其次，"应用普通话的目的"栏中，"求职或工作需要"项的整体比例数相对较高，22个比例数当中，16个在35%以上，最高为59%。这表明，大部分人应用普通话的目的在于求职或满足工作需要。

再次，"应用普通话的能力"栏中，"能听但口音重"项的整体比例数相对较高，22个比例数当中，13个在20%以上，最高为45%。这表明，很多人具有听说普通话的能力，但是口音较重。

（3）宁夏回族自治区状况

1）宁夏农村居民应用普通话基本状况调查数据统计（见附录表3）。

2）分类数据分析。

第一，应用普通话的场合。

从民族类别看，在四个调查项中，家庭、当地公众场合两项的人数比例，都是汉族低于非汉族；学校、跟外地人交往两项的人数比例，是汉族高于非汉族。这种状况跟甘肃、青海两省相同。其原因也相同。这里不赘述。

从语言背景看，第一语言为汉语的群体和第一语言为非汉语的群体，其四个调查项的人数比例大体一致。就是说，第一语言为汉语的群体跟第一语言为非汉语的群体在同样场合应用普通话的积极性同等高低。这种状况跟甘肃、青海均不同。起初，我们感到这种结果难以解释。经过几次对第一语言为汉语的民族和非汉语的民族人员访谈，同时对语言和民族交错关系的梳理，我们才明白一个道理，即主流语言对人们应用普通话的行为会产生巨大影响力。语言接触的基本原理告诉我们，互相接触的两个语言群体，如果一个群体的人数绝对多于另一个群体，那么人数较少的群体的语言使用会受到挤压。人数较多群体的语言成为强势语言，而人数较少群体的语言成为弱势语言。一般来说，弱势语言会向强势语言认同。我们从有关资料得知，至2005年11月1日零时，宁夏回族自治区常住人口为595万，其中汉族人口为381万，约占总人口的64.02%；回族人口为210万，约占总人口的35.31%；其他少数民族人口为4万，约占总人口的0.67%。（宁夏回族自治区统计局2006年3月17日发布的《2005年宁夏回族自治区1%人口抽样调查主要数据公报》）自治区内有35个民族，人数较多的依次为汉族、回族、满族、东乡族、蒙古族。既然汉族和回族占全区人口的99%以上，而这两个民族的人口完全使用汉语，那么毫无疑问，汉语是强势语言。其他人数相对较多的几个民族当中，满族人员一律使用汉语，东乡族和蒙古族人当中40岁以下的人员基本上以汉语为第一语言。我们在访谈过程中观察到，蒙古族青年在本村日常使用的语言都是汉语方言，当我们提问时，他们有的人还用普通话回答，同时又用方言征询别人的意见，然后再用普通话回答。东乡族和蒙古族人当中年龄较大者，其第一语言为东乡语或蒙古语，但都兼通汉语，只有在家庭内部大人之间或同一民族、相同年龄段的人员聚集一起时，他们才使用民族语言。可见，非汉语的使用场合极为有限。在这种情况下，第一语言为汉语的群体和第一语言为非汉语的群体，应用普通话的场合自然无别。通过调查，我们发现，就甘肃、青海、宁夏三省区人口应用普通话的整体水平而言，宁夏相对较高，这可能跟区内民族语言背景有关。

从性别群体来看，在当地公众场合，应用普通话的男性人数比例高于女性；而跟外地人交往的场合，应用普通话的男性人数比例低于女性。这跟青海省的情况完全相同。原因不再分析。

从身份来看，乡镇干部在当地公众场所应用普通话的人数比例相对较高。一般来说，乡镇干部比其他人员在当地公众场所有更多发言机会，或组织大家开会，或宣讲有关政策；有时需要陪同来自县、市、区甚至中央的领导检查工作或进行汇报，有时需要与前来交流的外地人员交谈。教师和学生在学校应用普通话的人数比例都较高，而学生更高。宁夏回族自治区教育部门要求中小学师生在校都讲普通话，但对农村中小学年龄较大的教师不作硬性规定。虽然近二十年来大量大中专毕业生尤其是师范类毕业生补充到了中小学教师岗位，他们能够应用普通话，因而教师应用普通话的人数比例大大提高，但骨干教师中还有不少民办教师、代课教师，这些人员年龄偏大，一直在本乡镇或本村的学校执教，始终使用汉语方言授课，课堂内外语言形式变化不大。农民和宗教界人士跟外地人交往时应用普通话的人数比例都在 70% 以上。改革开放以来，农民中出外务工的人员越来越多，这些人在家庭、当地公众场合不说普通话，但去北京、山西、上海、广州等地参与建筑、搬运等工作时，被迫学说普通话，以便在当地生活。若干年前，阿訇等宗教界人士数量相对较少，其活动范围基本限于本地较小范围。近年来，这支队伍不断壮大，活动范围也越来越广，不少宗教界高层人士频繁往来于宁夏、甘肃、北京甚至国外一些地方的宗教部门和清真寺院。为便于跟外地人交流，他们多应用普通话。调查得知，自 2003 年以来，宁夏回族自治区对全区宗教职业人士开展民族宗教政策以及相关宗教知识的培训，区内伊斯兰教经学院举办多层次培训班，教员与学院应用普通话交流。自治区统战部门还组织有名望的宗教界人士赴江苏、上海、北京等地参观学习，开展交流。有一部分宗教界人士经常参加自治区高层会议，还有人进京参加国家会议。因此宗教界人士跟外地人交往使用普通话的人数比例相对较高。

从年龄段来看，宁夏农村状况跟青海相同，这里不再展开分析。

从文化程度看，在家庭、当地公众场所、学校这三种场合，大专本科学历者应用普通话的人数比例均为最高；而跟外地人交往的场合，文盲与半文盲应用普通话的人数比例最高。这就是说，学历越高，应用普通话的场合越多；学历越低，应用普通话的场合越少。我们在访谈中了解到，文盲与半文盲人员一般情况下不说普通话，但在外地搬运、挖煤、修建等场地跟人交往时，需要边学边说普通话，这样对于该群体而言，跟外地人交往时应用普通话的人数比例最高。

第二，应用普通话的目的。

从民族群体来看，无论是汉族还是非汉族，求职或满足工作需要仍然是人们应用普通话的主要目的，因为在方便交际、追求时尚、求职或工作需要、适应社会四项中，只有第三项的人数比例在60%以上。可见，人们学习和应用新的语言形式的基本出发点，在于该语言形式对生活和工作具有一定帮助。另外，表中数据还反映出，认为应用普通话有利于交际的人数比例，非汉族人员高于汉族；认为应用普通话是为了适应社会发展的人数比例，汉族人员高于非汉族。这就是说，非汉族人员更看重普通话的交际价值，而汉族人员更看重应用普通话的行为对社会进步的显现价值。

从语言群体来看，无论是汉语群体还是非汉语群体，人数比例较高的仍然是求职或满足工作需要一项。其他各项数据走向及其特征与甘肃、青海状况相同，这里不再分析。

从性别群体来看，男性和女性仍以求职和满足工作需要为第一目的，以便于交际为第二目的，以适应社会为第三目的，且以便于交际为目的的女性人数比例高于男性，以求职为目的的男性人数比例高于女性。这些都跟甘肃、青海状况相同。但相对而言，在宁夏农村，以适应社会为目的的男性人数比例高于女性，这一点有别于甘、青两省区。经访谈，我们才明白，这跟宁夏回族自治区的民族特点有关。前文已经说过，宁夏回族自治区内的回民数量较多，而按照回族的传统习惯，女性与外界接触较少，所以应用普通话的人数比例也相对较低。

从身份来看，各种身份的人员仍然以便于交际和求职的人数居多。但情况又有不同，若以方便交际为目的，则宗教界人士的人数比例最高，而学生的人数比例最低。在前一节我们已经指出，近年来，宁夏回族自治区的宗教界人士数量增大，活动范围不断扩展，活动层次不断提升，所以宗教界人士尤其是高层人士应用普通话的人数比例越来越高。而西北农村的学生，相对来说活动范围较为具体有限，主要在校园内活动，与外界交往很少，所以以交际为目的的人数比例较低。若以求职或满足工作需要为目的，宗教界人士的人数比例最低，而教师的人数比例最高，因而教师则存在保持岗位或得到岗位的问题。宁夏回族自治区教育厅于 2001 年颁布的《宁夏回族自治区教师资格制度实施细则（试行）》第三章 "教师资格认定条件" 第十二条规定，无论小学教师，还是普通中学或职业中学的教师，若要认定教师资格，那么 "申请人的普通话水平，应当达到国家语言文字工作委员会颁布的《普通话水平测试等级标准》二级乙等及以上标准。申请人的普通话水平测试，由自治区教育厅和语言文字工作机构共同组织实施，由指定的普通话水平测试站负责测试。测试合格者颁发由国务院教育行政部门（国家语言文字工作委员会）统一印制的《普通话水平测试等级证书》。已经取得《普通话水平测试等级证书》（二级乙等及以上）者，不再重新测试。首次认定中，对尚未取得《普通话水平测试等级证书》（二级乙等及以上）的在职教师，可依据其他条件先受理申请、履行认定手续，待取得相应的《普通话水平测试等级证书》后再颁发《教师资格证书》"。显然，教师为了满足工作要求，必须掌握普通话，因此，应用普通话的人数比例最高。若以适应社会为目的，则教师的人数比例最低，而宗教界人士的人数比例最高。原因是农村中小学教师主要在学校内部使用普通话，跟社会上其他人员接触不多，所以他们自己认为，说普通话是眼下工作的需要，而不是社会的需要。宗教界人士则在社会各阶层、众多领域交往，因此他们明显感到社会环境需要他们应用普通话。

从年龄段来看，四个调查项的数据走向各有特点：随着年龄增大，认为应用普通话便于交际的人数比例越来越大，认为应用普通话可以追求时尚的人数比例越来越小，认为应用普通话便于求职或满足工作需要的人数比例两头小、中间大，认为应用普通话可更好地适应社会的人数比例两头大、中间小。其走向与青海状况略有差异，而与甘肃情况完全相同。这里不再分析。

从文化程度来看，我们可以看出两个特征，一是文化程度越高，以方便交际为目的的人数比例越高，而以追求时尚为目的的人数比例越低。文化程度越高的人员越把应用普通话作为一种日常交际的基本工具，而不把它作为炫耀自己的手段。二是随着文化程度提高，以求职或满足工作需要为目的人数比例逐渐降低，而以适应社会为目的的人数比例逐渐增高。宁夏农村，文化程度较高的人员尤其是大专本科学历者，一般都由政府或部门录用，安排工作，不存在就业问题，因而以求职或满足工作需要为目的的人数比例较低，相对而言，他们更看重自己在不断进步的社会当中的适应能力。

第三，应用普通话的能力。

从民族群体来看，汉族和非汉族有一个共同特征，即既能听懂普通话，又能说普通话，但所说普通话带有明显地方口音的人数比例均较高。原因如前面所说，宁夏农村的非汉族人口主要是回民，他们跟汉民一样，第一语言是当地汉语方言，因而应用普通话时难免受方言口音影响。相对而言，听说流畅的人数比例，汉族高于非汉族；既不能听普通话又不能说普通话的人数比例，非汉族高于汉族。两个数据，一个原因：汉族人员中上过小学、中学的人数多于非汉族，这些接受过学校教育的人员一般都可以听说普通话。非汉族人员中很多人没有进过普通学校，应用普通话的意识相对较弱。此外，数据还表明，能说普通话但话语中较多的词语不合乎普通话规范的非汉族人员，其人数比例高于汉族。经我们观察，这样的词语多存在于回族群众的口头，主要是一些来自阿拉伯语、波斯语的词语。如普通话说："我刚跟他开玩笑，他脸色就不好看了。"同心县马高庄乡人说："我刚说了个耍话，他的苏热其就变了。"又如普通话说："老马两口子是一个教派的人。"西吉县兴隆镇的人说："老马两口子是一个甲依上的人。"据了解，这里的"苏热其"是阿拉伯语词 surāt（脸色、相貌）的音译，"甲依"是波斯语 jā yi（位置、教派）的音译。访谈得知，20世纪80年代前后，很多回民家庭的家长打发孩子学习阿拉伯语或在经堂念经，这些人员现在进入中年，他们使用汉语方言时，话语中不时夹杂着非汉语词语，应用普通话时，便难免将这样的词语带进普通话。

从语言背景来看，汉族跟非汉族在各调查项中的数据对比情况，与汉语跟非汉语相应调查项中的数据对比情况基本相同。这是因为一般情况下民族和语言是一体双边关系。虽然宁夏农村的主体民族是汉族和回族两个民族，但其第一语言都是汉语，共同的语言背景使得相应调查项的数据表现出相同的特点。

从性别群体来看，六个调查项的数据有两种情况，一是听说流畅、能听但词语非普通话、不能听不能说的人数比例，女性高于男性；二是能听但口音较重、能听但语法不合普通话规范、能听但不能说的人数比例，男性高于女性。我们认为，这既跟性别导致语言应用的准确程度不同有关，也跟宁夏农村地区男性上学人数较多而女性上学人数较少的习惯有关。社会语言学原理的一个基本观点就是，语言应用状况跟性别有关，女性习得语言的天赋优于男性，因此相同条件下，女性听说流畅的人数比例较高；而在能听能说的前提下，口音较重、语法不合普通话规范的人数比例，女性低于男性。女性一旦能听，大多也就会说，因而能听不能说的人数比例也低于男性。我们了解到，多年来，宁夏农村保持一种传统习惯，即如果条件许可，男孩子可以进学校学习，但家长一般不送女孩子入学，因为"女子娃终究是人家的人"。这样男性自小有相对较多的机会置身于普通话应用的场合，因而应用普通话时，词语不合普通话规范的现象相对较少，既不能听又不能说的人数比例也相对较少。

从身份来看，农民中能听不能说、不能听不能说的人数比例最高，而听说流畅的人数最低。农民大部分时间在本土生活，环境决定它们听普通话的机会多于说的机会，以前有收音机、广播、电影影响；现在有电视播音，还有说普通话的外地人、农村中小学教师和学生应用普通话对周边的影响，因此很多人的听力不知不觉中得到了锻炼，而说普通话的能力却没有多少机会锻炼并提高。多年来，宁夏农村处于比较闭塞的状态，人们处于自给自足的生存环境，应用汉语方言或少数场合应用民族语言，已完全能够满足生活需要，没有必要说普通话，因此年龄在50岁左右的农民，不能听不能说的人数比例很高。在这种情况下，听书流畅的人数比例自然较低。与此相反，教师和学生当中，听说流畅的人数比例最高，而能听不能说、不能听不能说的人数比例最低。前面已经多次说到，由于教育主管部门的要求，农村中小学教师和学生至少在校园里应用普通话，师生们有相对宽松的环境练习听说普通话能力，所以绝大多数师生听说普通话的能力比其他身份人员强。对乡镇干部、大夫、商贩、手艺人、宗教界人士而言，其共同特点是能听不能说、不能听不能说的人数比例最低；但乡镇干部所说流畅的人数比例较高，而大夫、商贩、手艺人和宗教界人士能说但口音较重的人数比例较高。因为这几类人员都有机会听说普通话，但由于乡镇干部多是文化程度相对较高的人员，他们多有在学校学习时应用普通话的经历；而大夫、商贩、手艺人多为土生土长的农村劳动者，由于工作生活需要，他们有时讲说普通话，但因为一般没有人为其校正、引导，所以方言口音较为明显。

从年龄区间来看，随着年龄增大，六组数据呈现出三种样态：一是高峰状。听说流畅的人数比例走势即为此状，两头低，中间高，即5—15岁、16—30岁、46—60岁、61岁以上四个区间的人数比例较低，分别为12%、35%、25%、13%；31—45岁的人数比例最高，为37%。二是下坡状。能听但口音较重、能听不能说、既不能听又不能说的人数比例走势即为此状，比例数分别为15%、17%、20%、26%、32%、5%、7%、10%、11%、14%、10%、12%、15%、17%、22%。三是波浪状。能听能说但词语非普通话、能听能说但语法不合普通话规范的人数比例走势即为此状，数据变化起伏不定。我们了解到，宁夏农村居民，如果具有听说普通话的能力，那么一般来说，5—15岁为初步学习普通话的阶段；16—30岁为初步应用普通话的阶段；31—45岁为较频繁应用普通话阶段，这一阶段为人生最成熟时期，劳动工作任务重，跟外界交往频繁，交往面广阔，应用普通话的频率较高，因而听说流畅的人数比例也相应较高。作为农村居民，幼年时期一般都在当地方言或民族语言环境中自然习得方言或民族语言，但此时人们模仿语言的能力强大，听到老师、收音机和电视播音员或其他人的普通话，可以比较容易地加以模仿并应用，所以口音重的人数比例较低。而随着年龄增大，人的语言模仿能力逐渐减退，底层方言或民族语言的影响越来越强，所以口音越来越重。至于词语和语法不合普通话规范的人数比例起伏现象，调查中未得到答案。从理论上说，年龄较轻的人员受方言或民族语言影响较小，所用词语或语法不合普通话规范的人数比例应该较低，但调查统计数据正好相反。这个问题留待以后继续研究。

从文化程度来看，文化程度越高，听说流畅的人数比例也越高，其他五个调查项的人数比例却越低，大专本科学历者在能听不能说、不能听不能说两项的人数比例为零。这仍然说明，应用普通话能力与接受教育的程度成正比。这个数据走势与甘肃省情况相同，不再分析。

二、应用普通话的具体情况——听、说

（一）听普通话的情况

1. 不具有听普通话能力的人员情况

甘青宁三省区农村，有一部分人不具备听普通话的能力。那么，他们怎样获得有关信息？为了弄清这些情况，我们在问卷中设计了下面几个问题：

题目四，选择。在括号内符合你实际情况的答案上打√，每题只能选1个答案。（注意：可由答题人自己阅读题目并选择答案，也可由调查人阅读，被调查人听取并选择答案。）

1. 别人通过电视或广播收看收听新闻节目，从而了解重大消息，但你却根本听不懂时，你的心理感受如何？（无可奈何、无所谓、要会说普通话多好）

2. 如果你听不懂电视剧中演员道白或对话所用普通话，你怎么了解剧情？（听别人用方言或民族语言讲解、既根据画面判断又听人讲解、看看画面作罢）

3. 听不懂普通话，你是否感觉到生活不够方便？（不方便、有时不方便、方便）

4. 你有无学习普通话的打算？（有、没有）

关于第 1 题，甘肃省接受问卷调查的 6336 人中，有 570 人听不懂普通话，约占接受问卷调查人数的 9%。在这些没有听普通话能力的人员中，回答"无可奈何"的有 325 人，约占 57%；回答"无所谓"的有 137 人，约占 24%；回答"要会说普通话多好"的有 108 人，约占 19%。青海省接受问卷调查的 4290 人中，有 462 人听不懂普通话，约占接受问卷调查人数的 11%。在这些没有听普通话能力的人员中，回答"无可奈何"的有 226 人，约占 49%；回答"无所谓"的有 111 人，约占 24%；回答"要会说普通话多好"的有 125 人，约占 27%。宁夏回族自治区接受问卷调查的 4272 人中，有 299 人听不懂普通话，约占接受问卷调查人数的 7%。在这些没有听普通话能力的人员中，回答"无可奈何"的有 129 人，约占 43%；回答"无所谓"的有 57 人，约占 19%；回答"要会说普通话多好"的有 114 人，约占 38%。从这些数据可以看出，甘肃、青海、宁夏三省区没有听普通话能力的人员中，回答"无可奈何"的人数比例呈下降趋势，而回答"要会说普通话多好"的人数比例呈上升趋势。这表明，甘肃省没有听说普通话能力的人员中不知所措的人数最多，而宁夏回族自治区没有听说普通话能力的人员中，有学习普通话愿望的人数最多。由此也可以推论，在甘肃省农村地区，人们学习和应用普通话的意识还不强烈，而在宁夏农村，人们有比较强烈的学习和应用普通话的意识。

关于第 2 题，甘肃省 570 位不具备听普通话能力的人员中，回答"听别人用方言或民族语言讲解"的有 165 人，约占 29%；回答"既根据画面判断又听人讲解"的有 302 人，约占 53%；回答"看看画面作罢"的有 103 人，约占 18%。青海省 462 位不具备听普通话能力的人员中，回答"听别人用方言或民族语言讲解"的有 125 人，约占 27%；回答"既根据画面判断又听人讲解"的有 240 人，约占 52%；回答"看看画面作罢"的有 97 人，约占 21%。宁夏回族自治区 299 位不具备听普通话能力的人员中，回答"听别人用方言或民族语言讲解"的有 90 人，约占 30%；回答"既根据画面判断又听人讲解"的有 164 人，约占 55%；回答"看看画面作罢"的有 45 人，约占 15%。这就说明，三省区农村不具备听普通话能力的人员中，80% 左右的人在看电视剧时需要借助别人用汉语方言或民族语言"翻译"演员道白。20% 左右的人听不懂演员道白，也不想通过语言解释途径弄懂剧情。据我们了解，前一部分人多是 45—55 岁之间的文盲，后一部分人多是 55 岁以上的文盲。

关于第 3 题，甘肃省 570 位不具备听普通话能力的人员中，回答"不方便"的有 205 人，约占 36%；回答"有时不方便"的有 274 人，约占 48%；回答"方便"的有 91 人，约占 16%。青海省 462 位不具备听普通话能力的人员中，回答"不方便"的有 171 人，约占 37%；回答"有时不方便"的有 194 人，约占 42%；回答"方便"的有 97 人，约占 21%。宁夏回族自治区 299 位不具备听普通话能力的人员中，回答"不方便"的有 90 人，约占 30%；回答"有时不方便"的有 152 人，约占 51%；回答"方便"的有 57 人，约占 19%。这些数字反映着一种共同趋势，即三省区农村中，不具备听普通话能力的人员感到生活有时不方便的人数比例最高，感到生活不方便的人数比例次高，感到对生活没有影响的人数比例最低。这就是说，没有听普通话能力的人员大部分都感到普通话对生活具有一定影响，只有少数人员认为能不能听普通话都对生活没有影响。据我们了解，回答"方便"的人员基本上都是年龄在55岁以上的文盲，尤其非汉民族的女性更多。

  关于第4题，甘肃省570位不具备听普通话能力的人员中，回答"有"的为177人，约占31%；回答"没有"的为393人，约占69%。青海省462位不具备听普通话能力的人员中，回答"有"的为171人，约占37%；回答"没有"的为291人，约占63%。宁夏回族自治区299位不具备听普通话能力的人员中，回答"有"的为102人，约占34%；回答"没有"的为197人，约占66%。可以看出，三省区农村居民没有听普通话能力的人员中，甘肃省不打算学习普通话的人数最多，青海省不打算学习普通话的人数最少。

2. 具有听普通话能力的人员情况

  前一节按照听说普通话的能力，把所有人员分了三类。为对第一、二类人员听普通话状况有个整体了解，我们在问卷中设计了下面的题目：

  题目五，选择。在括号内符合你实际情况的答案上打√，每题只能选1个答案：（注意：可由答题人自己阅读题目并选择答案，也可由调查人阅读，被调查人听取并选择答案。）

  1. 你能听懂中央电视台新闻联播节目的播音吗？（完全能听懂、大部分能听懂、大部分听不懂）

  2. 你能听懂电影、电视剧当中演员的普通话道白吗？（完全能听懂、大部分能听懂、大部分听不懂）

3. 你能听懂本地人所说的普通话吗？（完全能听懂、大部分能听懂、大部分听不懂）

4. 你能听懂外地人尤其是操南方口音的人说的普通话吗？（完全能听懂、大部分能听懂、大部分听不懂）

关于第 1 题，甘肃省接受问卷调查的 6336 人中，有听普通话能力的共 5766 人，约占被调查人数的 91%。其中选"完全能听懂"新闻联播节目播音的有 4325 人，约占有听普通话能力人数的 75%；选"大部分能听懂的"新闻联播节目播音的有 1211 人，约占有听普通话能力人数的 21%；选"大部分听不懂"新闻联播节目播音的有 231 人，约占有听普通话能力人数的 4%。青海省接受问卷调查的 4290 人中，有听普通话能力的共 3828 人，约占被调查人数的 89%。其中选"完全能听懂"新闻联播节目播音的有 2756 人，约占 72%；选"大部分能听懂"新闻联播节目普通话播音的有 727 人，约占 19%；选"大部分听不懂"新闻联播节目播音的有 345 人，约占 9%。宁夏回族自治区接受问卷调查的 4272 人中，有听普通话能力的共 3930 人，约占被调查人数的 92%。其中选"完全能听懂"新闻联播节目播音的有 3105 人，约占有听普通话能力人数的 79%；选"大部分能听懂"新闻联播节目播音的有 668 人，约占有听普通话能力人数的 17%；选"大部分听不懂"新闻联播节目播音的有 157 人，约占 4%。这些比例数，反映出两个事实，一是三省区能听懂新闻联播节目普通话播音的人数比例在 90% 左右，其中宁夏回族自治区比例数最高，青海省比例数最低；二是这些比例数显示一个规律，即各省区都是"完全能听懂"的人数比例最高，"大部分能听懂"的人数比例次之，"大部分听不懂"的人数比例最低。据我们了解，"大部分听不懂"的人员，主要是一些文盲或半文盲，年龄在 50 岁以上，以女性、非汉族人员居多。这就表明，推广普通话时，必须分层次进行，先解决好农村人的听力问题。

关于第 2 题，甘肃省有听普通话能力的 5766 人中，"完全能听懂"电影、电视剧当中普通话道白的有 4094 人，约占 71%；"大部分能听懂"的有 1386 人，约占 24%；"大部分听不懂"的有 289 人，约占 5%。青海省有听普通话能力的 3828 人中，"完全能听懂"电影、电视剧当中普通话道白的有 2373 人，约占 62%；"大部分能听懂"的有 1034 人，约占 27%；"大部分听不懂"的有 421 人，约占 11%。宁夏回族自治区有听普通话能力的 3930 人中，"完全能听懂"电影、电视剧当中普通话道白的有 2869 人，约占 73%；"大部分能听懂"的有 825 人，约占 21%；"大部分听不懂"的有 236 人，约占 6%。从这些比例数可以看出，三省区当中，青海省"完全能听懂"电影、电视剧普通话道白的人数比例相对最低，而"大部分听不懂"的人数比例相对最高。这就意味着，在三省区农村推广普通话，应当区别不同省区。因为青海省少数民族人口比例相对较大，所以听不懂电影、电视剧中普通话道白的人数比例较高。据此，应当首先在青海省加大对有关人员普通话听力训练的力度。

关于第 3 题，甘肃省有听普通话能力的 5766 人中，"完全能听懂"本地人所说的普通话的人数为 4555 人，约占 79%；"大部分能听懂"的有 807 人，约占 14%；"大部分听不懂"的有 404 人，约占 7%。青海省有听普通话能力的 3828 人中，"完全能听懂"本地人所说的普通话的人数为 2833 人，约占 74%；"大部分能听懂"的有 612 人，约占 16%；"大部分听不懂"的有 383 人，约占 10%。宁夏回族自治区有听普通话能力的 3930 人中，"完全能听懂"本地人所说的普通话的有 3105 人，约占 79%；"大部分能听懂"的有 707 人，约占18%;"大部分听不懂"的有275人,约占3%。这些数字比例,跟第1、2题相关数字比例相比,"完全能听懂"的人数比例普遍较高,而"大部分听不懂"的人数比例普遍较低。经了解得知,本地人说普通话带有明显的本地口音、语法和词语,人们听起来习惯,所以"完全能听懂"的人数比例较高。

关于第4题,甘肃省有听普通话能力的5766人中,"完全能听懂"外地人尤其是操南方口音的人所说的普通话的人数为3287人,约占57%;"大部分能听懂"的有1096人,约占19%;"大部分听不懂"的有1384人,约占24%。青海省有听普通话能力的3828人中,"完全能听懂"外地人尤其是操南方口音的人所说的普通话的人数为1991人,约占52%;"大部分能听懂"的有727人,约占19%;"大部分听不懂"的有1110人,约占29%。宁夏回族自治区有听普通话能力的3930人中,"完全能听懂"外地人尤其是操南方口音的人所说的普通话的人数有2319人,约占59%;"大部分能听懂"的有1257人,约占32%;"大部分听不懂"的有354人,约占9%。这些数据比例显示,三省区农村"完全能听懂"外地人尤其是操南方口音的人所说的普通话的人数刚刚超过半数;在宁夏回族自治区农村,"大部分听不懂"外地人尤其是操南方口音的人所说的普通话的人数比例最低;在青海省农村,"大部分听不懂"外地人尤其是操南方口音的人所说的普通话的人数比例最高。据调查,造成这种不平衡现象的原因有二:一是宁夏回族自治区民族较为单一,汉族、回族和其他民族基本上都说汉语;二是在三省区农村,宁夏回族自治区出外经商的人数比例相对较高,人们跟外地人包括南方人打交道的几率较高,因而听懂外地人尤其是南方人所说普通话的人数比例较高。

（二）说普通话的情况

1. 不具有说普通话能力的人员情况

三省区农村有一些人没有说普通话的能力。这些人由两部分构成，一部分人有听普通话能力，但不能说普通话；另一部分人听不懂普通话，也无法说普通话。据我们走访和观察，前一部分人分布于各个民族，但汉族当中相对数量较少，而其他民族中相对数量较多；第一语言为汉语的人当中相对数量较少，而第一语言为非汉语的人当中相对数量较多；女性数量较少，而男性数量较多；教师、学生、乡镇从业人员中相对数量较少，而农（牧）民中相对数量最多；年龄基本在50岁以上，文化程度多为文盲半文盲。后一部分人主要是一些第一语言为非汉语的人员，男性数量较少，女性数量较多；年龄在55岁以上。我们注意到，距离乡政府、镇政府越远的村庄，这种不能听不能说普通话的人越多。这些人年轻时主要使用非汉语，一般不听普通话广播。由于所处偏远，他们很少接触普通话使用者，没有学说普通话的条件，也没有学习的要求。改革开放后，国家推广普通话，他们又觉得年岁已高，传统意识影响他们不愿开口学说普通话。这样，他们就成为既不能听普通话又不能说普通话的人。

2. 具有说普通话能力的人员情况

前文题目三的选择以及题后说明已经指出，在甘青宁三省区农村，具有说普通话能力的人员，可按具体情况分为四小类，第一类，说普通话相对流畅的人；第二类，能说普通话但带有较多汉语方言或民族语言口音的人；第三类，能说普通话但一些词语不合乎普通话规则或不属于普通话的人；第四类，能说普通话但一些句子的语法不合乎普通话规则的人。当然，肯定有兼跨两类甚至三类的人，如有的人能说普通话但带有较重口音，同时一些词语不属于普通话、一些句子语法不合乎普通话规范,我们分类时考虑较为突出的一个方面。

以下数据统计与分析属于本节内容,但因篇幅较大,为使眉目清晰,单列为一节叙述。

第四节　农村居民应用普通话的实际情况

为了解各类人员讲说普通话的具体情况,我们按照语音、词汇、语法三个大类设计了调查问卷。调查内容及分析如下:

一、语音方面

语音问题是甘青宁三省区农村居民学习普通话的最大困难所在。既存在对单字声韵调把握不准的问题,也存在对多个音节内部变调、轻声、儿化把握不准的问题,当然还有说普通话过程中语流音变不规范的问题以及多音多义词使用不恰当的问题。为了掌握较为具体的情况,我们分别设计题目,进行调查。

(一) 关于单字的声韵调

我们先开展调查,然后进行统计与分析。调查题目如下:

题目六,读单字音。按照普通话要求,如果一个字的声、韵、调读得准确,则在相应括号内打√;如果读得不准确,则在相应括号内打×。(注意:可由被调查人读字音,调查人判断其声韵调准确与否;也可由调查人根据情况用不同读音读出字音,被调查人听取并选择自己认为正确的1个读法,调查人加以记录。)

	声	韵	调		声	韵	调		声	韵	调
安	( )	( )	( )	尝	( )	( )	( )	抱	( )	( )	( )
街	( )	( )	( )	鸟	( )	( )	( )	霜	( )	( )	( )
雪	( )	( )	( )	脆	( )	( )	( )	星	( )	( )	( )
梯	( )	( )	( )	忍	( )	( )	( )	稻	( )	( )	( )
炒	( )	( )	( )	座	( )	( )	( )	女	( )	( )	( )
缘	( )	( )	( )	齿	( )	( )	( )	酒	( )	( )	( )
辣	( )	( )	( )	财	( )	( )	( )	瘦	( )	( )	( )
楼	( )	( )	( )	斩	( )	( )	( )	门	( )	( )	( )
荣	( )	( )	( )	您	( )	( )	( )	捆	( )	( )	( )
怪	( )	( )	( )	群	( )	( )	( )	揉	( )	( )	( )
多	( )	( )	( )	冲	( )	( )	( )	贵	( )	( )	( )
口	( )	( )	( )	气	( )	( )	( )	统	( )	( )	( )
缺	( )	( )	( )	宗	( )	( )	( )	获	( )	( )	( )
鼻	( )	( )	( )	怎	( )	( )	( )	农	( )	( )	( )
局	( )	( )	( )	心	( )	( )	( )	特	( )	( )	( )
瓶	( )	( )	( )	旅	( )	( )	( )	怀	( )	( )	( )
知	( )	( )	( )	丝	( )	( )	( )	男	( )	( )	( )
顶	( )	( )	( )	旱	( )	( )	( )	试	( )	( )	( )
盆	( )	( )	( )	厚	( )	( )	( )	软	( )	( )	( )
遍	( )	( )	( )	筛	( )	( )	( )	佛	( )	( )	( )
春	( )	( )	( )	杭	( )	( )	( )	所	( )	( )	( )
抓	( )	( )	( )	训	( )	( )	( )	劝	( )	( )	( )
咸	( )	( )	( )	晃	( )	( )	( )	江	( )	( )	( )
刷	( )	( )	( )	敌	( )	( )	( )	塑	( )	( )	( )
明	( )	( )	( )	秋	( )	( )	( )	永	( )	( )	( )

皱（ ）（ ）（ ）头（ ）（ ）（ ）革（ ）（ ）（ ）
兄（ ）（ ）（ ）捐（ ）（ ）（ ）洒（ ）（ ）（ ）
雷（ ）（ ）（ ）翁（ ）（ ）（ ）声（ ）（ ）（ ）
能（ ）（ ）（ ）幕（ ）（ ）（ ）分（ ）（ ）（ ）
赛（ ）（ ）（ ）孕（ ）（ ）（ ）绿（ ）（ ）（ ）
王（ ）（ ）（ ）义（ ）（ ）（ ）歌（ ）（ ）（ ）
吞（ ）（ ）（ ）坡（ ）（ ）（ ）略（ ）（ ）（ ）
直（ ）（ ）（ ）自（ ）（ ）（ ）窜（ ）（ ）（ ）
寨（ ）（ ）（ ）音（ ）（ ）（ ）飞（ ）（ ）（ ）
贷（ ）（ ）（ ）耕（ ）（ ）（ ）看（ ）（ ）（ ）
家（ ）（ ）（ ）俏（ ）（ ）（ ）选（ ）（ ）（ ）
储（ ）（ ）（ ）耳（ ）（ ）（ ）赵（ ）（ ）（ ）

以上111个字，即111个音节，涉及普通话所有声母、韵母、声调。声母的分布情况为：b 3次，p 3次，m 3次，f 3次，d 5次，t 5次，n 6次，l 6次，g 4次，k 3次，h 7次，j 5次，q 6次，x 7次，zh 7次，ch 6次，sh 7次，r 4次，z 3次，c 3次，s 6次，Ø 9次。韵母的分布情况为：a 2次，e 3次，-i（前）2次，-i（后）4次，ai 5次，ei 2次，ao 4次，ou 6次，an 5次，en 5次，ang 2次，eng 3次，i 5次，ia 1次，ie 1次，iao 3次，iou 2次，ian 2次，in 3次，iang 1次，ing 4次，u 3次，ua 2次，uo/o 6次，uai 2次，uei 2次，uan 2次，uen 3次，uang 4次，ong 5次，ueng 1次，ü 4次，üe 2次，üan 4次，ün 2次，iong 2次，er 1次。声调的分布情况为：阴平26次，阳平27次，上声18次，去声40次。

为便于统计与分析，我们规定，每一个被调查人对不同环境下出现的同一个声母、韵母或声调的发音都正确，才算这个音发得准确,否则视为不准确。如 b 声母共出现 3 次,分别在"抱、鼻、遍"几个音节中,如果一个人对"抱、遍"读得准确而"鼻"的声母读得不准确,那么就视为此人读 b 声母不准确。再如 ai 韵母共出现 5 次,分别在"贷、财、赛、寨、筛"几个音节中,如果一个人对这 5 个音节中的 ai 都读得准确,那么就视为此人读 ai 韵母准确。

1. 甘肃省农村居民应用普通话中单字声、韵、调发音情况的统计(见附录表 4)与分析。

下面就表中发音准确的人数比例情况进行分析。

第一,声母。

b 调查所给单字材料为"抱、鼻、遍"。各调查项的数字表明,发音准确的人数比例最高者为 94%,最低者为 71%。具体情况是,从民族群体来看,能够读准四个单字声母的汉族和非汉族人数比例都在 85% 以上,但汉族高于非汉族。从语言背景来看,汉语人群高于非汉语人群。从性别来看,男性略低于女性。从身份来看,农牧民较低,教师、学生发音准确的人数比例最高。从年龄段来看,各段人员发音准确的人数比例变化不大,都在 83%—88% 之间。从文化程度来看,随着学历层次的提高,人数比例也相应增大。

p 调查所给单字材料为"瓶、盆、坡"。各调查项的数字表明,发音准确的人数比例最高者为 92%,最低者为 74%。各项人数比例的走势基本与 b 相同。不另分析。

m 调查所给单字材料为"门、明、幕"。各调查项的数字表明,发音准确的人数比例最高者为 97%,最低者为 84%。从民族群体来看,汉族和非汉族基本持平。从语言背景来看,第一语言为汉语的人群跟非汉语人群基本相同。从性别来看,发音准确的人数比例都较高,而女性更高。从身份来看,教师和学生人数比例最高。

从年龄段来看，各年龄段的人数比例都在85%左右，而16—45岁的人数比例较高。从文化程度来看，随着学历层次提升，人数比例也相应增加。

f 调查所给单字材料为"佛、分、飞"。各调查项的数字表明，发音准确的人数比例最高者为97%，最低者为80%。从民族群体来看，汉族和非汉族人员发音准确的人数比例都在90%左右，汉族略高于非汉族。从语言背景来看，汉语群体和非汉语群体发音准确的人数比例也都在90%左右，但汉语群体高于非汉语群体。从性别来看，男性高于女性。从身份来看，教师和学生最高，在90%以上。从年龄段来看，31—45岁的人员最高。从文化程度来看，依然是，学历层次越高，发音准确的人数比例越大。

d 调查所给单字材料为"稻、多、顶、敌、贷"。各调查项的数字表明，发音准确的人数比例最高者为90%，最低者为68%。从民族群体来看，汉族低于非汉族。从语言背景来看，汉语群体低于非汉语群体。从性别来看，男性和女性发音准确的人数比例都较高，而女性更高。从身份来看，各类人员正确发音的人数比例都在80%以上，且变化起伏不大。从年龄段来看，5—15岁和61岁以上两个年龄段的人员发音准确的人数比例略低，在80%以下，其他年龄段的比例都在90%左右。从文化程度来看，依然是，学历层次越高，发音准确的人数比例越大。

t 调查所给单字材料为"统、头、特、梯、吞"。各调查项的数字表明，发音准确的人数比例最高者为88%，最低者为67%。各调查项的人数比例走势与d相同。不另分析。

n 调查所给单字材料为"鸟、女、您、农、男、能"。各调查项的数字表明，发音准确的人数比例最高者为84%，最低者为22%。

总体来看，发音准确的人数比例普遍较低，而发音不准确的人数比例普遍偏高。从民族群体来看，汉族低于非汉族，汉族不足 60%，非汉族刚过 60%。从语言背景来看，汉语群体低于非汉语群体。从性别来看，男性和女性比例都低于 55%，但男性略高于女性。从身份来看，农民最低，学生最高。从年龄段来看，16—30 岁最高，60 岁以上最低。从文化程度来看，学历层次越高，发音准确的人数比例越大，但文盲半文盲的人数比例与大专本科学历者的人数比例相差悬殊。

l 调查所给单字材料为"辣、楼、旅、绿、略、雷"。各调查项的数字表明，发音准确的人数比例最高者为 95%，最低者为 83%。从民族群体来看，汉族高于非汉族。从语言背景来看，汉语群体高于非汉语群体。从性别群体来看，男性和女性发音准确的人数比例相等。从身份来看，教师和学生的人数比例在 90% 以上，其他各类人员均在 85% 左右。从年龄段来看，比例数都在 85% 上下起伏。从文化程度来看，依旧是随着学历层次的提高，准确发音的人数比例增大。

g 调查所给单字材料为"怪、贵、歌、耕、革"。各调查项的数字表明，发音准确的人数比例都在 90% 以上，变化不明显。这是因为甘肃农村人员的汉语方言或民族语言当中都有常用的声母或辅音 g，人们习惯于发送此音。

k 调查所给单字材料为"捆、口、看"。情况与 g 完全相同，不另分析。

h 调查所给单字材料为"获、怀、杭、旱、晃、厚"。情况与 g、k 完全相同，不另分析。

j 调查所给单字材料为"街、酒、局、江、捐、家"。各调查项的数字表明，发音准确的人数比例偏低，最高者为 89%，最低者为 72%。从民族群体来看，人数比例都在 75% 左右，但汉族低于非汉族。从语言背景来看，人数比例都在 80% 以下，汉语群体低于非汉语群体。从性别来看，男性略高于女性。从身份来看，教师和学生比例较高，分别为 87% 和 88%，其他各类人员较低，都在 80% 以下。从年龄段来看，15 岁以下和 61 岁以上者，人数比例最低，其他年龄段的人员人数比例较高。从文化程度看，文盲半文盲人数比例为 72%，最低；大专本科文化程度的人员发音准确的人数比例为 89%，最高。整个趋向也是学历层次越高，发音准确的人数比例越大。

  q 调查所给单字材料为"群、气、缺、劝、秋、俏"。各调查项的数字表明，发音准确的人数比例，最高者为 88%，最低者为 73%。从民族群体来看，汉族低于非汉族。从语言背景来看，汉语人群低于非汉语人群。从性别来看，男性和女性发音准确的人数比例相同。从身份来看，教师和学生较高，农民最低。从文化程度来看，学历层次越高，发音准确的人数比例越大。

  x 调查所给单字材料为"雪、星、训、兄、心、选、咸"。各调查项的数字表明，发音准确的人数比例，最高者为 91%，最低者为 72%。从民族群体来看，汉族低于非汉族。从语言背景来看，汉语人群低于非汉语人群。从性别群体来看，男性略高于女性，但都不足 80%。从身份来看，教师、学生和乡镇干部高于其他各类人员。从年龄段来看，各年龄层次比例都在 70%—80%。说明年龄对此声母发音影响不大。从文化程度来看，学历层次越高，发音准确的人数比例越大。

  zh 调查所给单字材料为"斩、知、抓、皱、寨、直、赵"。各调查项的数字表明，发音准确的人数比例，最高者为 91%，最低者为 72%。从民族群体来看，汉族低于非汉族。从语言背景来看，汉语人群低于非汉语人群。从性别来看，男性略低于女性。从身份来看，教师和学生发音准确的人数比例略高。从年龄段来看，5—30 岁的人员比例较高，其他年龄段的人员比例较低。从文化程度来看，仍然是学历层次越高，发音准确的人数比例越大。

ch 调查所给单字材料为"尝、炒、齿、冲、春、储"。各调查项的数字表明，发音准确的人数比例，最高者为 89%，最低者为 70%。各调查项的人数比例走势，与 zh 声母相同。不另分析。

sh 调查所给单字材料为"霜、瘦、试、筛、刷、声"。各调查项的数字表明，发音准确的人数比例，最高者为 86%，最低者为 71%。各调查项的人数比例走势，与 zh、ch 声母相同。不另分析。

r 调查所给单字材料为"忍、荣、揉、软"。各调查项的数字表明，发音准确的人数比例，最高者为 87%，最低者为 72%。各调查项的人数比例走势，与 zh、ch、sh 三个声母情况相同。不另分析。

z 调查所给单字材料为"座、宗、怎、自"。各调查项的数字表明，发音准确的人数比例，最高者为 97%，最低者为 82%。跟前面的声母情况相比，此声母各调查项的人数比例明显增大，都在 80% 以上，且一些相关比例的关系发生变化。从民族群体来看，汉族高于非汉族。从语言群体来看，汉语群体高于非汉语群体。从性别来看，男性发音准确的人数比例略低于女性。从身份来看，教师和学生发音准确的人数比例依然最高。从年龄段来看，随着年龄增大，发音准确的人数比例略呈下降向。从文化程度来看，发音准确的人数比例仍然跟学历层次同高同低。

c 调查所给单字材料为"脆、财、窜"。各调查项的数字表明，发音准确的人数比例，最高者为 100%，最低者为 85%。各调查项的人数比例走势，与 z 声母情况相同。不另分析。只有个别人将"财"读为 chai，将"窜"读为 chuan。

s 调查所给单字材料为"丝、洒、赛、所、塑"。各调查项的数字表明，发音准确的人数比例，最高者为 100%，最低者为 91%。各调查项的人数比例走势，与 z、c 声母情况相同。只是陇东天水市、庆阳市、平凉市各县份、陇南市各县份、定西市一些县份的少数人员把"所"的声母读为 [s]。

Ø 调查所给单字材料为"安、缘、永、翁、孕、王、义、音、耳"。各调查项的数字表明，发音准确的人数比例，最高者为 89%，最低者为 73%。从民族群体来看，汉族跟非汉族人数比例基本相同。从语言背景来看，汉语群体低于非汉语群体。从性别来看，男性略高于女性，但都在 75% 以下。从身份来看，教师、学生、乡镇干部较高，在 80% 以上，其他各类人员略低。从年龄段来看，各年龄层次发音准确的人数比例变化不大。从文化程度来看，学历层次越高，发音准确的人数比例越大。

以上我们对甘肃农村居民应用普通话时声母发音情况的调查结果一一进行了分析。从中我们看到：

一是，从民族群体来看，汉族人员高于非汉族人员。22 个声母，有 19 个为汉族高于非汉族。

二是，从语言群体来看，汉语人员高于非汉语人员。22 个声母，有 20 个为汉语人员高于非汉语人员。

需要说明的是，上表"民族"栏和"第一语言"栏内，同一声母的人数比例基本上同高同低。似乎民族因素和语言因素对甘肃农村居民发送普通话音节的声母产生同步影响，其实，语言背景对人们发送声母的准确与否有着直接影响，而民族因素仅是从属因素。

因为甘肃农村的少数民族，除回族和满族使用汉语以外，其他民族都有自己的民族语言，也就是说大部分民族的第一语言为非汉语。调查中我们看到，第一语言为非汉语的人群应用普通话时，其语音明显受民族语言的影响，而与族属关系不大。

三是，从性别来看，女性发音准确的人数比例相对较高。22组比例数中，女性高于男性的占15组。

四是，从身份来看，学生和教师发音准确的人数比例最高。22组比例数中，15组为教师比例最高，2组为教师和学生比例相等，5组为学生比例最高。可见在农村推广普通话，中小学成绩最为显著。

五是，就年龄而言，16—30岁、31—45岁人员的人数比例整体最高。这样，几乎所有声母年龄段的人数比例走势都呈现一个弓形：两头低、中间高，即15岁以下和46岁以上人数比例较低，而16—45岁的人数比例较高。

六是，从文化程度来看，发音准确程度与说话人的学历成正比，学历层次越高，发音准确的人数比例越大。

七是，从各调查项整体比例高低来看，所有声母中，发音准确人数比例整体最高的是g、k、h三个声母，其次是z、c、s三个声母，其比例数大部分在90%以上。相反，发音准确人数比例整体最低的是n，22个调查项，其比例数在60%以下的有16个。

第二，韵母。

a 调查所给单字材料为"辣、洒"。各调查项的数字表明，发音准确的人数比例，最高者为98%，最低者为95%。调查中我们注意到，天水市的甘谷县、武山县人发此韵母时，位置靠后，为[ɒ]。其他地方的人们一般都能准确地发出此韵母。

e 调查所给单字材料为"特、歌、革"。各调查项的数字表明，发音准确的人数比例，最高者为98%，最低者为87%。从民族群体来看，汉族高于非汉族。从语言背景来看，第一语言为汉语的人员高于非汉语人员。从性别来看，男女人员发音准确的人数比例基本持平。从身份来看，发音准确的人数比例，农民略低，教师和学生最高。从年龄来看，发音准确的人数比例，45岁以上人员略低。从文化程度来看，准确发音的人数比例，文盲半文盲略低。

-i（前）调查所给单字材料为"丝、自"。总体来看，发音准确的人数比例都很高。各调查项的数字表明，发音准确的人数比例，最高者为98%，最低者为96%。从民族群体来看，汉族跟非汉族人数比例相同。从语言背景来看，第一语言为汉语的人员略高于非汉语人员。从性别来看，男性和女性人数比例相同。从身份来看，各类人员比例数变化不大。从年龄来看，16—45岁的人员比例略高。从文化程度来看，人员比例数变化不大。

-i（后）调查所给单字材料为"知、试、直、齿"。各调查项的数字表明，发音准确的人数比例，最高者为95%，最低者为84%。从民族群体来看，发音准确的人数比例，汉族跟非汉族人数比例基本相同。从语言背景来看，第一语言为汉语的人员略高于非汉语人员。从性别来看，男性人数比例略高于女性。从身份来看，教师、学生人数比例高于其他人员。从年龄来看，年龄较小者和较大者人数比例略低。从文化程度来看，人数比例略有起伏。

ai 调查所给单字材料为"筛、寨、赛、财、贷"。各调查项的数字表明，发音准确的人数比例，最高者为89%，最低者为63%。从民族群体来看，汉族低于非汉族。从语言背景来看，汉语低于非汉语。从性别来看，男性高于女性。从身份来看，农民发音准确的人数比例最低，只有64%，教师和学生发音准确的人数比例最高，达 84%。从年龄段来看，30 岁以下和 60 岁以上人员发音准确的人数比例在 70% 以下。从文化程度来看，发音准确的人数比例随学历层次提高而增大。

ei　调查所给单字材料为"飞、雷"。整体来看，所有数字比例与 ai 形成鲜明对比，即发音准确的人数比例都很高。

ao　调查所给单字材料为"抱、稻、炒、赵"。各调查项的数字表明，发音准确的人数比例，最高者为 83%，最低者为 72%。从民族群体来看，发音准确的人数比例，汉族低于非汉族。从语言背景来看，汉语低于非汉语。从性别来看，男性和女性比例持平。从身份来看，只有学生人数比例超过 80%。从年龄段来看，只有 30—45 岁的人员发音准确的人数比例超过 80%。从文化程度来看，只有大专本科学历者，其发音准确的人数比例超过 80%。

ou　调查所给单字材料为"楼、头、揉、厚、皱、瘦、口"。各调查项的数字表明，发音准确的人数比例，最高者为 97%，最低者为 91%。从民族群体来看，发音准确的人数比例，汉族低于非汉族。从语言背景来看，汉语低于非汉语。从性别来看，男性发音准确的人数略低于女性。从身份来看，教师和学生发音准确的人数比例较高。从年龄段来看，31—60 岁之间的人员发音准确的人数比例较高。从文化程度来看，学历层次越高，发音准确的人数比例越大。

an　调查所给单字材料为"安、看、斩、男、早"。各调查项的数字表明，发音准确的人数比例，最高者为 87%，最低者为 74%。从民族群体来看，汉族低于非汉族。从语言背景来看，汉语低于非汉语。从性别来看，男性人数比例低于女性。从身份来看，教师、学生、乡镇干部、宗教界人士发音准确的人数比例在 80% 以上，而其他人员在 80% 以下。从年龄段来看，16—60 岁之间的人员发音准确的人数比例较高。从文化程度来看，基本趋势仍然是学历层次越高，发音准确的人数比例越大。

en　调查所给单字材料为"门、忍、分、盆、怎"。各调查项的数字表明，发音准确的人数比例，最高者为 78%，最低者为 51%。整体来看，发音准确的人数比例，明显偏低。从民族群体来看，汉族低于非汉族。从语言背景来看，汉语群体低于非汉语群体。从性别来看，男性低于女性。从身份来看，教师和学生的人数比例在70% 以上，其他人员在 60% 左右。从年龄来看，16—45 岁人员比例数在 70% 以上，而其他年龄段人员比例数都较低。从文化程度来看，基本趋势仍然是学历层次越高，发音准确的人数比例越大。

ang　调查所给单字材料为"尝、杭"。各调查项的数字表明，发音准确的人数比例，最高者为 86%，最低者为 70%。从民族群体来看，汉族低于非汉族。从语言背景来看，汉语群体低于非汉语群体。从性别来看，男性低于女性。从身份来看，教师和学生的人数比例在 80% 以上，其他人员在 70% 左右。从年龄来看，16—45 岁人员比例数在 80% 以上，而其他年龄段人员比例数都较低。从文化程度来看，基本趋势仍然是学历层次越高，发音准确的人数比例越大。

eng　调查所给单字材料为"声、能、耕"。各调查项的数字表明，发音准确的人数比例，最高者为 98%，最低者为 93%。从民族群体来看，汉族高于非汉族。从语言背景来看，汉语群体高于非汉语群体。从性别来看，男性低于女性。从身份来看，学生的人数比例略高。从年龄段来看，15 岁以下人员比例低于其他年龄段人员。从文化程度来看，文盲半文盲和小学程度者低于中学、大专本科学历者，这就是说，学历层次对 eng 韵母发音影响不大。

i　调查所给单字材料为"梯、义、气、敌、鼻"。各调查项的数字表明，发音准确的人数比例，最高者为94%，最低者为87%。从民族群体来看，汉族高于非汉族。从语言背景来看，汉语群体高于非汉语群体。从性别来看，男性低于女性。从身份来看，各类人员比例数变化不大。从年龄段来看，16—45岁人员比例较高。从文化程度来看，基本趋势是学历层次越高，发音准确的人数比例越大。

iɑ　调查所给单字材料为"家"。各调查项的数字表明，发音准确的人数比例，最高者为97%，最低者为94%。从民族群体来看，汉族跟非汉族人数比例持平。从语言背景来看，汉语群体跟非汉语群体大体持平。从性别来看，男性与女性相同。从身份来看，农民人数比例较低，其他各类人员人数比例相同。我们注意到，天水市的甘谷县和武山县农民，将"家"字韵母发为[iɔ]。从年龄来看，31—45岁人员人数比例微高，其他年龄段人员人数比例相等。从文化程度来看，随着学历层次提高，人数比例微弱上升。

ie　调查所给单字材料为"街"。各调查项的数字表明，发音准确的人数比例，最高者为82%，最低者为73%。从民族群体来看，汉族高于非汉族。从语言背景来看，汉语群体高于非汉语群体。从性别来看，男性高于女性。从身份来看，学生高于其他各类人员。从年龄段来看，16—60岁人员人数比例较高，15岁以下和61岁以上人员较低。从文化程度来看，随着学历层次提高，人数比例在上升。

iɑo　调查所给单字材料为"俏、鸟"。各调查项的数字表明，发音准确的人数比例，最高者为86%，最低者为72%。从民族群体来看，汉族低于非汉族。从语言群体来看，汉语低于非汉语。主要是因为汉语群体的人员读此韵母时，元音间的动程不足，多读为[i]。从性别来看，男性低于女性。从身份来看，教师和学生人数比例较高。从年龄段来看，16—45 岁人员人数比例较高。从文化程度来看，学历层次越高，人数比例越大。

iou　调查所给单字材料为"秋、酒"。各调查项的数字表明，发音准确的人数比例，最高者为 81%，最低者为 72%。从民族群体来看，汉族低于非汉族。从语言群体来看，汉语低于非汉语。汉语群体的人员多读为 [iu]。从性别来看，男性与女性基本相同。从身份来看，学生与宗教界人士高于其他各类人员，都在 80% 以上。从年龄段来看，各年龄层次的人数比例之间变化不大，都在 70%—80% 之间。从文化程度来看，随着年龄增大，人数比例增高，但所有比例数之间差距不大，都在 80% 以下。

ian　调查所给单字材料为"遍、咸"。各调查项的数字表明，发音准确的人数比例，最高者为 85%，最低者为 73%。从民族群体来看，汉族低于非汉族。从语言群体来看，汉语低于非汉语。从性别来看，男性低于女性。从身份来看，学生与教师高于其他各类人员。从年龄段来看，16—30 岁人员的人数比例较高，在 80% 以上，其他年龄段的人员比例较低。从文化程度来看，依然是学历层次越高，人数比例越大。

in　调查所给单字材料为"音、您、心"。各调查项的数字表明，发音准确的人数比例，最高者为 73%，最低者为 51%。从民族群体来看，汉族低于非汉族。从语言群体来看，汉语低于非汉语。从性别来看，男性略低于女性。从身份来看，教师和学生的比例较高。从年龄来看，16—60 岁的人数比例较高，在 60% 以上，其中 16—30 岁的人数比例在 70% 以上；而 15 岁以下和 60 岁以上的人数比例都在 60% 以下。从文化程度来看，随着学历层次提高，人数比例增大，中学文化程度和大专本科程度的人数比例相同。

iang　调查所给单字材料为"江"。各调查项的数字表明，发音准确的人数比例，最高者为85%，最低者为71%。从民族群体来看，汉族低于非汉族。从语言群体来看，汉语低于非汉语。从性别来看，男性低于女性。从身份来看，教师、学生、乡镇干部比例较高，都在80%以上，其他人员比例较低。从年龄段来看，16—45岁人员的比例较高。从文化程度来看，程度越高，人数比例也越高。

ing　调查所给单字材料为"星、顶、明、瓶"。各调查项的数字表明，发音准确的人数比例，最高者为95%，最低者为92%。此韵母各调查项的数字起伏变化不大。从民族群体来看，汉族跟非汉族人数比例相等。从语言背景来看，汉语群体略高于非汉语群体。因为大量汉语方言背景的人员都惯用这一韵母，所以整体人数比例较高。从性别来看，男性略低于女性。从身份来看，学生高于其他人员。从年龄段来看，16—30岁的人员高于其他人员。从文化程度来看，中学程度者高于其他人员。

u　调查所给单字材料为"塑、幕、储"。各调查项的数字表明，发音准确的人数比例，最高者为97%，最低者为92%。从民族群体来看，汉族略高于非汉族。从语言背景来看，汉语群体略高于非汉语群体。从性别来看，男性略低于女性。从身份来看，学生高于其他人员。从年龄段来看，16—30岁的人员高于其他人员。从文化程度来看，小学、大专和本科程度者高于其他人员。

ua　调查所给单字材料为"抓、刷"。各调查项的数字表明，发音准确的人数比例，最高者为96%，最低者为91%。从民族群体来看，汉族略低于非汉族。从语言背景来看，汉语群体略高于非汉语群体。从性别来看，男性略低于女性。从身份来看，各类人员比例数相等。从年龄段来看，16—30岁的人员高于其他人员。从文化程度来看，大专和本科程度者高于其他人员。

uo／o　调查所给单字材料为"多、获、佛、坡、所、座"。各调查项的数字表明，发音准确的人数比例较低，最高者为79%，最低者为49%。从民族群体来看，汉族低于非汉族。从语言背景来看，汉语低于非汉语。从性别来看，男性低于女性。从身份来看，教师和学生的人数比例高于其他人员。从年龄段来看，16—45岁人员的比例较高。从文化程度来看，学历层次越高，人数比例也越高。

uai　调查所给单字材料为"怪、怀"。各调查项的数字表明，发音准确的人数比例，最高者为88%，最低者为61%。从民族群体来看，汉族低于非汉族。从语言背景来看，汉语低于非汉语。从性别来看，男性低于女性。从身份来看，教师和学生的人数比例高于其他人员。从年龄段来看，16—45岁人员的比例较高。从文化程度来看，学历层次越高，人数比例也越高。

uei　调查所给单字材料为"脆、贵"。各调查项的数字表明，发音准确的人数比例，最高者为95%，最低者为91%。从民族群体来看，汉族低于非汉族。从语言背景来看，汉语高于非汉语。从性别来看，男性高于女性。从身份来看，学生的人数比例高于其他人员。从年龄段来看，16—30岁人员的比例较高。从文化程度来看，大专本科学历者人数比例最高。

uan　调查所给单字材料为"软、窜"。各调查项的数字表明，发音准确的人数比例，最高者为88%，最低者为75%。从民族群体来看，汉族低于非汉族。从语言背景来看，汉语低于非汉语。从性别来看，男性低于女性。从身份来看，学生的人数比例高于其他人员。从年龄段来看，16—30岁人员的比例较高。从文化程度来看，小学和大专本科学历者人数比例较高。

uen　调查所给单字材料为"春、吞、捆"。各调查项的数字表明，发音准确的人数比例，最高者为74%，最低者为48%。从民族群体来看，汉族低于非汉族。从语言背景来看，汉语低于非汉语。从性别来看，男性低于女性。从身份来看，学生的人数比例高于其他人员。从年龄段来看，16—30岁人员的比例较高。从文化程度来看，大专本科学历者人数比例较高。

uang　调查所给单字材料为"王、晃、霜"。各调查项的数字表明，发音准确的人数比例，最高者为86%，最低者为73%。从民族群体来看，汉族低于非汉族。从语言背景来看，汉语低于非汉语。从性别来看，男性低于女性。从身份来看，学生的人数比例高于其他人员。从年龄段来看，16—45岁人员的比例较高。从文化程度来看，大专本科学历者人数比例最高。

ong　调查所给单字材料为"统、宗、冲、荣、农"。各调查项的数字表明，发音准确的人数比例，最高者为91%，最低者为81%。从民族群体来看，汉族高于非汉族。从语言背景来看，汉语高于非汉语。从性别来看，男性低于女性。从身份来看，学生的人数比例高于其他人员。从年龄段来看，16—30岁人员的比例较高。从文化程度来看，大专本科学历者人数比例最高。

ueng　调查所给单字材料为"翁"。各调查项的数字表明，发音准确的人数比例，最高者为95%，最低者为81%。从民族群体来看，汉族高于非汉族。从语言背景来看，汉语高于非汉语。从性别来看，男性低于女性。从身份来看，学生的人数比例高于其他人员。从年龄段来看，16—30岁人员的比例较高。从文化程度来看，中学程度者人数比例最高。

ü　调查所给单字材料为"女、局、旅、绿"。各调查项的数字表明，发音准确的人数比例，最高者为94%，最低者为72%。从民族群体来看，汉族高于非汉族。从语言背景来看，汉语高于非汉语。从性别来看，男性低于女性。从身份来看，学生的人数比例高于其他人员。从年龄段来看，31—45岁人员的比例较高。从文化程度来看，大专本科程度者人数比例最高。

üe　调查所给单字材料为"缺、略、雪"。各调查项的数字表明，发音准确的人数比例，最高者为82%，最低者为70%。从民族群体来看，汉族高于非汉族。从语言背景来看，汉语低于非汉语。从性别来看，男性高于女性。从身份来看，学生的人数比例高于其他人员。从年龄段来看，16—30岁人员的比例较高。从文化程度来看，大专本科程度者人数比例最高。

üan　调查所给单字材料为"缘、劝、捐、选"。各调查项的数字表明，发音准确的人数比例，最高者为85%，最低者为73%。从民族群体来看，汉族低于非汉族。从语言背景来看，汉语低于非汉语。从性别来看，男性低于女性。从身份来看，学生的人数比例高于其他人员。从年龄段来看，16—30岁人员的比例较高。从文化程度来看，小学、中学、大专本科程度者人数比例相等。

ün　调查所给单字材料为"群、训、孕"。各调查项的数字表明，发音准确的人数比例，最高者为74%，最低者为50%。从民族群体来看，汉族低于非汉族。从语言背景来看，汉语低于非汉语。从性别来看，男性高于女性。从身份来看，学生的人数比例高于其他人员。从年龄段来看，16—30岁人员的比例较高。从文化程度来看，大专本科程度者人数比例较高。

iong　调查所给单字材料为"兄、永"。各调查项的数字表明，发音准确的人数比例，最高者为91%，最低者为81%。从民族群体来看，汉族高于非汉族。从语言背景来看，汉语高于非汉语。从性别来看，男性低于女性。从身份来看，学生的人数比例高于其他人员。从年龄段来看，16—30 岁人员的比例较高。从文化程度来看，大专本科程度者人数比例较高。

er 调查所给单字材料为"耳"。各调查项的数字表明，发音准确的人数比例，最高者为 89%，最低者为 63%。从民族群体来看，汉族高于非汉族。从语言背景来看，汉语高于非汉语。从性别来看，男性低于女性。从身份来看，学生的人数比例高于其他人员。从年龄段来看，16—30 岁人员的比例较高。从文化程度来看，大专本科程度者人数比例较高。

以上我们对甘肃农村居民应用普通话时韵母发音情况的调查结果一一进行了分析。从中我们看到：

一是，从民族群体来看，汉族人员发音准确的人数比例低于非汉族。表中 37 个韵母，其中 22 个为汉语群体低于非汉语群体。这种状况正好跟声母相反。

二是，从语言背景来看，第一语言为汉语的人群，其发音准确程度低于第一语言为非汉语的人群。从上表我们看到，所列 37 个韵母，其中有 20 个韵母的人数比例，是汉语群体低于非汉语群体。这种结果出乎我们意料，我们原以为汉语背景的人员发音比非汉语背景的人员准确。

三是，从性别群体来看，男性人员读普通话韵母的准确程度低于女性。表中所列 37 个韵母，有 3 个是男性和女性人数比例相等，有 7 个是男性高于女性，有 27 个是女性高于男性。

四是，从身份来看，学生读普通话韵母的准确程度高于其他身份人员。表中所列 37 个韵母，其中 33 个是学生高于其他身份人员。

五是，从年龄段来看，16—30 岁人员读普通话韵母的准确程度高于其他人员。表中所列 37 个韵母，其中 21 个为这一年龄段的人员居高。

六是，从文化程度来看，大专本科文化程度的人员读普通话韵母的准确程度高于其他人员。表中 37 个韵母，其中 25 个为大专本科文化程度的人员高于其他人员。

七是，就各调查项整体比例高低来看，发音准确人数比例最高的韵母是 a 和 eng，22 个调查项，其比例数都在 93% 以上。发音准确人数比例整体最低的韵母是 uen 和 in，22 个调查项，其比例数在 60% 以下的都有 6 个，在 70% 以下的分别有 10 个和 9 个，在 80% 以下的分别有 6 个和 7 个。

第三，声调。

阴平。调查所给单字材料为"安、丝、抓、梯、刷、声、星、筛、缺、心、家、多、宗、兄、歌、街、捐、分、吞、冲、音、春、秋、坡、飞、霜、江、知、翁、耕"。各调查项的数字表明，发音准确的人数比例，最高者为 93%，最低者为 63%。从民族群体来看，汉族高于非汉族。从语言背景来看，第一语言为汉语的群体高于第一语言为非汉语的群体。从性别来看，男性低于女性。从身份来看，学生人数比例较高。从年龄段来看，16—30 岁人员的比例较高。从文化程度来看，大专本科程度者人数比例较高。

阳平。调查所给单字材料为"楼、群、局、头、王、尝、缘、揉、男、敌、革、能、门、荣、瓶、佛、咸、明、您、鼻、财、怀、杭、盆、雷、农、直"。各调查项的数字表明，发音准确的人数比例，最高者为 96%，最低者为 73%。从民族群体来看，汉族高于非汉族。从语言背景来看，汉语高于非汉语。从性别来看，男性低于女性。从身份来看,学生人数比例较高。从年龄段来看,16—30岁人员的比例较高。从文化程度来看,大专本科程度者人数比例较高。

上声。调查所给单字材料为"女、统、软、斩、齿、顶、忍、酒、选、鸟、旅、洒、永、怎、口、捆、炒、雪、所、耳、储"。各调查项的数字表明,发音准确的人数比例,最高者为86%,最低者为43%。从民族群体来看,汉族高于非汉族。从语言背景来看,汉语高于非汉语。从性别来看,男性高于女性。从身份来看,学生人数比例较高。从年龄段来看,16—30岁人员的比例较高。从文化程度来看,大专本科程度者人数比例较高。

去声。调查所给单字材料为"脆、自、看、抱、遍、训、义、窜、特、劝、塑、幕、寨、俏、获、旱、稻、辣、贵、试、晃、赛、孕、略、贷、座、瘦、怪、气、厚、皱、绿、赵"。各调查项的数字表明,发音准确的人数比例,最高者为97%,最低者为80%。从民族群体来看,汉族高于非汉族。从语言背景来看,汉语高于非汉语。从性别来看,男性高于女性。从身份来看,学生人数比例较高。从年龄段来看,16—30岁人员的比例较高。从文化程度来看,大专本科程度者人数比例较高。

以上我们对甘肃农村居民应用普通话时声调发音情况的调查结果一一进行了分析。从中我们看到:

一是,就民族群体而言,四个声调发音准确的人数比例,都是汉族高于非汉族。

二是,就语言群体而言,汉语背景者高于非汉语背景者。

三是,就性别来看,阴平和阳平发音准确的人数比例是男性低于女性,而上声和去声发音准确的人数比例则是男性高于女性。

四是,就身份来看,学生发音准确的人数比例高于其他各类人员。

五是，就年龄段来看，四个声调都是16—30岁人员发音人数比例较高。

六是，就文化程度来看，四个声调都是大专本科人员发音人数比例较高。

七是，就各调查项的整体比例分布来看，上声发音准确的人数比例最低，去声发音准确的人数比例最高。

2. 青海省农村居民应用的普通话中单字声、韵、调发音情况的统计（见附录表5）与分析。

第一，声母。

b 调查所给单字材料为"抱、鼻、遍"。各调查项的数字表明，发音准确的人数比例最高者为93%，最低者为81%。从民族群体来看，汉族高于非汉族。从语言背景来看，汉语人群高于非汉语人群。从性别来看，男性低于女性。从身份来看，教师发音准确的人数比例最高。从年龄段来看，36—60岁人员的人数比例较高。从文化程度来看，大专本科学历者人数比例最高。

p 调查所给单字材料为"瓶、盆、坡"。各调查项的数字表明，发音准确的人数比例最高者为92%，最低者为81%。从民族群体来看，汉族高于非汉族。从语言背景来看，汉语人群高于非汉语人群。从性别来看，男性略低于女性。从身份来看，教师发音准确的人数比例最高。从年龄段来看，16—30岁、46—60岁人员的人数比例较高。从文化程度看，大专本科学历者人数比例最高。

m 调查所给单字材料为"门、明、幕"。各调查项的数字表明，发音准确的人数比例最高者为95%，最低者为71%。从民族群体来看，汉族高于非汉族。从语言背景来看，第一语言为汉语的人群跟非汉语人群人数比例相等。从性别来看，男性低于女性。从身份来看，学生人数比例最高。从年龄段来看，16—30岁的人数比例较高。从文化程度来看，大专本科学历者较高。

f 调查所给单字材料为"佛、分、飞"。各调查项的数字表明，发音准确的人数比例最高者为92%，最低者为72%。从民族群体来看，汉族高于非汉族。从语言背景来看，汉语群体高于非汉语群体。从性别来看，男性低于女性。从身份来看，学生最高。从年龄段来看，16—60岁的人员最高。从文化程度来看，大专本科学历者最高。

d 调查所给单字材料为"稻、多、顶、敌、贷"。各调查项的数字表明，发音准确的人数比例最高者为95%，最低者为79%。从民族群体来看，汉族高于非汉族。从语言背景来看，汉语群体高于非汉语群体。从性别来看，男性和女性发音准确的人数比例相等。从身份来看，学生最高。从年龄段来看，46—60岁人员比例较高。从文化程度来看，大专本科学历者比例最高。

t 调查所给单字材料为"统、头、特、梯、吞"。各调查项的数字表明，发音准确的人数比例最高者为95%，最低者为77%。从民族群体来看，汉族高于非汉族。从语言背景来看，汉语群体高于非汉语群体。从性别来看，男性和女性发音准确的人数比例相等。从身份来看，学生最高。从年龄段来看，16—30岁人员比例较高。从文化程度来看，大专本科学历者比例最高。

n 调查所给单字材料为"鸟、女、您、农、男、能"。各调查项的数字表明，发音准确的人数比例最高者为92%，最低者为82%。从民族群体来看，汉族低于非汉族。从语言背景来看，汉语群体低于非汉语群体。从性别来看，男性低于女性。从身份来看，学生最高。从年龄段来看，31—45岁最高。从文化程度来看，大专本科学历者人数比例最高。

l 调查所给单字材料为"辣、楼、旅、绿、略、雷"。各调查项的数字表明，发音准确的人数比例最高者为97%，最低者为87%。从民族群体来看，汉族与非汉族人数比例相等。从语言背景来看，汉语群体和非汉语群体人数比例相等。从性别群体来看，男性高于女性。从身份来看，学生的人数比例最高。从年龄段来看，45—60岁人员比例最高。从文化程度来看，依旧是大专本科学历者人数比例最高。

g 调查所给单字材料为"怪、贵、歌、耕、革"。各调查项的数字表明，发音准确的人数比例最高者为97%，最低者为92%。从民族群体来看，汉族与非汉族人数比例相等。从语言背景来看，汉语群体低于非汉语群体。从性别群体来看，男性低于女性。从身份来看，教师、学生、乡镇干部、宗教界人士的人数比例等高。从年龄段来看，16—60岁人员比例都较高。从文化程度来看，大专本科学历者人数比例最高。

k 调查所给单字材料为"捆、口、看"。各调查项的数字表明，发音准确的人数比例最高者为96%，最低者为85%。从民族群体来看，汉族低于非汉族。从语言背景来看，汉语群体低于非汉语群体。从性别群体来看，男性低于女性。从身份来看，教师、学生的人数比例最高。从年龄段来看，31—45岁人员比例最高。从文化程度来看，大专本科学历者人数比例最高。

h 调查所给单字材料为"获、怀、杭、旱、晃、厚"。各调查项的数字表明，发音准确的人数比例最高者为94%，最低者为86%。从民族群体来看，汉族高于非汉族。从语言背景来看，汉语群体高于非汉语群体。从性别群体来看，男性高于女性。从身份来看，教师、学生、宗教界人士的人数比例等高。从年龄段来看，31—60岁人员比例都较高。从文化程度来看，大专本科学历者人数比例最高。

j 调查所给单字材料为"街、酒、局、江、捐、家"。各调查项的数字表明，最高者为92%，最低者为84%。从民族群体来看，汉族高于非汉族。从语言背景来看，汉语群体高于非汉语群体。从性别来看，男性略低于女性。从身份来看，学生比例最高。从年龄段来看，16—45岁人员比例都较高。从文化程度看，大专本科学历者最高。

q 调查所给单字材料为"群、气、缺、劝、秋、俏"。各调查项的数字表明，发音准确的人数比例，最高者为92%，最低者为87%。从民族群体来看，汉族高于非汉族。从语言背景来看，汉语人群高于非汉语人群。从性别来看，男性高于女性。从身份来看，学生较高。从文化程度来看，大专本科学历者人数比例最高。

x 调查所给单字材料为"雪、星、训、兄、心、选、咸"。各调查项的数字表明，发音准确的人数比例，最高者为93%，最低者为86%。从民族群体来看，汉族高于非汉族。从语言背景来看，汉语人群高于非汉语人群。从性别群体来看，男性略低于女性。从身份来看，学生高于其他各类人员。从年龄段来看，16—30岁人员最高。从文化程度来看，学历层次越高，发音准确的人数比例越大。

zh 调查所给单字材料为"斩、知、抓、皱、寨、直、赵"。各调查项的数字表明，发音准确的人数比例，最高者为89%，最低者为74%。从民族群体来看，汉族高于非汉族。从语言背景来看，汉语人群高于非汉语人群。从性别来看，男性略低于女性。从身份来看，学生发音准确的人数比例略高。从年龄段来看，16—45岁的人员比例都较高。从文化程度来看，仍然是学历层次越高，发音准确的人数比例越大。

ch 调查所给单字材料为"尝、炒、齿、冲、春、储"。各调查项的数字表明,发音准确的人数比例,最高者为89%,最低者为74%。从民族群体来看,汉族高于非汉族。从语言背景来看,汉语人群高于非汉语人群。从性别来看,男性略低于女性。从身份来看,教师和学生发音准确的人数比例略高。从年龄段来看,31—60岁的人员比例都较高。从文化程度来看,学历层次越高,发音准确的人数比例越大。

sh 调查所给单字材料为"霜、瘦、试、筛、刷、声"。各调查项的数字表明,发音准确的人数比例,最高者为88%,最低者为75%。从民族群体来看,汉族高于非汉族。从语言背景来看,汉语人群高于非汉语人群。从性别来看,男性略低于女性。从身份来看,学生、宗教界人士发音准确的人数比例较高。从年龄段来看,31—45岁的人员比例较高。从文化程度来看,大专本科学历者,发音准确的人数比例最高。

r 调查所给单字材料为"忍、荣、揉、软"。各调查项的数字表明,发音准确的人数比例,最高者为87%,最低者为71%。从民族群体来看,汉族高于非汉族。从语言背景来看,汉语人群高于非汉语人群。从性别来看,男性与女性人数比例相等。从身份来看,学生发音准确的人数比例最高。从年龄段来看,31—60岁的人员比例较高。从文化程度来看,大专本科学历者人数比例最高。

z 调查所给单字材料为"座、宗、怎、自"。各调查项的数字表明,发音准确的人数比例,最高者为97%,最低者为90%。从民族群体来看,汉族高于非汉族。从语言群体来看,汉语群体高于非汉语群体。从性别来看,男性低于女性。从身份来看,教师、学生和宗教人员的比例等高。从年龄段来看，16—45 岁的人员比例较高。从文化程度来看，大专本科学历者人数比例最高。

c 调查所给单字材料为"脆、财、窜"。各调查项的数字表明，发音准确的人数比例，最高者为 97%，最低者为 90%。从民族群体来看，汉族高于非汉族。从语言背景来看，汉语人群高于非汉语人群。从性别来看，男性略低于女性。从身份来看，教师、学生和宗教界人士人数比例等高。从年龄段来看，16—45 岁的人员比例都较高。从文化程度来看，大专本科学历者人数比例最高。

s 调查所给单字材料为"丝、洒、赛、所、塑"。各调查项的数字表明，发音准确的人数比例，最高者为 95%，最低者为 90%。从民族群体来看，汉族低于非汉族。从语言背景来看，汉语人群低于非汉语人群。从性别来看，男性低于女性。从身份来看，教师、宗教界人士人数比例等高。从年龄段来看，31—60 岁的人员比例都较高。从文化程度来看，大专本科学历者人数比例最高。

∅ 调查所给单字材料为"安、缘、永、翁、孕、王、义、音、耳"。各调查项的数字表明，发音准确的人数比例，最高者为 89%，最低者为 70%。从民族群体来看，汉族高于非汉族。从语言背景来看，汉语群体高于非汉语群体。从性别来看，男性低于女性。从身份来看，学生、宗教界人士较高。从年龄段来看，31—45 岁的人员比例较高。从文化程度来看，大专本科学历者人数比例最高。

以上我们对青海省农村居民应用普通话时声母发音情况的调查结果进行了分析。从中看到：

一是，从民族群体来看，发音准确的人数比例，汉族高于非汉族。表中 22 个声母，有 16 个是汉族高于非汉族。

二是，从语言背景来看，发音准确的人数比例，汉语为第一语言的人员，高于非汉语为第一语言的人员。表中 22 个声母，有 16 个是汉语背景人员高于非汉语背景人员。

三是，从性别来看，发音准确的人数比例，女性较高。22 组比例数中，女性高于男性的占 16 组。

四是，从身份来看，教师和学生发音准确的人数比例高于其他身份人员。但 f、n、l、g、h、q、x、ch、sh、r、z、c、s 等 13 个声母，宗教界人士发音准确的人数比例相对较高。

五是，从年龄段来看，跟甘肃情况大体相同，即 16—30、31—45 岁人员比例较高。绝大部分声母的人数比例走势呈现一个弓形，两头低中间高。

六是，跟甘肃情况完全一致，即发音准确程度与说话人接受教育的程度成正比，接受教育的程度越高，发音准确的人数比例越大。文盲半文盲发音准确的人数比例最低，大专本科程度者发音准确人数比例最高。

七是，从各调查项整体比例来看，所有声母中，发音准确人数比例最高的是 l 与 g、k、h，其次是 z、c、s，22 个调查项，其比例数绝大部分都在 90% 以上。相反，发音准确人数比例整体最低的是 zh，22 个调查项，其比例数在 80% 以下的有 16 个。其次是 r，22 个调查项，其比例数在 80% 以下的有 13 个。

第二，韵母。

a 调查所给单字材料为"辣、洒"。各调查项的数字表明，发音准确的人数比例，最高者为 97%，最低者为 96%。从民族群体来看，汉族低于非汉族。从语言背景来看，第一语言为汉语的人员高于非汉语人员。从性别来看，男性低于女性。从身份来看，教师和学生最高。从年龄来看，46—60 岁人员较高。从文化程度来看，小学、大专本科学历人员最高。

e 调查所给单字材料为"特、歌、革"。各调查项的数字表明，发音准确的人数比例，最高者为95%，最低者为91%。从民族群体来看，汉族高于非汉族。从语言背景来看，第一语言为汉语的人员高于非汉语人员。从性别来看，男性高于女性。从身份来看，教师最高，学生和宗教界人士相等。从年龄来看，16—30岁以上人员最高。从文化程度来看，大专本科学历人员最高。

-i（前） 调查所给单字材料为"丝、自"。各调查项的数字表明，发音准确的人数比例，最高者为94%，最低者为81%。从民族群体来看，汉族高于非汉族。从语言背景来看，第一语言为汉语的人员略高于非汉语人员。从性别来看，男性与女性比例相等。从身份来看，学生最高。从年龄来看，46—60岁的人员比例略高。从文化程度来看，大专本科学历人员最高。

-i（后） 调查所给单字材料为"知、试、直、齿"。各调查项的数字表明，发音准确的人数比例，最高者为92%，最低者为83%。从民族群体来看，汉族高于非汉族。从语言背景来看，第一语言为汉语的人员略高于非汉语人员。从性别来看，男性低于女性。从身份来看，学生和宗教界人士人数比例高于其他人员。从年龄来看，46—60岁人员较高。从文化程度来看，大专本科学历人员最高。

ai 调查所给单字材料为"筛、寨、赛、财、贷"。各调查项的数字表明，发音准确的人数比例，最高者为79%，最低者为54%。从民族群体来看，汉族低于非汉族。从语言背景来看，汉语低于非汉语。从性别来看，男性高于女性。从身份来看，学生比例最高。从年龄段来看，16—30岁人员比例较高。从文化程度来看，大专本科学历人员比例较高。

ei 调查所给单字材料为"飞、雷"。各调查项的数字表明，发音准确的人数比例，最高者为89%，最低者为79%。从民族群体来看，汉族低于非汉族。从语言背景来看，汉语低于非汉语。从性别来看，男性低于女性。从身份来看，学生比例最高。从年龄段来看，16—30岁人员比例较高。从文化程度来看，大专本科学历人员比例较高。

ao 调查所给单字材料为"抱、稻、炒、赵"。各调查项的数字表明，发音准确的人数比例，最高者为86%，最低者为72%。从民族群体来看，汉族低于非汉族。从语言背景来看，汉语高于非汉语。从性别来看，男性高于女性。从身份来看，学生人数比例最高。从年龄段来看，只有46—60岁人员比例较高。从文化程度来看，大专本科学历人员比例最高。

ou 调查所给单字材料为"楼、头、揉、厚、皱、瘦、口"。各调查项的数字表明，发音准确的人数比例，最高者为84%，最低者为79%。从民族群体来看，发音准确的人数比例，汉族低于非汉族。从语言背景来看，汉语低于非汉语。从性别来看，男性低于女性。从身份来看，学生比例较高。从年龄段来看，16—30岁之间人员比例较高。从文化程度来看，大专本科学历人员比例最高。

an 调查所给单字材料为"安、看、斩、男、旱"。各调查项的数字表明，发音准确的人数比例，最高者为76%，最低者为63%。从民族群体来看，汉族高于非汉族。从语言背景来看，汉语低于非汉语。从性别来看，男性人数比例高于女性。从身份来看，教师人数比例最高。从年龄段来看，16—30岁之间的人员比例较高。从文化程度来看，大专本科学历人员比例最高。

en 调查所给单字材料为"门、忍、分、盆、怎"。各调查项的数字表明，发音准确的人数比例，最高者为74%，最低者为50%。从民族群体来看，发音准确的人数比例整体偏低。从民族群体来看，汉族低于非汉族。从语言背景来看，汉语群体低于非汉语群体。从性别来看，男性高于女性。从身份来看，学生的人数比例最高。从年龄来看，16—30岁人员比例最高。从文化程度来看，大专本科学历人员比例最高。

ang 调查所给单字材料为"尝、杭"。各调查项的数字表明，发音准确的人数比例，最高者为77%，最低者为61%。从民族群体来看，汉族低于非汉族。从语言背景来看，汉语群体低于非汉语群体。从性别来看，男性高于女性。从身份来看，学生的人数比例最高。从年龄来看，16—30岁人员比例数最高。从文化程度来看，大专本科学历人员比例最高。

eng 调查所给单字材料为"声、能、耕"。各调查项的数字表明，发音准确的人数比例，最高者为83%，最低者为69%。从民族群体来看，汉族低于非汉族。从语言背景来看，汉语群体低于非汉语群体。从性别来看，男性高于女性。从身份来看，学生的人数比例略高。从年龄段来看，16—30岁人员比例最高。从文化程度来看，大专本科学历者比例最高。

i 调查所给单字材料为"梯、义、气、敌、鼻"。各调查项的数字表明，发音准确的人数比例，最高者为82%，最低者为71%。从民族群体来看，汉族低于非汉族。从语言背景来看，汉语群体低于非汉语群体。从性别来看，男性低于女性。从身份来看，学生人数比例略高。从年龄段来看，16—30岁人员比例较高。从文化程度来看，大专本科学历者最高。

ia 调查所给单字材料为"家"。各调查项的数字表明，发音准确的人数比例，最高者为 96%，最低者为 90%。从民族群体来看，汉族高于非汉族。从语言背景来看，汉语群体低于非汉语群体。从性别来看，男性与女性相等。从身份来看，学生比例较高。从年龄段来看，16—45 岁人员人数比例最高。从文化程度来看，大专本科学历人员比例最高。

ie　调查所给单字材料为"街"。各调查项的数字表明，发音准确的人数比例，最高者为 76%，最低者为 63%。从民族群体来看，汉族低于非汉族。从语言背景来看，汉语群体低于非汉语群体。从性别来看，男性高于女性。从身份来看，教师高于其他各类人员。从年龄段来看，16—30 岁人员人数比例较高。从文化程度来看，大专本科学历人员比例最高。

iao　调查所给单字材料为"俏、鸟"。各调查项的数字表明，发音准确的人数比例，最高者为 79%，最低者为 71%。从民族群体来看，汉族高于非汉族。从语言群体来看，汉语高于非汉语。从性别来看，男性高于女性。从身份来看，学生人数比例较高。从年龄段来看，16 岁以下、45 岁以上人员比例较高。从文化程度来看，大专本科学历人员比例最高。

iou　调查所给单字材料为"秋、酒"。各调查项的数字表明，发音准确的人数比例，最高者为 79%，最低者为 69%。从民族群体来看，汉族低于非汉族。从语言群体来看，汉语低于非汉语。从性别来看，男性低于女性。从身份来看，学生人数比例较高。从年龄段来看，31—45 岁人员比例较高。从文化程度来看，大专本科学历人员比例最高。

ian　调查所给单字材料为"遍、咸"。各调查项的数字表明，发音准确的人数比例，最高者为 75%，最低者为 62%。从民族群体来看，汉族高于非汉族。从语言群体来看，汉语高于非汉语。从性别来看，男性低于女性。从身份来看，学生高于其他各类人员。从年龄段来看，16—45 岁人员比例较高。从文化程度来看，大专本科学历人员比例最高。

in　调查所给单字材料为"音、您、心"。各调查项的数字表明，发音准确的人数比例，最高者为 74%，最低者为 52%。从民族群体来看，汉族低于非汉族。从语言群体来看，汉语低于非汉语。从性别来看，男性略高于女性。从身份来看，学生人数比例较高。从年龄来看，16—45 岁的人员比例较高。从文化程度来看，大专本科学历人员比例最高。

iang　调查所给单字材料为"江"。各调查项的数字表明，发音准确的人数比例，最高者为 80%，最低者为 64%。从民族群体来看，汉族低于非汉族。从语言群体来看，汉语低于非汉语。从性别来看，男性高于女性。从身份来看，学生比例较高。从年龄段来看，31—45 岁人员的比例较高。从文化程度来看，大专本科学历人员比例最高。

ing　调查所给单字材料为"星、顶、明、瓶"。各调查项的数字表明，发音准确的人数比例，最高者为 77%，最低者为 63%。从民族群体来看，汉族略低于非汉族。从语言背景来看，汉语群体略高于非汉语群体。从性别来看，男性略低于女性。从身份来看，学生高于其他人员。从年龄段来看，16—30 岁的人员高于其他人员。从文化程度来看，大专本科学历人员比例最高。

u　调查所给单字材料为"塑、幕、储"。各调查项的数字表明，发音准确的人数比例，最高者为 85%，最低者为 69%。从民族群体来看，汉族低于非汉族。从语言背景来看，汉语群体略高于非汉语群体。从性别来看,男性低于女性。从身份来看,学生人数比例最高。从年龄段来看,16—30 岁的人员高于其他人员。从文化程度来看,大专本科学历人员比例最高。

ua 调查所给单字材料为"抓、刷"。各调查项的数字表明,发音准确的人数比例,最高者为 94%,最低者为 91%。从民族群体来看,汉族略低于非汉族。从语言背景来看,汉语群体略高于非汉语群体。从性别来看,男性略低于女性。从身份来看,学生人数比例较高。从年龄段来看,31—45 岁的人员高于其他人员。从文化程度来看,大专本科学历人员比例最高。

uo/o 调查所给单字材料为"多、获、佛、坡、所、座"。各调查项的数字表明,发音准确的人数比例较低,最高者为 67%,最低者为 47%。从民族群体来看,汉族低于非汉族。从语言背景来看,汉语低于非汉语。从性别来看,男性低于女性。从身份来看,学生人数比例较高。从年龄段来看,15 岁以下人员比例较高。从文化程度来看,大专本科学历人员比例最高。

uai 调查所给单字材料为"怪、怀"。各调查项的数字表明,发音准确的人数比例,最高者为 72%,最低者为 53%。从民族群体来看,汉族高于非汉族。从语言背景来看,汉语高于非汉语。从性别来看,男性低于女性。从身份来看,学生的人数比例高于其他人员。从年龄段来看,16—30 岁、46—60 岁人员的比例较高。从文化程度来看,大专本科学历人员比例最高。

uei 调查所给单字材料为"脆、贵"。各调查项的数字表明,发音准确的人数比例,最高者为 96%,最低者为 90%。从民族群体来看,汉族低于非汉族。从语言背景来看,汉语高于非汉语。从性别来看,男性低于女性。从身份来看,教师的人数比例高于其他人员。从年龄段来看，46岁以上人员的比例较高。从文化程度来看，大专本科学历人员比例最高。

uan　调查所给单字材料为"软、窜"。各调查项的数字表明，发音准确的人数比例，最高者为82%，最低者为70%。从民族群体来看，汉族低于非汉族。从语言背景来看，汉语低于非汉语。从性别来看，男性高于女性。从身份来看，学生的人数比例高于其他人员。从年龄段来看，46—60岁人员的比例较高。从文化程度来看，大专本科学历人员比例最高。

uen　调查所给单字材料为"春、吞、捆"。各调查项的数字表明，发音准确的人数比例，最高者为77%，最低者为53%。从民族群体来看，汉族低于非汉族。从语言背景来看，汉语低于非汉语。从性别来看，男性高于女性。从身份来看，教师的人数比例高于其他人员。从年龄段来看，31—45岁人员的比例较高。从文化程度来看，大专本科学历者人数比例较高。

uang　调查所给单字材料为"王、晃、霜"。各调查项的数字表明，发音准确的人数比例，最高者为82%，最低者为72%。从民族群体来看，汉族高于非汉族。从语言背景来看，汉语高于非汉语。从性别来看，男性低于女性。从身份来看，教师的人数比例高于其他人员。从年龄段来看，16—30岁人员的比例较高。从文化程度来看，大专本科学历人员比例最高。

ong　调查所给单字材料为"统、宗、冲、荣、农"。各调查项的数字表明，发音准确的人数比例，最高者为89%，最低者为81%。从民族群体来看，汉族高于非汉族。从语言背景来看，汉语高于非汉语。从性别来看，男性低于女性。从身份来看，学生的人数比例高于其他人员。从年龄段来看，16—30岁人员的比例较高。从文化程度来看，大专本科学历者人数比例最高。

ueng　调查所给单字材料为"翁"。各调查项的数字表明，发音准确的人数比例，最高者为82%，最低者为71%。从民族群体来看，汉族低于非汉族。从语言背景来看，汉语高于非汉语。从性别来看，男性低于女性。从身份来看，学生的人数比例高于其他人员。从年龄段来看，46—60岁人员的比例较高。从文化程度来看，大专本科学历人员比例最高。

ü　调查所给单字材料为"女、局、旅、绿"。各调查项的数字表明，发音准确的人数比例，最高者为87%，最低者为74%。从民族群体来看，汉族高于非汉族。从语言背景来看，汉语高于非汉语。从性别来看，男性低于女性。从身份来看，学生的人数比例高于其他人员。从年龄段来看，16—30岁人员的比例较高。从文化程度来看，大专本科程度者人数比例最高。

üe　调查所给单字材料为"缺、略、雪"。各调查项的数字表明，发音准确的人数比例，最高者为83%，最低者为71%。从民族群体来看，汉族高于非汉族。从语言背景来看，汉语高于非汉语。从性别来看，男性与女性人数比例相等。从身份来看，学生的人数比例高于其他人员。从年龄段来看，16—45岁人员的比例较高。从文化程度来看，大专本科程度者人数比例最高。

üan　调查所给单字材料为"缘、劝、捐、选"。各调查项的数字表明，发音准确的人数比例，最高者为83%，最低者为70%。从民族群体来看，汉族低于非汉族。从语言背景来看，汉语高于非汉语。从性别来看，男性高于女性。从身份来看，学生的人数比例高于其他人员。从年龄段来看，16—30岁人员的比例较高。从文化程度来看，大专本科程度者人数比例最高。

ün　调查所给单字材料为"群、训、孕"。各调查项的数字表明，发音准确的人数比例，最高者为79%，最低者为53%。从民族群体来看，汉族低于非汉族。从语言背景来看，汉语高于非汉语。从性别来看，男性高于女性。从身份来看，学生的人数比例高于其他人员。从年龄段来看，16—30岁人员的比例较高。从文化程度来看，大专本科程度者人数比例较高。

iong　调查所给单字材料为"兄、永"。各调查项的数字表明，发音准确的人数比例，最高者为84%，最低者为72%。从民族群体来看，汉族高于非汉族。从语言背景来看，汉语跟非汉语相等。从性别来看，男性低于女性。从身份来看，教师的人数比例高于其他人员。从年龄段来看，45—60岁人员的比例较高。从文化程度来看，大专本科程度者人数比例最高。

er　调查所给单字材料为"耳"。各调查项的数字表明，发音准确的人数比例，最高者为81%，最低者为72%。从民族群体来看，汉族高于非汉族。从语言背景来看，汉语高于非汉语。从性别来看，男性低于女性。从身份来看，学生的人数比例高于其他人员。从年龄段来看，16—30岁人员的比例较高。从文化程度来看，大专本科学历人员比例最高。

以上我们对青海农村居民应用普通话时韵母发音情况的调查结果一一进行了分析。从中我们看到：

一是，从民族群体来看，发音准确的人数比例，汉族高于非汉族。表中37个韵母，其中25个为汉族高于非汉族，12个为汉族低于非汉族。就是说，在青海农村，发音准确的人员，汉族人员比非汉族人员多。

二是，从语言背景来看，发音准确的人数比例，汉语群体高于非汉语群体。表中 37 个韵母，其中 21 个为汉语高于非汉语，16 个为汉语低于非汉语。就是说，在青海农村，发音准确的人员，汉语背景人员比非汉语背景人员多。

三是，从性别来看，发音准确人数的比例，男性略低于女性。表中所列 37 个韵母，其中 18 个韵母为男性低于女性，2 个为男女比例数相等，17 个为男性高于女性。

四是，从身份来看，学生人数比例远高于其他身份人员。表中所列 37 个韵母，其中 28 个是学生高于其他身份人员；2 个是教师和学生人数比例相等，且高于其他人员；2 个是学生和宗教人员人数比例相等，且高于其他人员。

五是，从年龄段来看，16—30 岁人员读普通话韵母的准确程度高于其他人员。表中所列 37 个韵母，其中 18 个为此年龄段的人员高于其他年龄段人员。

六是，从文化程度来看，大专本科文化程度的人员读普通话韵母的准确程度高于其他人员。表中 37 个韵母，其中 33 个为大专本科文化程度的人员高于其他人员。

七是，就各调查项的整体人数比例而言，发音准确人数比例最高的韵母是 a、e、ia、ua、uei，各调查项，其比例数都在 90% 以上；发音准确人数比例最低的韵母是 en 和 uai，22 个调查项，en 的比例数在 60% 以下的有 15 个，在 70% 以下的有 4 个，80% 以下的有 3 个。uai 的比例数在 60% 以下的有 16 个，在 70% 以下的有 4 个，在 80% 以下的有 2 个。

第三，声调。

阴平。调查所给单字材料为"安、丝、抓、梯、刷、声、星、筛、缺、心、家、多、宗、兄、歌、街、捐、分、吞、冲、音、春、秋、坡、飞、霜、江、知、翁、耕"。各调查项的数字表明,发音准确的人数比例,最高者为91%,最低者为63%。从民族群体来看,汉族高于非汉族。从语言背景来看,第一语言为汉语的人群高于第一语言为非汉语的人群。从性别来看,男性高于女性。从身份来看,学生人数比例较高。从年龄段来看,16—30岁人员的比例较高。从文化程度来看,大专本科程度者人数比例较高。

阳平。调查所给单字材料为"楼、群、局、头、王、尝、缘、揉、男、敌、革、能、门、荣、瓶、佛、咸、明、您、鼻、财、怀、杭、盆、雷、农、直"。各调查项的数字表明,发音准确的人数比例,最高者为93%,最低者为79%。从民族群体来看,汉族高于非汉族。从语言背景来看,汉语群体高于非汉语群体。从性别来看,男性低于女性。从身份来看,学生人数比例较高。从年龄段来看,16—30岁、46—60岁人员的比例较高。从文化程度来看,大专本科程度者人数比例较高。

上声。调查所给单字材料为"女、统、软、斩、齿、顶、忍、酒、选、鸟、旅、洒、永、怎、口、捆、炒、雪、所、耳、储"。各调查项的数字表明,发音准确的人数比例,最高者为80%,最低者为52%。从民族群体来看,汉族高于非汉族。从语言背景来看,第一语言为汉语的人群高于第一语言为非汉语的人群。从性别来看,男性低于女性。从身份来看,教师人数比例较高。从年龄段来看,16—30岁人员的比例较高。从文化程度来看,大专本科程度者人数比例较高。

去声。调查所给单字材料为"脆、自、看、抱、遍、训、义、窜、特、劝、塑、幕、寨、俏、获、旱、稻、辣、贵、试、晃、赛、孕、略、贷、座、瘦、怪、气、厚、皱、绿、赵"。各调查项的数字表明，发音准确的人数比例，最高者为84%，最低者为72%。从民族群体来看，汉族高于非汉族。从语言背景来看，第一语言为汉语的人群高于第一语言为非汉语的人群。从性别来看，男性低于女性。从身份来看，学生人数比例较高。从年龄段来看，16—30岁人员的比例较高。从文化程度来看，大专本科程度者人数比例较高。

以上我们对青海农村居民应用普通话时声调发音情况的调查结果一一进行了分析。从中我们看到：

一是，就民族和语言群体而言，四个声调发音准确的人数比例都是汉族高于非汉族，汉语人群高于非汉语人群。

二是，就性别来看，阴平发音准确的人数比例是男性高于女性，而阳平、上声和去声发音准确的人数比例则是男性低于女性。

三是，就身份来看，学生发音准确的人数比例整个高于其他各类人员。

四是，就年龄段来看，阴平、上声、去声三个声调都是16—30岁人员发音准确人数比例较高，阳平调是16—30岁、46—60岁两个年龄段的人员发音准确人数比例较高。

五是，就文化程度来看，四个声调都是大专本科人员发音准确人数比例较高。

六是，就各调查项的整体比例分布来看，上声发音准确的人数比例最低，阳平发音准确的人数比例最高。

3. 宁夏农村居民应用的普通话中单字声、韵、调发音情况的统计（见附录表6）与分析。

第一，声母。

b 调查所给单字材料为"抱、鼻、遍"。各调查项的数字表明，发音准确的人数比例最高者为96%，最低者为83%。从民族群体来看，汉族与非汉族相等。从语言背景来看，汉语人群高于非汉语人群。从性别来看，男性低于女性。从身份来看，学生发音准确的人数比例最高。从年龄段来看，16—30岁人员的人数比例较高。从文化程度来看，大专本科学历者人数比例最高。

p 调查所给单字材料为"瓶、盆、坡"。各调查项的数字表明，发音准确的人数比例最高者为95%，最低者为84%。从民族群体来看，汉族高于非汉族。从语言背景来看，汉语人群低于非汉语人群。从性别来看，男性略低于女性。从身份来看，教师发音准确的人数比例最高。从年龄段来看，16—30岁人员的人数比例较高。从文化程度看，大专本科学历者人数比例最高。

m 调查所给单字材料为"门、明、幕"。各调查项的数字表明，发音准确的人数比例最高者为97%，最低者为85%。从民族群体来看，汉族与非汉族相等。从语言背景来看，第一语言为汉语的人群高于非汉语人群。从性别来看，男性低于女性。从身份来看，学生人数比例最高。从年龄段来看，16—30岁的人数比例较高。从文化程度来看，大专本科学历者较高。

f 调查所给单字材料为"佛、分、飞"。各调查项的数字表明，发音准确的人数比例最高者为95%，最低者为87%。从民族群体来看，汉族与非汉族相等。从语言背景来看，汉语群体高于非汉语群体。从性别来看，男性低于女性。从身份来看，学生最高。从年龄段来看，16—30岁以下的人员最高。从文化程度来看，大专本科学历者最高。

d 调查所给单字材料为"稻、多、顶、敌、贷"。各调查项的数字表明，发音准确的人数比例最高者为97%，最低者为90%。从民族群体来看，汉族与非汉族相等。从语言背景来看，汉语群体高于非汉语群体。从性别来看，男性和女性发音准确的人数比例相等。从身份来看，学生最高。从年龄段来看，5—30 岁人员比例较高。从文化程度来看，大专本科学历者比例最高。

t 调查所给单字材料为"统、头、特、梯、吞"。各调查项的数字表明，发音准确的人数比例最高者为 97%，最低者为 90%。从民族群体来看，汉族与非汉族相等。从语言背景来看，汉语群体高于非汉语群体。从性别来看，男性高于女性。从身份来看，学生人数比例最高。从年龄段来看，16—30 岁人员比例较高。从文化程度来看，大专本科学历者比例最高。

n 调查所给单字材料为"鸟、女、您、农、男、能"。各调查项的数字表明，发音准确的人数比例最高者为 86%，最低者为 43%。从民族群体来看，汉族低于非汉族。从语言背景来看，汉语群体低于非汉语群体。从性别来看，男性高于女性。从身份来看，学生最高。从年龄段来看，16—30 岁最高。从文化程度来看，大专本科学历者人数比例最高。

l 调查所给单字材料为"辣、楼、旅、绿、略、雷"。各调查项的数字表明，发音准确的人数比例最高者为 98%，最低者为 89%。从民族群体来看，汉族人数比例低于非汉族。从语言背景来看，汉语群体高于非汉语群体。从性别群体来看，男性低于女性。从身份来看，教师、学生的人数比例最高。从年龄段来看，16—30 岁人员比例最高。从文化程度来看，大专本科学历者人数比例最高。

g 调查所给单字材料为"怪、贵、歌、耕、革"。各调查项的数字表明，发音准确的人数比例最高者为 96%，最低者为 91%。从民族群体来看，汉族与非汉族人数比例相等。从语言背景来看，汉语群体高于非汉语群体。从性别群体来看，男性低于女性。从身份来看，教师、学生的人数比例等高。从年龄段来看，5—30岁人员比例都较高。从文化程度来看，大专本科学历者人数比例最高。

k 调查所给单字材料为"捆、口、看"。各调查项的数字表明，发音准确的人数比例最高者为95%，最低者为90%。从民族群体来看，汉族低于非汉族。从语言背景来看，汉语群体低于非汉语群体。从性别群体来看，男性与女性人数比例相等。从身份来看，学生的人数比例最高。从年龄段来看，16—30岁人员比例最高。从文化程度来看，大专本科学历者人数比例最高。

h 调查所给单字材料为"获、怀、杭、旱、晃、厚"。各调查项的数字表明，发音准确的人数比例最高者为97%，最低者为92%。从民族群体来看，汉族与非汉族相等。从语言背景来看，汉语群体高于非汉语群体。从性别群体来看，男性低于女性。从身份来看，教师、学生的人数比例等高。从年龄段来看，16—45岁人员比例都较高。从文化程度来看，大专本科学历者人数比例最高。

j 调查所给单字材料为"街、酒、局、江、捐、家"。各调查项的数字表明，最高者为89%，最低者为79%。从民族群体来看，汉族高于非汉族。从语言背景来看，汉语群体高于非汉语群体。从性别来看，男性略低于女性。从身份来看，学生比例最高。从年龄段来看，5—30岁人员比例都较高。从文化程度看，大专本科学历者最高。

q 调查所给单字材料为"群、气、缺、劝、秋、俏"。各调查项的数字表明，发音准确的人数比例，最高者为93%，最低者为81%。从民族群体来看，汉族高于非汉族。从语言背景来看，汉语人群高于非汉语人群。从性别来看，男性高于女性。从身份来看，教师、学生较高。从文化程度来看，大专本科学历者人数比例最高。

第一章　甘青宁三省区农村居民普通话应用状况调查与分析 | 123

x　调查所给单字材料为"雪、星、训、兄、心、选、咸"。各调查项的数字表明,发音准确的人数比例,最高者为95%,最低者为90%。从民族群体来看,汉族高于非汉族。从语言背景来看,汉语人群与非汉语人群相等。从性别群体来看,男性略低于女性。从身份来看,教师、学生高于其他各类人员。从年龄段来看,16—30岁人员最高。从文化程度来看,学历层次越高,发音准确的人数比例越大。

zh　调查所给单字材料为"斩、知、抓、皱、寨、直、赵"。各调查项的数字表明,发音准确的人数比例,最高者为85%,最低者为72%。从民族群体来看,汉族低于非汉族。从语言背景来看,汉语人群高于非汉语人群。从性别来看,男性略低于女性。从身份来看,学生发音准确的人数比例略高。从年龄段来看,16—30岁的人员比例较高。从文化程度来看,仍然是学历层次越高,发音准确的人数比例越大。

ch　调查所给单字材料为"尝、炒、齿、冲、春、储"。各调查项的数字表明,发音准确的人数比例,最高者为84%,最低者为71%。从民族群体来看,汉族低于非汉族。从语言背景来看,汉语人群高于非汉语人群。从性别来看,男性略低于女性。从身份来看,学生发音准确的人数比例略高。从年龄段来看,16—30岁的人员比例都较高。从文化程度来看,学历层次越高,发音准确的人数比例越大。

sh　调查所给单字材料为"霜、瘦、试、筛、刷、声"。各调查项的数字表明,发音准确的人数比例,最高者为85%,最低者为71%。从民族群体来看,汉族低于非汉族。从语言背景来看,汉语人群高于非汉语人群。从性别来看,男性略低于女性。从身份来看,学生发音准确的人数比例较高。从年龄段来看，5—30 岁的人员比例都较高。从文化程度来看，大专本科学历者，发音准确的人数比例最高。

r 调查所给单字材料为"忍、荣、揉、软"。各调查项的数字表明，发音准确的人数比例，最高者为 96%，最低者为 66%。从民族群体来看，汉族与非汉族人数比例相等。从语言背景来看，汉语人群高于非汉语人群。从性别来看，男性高于女性。从身份来看，学生发音准确的人数比例最高。从年龄段来看，16—30 岁的人员比例较高。从文化程度来看，大专本科学历者人数比例最高。

z 调查所给单字材料为"座、宗、怎、自"。各调查项的数字表明，发音准确的人数比例，最高者为 97%，最低者为 90%。从民族群体来看，汉族与非汉族人数比例相等。从语言群体来看，汉语群体高于非汉语群体。从性别来看，男性高于女性。从身份来看，学生的人数比例最高。从年龄段来看，16—30 岁的人员比例较高。从文化程度来看，大专本科学历者人数比例最高。

c 调查所给单字材料为"脆、财、窜"。各调查项的数字表明，发音准确的人数比例，最高者为 97%，最低者为 90%。从民族群体来看，汉族与非汉族人数比例相等。从语言背景来看，汉语人群高于非汉语人群。从性别来看，男性与女性人数比例相等。从身份来看，学生人数比例最高。从年龄段来看，16—30 岁的人员比例都较高。从文化程度来看，大专本科学历者人数比例最高。

s 调查所给单字材料为"丝、洒、赛、所、塑"。各调查项的数字表明，发音准确的人数比例，最高者为 96%，最低者为 90%。从民族群体来看，汉族低于非汉族。从语言背景来看，汉语人群高于非汉语人群。从性别来看，男性高于女性。从身份来看，教师、学生人数比例等高。从年龄段来看，5—30 岁的人员比例都较高。从文化程度来看，大专本科学历者人数比例最高。

∅ 调查所给单字材料为“安、缘、永、翁、孕、王、义、音、耳”。各调查项的数字表明，发音准确的人数比例，最高者为 92%，最低者为 77%。从民族群体来看，汉族与非汉族人数比例相等。从语言背景来看，汉语群体高于非汉语群体。从性别来看，男性与女性人数比例相等。从身份来看，学生人数比例最高。从年龄段来看，16—30 岁的人员比例较高。从文化程度来看，大专本科学历者人数比例最高。

以上我们对宁夏回族自治区农村居民应用普通话时声母发音情况的调查结果进行了分析。从中可以看到：

一是，从民族群体来看，发音准确的人数比例，汉族低于非汉族。22 个声母，有 3 个为汉族高于非汉族，有 11 个为汉族与非汉族相等，有 8 个为汉族低于非汉族。这是因为，宁夏回族自治区的回族人员较多，他们跟汉族一样使用汉语。

二是，从语言群体来看，发音准确的人数比例，汉语群体明显高于非汉语群体。22 个声母，有 19 个为汉语群体高于非汉语群体。1 个为汉语群体与非汉语群体相等，2 个为汉语群体低于非汉语群体。

三是，从性别来看，女性发音准确的人数比例相对较高。22 组比例数中，男性较高的有 5 组，男性与女性相等的有 4 组，其余 13 组都是女性高于男性。

四是，从身份来看，学生发音准确的人数比例较高。22 组比例数中，学生较高的有 13 组。

五是，就年龄而言，16—30 岁年龄段的人数比例较高。22 组比例数中，此年龄段人数比例较高的有 13 组。

六是，从文化程度来看，发音准确程度与说话人接受教育的程度成正比，即接受教育的程度越高，发音准确的人数比例越大。这一点跟甘肃、青海情况完全一致。

七是，从各调查项的整体人数比例分布来看，所有声母中，发音准确的人数比例，最高的是 d、t、g、k、h、z、c、s，22 个调查项，其比例数都在 90% 以上。相反，发音准确人数比例最低的是 n，22 个调查项，其比例数在 60% 以下的有 16 个。其次是 sh，22 个调查项，其比例数在 80% 以下的有 19 个。

第二，韵母。

a 调查所给单字材料为"辣、洒"。各调查项的数字表明，发音准确的人数比例，最高者为 98%，最低者为 91%。从民族群体来看，汉族与非汉族人数比例相等。从语言背景来看，第一语言为汉语的人员高于非汉语人员。从性别来看，男性与女性人数比例相等。从身份来看，学生和乡镇干部最高。从年龄来看，5—45 岁人员较高。从文化程度来看，大专本科学历人员最高。

e 调查所给单字材料为"特、歌、革"。各调查项的数字表明，发音准确的人数比例，最高者为 79%，最低者为 67%。从民族群体来看，汉族高于非汉族。从语言背景来看，第一语言为汉语的人员低于非汉语人员。从性别来看，男性高于女性。从身份来看，学生最高。从年龄来看，16—30 岁以上人员最高。从文化程度来看，大专本科学历人员最高。

-i（前） 调查所给单字材料为"丝、自"。各调查项的数字表明，发音准确的人数比例，最高者为 98%，最低者为 92%。从民族群体来看，汉族高于非汉族。从语言背景来看，第一语言为汉语的人员高于非汉语人员。从性别来看，男性与女性比例相等。从身份来看，学生最高。从年龄来看，16—30 岁的人员比例略高。从文化程度来看，大专本科学历人员最高。

-i（后） 调查所给单字材料为"知、试、直、齿"。各调查项的数字表明，发音准确的人数比例，最高者为 96%，最低者为 90%。从民族群体来看，汉族高于非汉族。从语言背景来看，第一语言为汉语的人员高于非汉语人员。从性别来看，男性高于女性。从身份来看，学生人数比例高于其他人员。从年龄来看，5—30 岁人员比例较高。从文化程度来看，中学、大专本科学历人员最高。

ai 调查所给单字材料为"筛、寨、赛、财、贷"。各调查项的数字表明，发音准确的人数比例，最高者为 77%，最低者为 57%。从民族群体来看，汉族低于非汉族。从语言背景来看，汉语低于非汉语。从性别来看，男性高于女性。从身份来看，学生比例最高。从年龄段来看，16—30 岁人员比例较高。从文化程度来看，大专本科学历人员比例较高。

ei 调查所给单字材料为"飞、雷"。各调查项的数字表明，发音准确的人数比例，最高者为 97%，最低者为 92%。从民族群体来看，汉族高于非汉族。从语言背景来看，汉语高于非汉语。从性别来看，男性低于女性。从身份来看，教师、学生比例最高。从年龄段来看，5—45 岁人员比例较高。从文化程度来看，大专本科学历人员比例较高。

ao 调查所给单字材料为"抱、稻、炒、赵"。各调查项的数字表明，发音准确的人数比例，最高者为 73%，最低者为 62%。从民族群体来看，汉族低于非汉族。从语言背景来看，汉语低于非汉语。从性别来看，男性低于女性。从身份来看，学生人数比例最高。从年龄段来看，只有 16—30 岁人员比例较高。从文化程度来看，大专本科学历人员比例最高。

ou　调查所给单字材料为"楼、头、揉、厚、皱、瘦、口"。各调查项的数字表明，发音准确的人数比例，最高者为95%，最低者为91%。从民族群体来看，发音准确的人数比例，汉族高于非汉族。从语言背景来看，汉语高于非汉语。从性别来看，男性低于女性。从身份来看，学生比例较高。从年龄段来看，5—15岁之间人员比例较高。从文化程度来看，大专本科学历人员比例最高。

an　调查所给单字材料为"安、看、斩、男、旱"。各调查项的数字表明，发音准确的人数比例，最高者为89%，最低者为82%。从民族群体来看，汉族低于非汉族。从语言背景来看，汉语高于非汉语。从性别来看，男性人数比例低于女性。从身份来看，教师、大夫、商贩、手艺人比例最高。从年龄段来看，16—30岁之间的人员比例较高。从文化程度来看，大专本科学历人员比例最高。

en　调查所给单字材料为"门、忍、分、盆、怎"。各调查项的数字表明，发音准确的人数比例，最高者为71%，最低者为47%。从民族群体来看，汉族低于非汉族。从民族群体来看，汉族低于非汉族。从语言背景来看，汉语群体低于非汉语群体。从性别来看，男性与女性人数比例相等。从身份来看，教师的人数比例最高。从年龄来看，16—30岁人员比例最高。从文化程度来看，大专本科学历人员比例最高。

ang　调查所给单字材料为"尝、杭"。各调查项的数字表明，发音准确的人数比例，最高者为89%，最低者为82%。从民族群体来看，汉族高于非汉族。从语言背景来看，汉语群体高于非汉语群体。从性别来看，男性低于女性。从身份来看，教师的人数比例最高。从年龄来看，31—45岁人员比例数最高。从文化程度来看，大专本科学历人员比例最高。

eng 调查所给单字材料为"声、能、耕"。各调查项的数字表明，发音准确的人数比例，最高者为87%，最低者为71%。从民族群体来看，汉族高于非汉族。从语言背景来看，汉语群体高于非汉语群体。从性别来看，男性低于女性。从身份来看，学生的人数比例最高。从年龄段来看，16—30岁人员比例最高。从文化程度来看，大专本科学历者比例最高。

i 调查所给单字材料为"梯、义、气、敌、鼻"。各调查项的数字表明，发音准确的人数比例，最高者为97%，最低者为91%。从民族群体来看，汉族与非汉族人数比例相等。从语言背景来看，汉语群体与非汉语群体相等。从性别来看，男性低于女性。从身份来看，学生人数比例略高。从年龄段来看，16—30岁人员比例较高。从文化程度来看，大专本科学历者最高。

ia 调查所给单字材料为"家"。各调查项的数字表明，发音准确的人数比例，最高者为97%，最低者为92%。从民族群体来看，汉族低于非汉族。从语言背景来看，汉语群体低于非汉语群体。从性别来看，男性低于女性。从身份来看，教师、学生比例较高。从年龄段来看，16—30岁人员人数比例最高。从文化程度来看，大专本科学历人员比例最高。

ie 调查所给单字材料为"街"。各调查项的数字表明，发音准确的人数比例，最高者为87%，最低者为81%。从民族群体来看，汉族低于非汉族。从语言背景来看，汉语群体低于非汉语群体。从性别来看，男性低于女性。从身份来看，教师、学生高于其他各类人员。从年龄段来看，16—30岁人员人数比例较高。从文化程度来看，大专本科学历人员比例最高。

iao 调查所给单字材料为"俏、鸟"。各调查项的数字表明，发音准确的人数比例，最高者为79%，最低者为71%。从民族群体来看，汉族高于非汉族。从语言群体来看，汉语高于非汉语。从性别来看，男性低于女性。从身份来看，学生人数比例较高。从年龄段来看，16—30岁人员比例较高。从文化程度来看，大专本科学历人员比例最高。

iou 调查所给单字材料为"秋、酒"。各调查项的数字表明，发音准确的人数比例，最高者为97%，最低者为71%。从民族群体来看，汉族高于非汉族。从语言群体来看，汉语高于非汉语。从性别来看，男性低于女性。从身份来看，学生人数比例较高。从年龄段来看，5—30岁人员比例较高。从文化程度来看，大专本科学历人员比例最高。

ian 调查所给单字材料为"遍、咸"。各调查项的数字表明，发音准确的人数比例，最高者为88%，最低者为81%。从民族群体来看，汉族低于非汉族。从语言群体来看，汉语高于非汉语。从性别来看，男性低于女性。从身份来看，学生高于其他各类人员。从年龄段来看，5—30岁人员比例较高。从文化程度来看，大专本科学历人员比例最高。

in 调查所给单字材料为"音、您、心"。各调查项的数字表明，发音准确的人数比例，最高者为75%，最低者为62%。从民族群体来看，汉族高于非汉族。从语言群体来看，汉语高于非汉语。从性别来看，男性低于女性。从身份来看，学生人数比例较高。从年龄来看，5—15岁的人员比例较高。从文化程度来看，大专本科学历人员比例最高。

iang 调查所给单字材料为"江"。各调查项的数字表明，发音准确的人数比例，最高者为79%，最低者为71%。从民族群体来看，汉族低于非汉族。从语言群体来看，汉语高于非汉语。从性别来看，男性高于女性。从身份来看，学生比例较高。从年龄段来看，5—15岁人员的比例较高。从文化程度来看，大专本科学历人员比例最高。

ing 调查所给单字材料为"星、顶、明、瓶"。各调查项的数字表明，发音准确的人数比例，最高者为76%，最低者为60%。从民族群体来看，汉族高于非汉族。从语言背景来看，汉语群体略高于非汉语群体。从性别来看，男性略低于女性。从身份来看，学生高于其他人员。从年龄段来看，16—30岁的人员高于其他人员。从文化程度来看，大专本科学历人员比例最高。

u 调查所给单字材料为"塑、幕、储"。各调查项的数字表明，发音准确的人数比例，最高者为97%，最低者为92%。从民族群体来看，汉族低于非汉族。从语言背景来看，汉语群体高于非汉语群体。从性别来看，男性低于女性。从身份来看，教师、学生人数比例最高。从年龄段来看，16—30岁的人员高于其他人员。从文化程度来看，大专本科学历人员比例最高。

uɑ 调查所给单字材料为"抓、刷"。各调查项的数字表明，发音准确的人数比例，最高者为97%，最低者为93%。从民族群体来看，汉族与非汉族人数比例相等。从语言背景来看，汉语群体高于非汉语群体。从性别来看，男性略低于女性。从身份来看，教师、学生人数比例较高。从年龄段来看，16—45岁的人员高于其他人员。从文化程度来看，大专本科学历人员比例最高。

uo/o 调查所给单字材料为"多、获、佛、坡、所、座"。各调查项的数字表明，发音准确的人数比例较低，最高者为85%，最低者为53%。从民族群体来看，汉族低于非汉族。从语言背景来看，汉语低于非汉语。从性别来看，男性低于女性。从身份来看，学生人数比例较高。从年龄段来看，16—30岁人员比例较高。从文化程度来看，大专本科学历人员比例最高。

uai　调查所给单字材料为"怪、怀"。各调查项的数字表明，发音准确的人数比例，最高者为89%，最低者为64%。从民族群体来看，汉族高于非汉族。从语言背景来看，汉语高于非汉语。从性别来看，男性低于女性。从身份来看，学生的人数比例高于其他人员。从年龄段来看，16—30岁人员比例较高。从文化程度来看，大专本科学历人员比例最高。

uei　调查所给单字材料为"脆、贵"。各调查项的数字表明，发音准确的人数比例，最高者为88%，最低者为79%。从民族群体来看，汉族与非汉族人数比例相等。从语言背景来看，汉语低于非汉语。从性别来看，男性低于女性。从身份来看，学生的人数比例高于其他人员。从年龄段来看，16—30岁人员比例较高。从文化程度来看，大专本科学历人员比例最高。

uan　调查所给单字材料为"软、窜"。各调查项的数字表明，发音准确的人数比例，最高者为89%，最低者为81%。从民族群体来看，汉族低于非汉族。从语言背景来看，汉语高于非汉语。从性别来看，男性低于女性。从身份来看，教师、学生的人数比例高于其他人员。从年龄段来看，14—45岁人员比例较高。从文化程度来看，大专本科学历人员比例最高。

uen　调查所给单字材料为"春、吞、捆"。各调查项的数字表明，发音准确的人数比例，最高者为82%，最低者为65%。从民族群体来看，汉族与非汉族人数比例相等。从语言背景来看，汉语高于非汉语。从性别来看，男性低于女性。从身份来看，学生的人数比例高于其他人员。从年龄段来看，16—30岁人员的比例较高。从文化程度来看，大专本科学历者人数比例较高。

uang 调查所给单字材料为"王、晃、霜"。各调查项的数字表明，发音准确的人数比例，最高者为86%，最低者为73%。从民族群体来看，汉族高于非汉族。从语言背景来看，汉语高于非汉语。从性别来看，男性低于女性。从身份来看，教师的人数比例高于其他人员。从年龄段来看，16—45岁人员的比例较高。从文化程度来看，大专本科学历人员比例最高。

ong 调查所给单字材料为"统、宗、冲、荣、农"。各调查项的数字表明，发音准确的人数比例，最高者为86%，最低者为74%。从民族群体来看，汉族低于非汉族。从语言背景来看，汉语高于非汉语。从性别来看，男性高于女性。从身份来看，学生的人数比例高于其他人员。从年龄段来看，16—30岁人员的比例较高。从文化程度来看，大专本科学历者人数比例最高。

ueng 调查所给单字材料为"翁"。各调查项的数字表明，发音准确的人数比例，最高者为85%，最低者为73%。从民族群体来看，汉族高于非汉族。从语言背景来看，汉语高于非汉语。从性别来看，男性高于女性。从身份来看，教师的人数比例高于其他人员。从年龄段来看，31—45岁人员的比例较高。从文化程度来看，大专本科学历人员比例最高。

ü 调查所给单字材料为"女、局、旅、绿"。各调查项的数字表明，发音准确的人数比例，最高者为96%，最低者为90%。从民族群体来看，汉族高于非汉族。从语言背景来看，汉语高于非汉语。从性别来看，男性与女性人数比例相等。从身份来看，学生的人数比例高于其他人员。从年龄段来看，16—30岁人员的比例较高。从文化程度来看，大专本科程度者人数比例最高。

üe　调查所给单字材料为"缺、略、雪"。各调查项的数字表明，发音准确的人数比例，最高者为83%，最低者为71%。从民族群体来看，汉族低于非汉族。从语言背景来看，汉语低于非汉语。从性别来看，男性低于女性。从身份来看，教师、学生的人数比例高于其他人员。从年龄段来看，16—45岁人员的比例较高。从文化程度来看，大专本科程度者人数比例最高。

üan　调查所给单字材料为"缘、劝、捐、选"。各调查项的数字表明，发音准确的人数比例，最高者为82%，最低者为71%。从民族群体来看，汉族高于非汉族。从语言背景来看，汉语高于非汉语。从性别来看，男性低于女性。从身份来看，学生的人数比例高于其他人员。从年龄段来看，16—30岁人员的比例较高。从文化程度来看，大专本科程度者人数比例最高。

ün　调查所给单字材料为"群、训、孕"。各调查项的数字表明，发音准确的人数比例，最高者为69%，最低者为51%。从民族群体来看，汉族低于非汉族。从语言背景来看，汉语高于非汉语。从性别来看，男性低于女性。从身份来看，学生的人数比例高于其他人员。从年龄段来看，16—30岁人员的比例较高。从文化程度来看，大专本科程度者人数比例较高。

iong　调查所给单字材料为"兄、永"。各调查项的数字表明，发音准确的人数比例，最高者为87%，最低者为81%。从民族群体来看，汉族高于非汉族。从语言背景来看，汉语高于非汉语。从性别来看，男性低于女性。从身份来看，教师的人数比例高于其他人员。从年龄段来看，16—30岁人员的比例较高。从文化程度来看，大专本科程度者人数比例最高。

er 调查所给单字材料为"耳"。各调查项的数字表明,发音准确的人数比例,最高者为80%,最低者为71%。从民族群体来看,汉族低于非汉族。从语言背景来看,汉语高于非汉语。从性别来看,男性与女性人数比例相等。从身份来看,学生的人数比例高于其他人员。从年龄段来看,16—45岁人员的比例较高。从文化程度来看,大专本科学历人员比例最高。

以上我们对宁夏农村居民应用普通话时韵母发音情况的调查结果一一进行了分析。从中可以看到:

一是,从民族来看,准确读出韵母的人数比例,汉族低于非汉族。表中所列37个韵母,其中17个为汉族低于非汉族,15个为汉族高于非汉族,5个为汉族与非汉族相等。这就是说,在宁夏农村,发韵母准确的人员,汉族比非汉族少。

二是,从语言群体来看,准确读出韵母的人数比例,汉语群体高于非汉语群体。表中所列37个韵母,其中27个是汉语人群高于非汉语人群,8个是汉语人群低于非汉语人群,1个是汉语人群与非汉语人群相等。就是说,在宁夏农村,发韵母准确的人员,汉语背景者比非汉语背景者多。

三是,从性别来看,发韵母准确的人数比例,男性低于女性。表中所列37个韵母,其中27个韵母都是男性低于女性,5个韵母是男性高于女性,5个是男性与女性比例数相等。

四是,从身份来看,发韵母准确的人数比例,学生高于其他人员。表中所列37个韵母,有23个是学生较高;9个是教师和学生人数比例相等,且高于其他人员。

五是,从年龄段来看,发韵母准确的人数比例,16—30岁人员高于其他人员。表中所列37个韵母,有21个为此年龄段的人员较高。

六是，从文化程度来看，发韵母准确的人数比例，大专本科文化程度者高于其他人员。表中 37 个韵母，有 34 个为大专本科文化程度的人员高于其他人员。还有 3 个是大专本科程度与中学程度人员相等且高于其他程度人员。

七是，从各调查项整体比例分布来看，发音准确的人数比例，ɑ、iɑ、i、-i（前）、-i（后）、u、ei、ou、iou 都较高，22 个调查项，其比例数都在 90% 以上。发音准确人数比例整体最低的韵母是 en，22 个调查项，除过"牧民"一项不计外，en 的比例数在 60% 以下的有 9 个，70% 以下的有 11 个，80% 以下的有 1 个。

第三，声调。

阴平。调查所给单字材料为"安、丝、抓、梯、刷、声、星、筛、缺、心、家、多、宗、兄、歌、街、捐、分、吞、冲、音、春、秋、坡、飞、霜、江、知、翁、耕"。各调查项的数字表明，发音准确的人数比例，最高者为 93%，最低者为 81%。从民族群体来看，汉族与非汉族相等。从语言背景来看，汉语人群高于非汉语人群。从性别来看，男性与女性人数比例相等。从身份来看，学生人数比例较高。从年龄段来看，5—30 岁人员的比例较高。从文化程度来看，大专本科程度者人数比例较高。

阳平。调查所给单字材料为"楼、群、局、头、王、尝、缘、揉、男、敌、革、能、门、荣、瓶、佛、咸、明、您、鼻、财、怀、杭、盆、雷、农、直"。各调查项的数字表明，发音准确的人数比例，最高者为 86%，最低者为 62%。从民族群体来看，汉族与非汉族相等。从语言背景来看，汉语群体高于非汉语群体。从性别来看，男性与女性相等。从身份来看，学生人数比例较高。从年龄段来看，

16—30岁人员的比例较高。从文化程度来看，大专本科程度者人数比例较高。

上声。调查所给单字材料为"女、统、软、斩、齿、顶、忍、酒、选、鸟、旅、洒、永、怎、口、捆、炒、雪、所、耳、储"。各调查项的数字表明，发音准确的人数比例，最高者为89%，最低者为58%。从民族群体来看，汉族高于非汉族。从语言背景来看，汉语人群高于非汉语人群。从性别来看，男性低于女性。从身份来看，教师人数比例较高。从年龄段来看，16—30岁人员的比例较高。从文化程度来看，大专本科程度者人数比例较高。

去声。调查所给单字材料为"脆、自、看、抱、遍、训、义、窜、特、劝、塑、幕、寨、俏、获、旱、稻、辣、贵、试、晃、赛、孕、略、贷、座、瘦、怪、气、厚、皱、绿、赵"。各调查项的数字表明，发音准确的人数比例，最高者为95%，最低者为84%。从民族群体来看，汉族与非汉族相等。从语言背景来看，汉语人群高于非汉语人群。从性别来看，男性与女性相等。从身份来看，教师、学生人数比例较高。从年龄段来看，16—45岁人员的比例较高。从文化程度来看，大专本科程度者人数比例较高。

以上我们对宁夏农村居民应用普通话时声调发音情况的调查结果一一进行了分析。从中可以看到：

一是，就民族群体而言，四个声调中，阴平、阳平和去声三个声调发音准确的人数比例，汉族与非汉族大体相等。

二是，就语言群体而言，四个声调发音准确的人数比例都是汉语群体高于非汉语群体。这都显然与宁夏回族自治区回族人口较多，且都使用汉语有关。

三是，就性别来看，阴平、阳平和去声三个声调发音准确的人数比例，男性与女性相等；而上声发音准确的人数比例，则是男性低于女性。

四是，就身份来看，学生发音准确的人数比例整个高于其他各类人员，其次是教师。

五是，就年龄段来看，阴平、上声、去声三个声调都是 16—30 岁人员发音准确人数比例较高，阳平调是 16—30 岁、46—60 岁两个年龄段的人员发音准确人数比例较高。

六是，就文化程度来看，四个声调都是大专本科人员发音准确人数比例较高。

七是，就各调查项的整体比例分布来看，上声发音准确的人数比例最低，去声发音准确的人数比例最高。

（二）关于变调、轻声、儿化及其他音变

变调、轻声、儿化及其他音变是应用普通话过程中产生的语流音变。我们注意到，三省区农村大部分居民使用的普通话，听起来不够流畅的一个主要原因，是变调、轻声、儿化及相关音变问题处理不够妥当。普通话使用者，往往只注意单字音，在语段或语句中，总是直接把单字音带入，结果导致音流不畅，听来音感不够和谐。这也许是方言区人们使用普通话过程中存在的普遍现象。为了解三省区有关情况，我们设计了下面的问题：

题目七，读多音节词语。按照普通话要求，如果一个词语的变调、轻声或儿化读得准确，则在括号内打√；如果读得不准确，则在括号内打×。（注意：可由被调查人读词语的音，调查人判断其变调、轻声或儿化准确与否；也可由调查人根据情况用不同读音读出词语，被调查人听取并选择自己认为正确的 1 个读法，调查人加以

记录。)

酒肉（　）害处（　）药方儿（　）慌里慌张（　）假装（　）马虎（　）哥哥（　）宝盖儿（　）一样（　）不走（　）起床（　）胡萝卜（　）大好时光（　）喜雨（　）粉红（　）一马当先（　）来吧（　）清清楚楚（　）慢慢儿（　）娃娃们（　）保险（　）一杯（　）如意算盘（　）钢镚儿（　）不服（　）思前想后（　）我们（　）走啊（　）解放（　）一点儿（　）百货（　）眼镜框儿（　）队伍（　）名堂（　）老师（　）不说（　）酒窝儿（　）一年（　）老头子（　）不对（　）孙子媳妇儿（　）窍门儿（　）衣服（　）

以上共43个多音节词语，其中双音节词语25个，三音节词语10个，四音节词语7个，五音节词语1个。涉及连读变调、轻声、儿化、其他音变四个方面。

变调的有：①上声在阴平、阳平、去声、轻声前：老师、假装、酒窝儿*、粉红、起床、大好时光、酒肉、百货、解放、宝盖儿*[1]、思前想后、眼镜框儿*、马虎。此时上声变为半降调。②上声在上声前：保险、喜雨、清清楚楚。此时上声变为半升调。③"一"在阴平、阳平、上声前：一杯、一年、一点儿*、一马当先。此时"一"变为降调。④"一"在去声之前变为升调：一样。此时"一"变为升调。⑤"不"在阴平、阳平、上声前：不说、不服、不走。此时"不"读降调。⑥"不"在去声前：不对。此时"不"变为升调。⑦形容词重叠：慢慢儿*。此时重叠部分变为阴平。

轻声的有：①第二音节：哥哥、衣服、名堂、来吧、马虎、害

---

[1] 加星号的为一个例子含两种情况，"宝盖儿"既含上声变调，又含儿化。

处、队伍、娃娃们*、清清楚楚、慌里慌张、孙子媳妇儿*。②第三音节：胡萝卜、娃娃们、老头子。③第四音节：如意算盘、孙子媳妇儿。

儿化的有：①三音节：药方儿、宝盖儿、慢慢儿、酒窝儿、钢镚儿、一点儿、窍门儿。②四音节：眼镜框儿。③五音节：孙子媳妇儿。

其他音变的有：语气词"啊"用在句末：走啊。此时因受到前一音节末尾音素的影响而发生音变。

为了便于统计和分析，我们规定，被调查人所读同一类别所有词语的读音都符合相应变调、轻声或儿化的规则，则视为正确；否则，视为不正确。如上声在阴平、阳平、去声、轻声前变为半降调，这是同一类别，涉及"老师、假装、酒窝儿*、粉红、起床、大好时光、酒肉、百货、解放、宝盖儿*、思前想后、眼镜框儿*、马虎"等词语，如果被调查人所读这13个词语中上声音节的读音都符合变为半降调的规律，则视为读音准确；如果被调查人所读这13个词语中上声音节有任何1个或1个以上读音不符合变为半降调的规律，则视为读音不准确。

下面根据调查情况，分省区进行分析。

1. 甘肃省农村普通话应用中变调、轻声、儿化发音情况的统计（见附录表7）与分析。

第一，变调。

上声在阴平、阳平、去声、轻声前。调查所给材料为"老师、假装、酒窝儿*、粉红、起床、大好时光、酒肉、百货、解放、宝盖儿、思前想后、眼镜框儿、马虎"。各调查项的数字表明，发音准确的人数比例最高者为77%，最低者为51%。从民族群体来看，汉族高于非汉族。从语言背景来看，汉语人群高于非汉语人群。从性别来看，男性低于女性。从身份来看，学生发音准确的人数比例最高。从年龄段来看，16—30 岁人员的人数比例较高。从文化程度来看，大专本科学历者人数比例最高。

上声在上声前。调查所给单字材料为"保险、喜雨、清清楚楚"。各调查项的数字表明，发音准确的人数比例最高者为 72%，最低者为 50%。从民族群体来看，汉族低于非汉族。从语言背景来看，汉语人群高于非汉语人群。从性别来看，男性低于女性。从身份来看，学生比例最高。从年龄段来看，16—30 岁人员比例较高。从文化程度来看，大专本科学历者比例最高。

"一"在阴平、阳平、上声前。调查所给材料为"一杯、一年、一点儿、一马当先"。各调查项的数字表明，发音准确的人数比例最高者为 77%，最低者为 61%。从民族群体来看，汉族高于非汉族。从语言背景来看，汉语人群高于非汉语人群。从性别来看，男性与女性比例相等。从身份来看，学生比例最高。从年龄段来看，16—30 岁人员比例较高。从文化程度来看，大专本科学历者比例最高。

"一"在去声前。调查所给材料为"一样"。各调查项的数字表明，发音准确的人数比例最高者为 83%，最低者为 55%。从民族群体来看，汉族高于非汉族。从语言背景来看，汉语人群高于非汉语人群。从性别来看，男性低于女性。从身份来看，学生比例最高。从年龄段来看，16—30 岁人员比例较高。从文化程度来看，大专本科学历者比例最高。

"不"在阴平、阳平、上声前。调查所给材料为"不说、不服、不走"。各调查项的数字表明，发音准确的人数比例最高者为 97%，最低者为 71%。从民族群体来看，汉族高于非汉族。从语言背景来看，汉语人群高于非汉语人群。从性别来看，男性低于女性。从身份来看，学生比例最高。从年龄段来看，16—30 岁人员比例较高。从文化程度来看，大专本科学历者比例最高。

"不"在去声前。调查所给材料为"不对"。各调查项的数字表明，发音准确的人数比例最高者为 86%，最低者为 81%。从民族群体来看，汉族高于非汉族。从语言背景来看，汉语人群高于非汉语人群。从性别来看，男性高于女性。从身份来看，学生比例最高。从年龄段来看，16—30 岁人员比例较高。从文化程度来看，大专本科学历者比例最高。

形容词重叠。调查所给材料为"慢慢儿"。各调查项的数字表明，发音准确的人数比例最高者为 52%，最低者为 30%。大部分人员都把重叠部分也读为原调。从民族群体来看，汉族低于非汉族。从语言背景来看，汉语人群高于非汉语人群。从性别来看，男性低于女性。从身份来看，教师和学生比例最高。从年龄段来看，16—45 岁人员比例较高。从文化程度来看，大专本科学历者比例最高。

以上我们对甘肃省农村居民应用普通话时变调发音情况的调查结果进行了分析。从中可以看到以下几个特点：

一是，从民族群体来看，发音准确的人数比例，汉族人员高于非汉族。表中共涉及 7 种变调模式，其中 5 种模式为汉族高于非汉族。

二是，从语言群体来看，发音准确的人数比例，汉语人员高于非汉语人员。表中 7 种变调模式，全为汉语群体高于非汉语群体。

三是，从性别来看，发音准确的人数比例，女性高于男性。表中 7 种变调模式，有 5 种为女性高于男性。

四是，从身份来看，发音准确的人数比例，学生高于其他各类人员。表中 7 种变调模式，有 6 种为学生较高。

五是，从年龄段来看，发音准确的人数比例，16—30 岁人员高于其他年龄人员。表中 7 种变调模式，有 6 种为此年龄段人员较高。

六是，从文化程度来看，发音准确的人数比例，大专本科程度者高于其他人员。表中 7 种变调模式，大专本科程度者全为最高。

七是，就各调查类的整体比例分布来看，"不"在阴平、阳平、上声前，发音准确的人数比例最高；双音节形容词重叠，发音准确的人数比例最低。

第二，轻声。

第二音节为轻声。调查所给材料为"哥哥、衣服、名堂、来吧、马虎、害处、队伍、娃娃们、清清楚楚、慌里慌张、孙子媳妇儿"。各调查项的数字表明，发音准确的人数比例最高者为 97%，最低者为 80%。从民族群体来看，汉族高于非汉族。从语言背景来看，汉语人群高于非汉语人群。从性别来看，男性低于女性。从身份来看，教师、学生比例最高。从年龄段来看，5—30 岁人员比例较高。从文化程度来看，大专本科学历者比例最高。

第三音节为轻声。调查所给材料为"胡萝卜、娃娃们、老头子"。各调查项的数字表明，发音准确的人数比例最高者为 98%，最低者为 81%。从民族群体来看，汉族高于非汉族。从语言背景来看，汉语人群高于非汉语人群。从性别来看，男性与女性相等。从身份来看，教师、学生、乡镇干部比例较高。从年龄段来看，5—60 岁人员比例都较高。从文化程度来看，中学和大专本科学历者比例都较高。

第四音节为轻声。调查所给材料为"如意算盘、孙子媳妇儿"。各调查项的数字表明，发音准确的人数比例最高者为 97%，最低者为 78%。从民族群体来看，汉族高于非汉族。从语言背景来看，汉语人群高于非汉语人群。从性别来看，男性与女性相等。从身份来看，教师、学生比例较高。从年龄段来看，16—45岁人员比例较高。从文化程度来看，大专本科学历者比例最高。

以上我们对甘肃省农村居民应用普通话时轻声发音情况的调查结果进行了分析。从中可以看到以下几个特点：

一是，从民族群体来看，发音准确的人数比例，汉族人员高于非汉族人员。表中共涉及3种轻声模式，全为汉族高于非汉族。

二是，从语言群体来看，发音准确的人数比例，汉语人员高于非汉语人员。表中3种变调模式，全为汉语群体高于非汉语群体。

三是，从性别来看，发音准确的人数比例，男性与女性大致相等。表中3种轻声模式，2种为男性与女性相等，1种为男性略低于女性。

四是，从身份来看，发音准确的人数比例，教师、学生高于其他各类人员。表中3种轻声模式，2种为教师和学生较高，1种为教师、学生和乡镇干部较高。

五是，从年龄段来看，发音准确的人数比例，16—30岁人员人数比例最高。表中3种轻声模式全为最高。但5—15岁和31—45岁两个年龄段人员也相对较高。3种模式，有2种为这两个年龄段人员较高。

六是，从文化程度来看，发音准确的人数比例，大专本科程度者高于其他人员。表中3种轻声模式，大专本科程度者有2种为高。

七是，就3种调查模式的整体比例分布来看，第三音节为轻声者，发音准确的人数比例最高。

第三，儿化。

第三个音节儿化。调查所给材料为"药方儿、宝盖儿、慢慢儿、酒窝儿、钢镚儿、一点儿、窍门儿"。各调查项的数字表明，发音准确的人数比例最高者为93%，最低者为72%。从民族群体来看，汉族高于非汉族。从语言背景来看，汉语人群高于非汉语人群。从性别来看，男性低于女性。从身份来看，教师、学生比例最高。从年龄段来看，31—45岁人员比例较高。从文化程度来看，大专本科学历者比例最高。

第四个音节儿化。调查所给材料为"眼镜框儿"。各调查项的数字表明，发音准确的人数比例最高者为96%，最低者为71%。从民族群体来看，汉族高于非汉族。从语言背景来看，汉语人群高于非汉语人群。从性别来看，男性与女性相等。从身份来看，教师、学生比例最高。从年龄段来看，16—30岁人员比例较高。从文化程度来看，大专本科学历者比例最高。

第五音节儿化。调查所给材料为"孙子媳妇儿"。各调查项的数字表明，发音准确的人数比例最高者为98%，最低者为72%。从民族群体来看，汉族高于非汉族。从语言背景来看，汉语人群高于非汉语人群。从性别来看，男性低于女性。从身份来看，教师比例最高。从年龄段来看，31—45岁人员比例较高。从文化程度来看，大专本科学历者比例最高。

以上我们对甘肃省农村居民应用普通话时儿化发音情况的调查结果进行了分析。从中可以看到以下几个特点：

一是，从民族群体来看，发音准确的人数比例，汉族人员高于非汉族人员。表中共涉及3种儿化模式，全为汉族高于非汉族。

二是，从语言群体来看，发音准确的人数比例，汉语人员高于非汉语人员。表中3种儿化模式，全为汉语群体高于非汉语群体。

三是，从性别来看，发音准确的人数比例，男性低于女性。表中 3 种儿化模式，2 种为男性低于女性，1 种为男性与女性相等。

四是，从身份来看，发音准确的人数比例，教师高于其他各类人员。表中 3 种儿化模式，2 种为教师和学生同高，1 种为教师最高。

五是，从年龄段来看，发音准确的人数比例，31—45 岁人员人数比例较高。表中 3 种儿化模式，2 种为此年龄段人员较高。

六是，从文化程度来看，发音准确的人数比例，大专本科程度者高于其他人员。表中 3 种儿化模式，全为大专本科程度者较高。

七是，就 3 种模式的整体比例分布来看，第五音节为儿化者，发音准确的人数比例最高。

第四，"啊"字音变。

调查所给材料为"走啊"。各调查项的数字表明，发音准确的人数比例最高者为 75%，最低者为 51%。从民族群体来看，汉族高于非汉族。从语言背景来看，汉语人群高于非汉语人群。从性别来看，男性低于女性。从身份来看，教师比例最高。从年龄段来看，16—45 岁人员比例较高。从文化程度来看，大专本科学历者比例最高。

2. 青海省农村普通话应用中变调、轻声、儿化发音情况的统计（见附录表 8）与分析。

第一，变调。

上声在阴平、阳平、去声、轻声前。调查所给材料为"老师、假装、酒窝儿、粉红、起床、大好时光、酒肉、百货、解放、宝盖儿、思前想后、眼镜框儿、马虎"。各调查项的数字表明，发音准确的人数比例最高者为 74%，最低者为 53%。从民族群体来看，汉族高于非汉族。从语言背景来看，汉语人群高于非汉语人群。从性别来看，男性高于女性。从身份来看，教师、宗教界人士发音准确的人数比例最高。从年龄段来看，31—45 岁人员的人数比例较高。从文化程度来看，大专本科学历者人数比例最高。

上声在上声前。调查所给材料为"保险、喜雨、清清楚楚"。各调查项的数字表明，发音准确的人数比例最高者为71%，最低者为58%。从民族群体来看，汉族高于非汉族。从语言背景来看，汉语人群高于非汉语人群。从性别来看，男性低于女性。从身份来看，教师比例最高。从年龄段来看，16—30岁人员比例较高。从文化程度来看，大专本科学历者比例最高。

"一"在阴平、阳平、上声前。调查所给材料为"一杯、一年、一点儿、一马当先"。各调查项的数字表明，发音准确的人数比例最高者为73%，最低者为56%。从民族群体来看，汉族高于非汉族。从语言背景来看，汉语人群高于非汉语人群。从性别来看，男性低于女性。从身份来看，学生比例最高。从年龄段来看，16—30岁人员比例较高。从文化程度来看，大专本科学历者比例最高。

"一"在去声前。调查所给材料为"一样"。各调查项的数字表明，发音准确的人数比例最高者为79%，最低者为52%。从民族群体来看，汉族高于非汉族。从语言背景来看，汉语人群高于非汉语人群。从性别来看，男性与女性相等。从身份来看，学生、宗教界人士比例最高。从年龄段来看，16—30岁人员比例较高。从文化程度来看，大专本科学历者比例最高。

"不"在阴平、阳平、上声前。调查所给材料为"不说、不服、不走"。各调查项的数字表明，发音准确的人数比例最高者为89%，最低者为71%。从民族群体来看，汉族高于非汉族。从语言背景来看，汉语人群高于非汉语人群。从性别来看，男性低于女性。从身份来看，学生比例最高。从年龄段来看，16—30岁人员比例较高。从文化程度来看，大专本科学历者比例最高。

"不"在去声前。调查所给单字材料为"不对"。各调查项的数字表明,发音准确的人数比例最高者为74%,最低者为57%。从民族群体来看,汉族高于非汉族。从语言背景来看,汉语人群高于非汉语人群。从性别来看,男性高于女性。从身份来看,学生比例最高。从年龄段来看,16—30岁人员比例较高。从文化程度来看,大专本科学历者比例最高。

形容词重叠。调查所给单字材料为"慢慢儿"。各调查项的数字表明,发音准确的人数比例最高者为49%,最低者为38%。从民族群体来看,汉族高于非汉族。从语言背景来看,汉语人群高于非汉语人群。从性别来看,男性高于女性。从身份来看,教师比例最高。从年龄段来看,16—45岁人员比例较高。从文化程度来看,大专本科学历者比例最高。

以上我们对青海省农村居民应用普通话时变调发音情况的调查结果进行了分析。从中可以看到以下几个特点:

一是,从民族群体来看,发音准确的人数比例,汉族人员高于非汉族。表中共涉及7种变调模式,全为汉族高于非汉族。

二是,从语言群体来看,发音准确的人数比例,汉语人员高于非汉语人员。表中7种变调模式,全为汉语群体高于非汉语群体。

三是,从性别来看,发音准确的人数比例,男性与女性相等。表中7种变调模式,有3种为男性高于女性,有3种为女性高于男性,有1种为男性与女性相等。

四是,从身份来看,发音准确的人数比例,学生高于其他各类人员,但教师人数比列也相对较高。表中7种变调模式,有3种为学生较高,有2种为教师较高,有1种为学生和宗教界人士较高,有1种是教师和宗教界人士较高。

五是，从年龄段来看，发音准确的人数比例，16—30岁人员高于其他年龄人员。表中7种变调模式，有5种为此年龄段人员较高。

六是，从文化程度来看，发音准确的人数比例，大专本科程度者高于其他人员。表中7种变调模式，全为大专本科程度者最高。

七是，就各调查类的整体比例分布来看，"不"在阴平、阳平、上声前，发音准确的人数比例最高；双音节形容词重叠，发音准确的人数比例最低。这一点与甘肃情况完全相同。

第二，轻声。

第二音节为轻声。调查所给材料为"哥哥、衣服、名堂、来吧、马虎、害处、队伍、娃娃们、清清楚楚、慌里慌张、孙子媳妇儿"。各调查项的数字表明，发音准确的人数比例最高者为86%，最低者为74%。从民族群体来看，汉族高于非汉族。从语言背景来看，汉语人群高于非汉语人群。从性别来看，男性低于女性。从身份来看，教师、学生比例最高。从年龄段来看，16—45岁人员比例较高。从文化程度来看，大专本科学历者比例最高。

第三音节为轻声。调查所给材料为"胡萝卜、娃娃们、老头子"。各调查项的数字表明，发音准确的人数比例最高者为91%，最低者为83%。从民族群体来看，汉族高于非汉族。从语言背景来看，汉语人群高于非汉语人群。从性别来看，男性高于女性。从身份来看，学生比例较高。从年龄段来看，16—30岁人员比例都较高。从文化程度来看，中学和大专本科学历者比例都较高。

第四音节为轻声。调查所给材料为"如意算盘、孙子媳妇儿"。各调查项的数字表明，发音准确的人数比例最高者为91%，最低者为81%。从民族群体来看，汉族高于非汉族。从语言背景来看，汉语人群高于非汉语人群。从性别来看，男性低于女性。从身份来看，教师比例较高。从年龄段来看，31—45 岁人员比例较高。从文化程度来看，大专本科学历者比例最高。

以上我们对青海省农村居民应用普通话时轻声发音情况的调查结果进行了分析。从中可以看到以下几个特点：

一是，从民族群体来看，发音准确的人数比例，汉族人员高于非汉族人员。表中共涉及 3 种轻声模式，全为汉族高于非汉族。

二是，从语言群体来看，发音准确的人数比例，汉语人员高于非汉语人员。表中 3 种变调模式，全为汉语群体高于非汉语群体。

三是，从性别来看，发音准确的人数比例，男性低于女性。表中 3 种轻声模式，2 种为男性低于女性。

四是，从身份来看，发音准确的人数比例，教师、学生高于其他各类人员。表中 3 种轻声模式，1 种为教师和学生同高，1 种为学生较高，1 种为教师较高。

五是，从年龄段来看，发音准确的人数比例，16—30、31—45 岁人员人数比例较高。表中 3 种轻声模式，其中 1 种为 16—30、31—45 岁较高，1 种为 16—30 岁较高，1 种为 31—45 岁较高。但 5—15 岁和 31—45 岁两个年龄段人员也相对较高。3 种模式，有 2 种为这两个年龄段人员较高。

六是，从文化程度来看，发音准确的人数比例，大专本科程度者高于其他人员。表中 3 种轻声模式，全为大专本科程度者较高。

七是，就 3 种调查模式的整体比例分布来看，第三音节为轻声者，发音准确的人数比例最高。这一点与甘肃省情况相同。

第三，儿化。

第三个音节儿化。调查所给材料为"药方儿、宝盖儿、慢慢儿、酒窝儿、钢锄儿、一点儿、窍门儿"。各调查项的数字表明，发音准确的人数比例最高者为 85%，最低者为 72%。从民族群体来看，汉族高于非汉族。从语言背景来看，汉语人群高于非汉语人群。从性别来看，男性低于女性。从身份来看，教师、学生比例最高。从年龄段来看，16—30 岁人员比例较高。从文化程度来看，大专本科学历者比例最高。

第四个音节儿化。调查所给材料为"眼镜框儿"。各调查项的数字表明，发音准确的人数比例最高者为 91%，最低者为 79%。从民族群体来看，汉族高于非汉族。从语言背景来看，汉语人群高于非汉语人群。从性别来看，男性与女性相等。从身份来看，教师比例最高。从年龄段来看，16—30 岁人员比例较高。从文化程度来看，大专本科学历者比例最高。

第五音节儿化。调查所给材料为"孙子媳妇儿"。各调查项的数字表明，发音准确的人数比例最高者为 92%，最低者为 76%。从民族群体来看，汉族高于非汉族。从语言背景来看，汉语人群高于非汉语人群。从性别来看，男性高于女性。从身份来看，学生比例最高。从年龄段来看，16—30 岁人员比例较高。从文化程度来看，大专本科学历者比例最高。

以上我们对青海省农村居民应用普通话时儿化发音情况的调查结果进行了分析。从中可以看到以下几个特点：

一是，从民族群体来看，发音准确的人数比例，汉族人员整体高于非汉族人员。表中共涉及 3 种儿化模式，全为汉族高于非汉族。

二是，从语言群体来看，发音准确的人数比例，汉语人员整体高于非汉语人员。表中 3 种儿化模式，全为汉语群体高于非汉语群体。

三是，从性别来看，发音准确的人数比例，男性与女性相等。

表中 3 种儿化模式，1 种为男性低于女性，1 种为男性与女性相等，1 种为男性高于女性。

四是，从身份来看，发音准确的人数比例，教师和学生高于其他各类人员。表中 3 种儿化模式，1 种为教师和学生同高，1 种为教师最高，1 种为学生最高。

五是，从年龄段来看，发音准确的人数比例，31—45 岁人员人数比例较高。表中 3 种儿化模式，2 种为此年龄段人员较高。

六是，从文化程度来看，发音准确的人数比例，大专本科程度者高于其他人员。表中 3 种儿化模式，全为大专本科程度者较高。

七是，就 3 种模式的整体比例分布来看，第四音节为儿化者，发音准确的人数比例最高。

第四，"啊"字音变。

调查所给材料为"走啊"。各调查项的数字状况与甘肃相同，发音准确的人数比例最高者为 70%，最低者为 54%。从民族群体来看，汉族高于非汉族。从语言群体来看，汉语人群高于非汉语人群。从性别来看，男性高于女性。从身份来看，教师比例最高。从年龄段来看，46—60 岁人员比例较高。从文化程度来看，大专本科学历者比例最高。

3. 宁夏农村普通话应用中变调、轻声、儿化发音情况的统计（见附录表 9）与分析。

第一，变调。

上声在阴平、阳平、去声、轻声前。调查所给材料为"老师、假装、酒窝儿、粉红、起床、大好时光、酒肉、百货、解放、宝盖儿、思前想后、眼镜框儿、马虎"。各调查项的数字表明，发音准确的人数比例最高者为 85%，最低者为 63%。从民族群体来看，汉族低于非汉族。从语言背景来看，汉语人群高于非汉语人群。从性别来看，男性低于女性。从身份来看，教师发音准确的人数比例最高。从年龄段来看，31—45 岁人员的人数比例较高。从文化程度来看，大专本科学历者人数比例最高。

上声在上声前。调查所给材料为"保险、喜雨、清清楚楚"。各调查项的数字表明，发音准确的人数比例最高者为 81%，最低者为 62%。从民族群体来看，汉族低于非汉族。从语言背景来看，汉语人群高于非汉语人群。从性别来看，男性低于女性。从身份来看，教师比例最高。从年龄段来看，16—30 岁人员比例较高。从文化程度来看，大专本科学历者比例最高。

"一"在阴平、阳平、上声前。调查所给材料为"一杯、一年、一点儿、一马当先"。各调查项的数字表明，发音准确的人数比例最高者为 84%，最低者为 63%。从民族群体来看，汉族高于非汉族。从语言背景来看，汉语人群高于非汉语人群。从性别来看，男性与女性人数比例相等。从身份来看，教师比例最高。从年龄段来看，16—30 岁人员比例较高。从文化程度来看，大专本科学历者比例最高。

"一"在去声前。调查所给材料为"一样"。各调查项的数字表明，发音准确的人数比例最高者为 87%，最低者为 61%。从民族群体来看，汉族高于非汉族。从语言背景来看，汉语人群高于非汉语人群。从性别来看，男性与女性相等。从身份来看，学生比例最高。从年龄段来看，31—45 岁人员比例较高。从文化程度来看，大专本科学历者比例最高。

"不"在阴平、阳平、上声前。调查所给材料为"不说、不服、不走"。各调查项的数字表明，发音准确的人数比例最高者为 97%，最低者为72%。从民族群体来看，汉族低于非汉族。从语言背景来看，汉语人群高于非汉语人群。从性别来看，男性高于女性。从身份来看，教师比例最高。从年龄段来看，16—30岁人员比例较高。从文化程度来看，大专本科学历者比例最高。

"不"在去声前。调查所给单字材料为"不对"。各调查项的数字表明，发音准确的人数比例最高者为89%，最低者为64%。从民族群体来看，汉族高于非汉族。从语言背景来看，汉语人群高于非汉语人群。从性别来看，男性与女性相等。从身份来看，学生比例最高。从年龄段来看，16—45岁人员比例较高。从文化程度来看，大专本科学历者比例最高。

形容词重叠。调查所给单字材料为"慢慢儿"。各调查项的数字表明，发音准确的人数比例最高者为57%，最低者为35%。从民族群体来看，汉族高于非汉族。从语言背景来看，汉语人群高于非汉语人群。从性别来看，男性低于女性。从身份来看，学生比例最高。从年龄段来看，46—60岁人员比例较高。从文化程度来看，大专本科学历者比例最高。

以上我们对宁夏回族自治区农村居民应用普通话时变调发音情况的调查结果进行了分析。从中可以看到以下几个特点：

一是，从民族群体来看，发音准确的人数比例，汉族人员略高于非汉族。表中共涉及7种变调模式，有4种为汉族高于非汉族。

二是，从语言群体来看，发音准确的人数比例，汉语人员高于非汉语人员。表中7种变调模式，全为汉语群体高于非汉语群体。

三是，从性别来看，发音准确的人数比例，男性低于女性。表中7种变调模式，有3种为男性低于女性，有3种为女性与男性相等，有1种为男性高于女性。

四是，从身份来看，发音准确的人数比例，教师高于其他各类人员，但学生人数比列也相对较高。表中 7 种变调模式，有 4 种为教师较高，有 3 种为学生较高。

五是，从年龄段来看，发音准确的人数比例，16—30 岁人员高于其他年龄人员。表中 7 种变调模式，有 4 种为此年龄段人员较高。

六是，从文化程度来看，发音准确的人数比例，大专本科程度者高于其他人员。表中 7 种变调模式，全为大专本科程度者最高。这一点跟甘肃、青海相同。

七是，就各调查类的整体比例分布来看，"不"在阴平、阳平、上声前，发音准确的人数比例最高；双音节形容词重叠，发音准确的人数比例最低。这一点与甘肃、青海情况完全相同。

第二，轻声。

第二音节为轻声。调查所给材料为"哥哥、衣服、名堂、来吧、马虎、害处、队伍、娃娃们、清清楚楚、慌里慌张、孙子媳妇儿"。各调查项的数字表明，发音准确的人数比例最高者为 97%，最低者为 71%。从民族群体来看，汉族高于非汉族。从语言背景来看，汉语人群高于非汉语人群。从性别来看，男性高于女性。从身份来看，教师、学生比例最高。从年龄段来看，31—45 岁人员比例较高。从文化程度来看，大专本科学历者比例最高。

第三音节为轻声。调查所给材料为"胡萝卜、娃娃们、老头子"。各调查项的数字表明，发音准确的人数比例最高者为 98%，最低者为 82%。从民族群体来看，汉族高于非汉族。从语言背景来看，汉语人群高于非汉语人群。从性别来看，男性低于女性。从身份来看，教师比例较高。从年龄段来看，16—45 岁人员比例都较高。从文化程度来看，中学和大专本科学历者比例都较高。

第四音节为轻声。调查所给材料为"如意算盘、孙子媳妇儿"。各调查项的数字表明，发音准确的人数比例最高者为96%，最低者为74%。从民族群体来看，汉族低于非汉族。从语言背景来看，汉语人群高于非汉语人群。从性别来看，男性与女性人数比例相等。从身份来看，学生比例较高。从年龄段来看，16—30岁人员比例较高。从文化程度来看，大专本科学历者比例最高。

以上我们对宁夏回族自治区农村居民应用普通话时轻声发音情况的调查结果进行了分析。从中可以看到以下几个特点：

一是，从民族群体来看，发音准确的人数比例，汉族人员略高于非汉族人员。表中共涉及3种轻声模式，2种为汉族高于非汉族。

二是，从语言群体来看，发音准确的人数比例，汉语人员高于非汉语人员。表中3种变调模式，全为汉语群体高于非汉语群体。

三是，从性别来看，发音准确的人数比例，男性与女性相等。表中3种轻声模式，1种为男性高于女性，1种为男性低于女性，1种为男性与女性相等。

四是，从身份来看，发音准确的人数比例，教师、学生高于其他各类人员。表中3种轻声模式，1种为教师和学生同高，1种为教师较高，1种为学生较高。

五是，从年龄段来看，发音准确的人数比例，16—30、31—45岁人员人数比例较高。表中3种轻声模式，其中1种为31—45岁较高，1种为16—30、31—45岁较高，1种为16—30岁较高。

六是，从文化程度来看，发音准确的人数比例，大专本科程度者高于其他人员。表中3种轻声模式，全为大专本科程度者较高。

七是，就3种调查模式的整体比例分布来看，第三音节为轻声者，发音准确的人数比例最高。这一点与甘肃省、青海省情况相同。

第三，儿化。

第三个音节儿化。调查所给材料为"药方儿、宝盖儿、慢慢儿、酒窝儿、钢镚儿、一点儿、窍门儿"。各调查项的数字表明，发音准确的人数比例最高者为94%，最低者为75%。从民族群体来看，汉族低于非汉族。从语言背景来看，汉语人群高于非汉语人群。从性别来看，男性低于女性。从身份来看，教师比例最高。从年龄段来看，16—30岁人员比例较高。从文化程度来看，大专本科学历者比例最高。

第四个音节儿化。调查所给材料为"眼镜框儿"。各调查项的数字表明，发音准确的人数比例最高者为97%，最低者为79%。从民族群体来看，汉族低于非汉族。从语言背景来看，汉语人群高于非汉语人群。从性别来看，男性低于女性。从身份来看，教师、学生比例最高。从年龄段来看，31—45岁人员比例较高。从文化程度来看，大专本科学历者比例最高。

第五音节儿化。调查所给材料为"孙子媳妇儿"。各调查项的数字表明，发音准确的人数比例最高者为97%，最低者为78%。从民族群体来看，汉族低于非汉族。从语言背景来看，汉语人群高于非汉语人群。从性别来看，男性高于女性。从身份来看，学生比例最高。从年龄段来看，31—45岁人员比例较高。从文化程度来看，大专本科学历者比例最高。

以上我们对宁夏回族自治区农村居民应用普通话时儿化发音情况的调查结果进行了分析，从中可以看到以下几个特点：

一是，从民族群体来看，发音准确的人数比例，汉族人员整体低于非汉族人员。表中共涉及3种儿化模式，全为汉族低于非汉族。

二是，从语言群体来看，发音准确的人数比例，汉语人员整体高于非汉语人员。表中 3 种儿化模式，全为汉语群体高于非汉语群体。

三是，从性别来看，发音准确的人数比例，男性低于女性。表中 3 种儿化模式，有 2 种为男性低于女性，1 种为男性高于女性。

四是，从身份来看，发音准确的人数比例，教师和学生高于其他各类人员。表中 3 种儿化模式，1 种为教师最高，1 种为教师和学生同高，1 种为学生最高。

五是，从年龄段来看，发音准确的人数比例，31—45 岁人员人数比例较高。表中 3 种儿化模式，2 种为此年龄段人员较高。

六是，从文化程度来看，发音准确的人数比例，大专本科程度者高于其他人员。表中 3 种儿化模式，全为大专本科程度者较高。这与甘肃、青海相同。

七是，就 3 种模式的整体比例分布来看，第四、第五音节为儿化者，发音准确的人数比例最高。

第四，"啊"字音变。

调查所给材料为"走啊"。各调查项的数字比例比甘肃、青海略高。发音准确的人数比例最高者为 86%，最低者为 70%。从民族群体来看，汉族与非汉族相等。从语言群体来看，汉语人群高于非汉语人群。从性别来看，男性高于女性。从身份来看，学生比例最高。从年龄段来看，31—45 岁人员比例较高。从文化程度来看，大专本科学历者比例最高。

（三）关于多音词、异读词

普通话中有一部分词，其中每一个词不止一个读音。不同的读音可能代表不同的意义，如"背心"的"背"和"背米"的"背"；

也可能仅仅反映口语或书面语色彩,如"剥削"的"剥"和"剥皮"的"剥"。这样的词都属于多音词。普通话当中,以前还有一部分词,每个词的读音也不止一个,但这些不同读音既不表示意义有别,也不体现色彩差异。如"较"有 jiào 和 jiǎo 两个不同读音,这样的读音徒然增加人们掌握普通话的负担。1957—1963 年之间,国家有关部门曾先后公布了《普通话异读词审音表》正编、续编和三编,1963 年合编为《普通话异读词三次审音总表初稿》。1985 年 12 月,国家发布了经过修订的《普通话异读词审音表》。由此,原来普通话中异读词的读音大大减少,绝大多数词都有明确的读音规范。但由于规范推广还不够深入,习惯读法还有一定影响,因此异读词还在人们的口语中存在。我们初次走访中,本来只想了解人们对多音词读音的把握状况,但在甘肃、宁夏一些地方,又发现了异读词。

为掌握甘青宁三省区农村地区居民普通话应用中的多音词、异读词状况,我们设计了下面的问题:

题目八,多音词、异读词读音。用普通话读下列句子,如果其中多音词、异读词读得准确,则在括号内打√;如果读得不准确,则在括号内打×。(注意:可由被调查人阅读下列句子,调查人判断其多音词、异读词发音结果;也可由调查人根据情况,用不同读音读出多音词、异读词,被调查人听取并选择自己认为正确的 1 个读法,调查人加以判断。)

1. 他把痛苦埋在心底,从不埋怨别人。( )
2. 邻居给予他的帮助,给他们全家减轻了负担。( )
3. 村里的恶势力使大家既憎恶又害怕。( )
4. 你得多浇水,才能得到好收成。( )
5. 袋子倒了,米倒出来了。( )

6. 今年夏天比较凉。（　　）

7. 他的话与国家政策不一致，是个谬论。（　　）

8. 韭菜芽很嫩，可以包饺子。（　　）

9. 这把铁锨质量很不错。（　　）

10. 二胡只有两根弦。（　　）

以上 10 个句子，前 5 个含有多音词，后 5 个含有异读词。1 中的多音词是"埋"（mái）、"埋"（mán），2 中的多音词是"给"（jǐ）、"给"（gěi），3 中的多音词是"恶"（è）、"恶"（wù），4 中的多音词是"得"（děi）、"得"（dé），5 中的多音词是"倒"（dǎo）、"倒"（dào），6 中的异读词是"较"（jiào, jiǎo）、7 中的异读词是"谬"（miù, niù）、8 中的异读词是"嫩"（nèn, nùn），9 中的异读词是"质"（zhì, zhǐ），10"弦"（xián, xuán）。

我们对上述句子中多音词的每个读音都作调查，如"埋"（mái）和"埋"（mán）；而对异读词仅调查当今规范的读音情况，如"嫩"，只调查 nèn 的读音情况。

下面根据调查情况，分省区进行分析。

1. 甘肃省农村居民多音词、异读词发音情况的统计（见附录表 10）与分析。

第一，多音词读音。

埋 mái　调查所给句子为："他把痛苦埋在心底，从不埋怨别人。"各调查项的数字表明，发音准确的人数比例最高者为 100%，最低者为 81%。从民族群体来看，汉族高于非汉族。从语言背景来看，汉语人群高于非汉语人群。从性别来看，男性低于女性。从身份来看，教师比例最高。从年龄段来看，各年龄层次比例都在 92% 以上，但 16—45 岁人员比例最高。从文化程度来看，大专本科学历者比例较高。

埋 mán　调查所给句子为："他把痛苦埋在心底，从不埋怨别人。"各调查项的数字表明，发音准确的人数比例最高者为94%，最低者为74%。从民族群体来看，汉族高于非汉族。从语言背景来看，汉语人群高于非汉语人群。从性别来看，男性高于女性。从身份来看，教师比例最高。从年龄段来看，31—45岁、61岁以上人员比例较高。从文化程度来看，大专本科学历者比例较高。

给 gěi　调查所给句子为："邻居给予他的帮助，给他们全家减轻了负担。"各调查项的数字表明，发音准确的人数比例最高者为100%，最低者为84%。从民族群体来看，汉族高于非汉族。从语言背景来看，汉语人群高于非汉语人群。从性别来看，男性高于女性。从身份来看，教师比例最高。从年龄段来看，16—45岁人员比例最高。从文化程度来看，中学、大专本科学历者比例较高。

给 jǐ　调查所给句子为："邻居给予他的帮助，给他们全家减轻了负担。"各调查项的数字表明，发音准确的人数比例最高者为64%，最低者为13%。从民族群体来看，汉族高于非汉族。从语言背景来看，汉语人群高于非汉语人群。从性别来看，男性高于女性。从身份来看，教师比例最高。从年龄段来看，31—45岁人员比例最高。从文化程度来看，大专本科学历者比例较高。

恶 è　调查所给句子为："村里的恶势力使大家既憎恶又害怕。"各调查项的数字表明，发音准确的人数比例最高者为100%，最低者为83%。从民族群体来看，汉族高于非汉族。从语言背景来看，汉语人群高于非汉语人群。从性别来看，男性与女性相等。从身份来看，教师比例最高。从年龄段来看，31—45岁人员比例最高。从文化程度来看，中学、大专本科学历者比例较高。

恶 wù　调查所给句子为:"村里的恶势力使大家既憎恶又害怕。"各调查项的数字表明,发音准确的人数比例最高者为89%,最低者为71%。从民族群体来看,汉族高于非汉族。从语言背景来看,汉语人群高于非汉语人群。从性别来看,男性低于女性。从身份来看,教师比例最高。从年龄段来看,46—60岁人员比例最高。从文化程度来看,大专本科学历者比例较高。

得 děi　调查所给句子为:"你得多浇水,才能得到好收成。"各调查项的数字表明,发音准确的人数比例最高者为74%,最低者为62%。从民族群体来看,汉族高于非汉族。从语言背景来看,汉语人群高于非汉语人群。从性别来看,男性高于女性。从身份来看,教师比例最高。从年龄段来看,16—30岁人员比例最高。从文化程度来看,大专本科学历者比例较高。

得 dé　调查所给句子为:"你得多浇水,才能得到好收成。"各调查项的数字表明,发音准确的人数比例最高者为94%,最低者为71%。从民族群体来看,汉族高于非汉族。从语言背景来看,汉语人群高于非汉语人群。从性别来看,男性高于女性。从身份来看,教师比例最高。从年龄段来看,31—45岁人员比例最高。从文化程度来看,大专本科学历者比例较高。

倒 dǎo　调查所给句子为:"袋子倒了,米倒出来了。"各调查项的数字表明,发音准确的人数比例最高者为98%,最低者为73%。从民族群体来看,汉族高于非汉族。从语言背景来看,汉语人群高于非汉语人群。从性别来看,男性低于女性。从身份来看,教师比例最高。从年龄段来看,31—45岁人员比例最高。从文化程度来看,大专本科学历者比例较高。

倒 dào　调查所给句子为:"袋子倒了,米倒出来了。"各调查项的数字表明，发音准确的人数比例最高者为99%，最低者为71%。从民族群体来看，汉族高于非汉族。从语言背景来看，汉语人群高于非汉语人群。从性别来看，男性高于女性。从身份来看，教师比例最高。从年龄段来看，31—45岁人员比例最高。从文化程度来看，大专本科学历者比例较高。

从以上分析，我们可以得到以下认识：

一是，从民族群体来看，发音准确的人数比例，汉族人员整体高于非汉族人员。表中所列10个词，全为汉族高于非汉族。

二是，从语言群体来看，发音准确的人数比例，汉语人员整体高于非汉语人员。表中所列10个词，全为汉语群体高于非汉语群体。

三是，从性别来看，发音准确的人数比例，男性高于女性。表中所列10个词，有6个为男性高于女性，3个为男性低于女性，1个为男性与女性相等。

四是，从身份来看，发音准确的人数比例，教师高于其他各类人员。表中所列10个词，有9个为教师高于其他人员，1个为教师和学生同高。

五是，从年龄段来看，发音准确的人数比例，31—45岁人员人数比例较高。表中所列10个词，有5个为此年龄段人员较高，2个为46—60岁年龄段人员较高，1个为31—45岁和61岁以上人员较高，1个为16—45岁人员较高，1个为16—30岁人员较高。

六是，从文化程度来看，发音准确的人数比例，大专本科程度者高于其他人员。表中所列10个词，有8个为大专本科程度者较高，1个为中学程度与大专本科程度者同高。

七是，就10个词的整体比例分布来看，"给 gěi"的发音准确人数比例最高，"给 jǐ"的发音准确人数比例最低。

第二，异读词读音。

较 jiào　调查所给句子为："今年夏天比较凉。"各调查项的数字表明，发音准确的人数比例最高者为 96%，最低者为 63%。从民族群体来看，汉族高于非汉族。从语言背景来看，汉语人群高于非汉语人群。从性别来看，男性高于女性。从身份来看，学生比例最高。从年龄段来看，16—30 岁人员比例最高。从文化程度来看，大专本科学历者比例较高。

谬 miù　调查所给句子为："他的话与国家政策不一致，是个谬论。"各调查项的数字表明，发音准确的人数比例最高者为 88%，最低者为 57%。从民族群体来看，汉族高于非汉族。从语言背景来看，汉语人群高于非汉语人群。从性别来看，男性与女性相等。从身份来看，学生比例最高。从年龄段来看，16—30 岁人员比例最高。从文化程度来看，大专本科学历者比例较高。

嫩 nèn　调查所给句子为："韭菜芽很嫩，可以包饺子。"各调查项的数字表明，发音准确的人数比例最高者为 62%，最低者为 29%。从民族群体来看，汉族低于非汉族。从语言背景来看，汉语人群低于非汉语人群。从性别来看，男性低于女性。从身份来看，学生比例最高。从年龄段来看，16—30 岁、46—60 岁人员比例较高。从文化程度来看，大专本科学历者比例较高。

质 zhì　调查所给句子为："这把铁锹质量很不错。"各调查项的数字表明，发音准确的人数比例最高者为 84%，最低者为 51%。从民族群体来看，汉族低于非汉族。从语言背景来看，汉语人群高于非汉语人群。从性别来看，男性高于女性。从身份来看，学生比例最高。从年龄段来看，16—45 岁人员比例较高。从文化程度来看，大专本科学历者比例较高。

弦 xián　调查所给句子为："二胡只有两根弦。"各调查项的数字表明，发音准确的人数比例最高者为79%，最低者为61%。从民族群体来看，汉族高于非汉族。从语言背景来看，汉语人群高于非汉语人群。从性别来看，男性低于女性。从身份来看，学生比例最高。从年龄段来看，31—45岁人员比例较高。从文化程度来看，大专本科学历者比例较高。

从以上异读词分析，我们可以得到以下认识：

一是，从民族群体来看，发音准确的人数比例，汉族人员略高于非汉族人员。表中所列5个词，有3个为汉族高于非汉族，2个为汉族低于非汉族。

二是，从语言群体来看，发音准确的人数比例，汉语人员高于非汉语人员。表中所列5个词，有4个为汉语群体高于非汉语群体，1个为汉语群体低于非汉语群体。

三是，从性别来看，发音准确的人数比例，男性与女性相当。表中所列5个词，有2个为男性高于女性，2个为男性低于女性，1个为男性与女性相等。

四是，从身份来看，发音准确的人数比例，学生整体高于其他各类人员。表中所列5个词，全为学生高于其他人员。

五是，从年龄段来看，发音准确的人数比例，16—30岁人员比例最高。表中所列5个词，有3个为此年龄段人员较高。其次，31—45岁人员比例也较高。表中所列5个词，有2个为此年龄段人员较高。

六是，从文化程度来看，发音准确的人数比例，大专本科程度者高于其他人员。表中所列5个词，全为大专本科程度者居高。

七是，就5个词的整体比例分布来看，"较 jiào"的发音准确人数比例最高,"嫩 nèn"的发音准确人数比例最低。

2. 青海省农村居民多音词、异读词发音情况的统计(见附录表11)与分析。

第一,多音词读音。

埋 mái 调查所给句子为:"他把痛苦埋在心底,从不埋怨别人。"各调查项的数字表明,发音准确的人数比例最高者为89%,最低者为71%。从民族群体来看,汉族高于非汉族。从语言背景来看,汉语人群高于非汉语人群。从性别来看,男性低于女性。从身份来看,教师比例最高。从年龄段来看,16—30岁人员比例最高。从文化程度来看,大专本科学历者比例较高。

埋 mán 调查所给句子为:"他把痛苦埋在心底,从不埋怨别人。"各调查项的数字表明,发音准确的人数比例最高者为77%,最低者为61%。从民族群体来看,汉族高于非汉族。从语言背景来看,汉语人群高于非汉语人群。从性别来看,男性高于女性。从身份来看,教师比例最高。从年龄段来看,31—45岁人员比例较高。从文化程度来看,大专本科学历者比例较高。

给 gěi 调查所给句子为:"邻居给予他的帮助,给他们全家减轻了负担。"各调查项的数字表明,发音准确的人数比例最高者为92%,最低者为78%。从民族群体来看,汉族高于非汉族。从语言背景来看,汉语人群高于非汉语人群。从性别来看,男性高于女性。从身份来看,教师比例最高。从年龄段来看,31—45岁人员比例最高。从文化程度来看,大专本科学历者比例较高。

给 jǐ 调查所给句子为:"邻居给予他的帮助,给他们全家减轻了负担。"各调查项的数字表明,发音准确的人数比例最高者为61%,最低者为13%。从民族群体来看,汉族高于非汉族。从语言背景来看，汉语人群高于非汉语人群。从性别来看，男性高于女性。从身份来看，教师比例最高。从年龄段来看，31—45 岁人员比例最高。从文化程度来看，大专本科学历者比例较高。

恶 è　调查所给句子为"村里的恶势力使大家既憎恶又害怕。"各调查项的数字表明，发音准确的人数比例最高者为 100%，最低者为 83%。从民族群体来看，汉族高于非汉族。从语言背景来看，汉语人群高于非汉语人群。从性别来看，男性与女性相等。从身份来看，教师比例最高。从年龄段来看，31—45 岁人员比例最高。从文化程度来看，中学、大专本科学历者比例较高。

恶 wù　调查所给句子为："村里的恶势力使大家既憎恶又害怕。"各调查项的数字表明，发音准确的人数比例最高者为 96%，最低者为 74%。从民族群体来看，汉族高于非汉族。从语言背景来看，汉语人群高于非汉语人群。从性别来看，男性低于女性。从身份来看，学生比例最高。从年龄段来看，16—30 岁人员比例最高。从文化程度来看，大专本科学历者比例较高。

得 děi　调查所给句子为："你得多浇水，才能得到好收成。"各调查项的数字表明，发音准确的人数比例最高者为 69%，最低者为 47%。从民族群体来看，汉族高于非汉族。从语言背景来看，汉语人群高于非汉语人群。从性别来看，男性高于女性。从身份来看，农民比例最高。从年龄段来看，31—60 岁人员比例最高。从文化程度来看，大专本科学历者比例较高。

得 dé　调查所给句子为："你得多浇水，才能得到好收成。"各调查项的数字表明，发音准确的人数比例最高者为 90%，最低者为 67%。从民族群体来看，汉族高于非汉族。从语言背景来看，汉语人群高于非汉语人群。从性别来看，男性与女性相等。从身份来看，教师比例最高。从年龄段来看，31—45岁人员比例最高。从文化程度来看，大专本科学历者比例较高。

倒 dǎo　调查所给句子为："袋子倒了，米倒出来了。"各调查项的数字表明，发音准确的人数比例最高者为94%，最低者为68%。从民族群体来看，汉族高于非汉族。从语言背景来看，汉语人群高于非汉语人群。从性别来看，男性低于女性。从身份来看，教师比例最高。从年龄段来看，31—45岁人员比例最高。从文化程度来看，大专本科学历者比例较高。

倒 dào　调查所给句子为："袋子倒了，米倒出来了。"各调查项的数字表明，发音准确的人数比例最高者为94%，最低者为64%。从民族群体来看，汉族高于非汉族。从语言背景来看，汉语人群高于非汉语人群。从性别来看，男性高于女性。从身份来看，教师比例最高。从年龄段来看，31—45岁人员比例最高。从文化程度来看，大专本科学历者比例较高。

从以上分析，我们可以得到以下认识：

一是，从民族群体来看，发音准确的人数比例，汉族人员整体高于非汉族人员。表中所列10个词，全为汉族高于非汉族。

二是，从语言群体来看，发音准确的人数比例，汉语人员整体高于非汉语人员。表中所列10个词，全为汉语群体高于非汉语群体。

三是，从性别来看，发音准确的人数比例，男性略高于女性。表中所列10个词，有5个为男性高于女性，4个为男性低于女性，1个为男性与女性相等。

四是，从身份来看，发音准确的人数比例，教师高于其他各类人员。表中所列10个词，有9个为教师高于其他人员，1个为教师和学生同高。

第一章　甘青宁三省区农村居民普通话应用状况调查与分析

五是，从年龄段来看，发音准确的人数比例，31—45 岁人员比例较高。表中所列 10 个词，有 7 个为此年龄段人员较高，2 个为 16—30 岁年龄段人员较高，1 个为 31—45 岁、46—60 岁人员较高。

六是，从文化程度来看，发音准确的人数比例，大专本科程度者高于其他人员。表中所列 10 个词，全为大专本科程度者居高。

七是，就 10 个词的整体比例分布来看，"给 gěi"的发音准确人数比例最高，"给 jǐ"的发音准确人数比例最低。这一点和甘肃情况相同。

第二，异读词读音。

较 jiào　调查所给句子为："今年夏天比较凉。"各调查项的数字表明，发音准确的人数比例最高者为 92%，最低者为 60%。从民族群体来看，汉族高于非汉族。从语言背景来看，汉语人群高于非汉语人群。从性别来看，男性低于女性。从身份来看，学生比例最高。从年龄段来看，16—30 岁、46—60 岁人员比例最高。从文化程度来看，大专本科学历者比例较高。

谬 miù　调查所给句子为："他的话与国家政策不一致，是个谬论。"各调查项的数字表明，发音准确的人数比例最高者为 77%，最低者为 51%。从民族群体来看，汉族高于非汉族。从语言背景来看，汉语人群高于非汉语人群。从性别来看，男性低于女性。从身份来看，学生比例最高。从年龄段来看，16—30 岁人员比例最高。从文化程度来看，大专本科学历者比例较高。

嫩 nèn　调查所给句子为："韭菜芽很嫩，可以包饺子。"各调查项的数字表明，发音准确的人数比例最高者为 56%，最低者为 27%。从民族群体来看，汉族低于非汉族。从语言背景来看，汉语人群高于非汉语人群。从性别来看，男性低于女性。从身份来看，宗教界人士比例最高。从年龄段来看，46—60岁人员比例较高。从文化程度来看，大专本科学历者比例较高。

质 zhì 调查所给句子为"这把铁锹质量很不错。"各调查项的数字表明，发音准确的人数比例最高者为81%，最低者为53%。从民族群体来看，汉族高于非汉族。从语言背景来看，汉语人群高于非汉语人群。从性别来看，男性低于女性。从身份来看，学生比例最高。从年龄段来看，16—30岁人员比例较高。从文化程度来看，大专本科学历者比例较高。

弦 xián 调查所给句子为："二胡只有两根弦。"各调查项的数字表明，发音准确的人数比例最高者为73%，最低者为60%。从民族群体来看，汉族高于非汉族。从语言背景来看，汉语人群高于非汉语人群。从性别来看，男性与女性相等。从身份来看，教师比例最高。从年龄段来看，31—45岁人员比例较高。从文化程度来看，大专本科学历者比例较高。

从以上异读词分析，我们可以得到以下认识：

一是，从民族群体来看，发音准确的人数比例，汉族人员高于非汉族人员。表中所列5个词，有4个为汉族高于非汉族，1个为汉族低于非汉族。

二是，从语言群体来看，发音准确的人数比例，汉语人员高于非汉语人员。表中所列5个词，有4个为汉语群体高于非汉语群体，1个为汉语群体低于非汉语群体。

三是，从性别来看，发音准确的人数比例，男性低于女性。表中所列5个词，有4个为男性低于女性，1个为男性与女性相等。

四是，从身份来看，发音准确的人数比例，学生略高于其他各类人员。表中所列5个词，有3个为学生高于其他人员，1个为教师较高，1个为宗教界人士较高。

五是，从年龄段来看，发音准确的人数比例，16—30岁人员比例最高。表中所列5个词，有2个为此年龄段人员较高，1个为16—30、46—60岁年龄段人员较高，1个为46—60岁人员较高，1个为31—45岁人员比例较高。

六是，从文化程度来看，发音准确的人数比例，大专本科程度者高于其他人员。表中所列5个词，全为大专本科程度者居高。

七是，就5个词的整体比例分布来看，"较 jiào"的发音准确人数比例最高，"嫩 nèn"的发音准确人数比例最低。这一点与甘肃情况相同。

3. 宁夏回族自治区农村居民多音词、异读词发音情况的统计（见附录表12）与分析。

第一，多音词读音。

埋 mái 调查所给句子为："他把痛苦埋在心底，从不埋怨别人。"各调查项的数字表明，发音准确的人数比例最高者为100%，最低者为83%。从民族群体来看，汉族高于非汉族。从语言背景来看，汉语人群高于非汉语人群。从性别来看，男性与女性相等。从身份来看，教师、学生比例最高。从年龄段来看，16—30岁人员比例最高。从文化程度来看，中学、大专本科学历者比例较高。

埋 mán 调查所给句子为："他把痛苦埋在心底，从不埋怨别人。"各调查项的数字表明，发音准确的人数比例最高者为97%，最低者为78%。从民族群体来看，汉族低于非汉族。从语言背景来看，汉语人群高于非汉语人群。从性别来看，男性低于女性。从身份来看，教师比例最高。从年龄段来看，31—45岁人员比例较高。从文化程度来看，大专本科学历者比例较高。

给 gěi　调查所给句子为:"邻居给予他的帮助,给他们全家减轻了负担。"各调查项的数字表明,发音准确的人数比例最高者为100%,最低者为92%。从民族群体来看,汉族高于非汉族。从语言背景来看,汉语人群高于非汉语人群。从性别来看,男性高于女性。从身份来看,教师比例最高。从年龄段来看,31—60岁人员比例最高。从文化程度来看,中学、大专本科学历者比例较高。

给 jǐ　调查所给句子为:"邻居给予他的帮助,给他们全家减轻了负担。"各调查项的数字表明,发音准确的人数比例最高者为69%,最低者为14%。从民族群体来看,汉族高于非汉族。从语言背景来看,汉语人群高于非汉语人群。从性别来看,男性高于女性。从身份来看,教师比例最高。从年龄段来看,31—45岁人员比例最高。从文化程度来看,大专本科学历者比例较高。

恶 è　调查所给句子为:"村里的恶势力使大家既憎恶又害怕。"各调查项的数字表明,发音准确的人数比例最高者为98%,最低者为83%。从民族群体来看,汉族低于非汉族。从语言背景来看,汉语人群高于非汉语人群。从性别来看,男性低于女性。从身份来看,教师比例最高。从年龄段来看,31—60岁人员比例最高。从文化程度来看,中学程度者比例较高。

恶 wù　调查所给句子为:"村里的恶势力使大家既憎恶又害怕。"各调查项的数字表明,发音准确的人数比例最高者为92%,最低者为71%。从民族群体来看,汉族与非汉族相等。从语言背景来看,汉语人群高于非汉语人群。从性别来看,男性高于女性。从身份来看,教师比例最高。从年龄段来看,31—60岁人员比例最高。从文化程度来看,大专本科学历者比例较高。

得 děi　调查所给句子为:"你得多浇水,才能得到好收成。"各调查项的数字表明，发音准确的人数比例最高者为77%，最低者为61%。从民族群体来看，汉族高于非汉族。从语言背景来看，汉语人群高于非汉语人群。从性别来看，男性低于女性。从身份来看，教师比例最高。从年龄段来看，31—45岁人员比例最高。从文化程度来看，大专本科学历者比例较高。

得 dé　调查所给句子为："你得多浇水，才能得到好收成。"各调查项的数字表明，发音准确的人数比例最高者为94%，最低者为72%。从民族群体来看，汉族低于非汉族。从语言背景来看，汉语人群高于非汉语人群。从性别来看，男性高于女性。从身份来看，教师比例最高。从年龄段来看，31—45岁人员比例最高。从文化程度来看，大专本科学历者比例较高。

倒 dǎo　调查所给句子为："袋子倒了，米倒出来了。"各调查项的数字表明，发音准确的人数比例最高者为100%，最低者为76%。从民族群体来看，汉族高于非汉族。从语言背景来看，汉语人群高于非汉语人群。从性别来看，男性低于女性。从身份来看，教师、学生比例最高。从年龄段来看，16—30岁人员比例最高。从文化程度来看，大专本科学历者比例较高。

倒 dào　调查所给句子为："袋子倒了，米倒出来了。"各调查项的数字表明，发音准确的人数比例最高者为99%，最低者为78%。从民族群体来看，汉族低于非汉族。从语言背景来看，汉语人群高于非汉语人群。从性别来看，男性低于女性。从身份来看，教师比例最高。从年龄段来看，31—45岁人员比例最高。从文化程度来看，大专本科学历者比例较高。

从以上分析，我们可以得到以下认识：

一是，从民族群体来看，发音准确的人数比例，汉族人员略高于非汉族人员。表中所列 10 个词，5 个为汉族高于非汉族，4 个为汉族低于非汉族，1 个为汉族与非汉组相等。

二是，从语言群体来看，发音准确的人数比例，汉语人员整体高于非汉语人员。表中所列 10 个词，全为汉语群体高于非汉语群体。

三是，从性别来看，发音准确的人数比例，男性略低于女性。表中所列 10 个词，有 5 个为男性低于女性，4 个为男性高于女性，1 个为男性与女性相等。

四是，从身份来看，发音准确的人数比例，教师高于其他各类人员。表中所列 10 个词，有 7 个为教师高于其他人员，2 个为教师和学生同高，1 个为学生较高。

五是，从年龄段来看，发音准确的人数比例，31—45 岁人员比例较高。表中所列 10 个词，有 7 个为此年龄段人员较高，2 个为 31—60 岁年龄段人员较高，1 个为 16—30 岁年龄段人员较高。

六是，从文化程度来看，发音准确的人数比例，大专本科程度者高于其他人员。表中所列 10 个词，8 个为大专本科程度者居高，1 个为大专本科和中学程度者同高。

七是，就 10 个词的整体比例分布来看，"给 gěi"的发音准确人数比例最高，"给 jǐ"的发音准确人数比例最低。这一点和甘肃、青海情况相同。

第二，异读词读音。

较 jiào 调查所给句子为："今年夏天比较凉。"各调查项的数字表明，发音准确的人数比例最高者为 97%，最低者为 69%。从民族群体来看，汉族高于非汉族。从语言背景来看，汉语人群高于非汉语人群。从性别来看，男性与女性相等。从身份来看，学生比例最高。从年龄段来看，16—30 岁人员比例最高。从文化程度来看，大专本科学历者比例较高。

谬 miù　调查所给句子为："他的话与国家政策不一致，是个谬论。"各调查项的数字表明，发音准确的人数比例最高者为 71%，最低者为 51%。从民族群体来看，汉族高于非汉族。从语言背景来看，汉语人群高于非汉语人群。从性别来看，男性低于女性。从身份来看，学生比例最高。从年龄段来看，16—30 岁人员比例最高。从文化程度来看，大专本科学历者比例较高。

嫩 nèn　调查所给句子为："韭菜芽很嫩，可以包饺子。"各调查项的数字表明，发音准确的人数比例最高者为 69%，最低者为 32%。从民族群体来看，汉族低于非汉族。从语言背景来看，汉语人群低于非汉语人群。从性别来看，男性与女性相等。从身份来看，学生比例最高。从年龄段来看，16—30 岁人员比例较高。从文化程度来看，大专本科学历者比例较高。

质 zhì　调查所给句子为："这把铁锹质量很不错。"各调查项的数字表明，发音准确的人数比例最高者为 86%，最低者为 52%。从民族群体来看，汉族高于非汉族。从语言背景来看，汉语人群高于非汉语人群。从性别来看，男性低于女性。从身份来看，教师比例最高。从年龄段来看，31—45 岁人员比例较高。从文化程度来看，大专本科学历者比例较高。

弦 xián　调查所给句子为："二胡只有两根弦。"各调查项的数字表明，发音准确的人数比例最高者为 86%，最低者为 71%。从民族群体来看，汉族低于非汉族。从语言背景来看，汉语人群高于非汉语人群。从性别来看，男性低于女性。从身份来看，教师、学生比例最高。从年龄段来看，31—45 岁人员比例较高。从文化程度来看，大专本科学历者比例较高。

从以上异读词分析，我们可以得到以下认识：

一是，从民族群体来看，发音准确的人数比例，汉族人员略高于非汉族人员。表中所列 5 个词，有 3 个为汉族高于非汉族，2 个为汉族低于非汉族。

二是，从语言群体来看，发音准确的人数比例，汉语人员高于非汉语人员。表中所列 5 个词，有 4 个为汉语群体高于非汉语群体，1 个为汉语群体低于非汉语群体。

三是，从性别来看，发音准确的人数比例，男性低于女性。表中所列 5 个词，有 3 个为男性低于女性，2 个为男性与女性相等。

四是，从身份来看，发音准确的人数比例，学生略高于其他各类人员。表中所列 5 个词，有 3 个为学生高于其他人员，2 个为教师、学生同高。

五是，从年龄段来看，发音准确的人数比例，16—30 岁人员比例最高。表中所列 5 个词，有 3 个为此年龄段人员较高，2 个为 31—45 岁年龄段人员较高。

六是，从文化程度来看，发音准确的人数比例，大专本科程度者高于其他人员。表中所列 5 个词，全为大专本科程度者居高。

七是，就 5 个词的整体比例分布来看，"较 jiào"的发音准确人数比例最高，"嫩 nèn"的发音准确人数比例最低。这一点与甘肃、青海情况相同。

二、词汇方面

跟语音相比，三省区农村居民应用普通话时，在词汇方面存在的困难较少。我们与三省区农村居民交谈时发现，人们所说的普通话中，夹杂一些方言词语，如甘肃省金昌市永昌县河西堡镇村民说："后圈快盖好了，没洋灰了！"（"后圈"当为"厕所"，"洋灰"当为"水泥"）青海乐都县城台乡一位小学教师说："我哥哥有病，我侄女和什毛经常赶着头狗干活。"（"什毛"即"嫂子"，"头狗"当为"牲口"）宁夏海原县曹洼乡农民说："他把手割烂了，撕了一块布布儿包上了。"（"烂"当为"破"，"一块布布儿"当为"一小块布"）所以形成了带有地方色彩的普通话。

为了解人们掌握普通话规范词语的状况，我们设计了下面的题目：

题目九，词语选择。下面16组词语，各组分别异形同义。你说普通话时，选择各组当中的哪一个？在你选择的词语上打√（注意：每一组仅允许选1个。可由被调查人自己阅读并选择，也可由调查人阅读，被调查人听取并选择。）

1. 过雨 白雨 阵雨 过云雨
2. 夜来个 夜个 昨天 昨日个
3. 老历 阴历 农历 旧历
4. 老爸 爹爹 阿爸 爸爸 达达 达
5. 儿娃子 儿子娃 男娃 儿子娃娃 男孩儿
6. 脬牛 牒牛 公牛 郎牛
7. 水果 果子 果木 果果
8. 扁食 煮角子 饺子 水馍 煮包子
9. 汗褂 汗衫 汗褟 汗褟子 汗衫子
10. 茅子 灰圈 厕所 茅厕 茅房 后院
11. 锅头 灶头 灶 锅灶 灶台

12. 不吭声 不言传 不吱声 不吭气 不言语 不说话
13. 俊 漂亮 心疼 亮活 光鲜
14. 下茬 歹 使劲 豁出来 蛮
15. 咋么个 怎么样 怎么个 咋样子 咋样
16. 周达儿 之达 即达 这里 这边些

以上 16 组词语,共分 7 大类:天地时空 1、2、3,人物孩童 4、5,动物植物 6、7,饮食衣着 8、9,房屋建筑 10、11,动作状态 12、13,程度指代 14、15、16。每一组都自成同义词,每组含 1 个普通话词语。第一大类的普通话词语是:阵雨、昨天、农历;第二大类的普通话词语是:爸爸、男孩儿;第三大类的普通话词语是:公牛、水果;第四大类的普通话词语是:饺子、汗衫;第五大类的普通话词语是:厕所、灶;第六大类的普通话词语是:不说话、漂亮;第七大类的普通话词语是:使劲、怎么样、这里。

为便于统计与分析对比人们的选择结果,我们规定,每一类各组所含普通话词语的选择均正确,则视为选择准确;否则视为不准确。如"天地时空"类,被调查人只有同时选择了"阵雨、昨天、农历"3 个词语,才视为准确;若仅选对了其中 1 个或 2 个,都视为不准确。

1. 甘肃省应用普通话人员选择词语情况统计(见附录表 13)与分析。

天地时空类。调查所给词语材料中应选:"阵雨、昨天、农历"。各调查项的数字表明,选择正确的人数比例最高者为 100%,最低者为 62%。从民族群体来看,汉族高于非汉族。从语言背景来看,汉语人群高于非汉语人群。从性别来看,男性高于女性。从身份来看,教师比例最高。从年龄段来看,31—45 岁、46—60 岁人员比例最高。

从文化程度来看，大专本科学历者比例较高。

人物孩童类。调查所给词语材料中应选："爸爸、男孩儿"。各调查项的数字表明，选择正确的人数比例最高者为98%，最低者为71%。从民族群体来看，汉族高于非汉族。从语言背景来看，汉语人群高于非汉语人群。从性别来看，男性低于女性。从身份来看，教师比例最高。从年龄段来看，16—30岁、31—45岁人员比例最高。从文化程度来看，大专本科学历者比例较高。

动物植物类。调查所给词语材料中应选："公牛、水果"。各调查项的数字表明，选择正确的人数比例最高者为100%，最低者为72%。从民族群体来看，汉族高于非汉族。从语言背景来看，汉语人群高于非汉语人群。从性别来看，男性低于女性。从身份来看，教师、学生比例最高。从年龄段来看，16—30岁人员比例最高。从文化程度来看，中学、大专本科学历者比例较高。

衣着饮食类。调查所给词语材料中应选："汗衫、饺子"。各调查项的数字表明，选择正确的人数比例最高者为96%，最低者为68%。从民族群体来看，汉族高于非汉族。从语言背景来看，汉语人群高于非汉语人群。从性别来看，男性高于女性。从身份来看，教师比例最高。从年龄段来看，31—45岁人员比例最高。从文化程度来看，大专本科学历者比例较高。

房屋建筑类。调查所给词语材料中应选："厕所、灶"。各调查项的数字表明，选择正确的人数比例最高者为82%，最低者为67%。从民族群体来看，汉族高于非汉族。从语言背景来看，汉语人群低于非汉语人群。从性别来看，男性高于女性。从身份来看，教师、大夫、商贩、手艺人比例最高。从年龄段来看，31—45岁人员比例最高。从文化程度来看，大专本科学历者比例较高。

动作状态类。调查所给词语材料中应选："不说话、漂亮"。各调查项的数字表明，选择正确的人数比例最高者为97%，最低者为71%。从民族群体来看，汉族高于非汉族。从语言背景来看，汉语人群高于非汉语人群。从性别来看，男性低于女性。从身份来看，教师比例最高。从年龄段来看，31—45岁人员比例最高。从文化程度来看，大专本科学历者比例较高。

程度指代类。调查所给词语材料中应选："使劲、怎么样、这里"。各调查项的数字表明，选择正确的人数比例最高者为97%，最低者为70%。从民族群体来看，汉族高于非汉族。从语言背景来看，汉语人群高于非汉语人群。从性别来看，男性低于女性。从身份来看，学生比例最高。从年龄段来看，16—30岁人员比例最高。从文化程度来看，大专本科学历者比例较高。

从以上分析，我们可以看到：

一是，从民族群体来看，选择正确的人数比例，汉族人员高于非汉族人员。表中所列7个大类，全为汉族高于非汉族。

二是，从语言群体来看，选择正确的人数比例，汉语人员高于非汉语人员。表中所列7个大类，有6个为汉语群体高于非汉语群体，1个为汉语群体低于非汉语群体。

三是，从性别来看，选择正确的人数比例，男性低于女性。表中所列7个大类，有3个为男性高于女性，4个为男性低于女性。

四是，从身份来看，选择正确的人数比例，教师高于其他各类人员。表中所列7个大类，有4个为教师高于其他人员，1个为教师、学生同高，1个为教师、大夫、商贩、手艺人，1个为学生较高。

五是，从年龄段来看，选择正确的人数比例，31—45岁人员比例最高。表中所列7个大类，有3个为此年龄段人员较高，1个为

31—45 岁、46—60 岁年龄段人员较高，1 个为 16—30 岁、31—45 岁年龄段人员较高，有 2 个为 16—30 岁年龄段人员较高。

六是，从文化程度来看，选择正确的人数比例，大专本科程度者高于其他人员。表中所列 7 个大类，全为大专本科程度者居高。

七是，就 7 个大类的整体比例分布来看，动物植物类词语选择正确的人数比例最高，房屋建筑类词语选择正确的人数比例最低。

2. 青海省应用普通话人员选择词语情况统计（见附录表 14）与分析。

天地时空类。调查所给词语材料中应选："阵雨、昨天、农历"。各调查项的数字表明，选择正确的人数比例最高者为 91%，最低者为 59%。从民族群体来看，汉族高于非汉族。从语言背景来看，汉语人群高于非汉语人群。从性别来看，男性高于女性。从身份来看，学生比例最高。从年龄段来看，31—45 岁人员比例最高。从文化程度来看，大专本科学历者比例较高。

人物孩童类。调查所给词语材料中应选："爸爸、男孩儿"。各调查项的数字表明，选择正确的人数比例最高者为 89%，最低者为 60%。从民族群体来看，汉族高于非汉族。从语言背景来看，汉语人群高于非汉语人群。从性别来看，男性低于女性。从身份来看，学生比例最高。从年龄段来看，16—30 岁人员比例最高。从文化程度来看，大专本科学历者比例较高。

动物植物类。调查所给词语材料中应选："公牛、水果"。各调查项的数字表明，选择正确的人数比例最高者为 93%，最低者为 68%。从民族群体来看，汉族高于非汉族。从语言背景来看，汉语人群高于非汉语人群。从性别来看，男性低于女性。从身份来看，学生比例最高。从年龄段来看，31—45 岁人员比例最高。从文化程度来看，大专本科学历者比例较高。

衣着饮食类。调查所给词语材料中应选："汗衫、饺子"。各调查项的数字表明，选择正确的人数比例最高者为96%，最低者为68%。从民族群体来看，汉族高于非汉族。从语言背景来看，汉语人群高于非汉语人群。从性别来看，男性高于女性。从身份来看，教师比例最高。从年龄段来看，31—45岁人员比例最高。从文化程度来看，大专本科学历者比例较高。

房屋建筑类。调查所给词语材料中应选："厕所、灶"。各调查项的数字表明，选择正确的人数比例最高者为85%，最低者为61%。从民族群体来看，汉族高于非汉族。从语言背景来看，汉语人群高于非汉语人群。从性别来看，男性高于女性。从身份来看，学生比例最高。从年龄段来看，16—30岁人员比例最高。从文化程度来看，大专本科学历者比例较高。

动作状态类。调查所给词语材料中应选："不说话、漂亮"。各调查项的数字表明，选择正确的人数比例最高者为90%，最低者为64%。从民族群体来看，汉族高于非汉族。从语言背景来看，汉语人群高于非汉语人群。从性别来看，男性高于女性。从身份来看，教师比例最高。从年龄段来看，31—45岁人员比例最高。从文化程度来看，大专本科学历者比例较高。

程度指代类。调查所给词语材料中应选："使劲、怎么样、这里"。各调查项的数字表明，选择正确的人数比例最高者为89%，最低者为61%。从民族群体来看，汉族高于非汉族。从语言背景来看，汉语人群高于非汉语人群。从性别来看，男性高于女性。从身份来看，学生比例最高。从年龄段来看，16—30岁人员比例最高。从文化程度来看，大专本科学历者比例较高。

从以上分析,我们可以看到:

一是,从民族群体来看,选择正确的人数比例,汉族人员高于非汉族人员。表中所列 7 个大类,全为汉族高于非汉族。

二是,从语言群体来看,选择正确的人数比例,汉语人员高于非汉语人员。表中所列 7 个大类,全为汉语群体高于非汉语群体。

三是,从性别来看,选择正确的人数比例,男性高于女性。表中所列 7 个大类,有 5 个为男性高于女性。

四是,从身份来看,选择正确的人数比例,学生略高于其他各类人员。表中所列 7 个大类,有 5 个为学生高于其他人员,2 个为教师较高。

五是,从年龄段来看,选择正确的人数比例,31—45 岁人员比例最高。表中所列 7 个大类,有 4 个为此年龄段人员较高,2 个为 16—30 岁年龄段人员较高。

六是,从文化程度来看,选择正确的人数比例,大专本科程度者高于其他人员。表中所列 7 个大类,全为大专本科程度者居高。

七是,就 7 大类的整体比例分布来看,动物植物类词语选择正确的人数比例最高,程度指代类词语选择正确的人数比例最低。

3. 宁夏回族自治区应用普通话人员选择词语情况统计(见附录表 15)与分析。

天地时空类。调查所给词语材料中应选:"阵雨、昨天、农历"。各调查项的数字表明,选择正确的人数比例最高者为 100%,最低者为 69%。从民族群体来看,汉族高于非汉族。从语言背景来看,汉语人群高于非汉语人群。从性别来看,男性高于女性。从身份来看,教师比例最高。从年龄段来看,31—45 岁人员比例最高。从文化程度来看,大专本科学历者比例较高。

人物孩童类。调查所给词语材料中应选:"爸爸、男孩儿"。各调查项的数字表明,选择正确的人数比例最高者为98%,最低者为77%。从民族群体来看,汉族高于非汉族。从语言背景来看,汉语人群高于非汉语人群。从性别来看,男性低于女性。从身份来看,教师、学生比例最高。从年龄段来看,16—30岁人员比例最高。从文化程度来看,大专本科学历者比例较高。

动物植物类。调查所给词语材料中应选:"公牛、水果"。各调查项的数字表明,选择正确的人数比例最高者为100%,最低者为83%。从民族群体来看,汉族与非汉族相等。从语言背景来看,汉语人群高于非汉语人群。从性别来看,男性高于女性。从身份来看,教师比例最高。从年龄段来看,31—45岁人员比例最高。从文化程度来看,大专本科学历者比例较高。

衣着饮食类。调查所给词语材料中应选:"汗衫、饺子"。各调查项的数字表明,选择正确的人数比例最高者为97%,最低者为82%。从民族群体来看,汉族高于非汉族。从语言背景来看,汉语人群高于非汉语人群。从性别来看,男性高于女性。从身份来看,教师比例最高。从年龄段来看,16—30岁、41—60岁人员比例最高。从文化程度来看,大专本科学历者比例较高。

房屋建筑类。调查所给词语材料中应选:"厕所、灶"。各调查项的数字表明,选择正确的人数比例最高者为89%,最低者为73%。从民族群体来看,汉族高于非汉族。从语言背景来看,汉语人群高于非汉语人群。从性别来看,男性低于女性。从身份来看,教师、大夫、商贩、手艺人比例最高。从年龄段来看,31—45岁人员比例最高。从文化程度来看,大专本科学历者比例较高。

动作状态类。调查所给词语材料中应选:"不说话、漂亮"。各调查项的数字表明，选择正确的人数比例最高者为98%，最低者为81%。从民族群体来看，汉族高于非汉族。从语言背景来看，汉语人群高于非汉语人群。从性别来看，男性低于女性。从身份来看，学生比例最高。从年龄段来看，16—30岁人员比例最高。从文化程度来看，大专本科学历者比例较高。

程度指代类。调查所给词语材料中应选："使劲、怎么样、这里"。各调查项的数字表明，选择正确的人数比例最高者为97%，最低者为83%。从民族群体来看，汉族高于非汉族。从语言背景来看，汉语人群高于非汉语人群。从性别来看，男性低于女性。从身份来看，学生比例最高。从年龄段来看，16—30岁人员比例最高。从文化程度来看，大专本科学历者比例较高。

从以上分析，我们可以看到：

一是，从民族群体来看，选择正确的人数比例，汉族人员高于非汉族人员。表中所列7个大类，6个为汉族高于非汉族，1个为汉族与非汉族相等。

二是，从语言群体来看，选择正确的人数比例，汉语人员高于非汉语人员。表中所列7个大类，全为汉语群体高于非汉语群体。

三是，从性别来看，选择正确的人数比例，男性略高于女性。表中所列7个大类，有4个为男性高于女性，1个为男性低于女性。

四是，从身份来看，选择正确的人数比例，教师高于其他各类人员。表中所列7个大类，有3个为教师高于其他人员，2个为学生较高，1个为教师、学生同高，1个为教师、学生、大夫商贩手艺人较高。

五是，从年龄段来看，选择正确的人数比例，16—30岁人员较高，表中所列7个大类，有3个为此年龄段人员较高，另有3个为

31—45 岁年龄段人员比例较高，还有 1 个为 16—30 岁、41—60 岁年龄段人员较高。

六是，从文化程度来看，选择正确的人数比例，大专本科程度者高于其他人员。表中所列 7 个大类，全为大专本科程度者居高。

七是，就 7 大类的整体比例分布来看，动物植物类词语选择正确的人数比例最高，房屋建筑类词语选择正确的人数比例最低。

三、语法方面

甘肃、青海、宁夏三省区农村居民所说的普通话，因受汉语方言或民族语言的影响，在词法、结构、句法、语序等方面，也存在不合乎普通话规范的地方。如普通话说"老师给我们纠正错题"，甘肃天祝县东坪乡、青海乐都县雨润镇的学生说："老师把错题给我们纠正。"再如普通话说"这个孩子不认识她的老师"，甘肃秦安县五营乡一位老师、宁夏隆德县杨河乡一位老师说："这个孩子认不得她的老师。"类似情况不少。限于人力和时间，我们仅就词尾、重叠、量词结构、"们"字结构、"所"字结构、动补结构、句式、语序等几个方面作了专门调查。

（一）关于词尾

甘青宁三省区汉语方言和普通话有一些共同的词尾，最常见的如"子、儿、头"等。这些词尾在方言和普通话当中的构词功能有异有同。由于相同的一面影响，三省区农村居民使用普通话时，把相同面扩大化，将相异特征也带进了他们所说的普通话。我们通过下面的问卷了解这一状况：

第一章　甘青宁三省区农村居民普通话应用状况调查与分析

题目十，选择加尾词语。下面三组词语，分别带有"子"尾、"儿"尾、"头"尾。你说普通话时，选择各组当中的哪一个？在你选择的词语上打√。（注意：每一组仅允许选 1 个。可由答题人自己阅读并选择，也可由调查人阅读，被调查人听取并选择。）

1. 这样子　一只子　乱子　伴昏子　斜斜子　打子
2. 远远儿　鸡儿　偏偏儿　毛驴儿　眼眼儿　红丢丢儿
3. 高头　看头　甜头　眼头　嘴头　逛头

以上第一组的普通话词语是：乱子。第二组的普通话词语是：毛驴儿。第三组的普通话词语是：甜头。

下面分省区对调查情况进行分析。

1. 甘肃省应用普通话人员选择加尾词语情况统计（见附录表 16）与分析。

"子"尾词。调查所给词语材料为："这样子、一只子、乱子、伴昏子、斜斜子、打子"，应选"乱子"。各调查项的数字表明，选择正确的人数比例最高者为 85%，最低者为 61%。从民族群体来看，汉族高于非汉族。从语言背景来看，汉语人群高于非汉语人群。从性别来看，男性高于女性。从身份来看，教师比例最高。从年龄段来看，31—45 岁人员比例最高。从文化程度来看，大专本科学历者比例较高。

"儿"尾词。调查所给词语材料为："远远儿、鸡儿、偏偏儿、毛驴儿、眼眼儿、红丢丢儿"，应选"毛驴儿"。各调查项的数字表明，选择正确的人数比例最高者为 82%，最低者为 47%。从民族群体来看，汉族高于非汉族。从语言背景来看，汉语人群高于非汉语人群。从性别来看，男性低于女性。从身份来看，教师比例最高。从年龄段来看，31—45 岁人员比例最高。从文化程度来看，大专本科学历者比例较高。

"头"尾词。调查所给词语材料为："高头、看头、甜头、眼头、嘴头、逛头"，应选"甜头"。各调查项的数字表明，选择正确的人数比例最高者为92%，最低者为62%。从民族群体来看，汉族高于非汉族。从语言背景来看，汉语人群高于非汉语人群。从性别来看，男性低于女性。从身份来看，学生比例最高。从年龄段来看，16—30岁人员比例最高。从文化程度来看，大专本科学历者比例较高。

从以上分析，我们可以得到以下几点认识：

一是，就民族群体而言，选择正确的人数比例，汉族人员高于非汉族人员。表中共有3个大类，全为汉族高于非汉族。

二是，就语言群体而言，选择正确的人数比例，汉语人员高于非汉语人员。表中共有3个大类，全为汉语群体高于非汉语群体。

三是，就性别而言，选择正确的人数比例，男性低于女性。表中共有3个大类，其中2个为男性低于女性。

四是，就身份而言，选择正确的人数比例，教师高于其他各类人员。表中共有3个大类，其中2个为教师高于其他人员。

五是，就年龄段而言，选择正确的人数比例，31—45岁人员较高，表中共有3个大类，有2个为此年龄段人员较高。

六是，就文化程度而言，选择正确的人数比例，大专本科程度者高于其他人员。表中共有3个大类，全为大专本科程度者居高。

七是，就3大类的整体比例分布而言，"头"尾词选择正确的人数比例最高，"子"尾词选择正确的人数比例最低。

2. 青海省应用普通话人员选择加尾词语情况统计（见附录表17）与分析。

"子"尾词。调查所给词语材料为："这样子、一只子、乱子、佯昏子、斜斜子、打子",应选"乱子"。各调查项的数字表明,选择正确的人数比例最高者为79%,最低者为51%。从民族群体来看,汉族高于非汉族。从语言背景来看,汉语人群高于非汉语人群。从性别来看,男性高于女性。从身份来看,学生比例最高。从年龄段来看,16—30岁人员比例最高。从文化程度来看,大专本科学历者比例较高。

"儿"尾词。调查所给词语材料为:"远远儿、鸡儿、偏偏儿、毛驴儿、眼眼儿、红丢丢儿",应选"毛驴儿"。各调查项的数字表明,选择正确的人数比例最高者为78%,最低者为44%。从民族群体来看,汉族高于非汉族。从语言背景来看,汉语人群高于非汉语人群。从性别来看,男性高于女性。从身份来看,教师比例最高。从年龄段来看,31—45岁人员比例最高。从文化程度来看,大专本科学历者比例较高。

"头"尾词。调查所给词语材料为:"高头、看头、甜头、眼头、嘴头、逛头",应选"甜头"。各调查项的数字表明,选择正确的人数比例最高者为90%,最低者为60%。从民族群体来看,汉族高于非汉族。从语言背景来看,汉语人群高于非汉语人群。从性别来看,男性低于女性。从身份来看,教师、学生比例较高。从年龄段来看,16—30岁人员比例最高。从文化程度来看,大专本科学历者比例较高。

从以上分析,我们可以得到以下几点认识:

一是,就民族群体而言,选择正确的人数比例,汉族人员高于非汉族人员。表中共有3个大类,全为汉族高于非汉族。

二是,就语言群体而言,选择正确的人数比例,汉语人员高于非汉语人员。表中共有3个大类,全为汉语群体高于非汉语群体。

三是，就性别而言，选择正确的人数比例，男性高于女性。表中共有 3 个大类，其中 2 个为男性较高。

四是，就身份而言，选择正确的人数比例，教师、学生高于其他各类人员。表中共有 3 个大类，其中 1 个为学生比例较高，1 个为教师比例较高，1 个为教师和学生同高。

五是，就年龄段而言，选择正确的人数比例，16—30 岁人员较高，表中共有 3 个大类，有 2 个为此年龄段人员较高。

六是，就文化程度而言，选择正确的人数比例，大专本科程度者高于其他人员。表中共有 3 个大类，全为大专本科程度者居高。

七是，就 3 大类的整体比例分布而言，"头"尾词选择正确的人数比例最高，"子"尾词选择正确的人数比例最低。

3. 宁夏回族自治区应用普通话人员选择加尾词语情况统计（见附录表 18）与分析。

"子"尾词。调查所给词语材料为："这样子、一只子、乱子、伴昏子、斜斜子、打子"，应选"乱子"。各调查项的数字表明，选择正确的人数比例最高者为 86%，最低者为 52%。从民族群体来看，汉族与非汉族相等。从语言背景来看，汉语人群高于非汉语人群。从性别来看，男性低于女性。从身份来看，教师比例最高。从年龄段来看，31—45 岁人员比例最高。从文化程度来看，大专本科学历者比例较高。

"儿"尾词。调查所给词语材料为："远远儿、鸡儿、偏偏儿、毛驴儿、眼眼儿、红丢丢儿"，应选"毛驴儿"。各调查项的数字表明，选择正确的人数比例最高者为 89%，最低者为 68%。从民族群体来看，汉族高于非汉族。从语言背景来看，汉语人群高于非汉语人群。从性别来看，男性低于女性。从身份来看，教师比例较高。

从年龄段来看，31—45 岁人员比例最高。从文化程度来看，大专本科学历者比例较高。

"头"尾词。调查所给词语材料为："高头、看头、甜头、眼头、嘴头、逛头"，应选"甜头"。各调查项的数字表明，选择正确的人数比例最高者为 91%，最低者为 60%。从民族群体来看，汉族高于非汉族。从语言背景来看，汉语人群高于非汉语人群。从性别来看，男性低于女性。从身份来看，学生比例最高。从年龄段来看，16—30 岁人员比例最高。从文化程度来看，大专本科学历者比例较高。

从以上分析，我们可以得到以下几点认识：

一是，就民族群体而言，选择正确的人数比例，汉族人员高于非汉族人员。表中共有 3 个大类，1 个为汉族与非汉族相等，2 个为汉族高于非汉族。

二是，就语言群体而言，选择正确的人数比例，汉语人员高于非汉语人员。表中共有 3 个大类，2 个为汉语群体高于非汉语群体，1 个为汉语群体低于非汉语群体。

三是，就性别而言，选择正确的人数比例，男性低于女性。表中共有 3 个大类，全为男性较低。

四是，就身份而言，选择正确的人数比例，教师、学生高于其他各类人员，但教师更高。表中共有 3 个大类，其中 2 个为教师比例较高，1 个为学生比例较高。

五是，就年龄段而言，选择正确的人数比例，31—45 岁人员比例较高，表中共有 3 个大类，有 2 个为此年龄段人员较高。

六是，就文化程度而言，选择正确的人数比例，大专本科程度者高于其他人员。表中共有 3 个大类，全为大专本科程度者居高。

七是，就 3 大类的整体比例分布而言，"儿"尾词选择正确的人数比例最高,"子"尾和"头"尾词选择正确的人数比例略低。

(二)关于重叠

甘青宁三省区的汉语方言和普通话都有重叠构词法。普通话的重叠式合成词一般限于表示亲属称谓的名词和少数普通名词,还有少量动词、形容词、副词等。三省区汉语方言中,重叠式是重要的构词方式,构成的名词、形容词最多,其次是量词、副词。我们在走访中发现,由于方言和普通话都有重叠词,所以三省区农村居民使用普通话时,往往将很多非普通话重叠词带进了他们所说的普通话。为了解具体情况,我们设计了下面的问卷:

题目十一,选择重叠词。下面四组词语,分别是重叠方式构成的名词、形容词、量词、副词。当你说普通话时,选择各组当中的哪一个词?在你选择的词语上打√。(注意:每一组仅允许选1个。可由答题人自己阅读并选择,也可由调查人阅读,被调查人听取并选择。)

1. 腿腿　星星　布布　眼眼　盖盖　棍棍
2. 矬矬(的)　光光(的)　蔫蔫(的)　红红(的)　直直(子)　低低(儿)
3. 回回　阵阵　撮撮　溜溜　点点　抓抓
4. 端端(儿)　刚刚　幺幺　反反(子)　定定(儿)　立立(子)

以上第一组为名词,属于普通话的重叠形式是:星星;第二组为形容词,属于普通话的重叠形式是:红红(的);第三组为量词,属于普通话的重叠形式是:阵阵;第四组为副词,属于普通话的重叠形式是:刚刚。

1. 甘肃省应用普通话人员选择重叠词情况统计(见附录表19)

与分析。

名词重叠。调查所给词语材料为:"腿腿、星星、布布、眼眼、盖盖、棍棍",应选"星星"。各调查项的数字表明,选择正确的人数比例最高者为95%,最低者为64%。从民族群体来看,汉族高于非汉族。从语言背景来看,汉语人群高于非汉语人群。从性别来看,男性高于女性。从身份来看,教师比例最高。从年龄段来看,31—45岁人员比例最高。从文化程度来看,大专本科学历者比例较高。

形容词重叠。调查所给词语材料为:"矬矬(的)、光光(的)、鹫鹫(的)、红红(的)、直直(子)、低低(儿)",应选"红红(的)"。各调查项的数字表明,选择正确的人数比例最高者为89%,最低者为61%。从民族群体来看,汉族高于非汉族。从语言背景来看,汉语人群高于非汉语人群。从性别来看,男性低于女性。从身份来看,学生比例最高。从年龄段来看,16—30岁人员比例最高。从文化程度来看,大专本科学历者比例较高。

量词重叠。调查所给词语材料为:"回回、阵阵、撮撮、溜溜、点点、抓抓",应选"阵阵"。各调查项的数字表明,选择正确的人数比例最高者为84%,最低者为67%。从民族群体来看,汉族高于非汉族。从语言背景来看,汉语人群高于非汉语人群。从性别来看,男性高于女性。从身份来看,教师比例最高。从年龄段来看,16—30岁人员比例最高。从文化程度来看,大专本科学历者比例较高。

副词重叠。调查所给词语材料为:"端端(儿)、刚刚、幺幺、反反(子)、定定(儿)、立立(子)",应选"刚刚"。各调查项的数字表明,选择正确的人数比例最高者为91%,最低者为63%。从民族群体来看,汉族高于非汉族。从语言背景来看,汉语人群高于非汉语人群。从性别来看,男性高于女性。从身份来看,教师比例最高。从年龄段来看,16—30 岁人员比例最高。从文化程度来看,大专本科学历者比例较高。

根据上面的分析,我们可以看出以下几个特点:

一是,就民族群体而言,选择正确的人数比例,汉族人员高于非汉族人员。表中共有 4 个大类,全为汉族高于非汉族相等。

二是,就语言群体而言,选择正确的人数比例,汉语人员高于非汉语人员。表中共有 4 个大类,全为汉语群体高于非汉语群体。

三是,就性别而言,选择正确的人数比例,男性高于女性。表中共有 4 个大类,3 个为男性较高,1 个为女性较高。

四是,就身份而言,选择正确的人数比例,教师高于其他各类人员。表中共有 4 个大类,其中 3 个为教师比例较高,1 个为学生比例较高。

五是,就年龄段而言,选择正确的人数比例,16—30 岁人员比例较高,表中共有 4 个大类,有 3 个为此年龄段人员较高。

六是,就文化程度而言,选择正确的人数比例,大专本科程度者高于其他人员。表中共有 4 个大类,全为大专本科程度者居高。

七是,就 4 大类的整体比例分布而言,对名词选择正确的人数比例最高,对量词选择正确的人数比例最低。

2. 青海省应用普通话人员选择重叠词情况统计(见附录表 20)与分析。

名词重叠。调查所给词语材料为:"腿腿、星星、布布、眼眼、盖盖、棍棍",应选"星星"。各调查项的数字表明,选择正确的人数比例最高者为 88%,最低者为 62%。从民族群体来看,汉族高于非汉族。从语言背景来看,汉语人群高于非汉语人群。从性别来看,男性高于女性。从身份来看,教师比例最高。从年龄段来看,16—

30岁人员比例最高。从文化程度来看，大专本科学历者比例较高。

形容词重叠。调查所给词语材料为："矬矬（的）、光光（的）、蔫蔫（的）、红红（的）、直直（子）、低低（儿）"，应选"红红（的）"。各调查项的数字表明，选择正确的人数比例最高者为83%，最低者为58%。从民族群体来看，汉族高于非汉族。从语言背景来看，汉语人群高于非汉语人群。从性别来看，男性高于女性。从身份来看，学生比例最高。从年龄段来看，31—45岁人员比例最高。从文化程度来看，大专本科学历者比例较高。

量词重叠。调查所给词语材料为："回回、阵阵、撮撮、溜溜、点点、抓抓"，应选"阵阵"。各调查项的数字表明，选择正确的人数比例最高者为81%，最低者为55%。从民族群体来看，汉族高于非汉族。从语言背景来看，汉语人群高于非汉语人群。从性别来看，男性高于女性。从身份来看，学生比例最高。从年龄段来看，16—30岁人员比例最高。从文化程度来看，大专本科学历者比例较高。

副词重叠。调查所给词语材料为："端端（儿）、刚刚、幺幺反反（子）、定定（儿）、立立（子）"，应选"刚刚"。各调查项的数字表明，选择正确的人数比例最高者为84%，最低者为57%。从民族群体来看，汉族高于非汉族。从语言背景来看，汉语人群高于非汉语人群。从性别来看，男性高于女性。从身份来看，学生比例最高。从年龄段来看，16—30岁人员比例最高。从文化程度来看，大专本科学历者比例较高。

根据上面的分析，我们可以看出以下几个特点：

一是，就民族群体而言，选择正确的人数比例，汉族人员高于非汉族人员。表中共有4个大类，全为汉族高于非汉族。

二是，就语言群体而言，选择正确的人数比例，汉语人员高于非汉语人员。表中共有 4 个大类，全为汉语群体高于非汉语群体。

三是，就性别而言，选择正确的人数比例，男性高于女性。表中共有 4 个大类，全为男性高于女性。

四是，就身份而言，选择正确的人数比例，学生高于其他各类人员。表中共有 4 个大类，其中 3 个为学生比例较高，1 个为教师比例较高。

五是，就年龄段而言，选择正确的人数比例，16—30 岁人员比例较高，表中共有 4 个大类，有 3 个为此年龄段人员较高。

六是，就文化程度而言，选择正确的人数比例，大专本科程度者高于其他人员。表中共有 4 个大类，全为大专本科程度者居高。

七是，就 4 大类的整体比例分布而言，对名词选择正确的人数比例最高，对量词选择正确的人数比例最低。

3. 宁夏回族自治区应用普通话人员选择重叠词情况统计（见附录表 21）与分析。

名词重叠。调查所给词语材料为："腿腿、星星、布布、眼眼、盖盖、棍棍"，应选"星星"。各调查项的数字表明，选择正确的人数比例最高者为 97%，最低者为 70%。从民族群体来看，汉族低于非汉族。从语言背景来看，汉语人群高于非汉语人群。从性别来看，男性高于女性。从身份来看，教师比例最高。从年龄段来看，16—30、31—45 岁人员比例最高。从文化程度来看，大专本科学历者比例较高。

形容词重叠。调查所给词语材料为："矬矬（的）、光光（的）、蔫蔫（的）、红红（的）、直直（子）、低低（儿）"，应选"红红（的）"。各调查项的数字表明，选择正确的人数比例最高者为 91%，最低者为 60%。从民族群体来看，汉族低于非汉族。从语言背景来看，汉语人群高于非汉语人群。从性别来看，男性高于女性。从身份来看，学生比例最高。从年龄段来看，16—30 岁人员比例最高。从文化程度来看，大专本科学历者比例较高。

量词重叠。调查所给词语材料为："回回、阵阵、撮撮、溜溜、点点、抓抓"，应选"阵阵"。各调查项的数字表明，选择正确的人数比例最高者为 86%，最低者为 59%。从民族群体来看，汉族高于非汉族。从语言背景来看，汉语人群高于非汉语人群。从性别来看，男性低于女性。从身份来看，学生比例最高。从年龄段来看，16—30 岁人员比例最高。从文化程度来看，大专本科学历者比例较高。

副词重叠。调查所给词语材料为："端端（儿）、刚刚、幺幺、反反（子）、定定（儿）、立立（子）"，应选"刚刚"。各调查项的数字表明，选择正确的人数比例最高者为 92%，最低者为 66%。从民族群体来看，汉族与非汉族相等。从语言背景来看，汉语人群高于非汉语人群。从性别来看，男性高于女性。从身份来看，教师比例最高。从年龄段来看，31—45 岁人员比例最高。从文化程度来看，大专本科学历者比例较高。

根据上面的分析，我们可以看出以下几个特点：

一是，就民族群体而言，选择正确的人数比例，汉族人员低于非汉族人员。表中共有 4 个大类，其中 2 个为汉族低于非汉族，1 个为汉族高于非汉族，1 个为汉族与非汉族相等。

二是，就语言群体而言，选择正确的人数比例，汉语人员高于非汉语人员。表中共有 4 个大类，全为汉语群体高于非汉语群体。

三是，就性别而言，选择正确的人数比例，男性高于女性。表中共有 4 个大类，3 个为男性高于女性，1 个为男性低于女性。

四是，就身份而言，选择正确的人数比例，教师、学生高于其他各类人员。表中共有 4 个大类，其中 2 个为教师比例较高，2 个为学生比例较高。

五是，就年龄段而言，选择正确的人数比例，16—30 岁人员比例较高，表中共有 4 个大类，有 2 个为此年龄段人员较高，1 个为 16—30、31—45 岁年龄段人员较高，1 个为 31—45 岁人员较高。

六是，就文化程度而言，选择正确的人数比例，大专本科程度者高于其他人员。表中共有 4 个大类，全为大专本科程度者居高。

七是，就 4 大类的整体比例分布而言，对名词选择正确的人数比例最高，对量词选择正确的人数比例最低。

（三）关于量词结构

普通话中的量词一般都跟名词搭配，也跟动词、形容词搭配。我们注意到，甘青宁三省区农村居民应用普通话时，大致可以把握这点。但由于三省区农村汉语方言中量词与其他词配合的习惯不同于普通话，人们说普通话时，往往受方言习惯的影响，说出一些不合普通话规范的量词结构。我们通过下面的题目了解这一状况：

题目十二，量词与其他词搭配。下面三组词语，由量词分别跟名词、动词、形容词搭配构成。当你说普通话时，选择各组当中的哪一个？在你选择的词语上打√。（注意：每一组仅允许选 1 个。可由答题人自己阅读并选择，也可由调查人阅读，被调查人听取并选择。）

1.(一) 叶席 (一) 苗钉子 (一) 块砖 (一) 觉 (jiāo) 病 (一) 挂子车

2. 跑 (一) 转 走 (一) 趟 说 (一) 嚷 (càn) 念 (一) 过 咬 (一) 嘴

3.（一）铺红　（一）抹黑　（三）拃宽　（一）人深　（一）分厚

以上三组词语，第一组是：（数）量词＋名词，第二组是：动词＋（数）量词，第三组是：（数）量词＋形容词。每组仅含1个普通话量词结构。第一组的普通话量词结构是：（一）块砖；第二组的普通话量词结构是：走（一）趟；第三组的普通话量词结构是：（三）拃宽。

下面分省区对调查情况进行分析。

1. 甘肃省应用普通话人员选择量词结构情况统计（见附录表22）与分析。

名词与量词搭配。调查所给词语材料为："（一）叶席、（一）苗钉子、（一）块砖、（一）觉（jiāo）病、（一）挂子车"，应选"（一）块砖"。各调查项的数字表明，选择正确的人数比例最高者为86%，最低者为57%。从民族群体来看，汉族高于非汉族。从语言背景来看，汉语人群高于非汉语人群。从性别来看，男性高于女性。从身份来看，教师比例最高。从年龄段来看，31—45岁人员比例最高。从文化程度来看，大专本科学历者比例较高。

动词与量词搭配。调查所给词语材料为："跑（一）转、走（一）趟、说（一）嚄（càn）、念（一）过、咬（一）嘴"，应选"走（一）趟"。各调查项的数字表明，选择正确的人数比例最高者为83%，最低者为59%。从民族群体来看，汉族高于非汉族。从语言背景来看，汉语人群高于非汉语人群。从性别来看，男性与女性相等。从身份来看，教师比例最高。从年龄段来看，16—30岁人员比例最高。从文化程度来看，大专本科学历者比例较高。

形容词与量词搭配。调查所给词语材料为："（一）铺红、（一）抹黑、（三）拃宽、（一）人深、（一）分厚"，应选"（三）拃宽"。

各调查项的数字表明,选择正确的人数比例最高者为69%,最低者为56%。从民族群体来看,汉族高于非汉族。从语言背景来看,汉语人群高于非汉语人群。从性别来看,男性高于女性。从身份来看,教师比例最高。从年龄段来看,31—45岁人员比例最高。从文化程度来看,大专本科学历者比例较高。

根据上面的分析,我们可以看出以下几个特点:

一是,就民族群体而言,选择正确的人数比例,汉族人员高于非汉族人员。表中共有3个大类,全为汉族高于非汉族。

二是,就语言群体而言,选择正确的人数比例,汉语人员高于非汉语人员。表中共有3个大类,全为汉语群体高于非汉语群体。

三是,就性别而言,选择正确的人数比例,男性高于女性。表中共有3个大类,2个为男性高于女性,1个为男性与女性相等。

四是,就身份而言,选择正确的人数比例,教师高于其他各类人员。表中共有3个大类,全为教师比例最高。

五是,就年龄段而言,选择正确的人数比例,31—45岁人员比例较高,表中共有3个大类,有2个为此年龄段人员较高。

六是,就文化程度而言,选择正确的人数比例,大专本科程度者高于其他人员。表中共有3个大类,全为大专本科程度者居高。

2. 青海省应用普通话人员选择量词结构情况统计(见附录表23)与分析。

名词与量词搭配。调查所给词语材料为:"(一)叶席、(一)苗钉子、(一)块砖、(一)觉(jiāo)病、(一)挂子车",应选"(一)块砖"。各调查项的数字表明,选择正确的人数比例最高者为83%,最低者为51%。从民族群体来看,汉族高于非汉族。从语言背景来看,汉语人群高于非汉语人群。从性别来看,男性高于女性。从身份来看，教师比例最高。从年龄段来看，16—30岁人员比例最高。从文化程度来看，大专本科学历者比例较高。

动词与量词搭配。调查所给词语材料为："跑（一）转、走（一）趟、说（一）噌（càn）、念（一）过、咬（一）嘴"，应选"走（一）趟"。各调查项的数字表明，选择正确的人数比例最高者为80%，最低者为53%。从民族群体来看，汉族高于非汉族。从语言背景来看，汉语人群高于非汉语人群。从性别来看，男性高于女性。从身份来看，学生比例最高。从年龄段来看，16—30岁人员比例最高。从文化程度来看，大专本科学历者比例较高。

形容词与量词搭配。调查所给词语材料为："（一）铺红、（一）抹黑、（三）拃宽、（一）人深、（一）分厚"，应选"（三）拃宽"。各调查项的数字表明，选择正确的人数比例最高者为71%，最低者为57%。从民族群体来看，汉族高于非汉族。从语言背景来看，汉语人群高于非汉语人群。从性别来看，男性低于女性。从身份来看，农民、教师比例最高。从年龄段来看，31—45岁人员比例最高。从文化程度来看，中学程度者比例较高。

根据上面的分析，我们可以看出以下几个特点：

一是，就民族群体而言，选择正确的人数比例，汉族人员高于非汉族人员。表中共有3个大类，全为汉族高于非汉族。

二是，就语言群体而言，选择正确的人数比例，汉语人员高于非汉语人员。表中共有3个大类，全为汉语群体高于非汉语群体。

三是，就性别而言，选择正确的人数比例，男性高于女性。表中共有3个大类，2个为男性高于女性，1个为男性低于女性。

四是，就身份而言，选择正确的人数比例，教师高于其他各类人员。表中共有3个大类，1个为教师比例最高，1个为学生比例最高，

1个为农民与教师比例同高。这里值得指出的是，农民作出正确选择的人数比例较高。经了解，青海农民的方言口语中"拃"本是量词。

五是，就年龄段而言，选择正确的人数比例，16—30岁人员比例较高，表中共有3个大类，有2个为此年龄段人员较高。

六是，就文化程度而言，选择正确的人数比例，大专本科程度者高于其他人员。表中共有3个大类，2个为大专本科程度者居高，1个为中学程度者较高。

3. 宁夏回族自治区应用普通话人员选择量词结构情况统计（见附录表24）与分析。

名词与量词搭配。调查所给词语材料为："（一）叶席、（一）苗钉子、（一）块砖、（一）觉（jiāo）病、（一）挂子车"，应选"（一）块砖"。各调查项的数字表明，选择正确的人数比例最高者为87%，最低者为59%。从民族群体来看，汉族与非汉族相等。从语言背景来看，汉语人群高于非汉语人群。从性别来看，男性高于女性。从身份来看，学生比例最高。从年龄段来看，16—30岁、31—45岁人员比例居高。从文化程度来看，大专本科学历者比例较高。

动词与量词搭配。调查所给词语材料为："跑（一）转、走（一）趟、说（一）噆（càn）、念（一）过、咬（一）嘴"，应选"走（一）趟"。各调查项的数字表明，选择正确的人数比例最高者为86%，最低者为52%。从民族群体来看，汉族低于非汉族。从语言背景来看，汉语人群高于非汉语人群。从性别来看，男性高于女性。从身份来看，教师比例最高。从年龄段来看，31—45岁人员比例最高。从文化程度来看，大专本科学历者比例较高。

形容词与量词搭配。调查所给词语材料为："（一）铺红、（一）抹黑、（三）拃宽、（一）人深、（一）分厚"，应选"（三）拃宽"。

各调查项的数字表明,选择正确的人数比例最高者为82%,最低者为52%。从民族群体来看,汉族低于非汉族。从语言背景来看,汉语人群高于非汉语人群。从性别来看,男性高于女性。从身份来看,教师比例最高。从年龄段来看,31—45岁人员比例最高。从文化程度来看,中学程度者比例较高。

根据上面的分析,我们可以看出以下几个特点:

一是,就民族群体而言,选择正确的人数比例,汉族人员低于非汉族人员。表中共有3个大类,2个为汉族低于非汉族,1个为汉族与非汉族相等。这是因为,宁夏回族自治区的回族人口较多,而回族都说汉语。

二是,就语言群体而言,选择正确的人数比例,汉语人员高于非汉语人员。表中共有3个大类,全为汉语群体高于非汉语群体。

三是,就性别而言,选择正确的人数比例,男性高于女性。表中共有3个大类,全为男性高于女性。

四是,就身份而言,选择正确的人数比例,教师高于其他各类人员。表中共有3个大类,2个为教师比例最高,1个为学生比例最高。

五是,就年龄段而言,选择正确的人数比例,31—45岁人员比例较高,表中共有3个大类,有2个为此年龄段人员较高,1个为16—30岁、31—45岁人员较高。

六是,就文化程度而言,选择正确的人数比例,大专本科程度者高于其他人员。表中共有3个大类,全为大专本科程度者居高。

(四)关于"们"字结构

普通话中助词"们"经常用在代词和指人的名词后边,表示复数或多数,如"我们、学生们"。但甘青宁三省区农村居民的普通话

受方言或民族语言影响,几乎所有名词都能与"们"结合,表示复数或多数。我们通过下面的问卷具体显示这一状况:

题目十三,"们"字结构。下面两组结构,由"们"分别跟名词、代词搭配构成。当你说普通话时,选择各组当中的哪一个?在你选择的词上打√。(注意:每一组仅允许选 1 个。可由答题人自己阅读并选择,也可由调查人阅读,被调查人听取并选择。)

1. 老汉、娃娃们 木耳、蘑菇们 电价、空气们 牲口、麻雀们 态度、名声们

2. 自己们 咱们 别人们 那们 阿们

以上两组词语,第一组是:名词+们,第二组是:代词+们。按照规范的普通话要求,每组仅含 1 个正确的"们"字结构。

本题目的在于了解人们掌握普通话"们"字结构的情况。下面分省区对调查情况进行分析。

1. 甘肃省应用普通话人员选择"们"字结构情况统计(见附录表 25)与分析。

名词+们。调查所给词语材料为:"老汉、娃娃们,木耳、蘑菇们,电价、空气们,牲口、麻雀们,态度、名声们"。正确的选择应当是:"老汉、娃娃们"。各调查项的数字表明,选择正确的人数比例最高为 86%,最低者为 61%。从民族群体来看,汉族高于非汉族。从语言背景来看,汉语人群高于非汉语人群。从性别来看,男性低于女性。从身份来看,学生比例最高。从年龄段来看,16—30 岁人员比例居高。从文化程度来看,大专本科学历者比例较高。

代词+们。调查所给词语材料为:"自己们、咱们、别人们、那们、阿们"。正确的选择应当是:"咱们"。各调查项的数字表明,选择正确的人数比例最高者为 96%,最低者为 74%。从民族群体来看,汉

族高于非汉族。从语言背景来看，汉语人群高于非汉语人群。从性别来看，男性高于女性。从身份来看，教师比例最高。从年龄段来看，31—45岁人员比例最高。从文化程度来看，大专本科学历者比例较高。

根据上面的分析，我们可以看出以下几个特点：

一是，就民族群体而言，选择正确的人数比例，汉族人员高于非汉族人员。表中共有2个大类，都是汉族高于非汉族。

二是，就语言群体而言，选择正确的人数比例，汉语人员高于非汉语人员。表中共有2个大类，都是汉语群体高于非汉语群体。

三是，就性别而言，选择正确的人数比例，男性与女性持平。表中共有2个大类，1个为男性低于女性，1个为男性高于女性。

四是，就身份而言，选择正确的人数比例，教师与学生高于其他各类人员。表中共有2个大类，1个为学生比例最高，1个为教师比例最高。

五是，就年龄段而言，选择正确的人数比例，16—30岁人员对"名词＋们"结构作出正确选择的人数比例较高，31—45岁对"代词＋们"结构作出正确选择的人数比例较高。

六是，就文化程度而言，选择正确的人数比例，大专本科程度者高于其他人员。

2. 青海省应用普通话人员选择"们"字结构情况统计（见附录表26）与分析。

名词＋们。调查所给词语材料为："老汉、娃娃们、木耳、蘑菇们、电价、空气们、牲口、麻雀们、态度、名声们"。正确的选择应当是："老汉、娃娃们"。各调查项的数字表明，选择正确的人数比例最高为78%，最低者为60%。从民族群体来看，汉族高于非汉族。从语言背景来看，汉语人群高于非汉语人群。从性别来看，男性高于女性。从身份来看，学生比例最高。从年龄段来看，16—30岁人员比例居高。从文化程度来看，大专本科学历者比例较高。

代词＋们。调查所给词语材料为："自己们、咱们、别人们、那们、阿们"。正确的选择应当是："咱们"。各调查项的数字表明，选择正确的人数比例最高者为84%，最低者为65%。从民族群体来看，汉族高于非汉族。从语言背景来看，汉语人群高于非汉语人群。从性别来看，男性低于女性。从身份来看，学生比例最高。从年龄段来看，31—45岁人员比例最高。从文化程度来看，大专本科学历者比例较高。

根据上面的分析，我们可以看出以下几个特点：

一是，就民族群体而言，选择正确的人数比例，汉族人员高于非汉族人员。表中共有2个大类，都是汉族高于非汉族。

二是，就语言群体而言，选择正确的人数比例，汉语人员高于非汉语人员。表中共有2个大类，都是汉语群体高于非汉语群体。

三是，就性别而言，选择正确的人数比例，"名词＋们"结构为男性比例高于女性，"代词＋名词"结构为男性比例低于女性。

四是，就身份而言，选择正确的人数比例，学生高于其他各类人员。表中共有2个大类，都是学生比例最高。

五是，就年龄段而言，选择正确的人数比例，16—30岁人员对"名词＋们"结构作出正确选择的人数比例较高，31—45岁对"代词＋们"结构作出正确选择的人数比例较高。

六是，就文化程度而言，选择正确的人数比例，大专本科程度者高于其他人员。

3. 宁夏回族自治区应用普通话人员选择"们"字结构情况统计（见附录表27）与分析。

名词＋们。调查所给词语材料为："老汉、娃娃们、木耳、蘑菇们、电价、空气们、牲口、麻雀们、态度、名声们"。正确的选择应当是："老汉、娃娃们"。各调查项的数字表明，选择正确的人数比例最高为 91%，最低者为 76%。从民族群体来看，汉族低于非汉族。从语言背景来看，汉语人群高于非汉语人群。从性别来看，男性高于女性。从身份来看，教师比例最高。从年龄段来看，16—30 岁人员比例居高。从文化程度来看，大专本科学历者比例较高。

代词 + 们。调查所给词语材料为："自己们、咱们、别人们、那们、阿们"。正确的选择应当是："咱们"。各调查项的数字表明，选择正确的人数比例最高者为 97%，最低者为 77%。从民族群体来看，汉族低于非汉族。从语言背景来看，汉语人群高于非汉语人群。从性别来看，男性低于女性。从身份来看，教师比例最高。从年龄段来看，31—45 岁人员比例最高。从文化程度来看，大专本科学历者比例较高。

根据上面的分析，我们可以看出以下几个特点：

一是，就民族群体而言，选择正确的人数比例，汉族人员低于非汉族人员。表中共有 2 个大类，都是汉族低于非汉族。

二是，就语言群体而言，选择正确的人数比例，汉语人员高于非汉语人员。表中共有 2 个大类，都是汉语群体高于非汉语群体。

三是，就性别而言，选择正确的人数比例，"名词 + 们"结构为男性比例高于女性，"代词 + 名词"结构为男性比例低于女性。

四是，就身份而言，选择正确的人数比例，教师高于其他各类人员。表中共有 2 个大类，都是教师比例最高。

五是，就年龄段而言，选择正确的人数比例，16—30 岁人员对"名词 + 们"结构作出正确选择的人数比例较高，31—45 岁对"代词 + 们"结构作出正确选择的人数比例较高。

六是，就文化程度而言，选择正确的人数比例，大专本科程度者高于其他人员。

（五）关于句式

就普通话而言，单句可分为主谓句和非主谓句两大类。这两类各自含有一些句子类型，如第一大类有主谓谓语句、连动句、双宾语句、兼语句、处置句、被动句、比较句、紧缩句、选择问句、反问句等，第二大类有无主句、独语句等。我们走访时发现，甘、青、宁三省区农村居民应用的普通话当中，主谓句所涉句子类型受汉语方言和民族语言语法影响较大，因此我们主要就这些问题进行了调查。为了调查和分析的便利，我们把这些问题分为句式和语序两部分。问卷题目如下：

题目十四，句式。下面五组句子，当你说普通话时，选择各组当中的哪一个？在你选择的句子后的括号内打√。（注意：每一组仅允许选1句。可由答题人自己阅读并选择，也可由调查人阅读，被调查人听取并选择。）

1. 他把这些粮食愿意背到邻居家。（　）/他愿意把这些粮食背到邻居家。（　）/他这些粮食哈愿意背到邻居家。（　）

2. 村长没有被黑蛋的凶恶样子吓退。（　）/村长叫黑蛋的凶恶样子没有吓退。（　）/村长被黑蛋的凶恶样子没有吓退。（　）

3. 这头牛把那头不如。（　）/这头牛不如那头。（　）/这头牛那头牛比哈这头牛不如。（　）

4. 你是吃面呢，还是吃米饭呢？（　）/你吃面呢吗吃米饭呢？（　）/你吃面呢吗米饭？（　）/你还是吃面还是吃米饭？（　）

5. 哥哥把油给她给了一桶。（　）/哥哥给她给了一桶油。（　）/哥

哥给了她一桶油。（　）/ 哥哥把一桶油给给了她。（　）/ 哥哥一桶油给她了。（　）

上边5组句子先后为处置句、被动句、比较句、选择问句、"给"字句。

本题目的在于了解人们掌握普通话重要句式的情况。下面分省区对调查情况进行分析。

1. 甘肃省应用普通话人员选择句式情况统计（见附录表28）与分析。

处置句　调查所给词语材料为："他把这些粮食愿意背到邻居家。/ 他愿意把这些粮食背到邻居家。/ 他这些粮食哈愿意背到邻居家。"正确的选择应当是："他愿意把这些粮食背到邻居家。"各调查项的数字表明，选择正确的人数比例最高为81%，最低者为59%。从民族群体来看，汉族高于非汉族。从语言背景来看，汉语人群高于非汉语人群。从性别来看，男性高于女性。从身份来看，教师比例最高。从年龄段来看，31—45岁人员比例居高。从文化程度来看，大专本科学历者比例较高。

被动句　调查所给词语材料为："村长没有被黑蛋的凶恶样子吓退。/ 村长叫黑蛋的凶恶样子没有吓退。/ 村长被黑蛋的凶恶样子没有吓退。"正确的选择应当是："村长没有被黑蛋的凶恶样子吓退。"各调查项的数字表明，选择正确的人数比例最高者为78%，最低者为58%。从民族群体来看，汉族高于非汉族。从语言背景来看，汉语人群高于非汉语人群。从性别来看，男性高于女性。从身份来看，学生比例最高。从年龄段来看，16—30岁人员比例最高。从文化程度来看，大专本科学历者比例较高。

比较句　调查所给词语材料为："这头牛把那头不如。/ 这头牛不如那头。/这头牛哈那头牛不如。"正确的选择应当是:"这头牛不如那头。"各调查项的数字表明,选择正确的人数比例最高者为92%,最低者为71%。从民族群体来看,汉族高于非汉族。从语言背景来看,汉语人群高于非汉语人群。从性别来看,男性低于女性。从身份来看,学生比例最高。从年龄段来看,16—30岁人员比例最高。从文化程度来看,大专本科学历者比例较高。

选择问句 调查所给词语材料为:"你是吃面呢,还是吃米饭呢?/你吃面呢吗吃米饭呢?/你吃面呢吗米饭?/你还是吃面还是吃米饭?"正确的选择应当是:"你是吃面呢,还是吃米饭呢?"各调查项的数字表明,选择正确的人数比例最高者为79%,最低者为62%。从民族群体来看,汉族高于非汉族。从语言背景来看,汉语人群高于非汉语人群。从性别来看,男性高于女性。从身份来看,教师比例最高。从年龄段来看,31—45岁人员比例最高。从文化程度来看,大专本科学历者比例较高。

"给"字句 调查所给词语材料为:"哥哥把油给她给了一桶。/哥哥给她给了一桶油。/哥哥给了她一桶油。/哥哥把一桶油给了她。/哥哥一桶油给她了。"正确的选择应当是:"哥哥给了她一桶油。"各调查项的数字表明,选择正确的人数比例最高者为79%,最低者为62%。从民族群体来看,汉族高于非汉族。从语言背景来看,汉语人群高于非汉语人群。从性别来看,男性低于女性。从身份来看,教师比例最高。从年龄段来看,16—30岁人员比例最高。从文化程度来看,大专本科学历者比例较高。

根据上面的分析,我们可以看出以下几个特点:

一是,就民族群体而言,选择正确的人数比例,汉族人员高于非汉族人员。表中共有5个大类,全为汉族高于非汉族。

二是，就语言群体而言，选择正确的人数比例，汉语人员高于非汉语人员。表中共有5个大类，都是汉语群体高于非汉语群体。

三是，就性别而言，选择正确的人数比例，男性比例略高于女性，表中共有5个大类，其中3个为男性比例高于女性，2个为男性比例低于女性。

四是，就身份而言，选择正确的人数比例，教师和学生高于其他各类人员。表中共有5个大类，其中3个为教师比例最高，2个为学生比例较高。

五是，就年龄段而言，选择正确的人数比例，16—30岁、31—45岁人员比例较高。表中5个大类，其中3个为16—30岁人员比例较高，2个为30—45岁人员比例较高。

六是，就文化程度而言，选择正确的人数比例，大专本科程度者高于其他人员。

2. 青海省应用普通话人员选择句式情况统计（见附录表29）与分析。

处置句　调查所给词语材料为："他把这些粮食愿意背到邻居家。/他愿意把这些粮食背到邻居家。/他这些粮食哈愿意背到邻居家。"正确的选择应当是："他愿意把这些粮食背到邻居家。"各调查项的数字表明，选择正确的人数比例最高为78%，最低者为57%。从民族群体来看，汉族高于非汉族。从语言背景来看，汉语人群高于非汉语人群。从性别来看，男性高于女性。从身份来看，学生比例最高。从年龄段来看，16—30岁人员比例较高。从文化程度来看，大专本科学历者比例较高。

被动句　调查所给词语材料为："村长没有被黑蛋的凶恶样子吓退。/村长叫黑蛋的凶恶样子没有吓退。/村长被黑蛋的凶恶样子没有吓退。"正确的选择应当是:"村长没有被黑蛋的凶恶样子吓退。"各调查项的数字表明,选择正确的人数比例最高者为76%,最低者为56%。从民族群体来看,汉族高于非汉族。从语言背景来看,汉语人群高于非汉语人群。从性别来看,男性高于女性。从身份来看,教师比例最高。从年龄段来看,31—45岁人员比例最高。从文化程度来看,大专本科学历者比例较高。

比较句　调查所给词语材料为:"这头牛把那头不如。/这头牛不如那头。/这头牛哈那头牛不如。"正确的选择应当是:"这头牛不如那头。"各调查项的数字表明,选择正确的人数比例最高者为86%,最低者为61%。从民族群体来看,汉族高于非汉族。从语言背景来看,汉语人群高于非汉语人群。从性别来看,男性高于女性。从身份来看,教师、学生比例最高。从年龄段来看,16—30岁人员比例最高。从文化程度来看,大专本科学历者比例较高。

选择问句　调查所给词语材料为:"你是吃面呢,还是吃米饭呢?/你吃面呢吗吃米饭呢?/你吃面呢吗米饭?/你还是吃面还是吃米饭?"正确的选择应当是:"你是吃面呢,还是吃米饭呢?"各调查项的数字表明,选择正确的人数比例最高者为77%,最低者为59%。从民族群体来看,汉族高于非汉族。从语言背景来看,汉语人群高于非汉语人群。从性别来看,男性与女性相等。从身份来看,教师比例最高。从年龄段来看,16—30岁人员比例最高。从文化程度来看,大专本科学历者比例较高。

"给"字句　调查所给词语材料为:"哥哥把油给她给了一桶。/哥哥给她给了一桶油。/哥哥给了她一桶油。/哥哥把一桶油给给了她。/哥哥一桶油给她了。"正确的选择应当是:"哥哥给了她一桶油。"各调查项的数字表明,选择正确的人数比例最高者为73%,最低者为 59%。从民族群体来看，汉族高于非汉族。从语言背景来看，汉语人群高于非汉语人群。从性别来看，男性高于女性。从身份来看，学生比例最高。从年龄段来看，16—30 岁人员比例最高。从文化程度来看，大专本科学历者比例较高。

根据上面的分析，我们可以看出以下几个特点：

一是，就民族群体而言，选择正确的人数比例，汉族人员高于非汉族人员。表中 5 个大类，全为汉族高于非汉族。

二是，就语言群体而言，选择正确的人数比例，汉语人员高于非汉语人员。表中 5 个大类，都是汉语群体高于非汉语群体。

三是，就性别而言，选择正确的人数比例，男性比例高于女性，表中 5 个大类，其中 4 个为男性比例高于女性，1 个为男性与女性比例相等。

四是，就身份而言，选择正确的人数比例，教师和学生相等且都高于其他各类人员。表中 5 个大类，其中 2 个为教师比例最高，2 个为学生比例最高，1 个为教师和学生相等。

五是，就年龄段而言，选择正确的人数比例，16—30 岁人员比例较高。表中 5 个大类，其中 4 个为此年龄段人员比例居高。

六是，就文化程度而言，选择正确的人数比例，大专本科程度者高于其他人员。

3. 宁夏回族自治区应用普通话人员选择句式情况统计（见附录表 30）与分析。

处置句　调查所给词语材料为："他把这些粮食愿意背到邻居家。/ 他愿意把这些粮食背到邻居家。/ 他这些粮食哈愿意背到邻居家。"正确的选择应当是："他愿意把这些粮食背到邻居家。"各调查项的数字表明，选择正确的人数比例最高为 85%，最低者为 65%。

从民族群体来看，汉族高于非汉族。从语言背景来看，汉语人群高于非汉语人群。从性别来看，男性高于女性。从身份来看，学生比例最高。从年龄段来看，31—45 岁人员比例较高。从文化程度来看，大专本科学历者比例较高。

被动句　调查所给词语材料为："村长没有被黑蛋的凶恶样子吓退。/村长叫黑蛋的凶恶样子没有吓退。/村长被黑蛋的凶恶样子没有吓退。"正确的选择应当是："村长没有被黑蛋的凶恶样子吓退。"各调查项的数字表明，选择正确的人数比例最高者为 79%，最低者为 60%。从民族群体来看，汉族低于非汉族。从语言背景来看，汉语人群高于非汉语人群。从性别来看，男性高于女性。从身份来看，学生比例最高。从年龄段来看，16—30 岁人员比例最高。从文化程度来看，大专本科学历者比例较高。

比较句　调查所给词语材料为："这头牛把那头不如。/这头牛不如那头。/这头牛哈那头牛不如。"正确的选择应当是："这头牛不如那头。"各调查项的数字表明，选择正确的人数比例最高者为 94%，最低者为 71%。从民族群体来看，汉族低于非汉族。从语言背景来看，汉语人群高于非汉语人群。从性别来看，男性低于女性。从身份来看，学生比例最高。从年龄段来看，16—30 岁人员比例最高。从文化程度来看，大专本科学历者比例较高。

选择问句　调查所给词语材料为："你是吃面呢，还是吃米饭呢？/你吃面呢吗吃米饭呢？/你吃面呢吗米饭？/你还是吃面还是吃米饭？"正确的选择应当是："你是吃面呢，还是吃米饭呢？"各调查项的数字表明，选择正确的人数比例最高者为 85%，最低者为 69%。从民族群体来看，汉族高于非汉族。从语言背景来看，汉语人群高于非汉语人群。从性别来看，男性低于女性。从身份来看，教师比例最高。从年龄段来看，16—30 岁、31—45 岁人员比例最高。从文化程度来看，大专本科学历者比例较高。

"给"字句　调查所给词语材料为："哥哥把油给她给了一桶。/ 哥哥给她给了一桶油。/ 哥哥给了她一桶油。/ 哥哥把一桶油给给了她。/ 哥哥一桶油给她了。"正确的选择应当是："哥哥给了她一桶油。"各调查项的数字表明，选择正确的人数比例最高者为 85%，最低者为 69%。从民族群体来看，汉族与非汉族相等。从语言背景来看，汉语人群低于非汉语人群。从性别来看，男性低于女性。从身份来看，教师比例最高。从年龄段来看，16—30 岁人员比例最高。从文化程度来看，大专本科学历者比例较高。

根据上面的分析，我们可以看出以下几个特点：

一是，就民族群体而言，选择正确的人数比例，汉族人员与非汉族人员相等。表中 5 个大类，2 个为汉族高于非汉族，2 个为汉族低于非汉族，1 个为汉族与非汉族相等。

二是，就语言群体而言，选择正确的人数比例，汉语人员高于非汉语人员。表中 5 个大类，都是汉语群体高于非汉语群体。

三是，就性别而言，选择正确的人数比例，男性比例略低于女性，表中 5 个大类，其中 2 个为男性比例高于女性，3 个为男性低于女性。

四是，就身份而言，选择正确的人数比例，教师和学生高于其他各类人员。表中 5 个大类，其中 3 个为学生比例较高，1 个为教师和学生相等，1 个为教师比例较高。

五是，就年龄段而言，选择正确的人数比例，16—30 岁人员比例较高。表中 5 个大类，其中 3 个为此年龄段人员比例居高，1 个为 31—45 岁人员比例较高，1 个为 16—30 岁、31—45 岁人员比例较高。

六是，就文化程度而言，选择正确的人数比例，大专本科程度者高于其他人员。

（六）关于语序

词语或结构在句子中出现的先后顺序，是汉语重要的语法规则之一。普通话除了要求说话人发音准确、用词规范、修辞恰当之外，还要求语序合理。由于甘青宁三省区农村居民中的大部分人应用普通话基本上出于个人模仿，其所操汉语方言或民族语言语法难免干扰人们的普通话表达，有时还会出现类推错误，因而人们所说普通话的语序常常出现一些不合乎规范的现象。我们在走访的基础上抽取四种语序的句子，做成问卷。问卷如下：

题目十五，语序。下面四组句子，分别表示一种语序类型。当你说普通话时，选择各组当中的哪一句？在你选择的句子后打√。（注意：每一组仅允许选1句。可由答题人自己阅读并选择，也可由调查人阅读，被调查人听取并选择。）

1. 你牛奶喝，馒头吃。
   同学小说送了她一本。
   他昨天书看过了。
   学生们正在听讲。
2. 他今年试没考着。
   爸爸忙得一夜没上炕。
   以前老师普通话不讲。
   这个人书记不是吗？
3. 你这个人好糊涂啊！
   炕太烧得热了！

今年雨多，梨子长得大很！

考试成绩能说明问题得很。

4. 今天天气不太好。

锅里米饭很不热。

跟大人们在一起，乱不要说。

这个老师同学们甚不喜欢。

以上四组句子，第一组重点考查动词与宾语的顺序，第二组重点考查否定词与动词、宾语的顺序，第三组重点考查状语和动词/形容词的顺序，第四组重点考查否定词与状语、动词/形容词的顺序。每组仅含1个普通话规范句子。第一组的是：学生们正在听讲；第二组的是：爸爸忙得一夜没上炕。第三组的是：你这个人好糊涂啊！第四组的是：今天天气不太好。

本题目的在于了解三省区农村地区人们掌握普通话语序的情况。下面分省区对调查情况进行分析。

1. 甘肃省应用普通话人员掌握语序情况统计（见附录表31）与分析。

动词与宾语的顺序　调查所给词语材料为："你牛奶喝，馒头吃。/同学小说送了她一本。/他昨天书看过了。/学生们正在听讲。"正确的选择应当是："学生们正在听讲。"各调查项的数字表明，选择正确的人数比例最高为83%，最低者为60%。从民族群体来看，汉族高于非汉族。从语言背景来看，汉语人群高于非汉语人群。从性别来看，男性低于女性。从身份来看，教师比例最高。从年龄段来看，16—30岁、31—45岁人员比例较高。从文化程度来看，大专本科学历者比例较高。

否定词与动词、宾语的顺序　调查所给词语材料为："他今年试没考着。/ 爸爸忙得一夜没上炕。/ 以前老师普通话不讲。/ 这个人书记不是吗?"正确的选择应当是:"爸爸忙得一夜没上炕。"各调查项的数字表明,选择正确的人数比例最高者为 87%,最低者为 63%。从民族群体来看,汉族高于非汉族。从语言背景来看,汉语人群高于非汉语人群。从性别来看,男性高于女性。从身份来看,学生比例最高。从年龄段来看,16—30 岁人员比例最高。从文化程度来看,大专本科学历者比例较高。

状语和动词/形容词的顺序　调查所给词语材料为:"你这个人好糊涂啊! / 炕太烧得热了! / 今年雨多,梨子长得大很! / 考试成绩能说明问题得很。"正确的选择应当是:"你这个人好糊涂啊!"各调查项的数字表明,选择正确的人数比例最高者为 84%,最低者为 60%。从民族群体来看,汉族高于非汉族。从语言背景来看,汉语人群高于非汉语人群。从性别来看,男性高于女性。从身份来看,学生比例最高。从年龄段来看,16—30 岁人员比例最高。从文化程度来看,大专本科学历者比例较高。

否定词与状语、动词/形容词的顺序　调查所给词语材料为:"今天天气不太好。/ 锅里米饭很不热。/ 跟大人们在一起,乱不要说。/ 这个老师同学们甚不喜欢。"正确的选择应当是:"今天天气不太好。"各调查项的数字表明,选择正确的人数比例最高者为 83%,最低者为 60%。从民族群体来看,汉族高于非汉族。从语言背景来看,汉语人群高于非汉语人群。从性别来看,男性高于女性。从身份来看,学生比例最高。从年龄段来看,16—30 岁人员比例最高。从文化程度来看,大专本科学历者比例较高。

根据上面的分析,我们可以看出以下几个特点:

一是,就民族群体而言,选择正确的人数比例,汉族人员比例高于非汉族人员。表中 4 项，全为汉族高于非汉族。

二是，就语言群体而言，选择正确的人数比例，汉语人员比例高于非汉语人员。表中 4 项，全为汉语群体高于非汉语群体。

三是，就性别而言，选择正确的人数比例，男性比例高于女性，表中 4 项，1 项为男性低于女性，3 项为男性高于女性。

四是，就身份而言，选择正确的人数比例，教师和学生比例高于其他各类人员。表中 4 项，其中 1 项为教师比例较高，3 项为学生比例较高。

五是，就年龄段而言，选择正确的人数比例，16—30 岁人员比例较高。表中 4 项，其中 1 项为 16—30 岁、31—45 岁人员比例较高，3 项为 16—30 岁人员比例较高。

六是，就文化程度而言，选择正确的人数比例，4 项全为大专本科程度者高于其他人员。

2. 青海省应用普通话人员掌握语序情况统计（见附录表 32）与分析。

动词与宾语的顺序　调查所给词语材料为："你牛奶喝，馒头吃。/ 同学小说送了她一本。/ 他昨天书看过了。/ 学生们正在听讲。"正确的选择应当是："学生们正在听讲。"各调查项的数字表明，选择正确的人数比例最高为 79%，最低者为 51%。从民族群体来看，汉族高于非汉族。从语言背景来看，汉语人群高于非汉语人群。从性别来看，男性高于女性。从身份来看，学生比例最高。从年龄段来看，16—30 岁人员比例较高。从文化程度来看，大专本科学历者比例较高。

否定词与动词、宾语的顺序　调查所给词语材料为："他今年试没考着。/ 爸爸忙得一夜没上炕。/ 以前老师普通话不讲。/ 这个人书记不是吗?"正确的选择应当是:"爸爸忙得一夜没上炕。"各调查项的数字表明,选择正确的人数比例最高者为 77%,最低者为 56%。从民族群体来看,汉族高于非汉族。从语言背景来看,汉语人群高于非汉语人群。从性别来看,男性高于女性。从身份来看,学生比例最高。从年龄段来看,16—30 岁、31—45 岁人员比例最高。从文化程度来看,大专本科学历者比例较高。

状语和动词/形容词的顺序 调查所给词语材料为:"你这个人好糊涂啊!/炕太烧得热了!/今年雨多,梨子长得大很!/考试成绩能说明问题得很。"正确的选择应当是:"你这个人好糊涂啊!"各调查项的数字表明,选择正确的人数比例最高者为 80%,最低者为 53%。从民族群体来看,汉族高于非汉族。从语言背景来看,汉语人群高于非汉语人群。从性别来看,男性高于女性。从身份来看,学生比例最高。从年龄段来看,16—30 岁人员比例最高。从文化程度来看,大专本科学历者比例较高。

否定词与状语、动词/形容词的顺序 调查所给词语材料为:"今天天气不太好。/锅里米饭很不热。/跟大人们在一起,乱不要说。/这个老师同学们甚不喜欢。"正确的选择应当是:"今天天气不太好。"各调查项的数字表明,选择正确的人数比例最高者为 78%,最低者为 51%。从民族群体来看,汉族高于非汉族。从语言背景来看,汉语人群高于非汉语人群。从性别来看,男性高于女性。从身份来看,学生比例最高。从年龄段来看,16—30 岁人员比例最高。从文化程度来看,大专本科学历者比例较高。

根据上面的分析,我们可以看出以下几个特点:

一是,就民族群体而言,选择正确的人数比例,汉族人员与高于非汉族人员。表中 4 项,全为汉族高于非汉族。

二是，就语言群体而言，选择正确的人数比例，汉语人员高于非汉语人员。表中 4 项，全为汉语群体高于非汉语群体。

三是，就性别而言，选择正确的人数比例，男性比例高于女性，表中 4 项，全为男性高于女性。

四是，就身份而言，选择正确的人数比例，学生高于其他各类人员。表中 4 项，全为学生比例较高。

五是，就年龄段而言，选择正确的人数比例，16—30 岁人员比例较高。表中 4 项，其中 3 项为 16—30 岁人员比例较高，1 项为 16—30 岁、31—45 岁人员比例较高。

六是，就文化程度而言，选择正确的人数比例，4 项全为大专本科程度者高于其他人员。

3. 宁夏回族自治区应用普通话人员掌握语序情况统计（见附录表 33）与分析。

动词与宾语的顺序　调查所给词语材料为："你牛奶喝，馒头吃。/ 同学小说送了她一本。/ 他昨天书看过了。/ 学生们正在听讲。"正确的选择应当是："学生们正在听讲。"各调查项的数字表明，选择正确的人数比例最高为 88%，最低者为 57%。从民族群体来看，汉族与非汉族相等。从语言背景来看，汉语人群高于非汉语人群。从性别来看，男性高于女性。从身份来看，教师比例最高。从年龄段来看，16—30 岁人员比例较高。从文化程度来看，大专本科学历者比例较高。

否定词与动词、宾语的顺序　调查所给词语材料为："他今年试没考着。/ 爸爸忙得一夜没上炕。/ 以前老师普通话不讲。/ 这个人书记不是吗？"正确的选择应当是："爸爸忙得一夜没上炕。"各调查项的数字表明，选择正确的人数比例最高者为 83%，最低者为 54%。

从民族群体来看，汉族高于非汉族。从语言背景来看，汉语人群高于非汉语人群。从性别来看，男性与女性相等。从身份来看，教师、学生比例最高。从年龄段来看，16—30 岁、31—45 岁人员比例最高。从文化程度来看，大专本科学历者比例较高。

状语和动词/形容词的顺序　调查所给词语材料为："你这个人好糊涂啊！/炕太烧得热了！/今年雨多，梨子长得大很！/考试成绩能说明问题得很。"正确的选择应当是："你这个人好糊涂啊！"各调查项的数字表明，选择正确的人数比例最高者为 92%，最低者为 58%。从民族群体来看，汉族略低于非汉族。从语言背景来看，汉语人群高于非汉语人群。从性别来看，男性高于女性。从身份来看，教师比例最高。从年龄段来看，31—45 岁人员比例最高。从文化程度来看，大专本科学历者比例较高。

否定词与状语、动词/形容词的顺序　调查所给词语材料为："今天天气不太好。/锅里米饭很不热。/跟大人们在一起，乱不要说。/这个老师同学们甚不喜欢。"正确的选择应当是："今天天气不太好。"各调查项的数字表明，选择正确的人数比例最高者为 88%，最低者为 54%。从民族群体来看，汉族略低于非汉族。从语言背景来看，汉语人群高于非汉语人群。从性别来看，男性高于女性。从身份来看，教师比例最高。从年龄段来看，16—30 岁人员比例最高。从文化程度来看，大专本科学历者比例较高。

根据上面的分析，我们可以看出以下几个特点：

一是，就民族群体而言，选择正确的人数比例，汉族人员略低于非汉族人员。表中 4 项，1 项为汉族与非汉族相等，1 项为汉族高于非汉族，2 项为汉族低于非汉族。

二是，就语言群体而言，选择正确的人数比例，汉语人员高于非汉语人员。表中 4 项，全为汉语群体高于非汉语群体。

三是，就性别而言，选择正确的人数比例，男性比例高于女性，表中 4 项，3 项为男性高于女性，1 项为男性与女性相等。

四是，就身份而言，选择正确的人数比例，教师高于其他各类人员。表中 4 项，其中 3 项为教师比例较高，1 项为教师和学生比例同高。

五是，就年龄段而言，选择正确的人数比例，16—30 岁人员比例较高。表中 4 项，其中 2 项为 16—30 岁人员比例较高，1 项为 16—30 岁、31—45 岁人员比例较高，1 项为 31—45 岁人员比例较高。

六是，就文化程度而言，选择正确的人数比例，4 项全为大专本科程度者高于其他人员。

第二章
甘青宁三省区农村居民汉字应用状况调查与分析

20世纪中后期,是中国汉字规范史上成就最为辉煌的时期。1940年1月,毛泽东在《新民主主义的政治与新民主主义的文化》中指出:"文字必须在一定条件下加以改革,语言必须接近民众。"1951年,毛泽东主席作出指示:"文字必须改革,要走世界文字共同的拼音方向。"1956年2月1日起,第一批简化汉字在全国正式推行。此后,有关现代规范汉字的章程、法规陆续颁布,全国的汉字使用朝着规范化的方向迈进。2000年10月31日,第九届全国人大常委会第十八次会议审议通过了《中华人民共和国国家通用语言文字法》,该法于2001年1月1日起施行。《通用语言文字法》所说的"通用语言文字"指普通话和现行规范汉字。《通用语言文字法》第三条规定:"国家推广普通话,推行规范汉字。"这就是说,国家以法律形式再次强调,进入新世纪以来中华人民共和国的公民都应当使用规范汉字。

为了解甘青宁三省区农村居民应用规范汉字的情况,我们作了如下调查。

第一节　农村居民对汉字有关政策法规的了解及对应用规范汉字意义的认识状况

一、农村居民对国家及所在省区关于应用规范汉字政策的了解情况

中华人民共和国成立以后，有关部门针对汉字规范，颁布了一系列通知、字表、规定。1955 年 12 月，文化部、中国文字改革委员会联合发布《第一批异体字整理表》。1964 年 3 月，中国文字改革委员会、文化部、教育部联合发布《关于简化字的联合通知》。1986 年 10 月，国家语言文字工作委员会发布《关于重新发表〈简化字总表〉的说明》，并发布修改的《简化字总表》。1977 年 7 月，中国文字改革委员会、国家标准计量局发布《关于部分计量单位名称统一用字的通知》。1986 年 6 月 24 日，国务院转批国家语言文字工作委员会《关于废除〈第二批汉字简化方案（草案）〉和纠正社会用字混乱现象的请示》的通知。1987 年 3 月，国家语言文字工作委员会发布《关于地名用字的若干规定》。1987 年 4 月，国家语言文字工作委员会发布《关于广播、电影、电视正确使用语言文字的若干规定》。1987 年 9 月，国家语言文字工作委员会发布《关于商标用字规范化若干问题的通知》。1988 年 1 月，国家语言文字工作委员会和国家教育委员会联合发布《现代汉语常用字表》。1988 年 3 月，国家语言文字工作委员会和国家新闻出版总署联合发布《现代汉语通用字表》。1992 年 7 月，国家语言文字工作委员会和国家新闻出版总署联合发布《出版物汉字使用管理规定》。1994 年 6 月，国家语言文字工作委员会发布《关于社会用字管理工作的意见》。此外还有一些相关规定。在 50 年

左右的时间里，国家仅在规范汉字方面就发布了如此多的通知和规定，足见对汉字规范问题重视程度之高。

以上各字表、通知与规定确立了字的读音标准和形体标准。在此标准范围内的汉字就是规范汉字。

甘青宁三省区配合国家政策，有关部门针对各自情况也出台了相应规章、法规或贯彻国家政策的条例。如1992年11月青海省人民政府发布的《青海省社会用字管理条例》，1995年6月9日宁夏回族自治区人民政府发布的《宁夏回族自治区社会用字管理规定》，2006年12月5日甘肃省人民政府发布的《关于加强全省语言文字的意见》，2006年11月13日宁夏回族自治区发布的《宁夏回族自治区实施〈中华人民共和国国家通用语言文字法〉办法》等等。

然而，通过访谈我们感到，甘宁青三省区农村居民绝大多数都不了解以上通知、字表、规定。

在访谈中，我们问到下面一些问题：

1. 新中国建立以后，制定了书写简化汉字的依据。这个依据是什么？

2. 新中国建立以后，对异体字进行了整理，并将整理结果作为应用规范加以发布。这个应用规范是什么？

3. 人们经常说的现代汉语常用字，主要指哪个字表所收的字？

4. "中华人民共和国国家通用语言文字"的概念，是哪部法律提出来的？

5. 你知道本省或自治区的哪一个关于应用规范汉字的规章或规定？

关于第1题，正确回答应该是：《简化字总表》。经统计获知，甘肃省接受访谈的439人,回答正确的有48人,约占11%。青海省接受访谈的317人,回答正确的有40人,约占12.6%。宁夏回族自治区接受访谈的314人,回答正确的有32人,约占10%。

关于第2题,正确回答应该是:《第一批异体字整理表》。甘肃省接受访谈的439人,回答正确的有44人,约占10%。青海省接受访谈的317人,回答正确的有31人,约占10%。宁夏回族自治区接受访谈的314人,回答正确的有38人,约占12%。

关于第3题,正确回答应该是:《现代汉语常用字表》。甘肃省接受访谈的439人,回答正确的有31人,约占7%。青海省接受访谈的317人,回答正确的有19人,约占6%。宁夏回族自治区接受访谈的314人,回答正确的有25人,约占8%。

关于第4题,正确回答应该是:《中华人民共和国国家通用语言文字法》。甘肃省接受访谈的439人,回答正确的有57人,约占13%。青海省接受访谈的317人,回答正确的有38人,约占12%。宁夏回族自治区接受访谈的314人,回答正确的有50人,约占16%。

关于第5题,甘肃省人员的正确回答应当是:《关于加强全省语言文字工作的意见》或其他相关章程、规定。青海省人员的正确回答应该是:《青海省社会用字管理条例》或其他相关章程、规定。宁夏回族自治区人员的正确回答应该是:《宁夏回族自治区实施〈中华人民共和国国家通用语言文字法〉办法》、《宁夏回族自治区社会用字管理规定》或其他相关章程、规定。甘肃省接受访谈的439人,回答正确的有48人,约占11%。青海省接受访谈的317人,回答正确的有29人,约占9%。宁夏回族自治区接受访谈的314人,回答正确的有44人,约占14%。

应当说，上面 5 个题目涉及的字表、法规是关于规范汉字应用最为重要的依据。从上面的数据可以看出，三省区农村居民对这些规定与法律了解的人数比例很低，知道《简化字总表》和《第一批异体字整理表》的人数比例在 10% 上下，知道《现代汉语常用字表》的人数比例都在 10% 以下，知道《中华人民共和国国家通用语言文字法》和省区规章的人数比例略高。

当我们提起上面几个字表时，农村大部分居民说，从没听说过。年龄在 50 岁左右的识字者主要是在学校学习的简化字，在老师的指导下掌握了基本的汉字笔画、结构等。随着年龄的增长，他们在读报纸、小说过程中掌握了更多的汉字。绝大多数人都没有见过《简化字总表》、《第一批异体字整理表》等，原因主要有两点：一是手头没有，也没有主动查找的意识；二是认为自己已经掌握了规范汉字，没有再看这类资料的必要。年龄在 25—45 岁之间的农牧民，是家庭的主要劳力。他们当中的识字者仅把汉字看作是一种书写工具，是用以交流的手段，不清楚国家有什么政策。当我们谈及国家和省区语言文字管理政策时，宁夏回族自治区平峰镇一位具有高中文化程度、年龄 33 岁的回族男子说，在他心目中，汉字不需要什么政策，书本、报刊上印刷的字就是规范字，人们跟着学就是了。

我们注意到，对以上问题涉及的内容有所了解的是一些年龄处于 25—35 岁之间的教师，他们大都毕业于中、高等院校，在校期间从教材或相关宣传材料接触过有关内容，平时也注意有限的教学参考资料、零星见诸报纸等媒体的宣传与介绍性文字。学生对相关问题的间接了解，大多来自这些教师。

二、农村居民对掌握和应用汉字的意义的认识

从历史上看,使用汉字的意义不仅在于记录和传承汉语,还在于播撒文化种子、维护国家统一、增强民族团结、促进经济发展、提高科技应用水平。在我们这样一个多民族多语言多文字的大国,不同区域、不同人群的语言文字在交际上存在很多困难。而汉字,无论从使用的传统和基础来说,还是从使用的人口数量与使用的现实性来说,都应该承担起通用文字的义务与职责。这样说来,人们掌握和应用汉字其实是掌握并使用一种通行的书面交流工具。

我国现行的语言文字政策,概括而言包括四个方面:第一,各民族语言文字地位平等;第二,各民族成员都有学习和使用本民族语言文字的权利;第三,国家提倡和鼓励各民族互相学习语言文字;第四,国家坚持推广普通话,推行规范汉字。(魏丹:《中国的语言政策与语言立法》,载《语言文字应用》2005年第4期)对甘青宁三省区农村而言,这四个方面尤其重要,因为除了汉族汉语汉字以外,有着比其他地区更多的非汉族非汉语非汉字使用者。这就存在人们对掌握和应用汉字意义的认识问题。

我们在访谈中问到如下问题:

1. 你认为汉字和民族文字是一种什么样的关系?
2. 就你的体会或观察来说,掌握和应用汉字有什么意义?

关于第1题,甘青两省农村接受访谈的人都有三种回答:一是汉字和民族文字是并举关系,应用汉字还是民族文字,都应当尊重各民族成员的意愿;二是汉字和民族文字是平行关系,汉字和民族文字可同时使用;三是汉字和民族文字是互补关系,在民族区域以外的地区应用汉字,在民族地区应用民族文字。甘肃省

接受访谈的 439 人，回答第一种的有 114 人，约占 26%；回答第二种的有 167 人，约占 38%；回答第三种的有 158 人，约占 36%。青海省接受访谈的 317 人，回答第一种的有 86 人，约占 27%；回答第二种的有 126 人，约占 40%；回答第三种的有 105 人，约占 33%。宁夏回族自治区接受访谈的 314 人，有两种回答：一是汉字和民族文字是并举关系，应用汉字还是民族文字，都应当尊重各民族成员的意愿；二是汉字和民族文字是平行关系，汉字和民族文字可同时使用。回答第一种的有 116 人，约占 37%；回答第二种的有 198 人，约占 63%。

关于第 2 题，甘肃省接受访谈的 439 人，回答概括起来有五种：一是掌握和应用汉字便于异地交流。这样回答的有 57 人，约占 13%。二是掌握和应用汉字可以读更多的书报，学更多的知识，利于求职。这样回答的有 237 人，约占 54%。三是掌握和应用汉字便于了解国家大事。这样回答的有 70 人，约占 16%。四是掌握和应用汉字利于学习先进的汉文化。这样回答的有 53 人，约占 12%。五是不太确切的回答。这样回答的有 22 人，约占 5%。青海省接受访谈的 317 人，回答概括起来有六种，一是掌握和应用汉字便于异地交流。这样回答的有 44 人，约占 14%。二是掌握和应用汉字可以读更多的书报，学更多的知识，利于求职。这样回答的有 176 人，约占 56%。三是掌握和应用汉字便于了解国家大事。这样回答的有 29 人，约占 9%。四是掌握和应用汉字有利于学习先进的汉文化。这样回答的有 19 人，约占 6%。五是掌握和应用汉字便于所要做的事。这样回答的有 39 人，约占 12%。六是不太确切的回答。这样回答的有 10 人，约占 3%。宁夏回族自治区接受访谈的 314 人，回答概括起来有五种，一是掌握和应用汉字可以读更多的书报，学更多的知识，利于求职。这样回答的有 163 人，约占 52%。二是掌握和应用汉字便于了解国家大事。这样回答的有 41 人，约占 13%。三是掌握和应用汉字有利于学习先进的汉文化。这样回答的有 50 人，约占 16%。四是掌握和应用汉字便于记录所做的事。这样回答的有 50 人，约占 16%。五是不太确切的回答。这样回答的有 9 人，约占 3%。

从第 1 题的回答可以看出，三省区农村居民对汉字和民族文字关系的认识，与国家语言文字政策不太一致。因为三省区农村居民认为汉字与民族文字关系平等的人数比例整体较低，最高的只有 37%；相反，三省区农村居民认为汉字与民族文字关系有主有从的人数比例整体较高，最高的达到 63%。甘肃和青海两省农村有一部分居民比较绝对地持有一种观点：汉族地区使用汉字，非汉族地区使用非汉字。

从第 2 题的回答可以看出，三省区农村居民对掌握和应用汉字的意义的认识，既有共性，又有个性。共性体现在三个方面：一半以上的人员都认为掌握和应用汉字有助于求职；不足约 20% 的人员认为掌握和应用汉字有助于学习先进的汉文化；基本上没有人认为掌握和应用汉字有助于树立中华民族整体形象、有助于维护大国团结与统一。个性是：甘肃、青海两省除汉族以外，还有较多其他民族，这些民族的成员或者不具备应用文字的能力，或者有民族文字的底子，他们感到与外界交往过程中汉字具有明显优越性，所以有一部分少数民族人员认为，掌握和应用汉字便于异地交流。这里所说的异地交流，在农村居民的心目中主要是指给外地打工、参军、上学的亲人写信。下面还要具体阐述。这种情况当然与现代化设备没有普及有关，但更重要的是人们看到了汉字在民族区域以外的交际功能。与甘、青两省相比，宁夏回族自治区很少有人持这一看法。同样，青海、宁夏两省区农村的一部分人员认为，掌握和应用汉字便于记录所做的事；而甘肃省农村居民持这一看法的人很少。这里所说的记录所做的事，在青海、宁夏两省区农村部分人心目中，主要指在汉族地区与汉族人做生意时记录账目。

三、农村居民对国家推行规范汉字的意义的认识

由于造字与用字两方面的原因，汉字在发展过程中，其形体与读音始终存在合乎规范与不合乎规范的矛盾。从历史上看，中国历代都很重视汉字的规范问题，秦代书同文、汉代刊石经、唐宋时代立字样，都是汉字规范的典型。

在当代中国，仍然存在不规范汉字，这无疑会给人们掌握和使用汉字造成障碍，带来不必要的干扰与阻滞。而政令畅通、经济腾飞、文化繁荣、科技进步、国家文明，又强烈要求信息交流高效快捷，要求汉字应用规范、标准。在此形势下，国家必然会在总结历史经验的基础上，继续整理和规范汉字，并加以推行。

就三省区农村居民对国家推行规范汉字的意义的认识，我们在访谈中问到如下几个问题：

1. 秦朝统一全国后，为什么立即统一文字？
2. 联合国恢复中华人民共和国的合法席位后，所有文件的中文文本，都使用简化字。你能说说其中的原因吗？
3. 假定有这样一件事：甘肃省秦安县生产一种药品，产品包装盒上将"秦安制药厂"印成了"泰安制药厂"，结果山东省泰安制药厂要求秦安制药厂赔偿30万元，并以书面形式道歉。你能说说其中

的原因吗？

4. 假定有这样一件事：一所学校大门的横额上写了"欢渡国庆"，教室的墙报栏里写了"学习圆地"。一位学生家长看见了，即向学校提出让自己的孩子转学。你能说说其中的道理吗？

关于第 1 题，回答要点是：为了维护统一，为了政令畅通。这两个方面，回答任何一个方面都算正确。甘肃省接受访谈的 439 人，回答正确的有 127 人，约占 29%；回答"说不上"、"不知道"的有 272 人，约占 62%；还有人回答"为了独霸文字"、"让更多的人识字"、"文字不统一"等等，作此类回答的有 40 人，约占 9%。青海省接受访谈的 317 人，回答正确的有 76 人，约占 24%；回答"说不上"、"不知道"的有 212 人，约占 67%；作其他回答的有 29 人，约占 9%。宁夏回族自治区接受访谈的 314 人，回答正确的有 101 人，约占 32%；回答"说不上"、"不知道"的有 185 人，约占 59%；作其他回答的有 28 人，约占 9%。

关于第 2 题，回答要点是：为了维护新中国法定政策的严肃性，为了维护政治与主权的尊严。这两个方面，回答任何一个方面都算正确。甘肃省接受访谈的 439 人，回答正确的有 162 人，约占 37%；回答"说不上"、"不知道"的有 241 人，约占 55%；作其他回答的有 36 人，约占 8%。青海省接受访谈的 317 人，回答正确的有 101 人，约占 32%；回答"说不上"、"不知道"的有 189 人，约占 59%；作其他回答的有 27 人，约占 8%。宁夏回族自治区接受访谈的 314 人，回答正确的有 129 人，约占 41%；回答"说不上"、"不知道"的有 162 人，约占 51%；作其他回答的有 23 人，约占 7%。

关于第 3 题，回答要点是：用字关乎集体或个人荣誉，用字关乎经济利益。这两个方面，回答任何一个方面都算正确。甘肃省接受访谈的 439 人，回答正确的有 316 人，约占 72%；回答"说不上"、"说不清"的有 101 人，约占 23%；作其他回答的有 22 人，约占 5%。青海省接受访谈的 317 人，回答正确的有 231 人，约占 73%；回答"说不上"、"说不清"的有 73 人，约占 23%；作其他回答的有 13 人，约占 4%。宁夏回族自治区接受访谈的 314 人，回答正确的有 245 人，约占 78%；回答"说不上"、"说不清"的有 60 人，约占 19%；作其他回答的有 9 人，约占 3%。

关于第 4 题，回答要点是，家长要求孩子转学：一是因为教师水平差，把"度"和"园"写成了"渡"和"圆"；二是因为学校不重视用字规矩，这种不守规范的倾向误导学生做人做事的原则。这两个方面，回答任何一个方面都算正确。甘肃省接受访谈的 439 人，回答正确的有 342 人，约占 78%；回答"说不上"、"不知道"的有 83 人，约占 19%；作其他回答的有 14 人，约占 3%。青海省接受访谈的 317 人，回答正确的有 247 人，约占 78%；回答"说不上"、"不知道"的有 54 人，约占 17%；作其他回答的有 16 人，约占 5%。宁夏回族自治区接受访谈的 314 人，回答正确的有 261 人，约占 83%；回答"说不上"、"不知道"的有 41 人，约占 12%；作其他回答的有 12 人，约占 4%。

从第 1 题的回答可以看出，三省区农村居民作出正确回答的人数比例较低，三省区最高的为 35%；不知道秦朝统一文字原因的人数比例最高，三省区都在 60% 左右。这一方面说明大多数人还没有认识到推行规范字与国家统一、文字与政治的关系，另一方面也说明人们不了解历史、不能体会国家推行规范汉字的历史意义。

从第 2 题的回答可以看出，三省区农村居民作出正确回答的人数比例仍然较低，最高的仅仅 41%。说不出联合国中文文本使用简化汉字原因的人数比例较高，三省区的人数比例都在半数以上。这也反映出两个方面的问题：一方面是很多人不懂得用字代表一种政治立场、民族立场、主权立场；另一方面是国家层面的主张还没有为农村群众所理解，国家推行规范汉字的目的在一般人心目中还不甚了然。

从第 3 题的回答可以看出，与前面两个问题的回答结果相反。三省区农村居民作出正确回答的人数比例都在 70% 以上。说不出联合国中文文本使用简化汉字原因的人数比例较高，三省区的人数比例都在半数以上。回答"说不清"、"说不上"的人数比例较低，都在 20% 左右。我们也可以从两方面看待这个问题：一方面是农村群众更加关心国家政策当中那些与自己切身利益关系密切的部分，另一方面是提醒职能机构与部门推行规范汉字以及其他政策时，应当从贴近农村实际的角度入手。

从第 4 题的回答可以看出，三省区农村居民作出正确回答的人数比例较高，都在 80% 左右。说不出这位家长将孩子转入其他学校道理的人数比例较低，都在 20% 以下。这种回答结果，也反映出两方面情况：一方面说明家长想让孩子准确掌握知识，要求孩子从小培养按照规范与原则办事的意识；另一方面说明农村大多数居民都明白用字有一定规范，即便是文盲也懂得这个道理。

整体来看，三省区农村居民主要是站在实用立场看待国家推行规范汉字的意义，而对推行规范汉字与彰显国家主权、维护国家统一、维护政治尊严的关系考虑较少。

第二节　农村居民中应用汉字的人群

一、按照应用汉字的能力对人员进行的类型划分

据我们了解，新中国成立以前，甘青宁三省区的农村人员学习和应用汉字的人很少。新中国成立后，由于政府的要求与推动，当时一部分适龄者进入学校学习，年龄稍大者进入扫盲班学习，还有一部分人始终没有机会学习汉字。新时期以来，国家推行改革开放政策，由于当时农村大部分人经济状况较差，加之人们对有关政策的了解不够清楚，许多家长，尤其是少数民族家庭的家长，不再供孩子上学，或者将孩子转入经文学校学习，导致农村大面积出现返盲现象。

据甘肃省统计局 2001 年 4 月 5 日发布的《第五次全国人口普查公报——甘肃》统计，全省 14 个地、市、州登记的人口为 2561.52 万人，其中文盲半文盲人口（15 岁及 15 岁以上不识字或识字很少的人）为 360.12 万人。据青海省统计局 2001 年 4 月 27 日发布的《第五次人口普查公报——青海》统计，全省人口为 518.16 万人，其中文盲半文盲人口为 93.43 万人。据宁夏回族自治区统计局 2001 年 4 月 16 日发布的《第五次人口普查公报——宁夏》统计，全区的人口为 561.55 万人，其中文盲半文盲人口（15 岁及 15 岁以上不识字或识字很少的人）为 63.23 万人。照这个数字计算，甘肃省文盲半文盲约占全省人口总数的 14%，青海省文盲半文盲约占全省人口总数的 18%，宁夏回族自治区文盲半文盲约占全区人口总数的 11%。而当时全国总人口为 129533 万人，其中文盲半文盲人口为 8507 万人。（据国家统计局 2001 年 3 月 28 日发布的《第五次全国人口普查公报》

数据）文盲半文盲人口约占全国人口总数的 7%。显然甘青宁三省区文盲率高于全国平均数，其中青海省最高，甘肃次之，宁夏最低。又从其他资料得知，三省区的文盲半文盲多集中在农村，尤其是山区和牧区。这样说来，农村文盲人数比例更高。

近年来，三省区农牧区的经济条件开始好转，国家有步骤地落实西部开发政策，对农村牧区实行义务教育。2005 年 12 月，国务院发出的《关于深化农村义务教育经费保障机制改革的通知》中规定，自 2006 年起，西部地区农村义务教育阶段中小学生全部免除学杂费。这些措施大大减轻了农村居民的经济负担，赢得了广大农牧民的热烈拥护，一般家庭开始供孩子上学。牧区的学校大多开展双语文教学。这样，学习和使用汉字的人数略有增加。

我们知道，应用汉字是非文盲人员的事。因此，为了调查与分析的方便，我们把甘青宁三省区农村居民整体分为两大类：一类是文盲半文盲（文盲指不识字、不能读不能写的人；半文盲指识字很少、能读不能写的人）；另一类是非文盲（正式上过学、识字较多、能读能写的人）。

甘肃省接受调查的文盲半文盲人数为 737 人，非文盲人数为：小学文化程度者 2165 人，中学文化程度者 3053 人，大专及本科文化程度者 381 人，总数为 5599 人。青海省接受调查的文盲半文盲人数为 901 人，非文盲人数为：小学文化程度者 1587 人，中学文化程度者 1416 人，大专及本科文化程度者 386 人，总数为 3389 人。宁夏回族自治区接受调查的文盲半文盲人数为 828 人，非文盲人数为：小学文化程度者 1435 人，中学文化程度者 1241 人，大专及本科文化程度者 768 人，总数为 3444 人。

二、应用汉字的人群

前面根据应用汉字的能力,把三省区农村居民分为两类。文盲半文盲类人员不使用汉字或很少使用汉字,非文盲类人员使用汉字。从三省区农村情况看,使用汉字的人员涉及农民、牧民、教师、学生、乡镇干部、大夫、商贩、手艺人、宗教界人士。

从人员身份和应用汉字的实际情况看,教师、学生全部具有应用汉字的能力。青海省一些乡镇的少数干部应用汉字的能力较弱,但从文化程度而言,他们最少具有小学或中学程度,仍应归入具有应用汉字能力的群体。三省区的其他人群,包括具有应用汉字能力的成员和不具有应用汉字能力的成员,如农民、牧民、大夫、商贩、手艺人、宗教界人士都是如此。据此,我们把三省区应用汉字的人群分为下面几类:

第一类是教师。他们都有应用汉字的能力,只不过部分少数民族教师应用汉字的能力较弱。

第二类是学生。宁夏回族自治区的学生都学习和使用汉字。甘肃和青海两省民族地区的部分学校实行双语文教学,学生既学本族语言文字,也学习汉语言文字。如甘肃省的藏族、蒙古族和哈萨克族,都有自己的语言文字。为了各民族之间更好的交流,甘肃省开展"未来工程"建设,在使用少数民族语言文字的地区实行"双语"教学,要求在学好母语的同时,必须学好汉语汉文。在青海世居的藏、蒙古、土、撒拉、回族五个少数民族中,藏族和蒙古族有自己的语言和文字,牧区藏族、蒙古族群众通用本民族语言,基本没有汉语汉文环境。于是,近年来青海省中小学实行藏(蒙)汉"双语"教学;土族和撒拉族有语言无文字,所在中小学也实行"双语"教学。目前，部分地区还需用本民族语言辅助教学，但教师和学生已经习惯于汉语汉文跟本民族语言一起学习和使用。因此，学生都能够应用汉字。

第三类是乡镇干部。我们在调查中了解到，甘肃和青海两省农村的乡镇干部中，年龄在 50 岁左右的人员，有一部分人应用汉字的能力略弱。年纪在 50 岁以下的人员，无论汉族还是非汉族都能较好地应用汉字。

第四类是农、牧民。三省区农牧民中能够应用汉字的人数比例相对较低。从文化程度来看，农牧民当中可以应用汉字的多是小学或初中毕业生，且男性居多。据我们了解，甘肃省广河、东乡、夏河等县，女孩入学率不到 40%。广河县是一个回族聚居的县份，县内妇女文盲率超过 90%。宁夏的许多小学，女孩上完一、二年级即告辍学，四、五年级当中，女孩寥寥无几，能念完初中、高中的回族女孩少而又少。青海省妇女文盲比例整体居高，而少数民族妇女文盲比例尤高。循化撒拉族自治县的妇女文盲中，少数民族妇女占女性人数的 90% 以上。近几年，青海省将扫盲重点放在了妇女和少数民族群体，取得了一定成绩。2004 年，联合国教科文组织授予青海省国际扫盲奖"世宗国王奖"。

第五类是大夫、商贩、手艺人。这个群体当中，大夫和商贩应用汉字的人数较多，青海省农村民族地区有的大夫还可以同时使用汉字和民族文字。有的商贩自己不能使用汉字，雇用专门用汉字记账的人员，这是一种应用汉字的奇特方式。手艺人中使用汉字的较少。

第六类是宗教界人士。据了解，这个群体的人员，在寺院内专职从事宗教工作者使用汉字的人数相对较多，而以农牧为主兼事宗教的人员使用汉字者较少。

第三节　农村居民应用汉字的基本状况

跟城市居民相比，甘肃、青海、宁夏三省区农村居民学习和应用汉字的原因、场合、标准都有所不同。

一、应用汉字的原因

在现当代社会汉语言文字通行的环境中，尤其是大中城市，一般人认为，学习和应用汉字是一个人成长过程中必须经历的环节，就如同一个人必须学会说话一样，天经地义。但对甘肃、青海、宁夏三省区农村居民而言，是否学习和应用汉字、学至何种程度，都有不同的原因。

我们在问卷中设计了下面的问题：

题目十六，选择。根据题意，在你认为正确的答案上打√。（注意：每题只选一个答案，可由答题人自己阅读题目并选择答案，也可由调查人阅读，被调查人听取并选择答案。）

1. 假定你是家长，你出于什么原因供孩子上学学习并应用汉字？

A. 为了学习知识　B. 为了生意、生存、生活

C. 为了承担公民义务　D. 由于强势文字吸引

2. 假定你是学生，你出于什么原因学习并应用汉字？

A. 家长逼迫　B. 随大流　C. 为了升学　D. 为找工作

关于第1题，甘肃省接受调查的5599人，选择A的人数为1512人，约占27%；选择B的人数为3471人，约占62%；选择C的人数为224人，约占4%；选择D的人数为392人，约占7%。青海省接受调查的3389人，选择A的人数为779人，约占23%；选

择 B 的人数为 2135 人，约占 63%；选择 C 的人数为 102 人，约占 3%；选择 D 的人数为 373 人，约占 11%。宁夏回族自治区接受调查的 3444 人，选择 A 的人数为 654 人，约占 19%；选择 B 的人数为 2342 人，约占 68%；选择 C 的人数为 172 人，约占 5%；选择 D 的人数为 276 人，约占 8%。

关于第 2 题，甘肃省接受调查的 5599 人，选择 A 的人数为 727 人，约占 13%；选择 B 的人数为 1792 人，约占 32%；选择 C 的人数为 784 人，约占 14%；选择 D 的人数为 2296 人，约占 41%。青海省接受调查的 3389 人，选择 A 的人数为 542 人，约占 16%；选择 B 的人数为 915 人，约占 27%；选择 C 的人数为 407 人，约占 12%；选择 D 的人数为 1525 人，约占 45%。宁夏回族自治区接受调查的 3444 人，选择 A 的人数为 517 人，约占 15%；选择 B 的人数为 1067 人，约占 31%；选择 C 的人数为 723 人，约占 21%；选择 D 的人数为 1137 人，约占 33%。

从第 1 题的数据可以看出，三省区农村居民选择 B 的人数比例最高，都在 60% 以上，宁夏回族自治区人数比例最高，接近 70%。这就是说，大多数人供孩子上学掌握汉字的原因在于做生意、改善生存条件、过上较为舒适的生活。选择 C 的人数比例最低，最高的只有 5%。这就表明，大部分人还不了解国家提倡使用通用文字的意义。

从第 2 题的数据可以看出，三省区农村居民选择 D 的人数比例最高，甘肃、青海两省的人数比例都在 40% 以上。这就是说，将近半数人认为，学习和应用汉字是为了找到一份工作。访谈得知，甘肃和青海两省少数民族成员普遍持有这种看法，他们认为，在汉语汉字为主流语言文字的情况下，要与国家工作人员交流，需要学习和应用汉语汉字。另外，从本题数据中还可以看出，三省区农村居民选择B的人数比例相对较高，都在30%左右。看来，三分之一左右的人员学习和应用汉字的动因不明。

从以上两个题目的分析中可以看出，无论从家长角度而言，还是从学生角度而言，三省区农村居民学习和应用汉字的动因主要集中在改善个人生活条件、找到一份工作方面，而从掌握知识和承担公民义务方面考虑问题的人很少。

二、应用汉字的趋向与习惯

对一般人来说，应用汉字的趋向主要是阅读、写作和书面交流。写作时，有的人习惯于用简化字，有的人习惯于用繁体字。我们注意到，三省区农村居民应用汉字的趋向既有同于大多数人的方面，也有比较独特的方面；大部分人惯于使用简化字（包括"二简字"）。

我们在问卷中设计了下面的题目：

题目十七，选择。根据题意，在你认为正确的答案上打√。（注意：每题只选一个答案，可由答题人自己阅读题目并选择答案，也可由调查人阅读，被调查人听取并选择答案。）

1. 对你来说，汉字的主要用途是什么？

A. 阅读　B. 写作　C. 书面交流　D. 日常应用

2. 据你观察，本地大多数人日常应用汉字主要干什么？

A. 开药方、发通知　B. 记账、写信、写便条

C. 写标语、写对联　D. 签名

3. 据你观察，本地人应用汉字偏重于简化字（新字）还是繁体字（老字）？

A. 简化字（新字）　B. 繁体字（老字）　C. 任意使用

关于第 1 题，甘肃省接受调查的 5599 人，选择 A 的人数为 2296 人，约占 41%；选择 B 的人数为 168 人，约占 3%；选择 C 的人数为 280 人，约占 5%；选择 D 的人数为 2855 人，约占 51%。青海省接受调查的 3389 人，选择 A 的人数为 1118 人，约占 33%；选择 B 的人数为 68 人，约占 2%；选择 C 的人数为 373 人，约占 11%；选择 D 的人数为 1830 人，约占 54%。宁夏回族自治区接受调查的 3444 人，选择 A 的人数为 1481 人，约占 43%；选择 B 的人数为 207 人，约占 6%；选择 C 的人数为 241 人，约占 7%；选择 D 的人数为 1515 人，约占 44%。

关于第 2 题，甘肃省接受调查的 5599 人，选择 A 的人数为 504 人，约占 9%；选择 B 的人数为 4423 人，约占 79%；选择 C 的人数为 560 人，约占 10%；选择 D 的人数为 112 人，约占 2%。青海省接受调查的 3389 人，选择 A 的人数为 203 人，约占 6%；选择 B 的人数为 2847 人，约占 84%；选择 C 的人数为 271 人，约占 8%；选择 D 的人数为 68 人，约占 2%。宁夏回族自治区接受调查的 3444 人，选择 A 的人数为 276 人，约占 8%；选择 B 的人数为 2859 人，约占 83%；选择 C 的人数为 207 人，约占 6%；选择 D 的人数为 102 人，约占 3%。

关于第 3 题，甘肃省接受调查的 5599 人，选择 A 的人数为 4647 人，约占 83%；选择 B 的人数为 672 人，约占 12%；选择 C 的人数为 280 人，约占 5%；青海省接受调查的 3389 人，选择 A 的人数为 2576 人，约占 76%；选择 B 的人数为 372 人，约占 11%；选择 C 的人数为 441 人，约占 13%。宁夏回族自治区接受调查的 3444 人，选择 A 的人数为 2962 人，约占 86%；选择 B 的人数为 413 人，约占 12%；选择 C 的人数为 69 人，约占 2%。

从第 1 题的数据可以看出，三省区农村居民选择 D 的人数比例最高。甘肃、青海两省一半以上人员应用汉字都属于日常应用，宁夏回族自治区居民中 44% 的人员应用汉字属于日常应用。选择 A 的人数比例次高，说明三省区农村居民中有相对较多的人员可以应用汉字进行阅读。选择 B 的人数比例最低，说明应用汉字进行写作的人员最少。我们调查时，有学生告诉我们，他们经常写作文。我们认为，对于中小学生而言，应用汉字主要在于阅读和写作，但从选取的整个调查对象应用汉字的人数比例来看，更多的人属于日常应用。

从第 2 题的数据可以看出，三省区农村居民选择 B 的人数比例最高，说明日常应用汉字的具体方式是记账、写信、写便条等。这个结果与广大农村居民实际生活状况是完全相符合的，我们了解到，很多人读完小学即开始做生意或随其他人出外打工，对他们来说，具体的汉字应用就是记账、写信、写借条或收条等。

从第 3 题的数据可以看出，三省区农村居民选择 A 的人数比例最高，甘肃和宁夏两省区都在 80% 以上，青海省在 70% 以上，说明大部分人都习惯于使用简化字，可见几十年来推行简化汉字的成绩是显著的。我们了解到，甘肃省农村 60 岁以上的人员中，有很少一部分人习惯于使用繁体字，宁夏和青海农村居民目前能够使用繁体汉字的人员极少。在宁夏的访谈中我们得知，现在 60 岁以上的人员基本上都是文盲半文盲，他们既不会应用简化汉字也不会应用繁体汉字。现在 50 岁左右及以下年龄段的人员，是应用汉字的主体。他们上学时都学用简化字，因而调查所得应用简化字的人数比例最高。

以上三个题目总体给我们这样一种认识：三省区农村居民应用汉字的主要趋向是日常应用。这种应用仅限于书信和便条之类。利用所学汉字来阅读的人员也相对较多、写作或进行广泛书面交流的趋向不太明显。用字主体的日常习惯是使用简化字。

三、应用汉字的态度

应用汉字的态度直接关系到人们应用汉字的实际效果。在三省区农村，人们整体应用汉字的水平不高，一方面与受教育的环境和条件有关，另一方面恐怕也与人们对应用汉字的态度有关。

我们在问卷中设计了下面的题目：

题目十八，选择。根据题意，在你认为正确的答案上打√。（注意：每题只选一个答案，可由答题人自己阅读题目并选择答案，也可由调查人阅读，被调查人听取并选择答案。）

1. 你认为，书写汉字应该持有的态度是：

A. 按照要求与规范　B. 达到目的就行，不必严守规范　C. 根据场合而定

2. 假定一位教师和一位普通农民在同一个场合都写了错字，你对这件事的态度是：

A. 对教师和农民都表示宽容　B. 批评教师，宽容农民　C. 教师和农民都应受批评

3. 假如你是教师，你的一位同事经常在课堂上写繁体字，你对这件事的态度是：

A. 无所谓　B. 提醒他不要在课堂上使用繁体字　C. 跟着他在课堂上写繁体字

关于第 1 题，甘肃省接受调查的 5599 人，选择 A 的人数为 3527 人，约占 63%；选择 B 的人数为 1736 人，约占 31%；选择 C 的人数为 336 人，约占 6%。青海省接受调查的 3389 人，选择 A 的人数为 2203 人，约占 65%；选择 B 的人数为 949 人，约占 28%；选择 C 的人数为 237 人，约占 7%。宁夏回族自治区接受调查的 3444

人，选择 A 的人数为 2273 人，约占 66%；选择 B 的人数为 999 人，约占 29%；选择 C 的人数为 172 人，约占 5%。

关于第 2 题，甘肃省接受调查的 5599 人，选择 A 的人数为 1736 人，约占 31%；选择 B 的人数为 3023 人，约占 54%；选择 C 的人数为 840 人，约占 15%。青海省接受调查的 3389 人，选择 A 的人数为 983 人，约占 29%；选择 B 的人数为 1932 人，约占 57%；选择 C 的人数为 474 人，约占 14%。宁夏回族自治区接受调查的 3444 人，选择 A 的人数为 930 人，约占 27%；选择 B 的人数为 2101 人，约占 61%；选择 C 的人数为 413 人，约占 12%。

关于第 3 题，甘肃省接受调查的 5599 人，选择 A 的人数为 4031 人，约占 72%；选择 B 的人数为 1008 人，约占 18%；选择 C 的人数为 560 人，约占 10%。青海省接受调查的 3389 人，选择 A 的人数为 2508 人，约占 74%；选择 B 的人数为 508 人，约占 15%；选择 C 的人数为 373 人，约占 11%。宁夏回族自治区接受调查的 3444 人，选择 A 的人数为 2238 人，约占 65%；选择 B 的人数为 930 人，约占 27%；选择 C 的人数为 276 人，约占 8%。

从第 1 题的数据可以看出，三省区农村居民选择 A 的人数比例最高，都在 60% 以上。这说明大部分人都认为应用汉字应该遵守要求与规范。这种结果从另一个侧面表明，三省区农村居民虽然了解国家有关政策和规定较少，他们也不太清楚用字的具体规范，但他们对使用汉字有一个最基本的判断，那就是：存在一种规范，大家用字都得遵守。甘肃省秦安县五营乡一位具有小学文化程度、年龄 42 岁的男性农民说，他不知道写汉字除笔画、笔顺以外还有什么要求，但肯定有其他要求。他说："大家都在写字，如果没有章法，各行其是，你写的字我不认识，我写的字你不认识，这叫什么字？

这不就乱了？"我们从数据结果中还能看出，选择 B 的人数比例也相对较多，三省区都在 30% 上下。这说明不少人还对规范用字存在模糊认识。这部分人是进一步推行规范汉字时需要重点扭转观念的人群。

从第 2 题的数据可以看出，三省区农村居民选择 B 的人数比例较高，都在 50% 以上，宁夏回族自治区的比例最高，超过 60%。显然，人们在用字的规范方面，对教师和非教师的要求不同，认为农民写错字可以原谅，而教师写错字不可宽容。这一方面说明农村居民感到汉字应用存在规范，另一方面说明规范的执行可以因人而异。今后的工作中，一方面要保护农村居民已有的规范意识；另一方面要讲清道理，让更多的人认识到规范在人人面前平等。不管教师还是农民，一旦用字，都应遵守规范。

从第 3 题的数据可以看出，三省区农村居民选择 A 的人数比例较高，最低的为 65%。这意味着农村居民中多数人认为使用简化字还是繁体字，可凭个人爱好而为。虽然选择"提醒他不要在课堂上使用繁体字"的人数比例，略高于选择"跟着他在课堂上写繁体字"的人数比例，但最高比例仅仅为 11%。这说明重视并以规范要求自己或他人的人很少，也说明很多人不清楚《中华人民共和国国家通用语言文字法》第十条的规定："学校及其他教育机构以普通话和规范汉字为基本的教育教学用语用字。"

以上三个题目总体给我们这样一种认识，即三省区农村居民大部分人认为，汉字的应用存在规范，但规范的制约性因人的身份而异，对教师应当严格，而对其他人可以放宽。至于应用简化字还是繁体字，尊重个人既成习惯，可以不加干涉。

四、阅读汉字书刊情况

凡有汉字学习经历的人都知道,初学汉字,所学主要是关于基础汉字的笔画、笔顺、结构、读音等内容。到了一定阶段,人们就要将所学汉字加以应用。一般来说,应用从阅读开始;而不断的阅读,又是提高识字速度、巩固已学文字的最佳方式。

本节第二个问题谈到,三省区农村居民由相对较多的人员可将汉字应用于阅读。为进一步了解农村居民阅读汉字书刊的情况,我们在调查时,对接受访谈的人员当中一部分具有汉字应用能力的人加问了有关阅读的问题。据统计,甘肃省接受这一访谈的共142人,其中农民37人,教师28人,学生39人,乡镇干部16人,大夫、商贩、手艺人13人,宗教界人士9人。青海省接受这一访谈的共103人,其中农民23人,牧民14人,教师19人,学生21人,乡镇干部11人,大夫、商贩、手艺人10人,宗教界人士5人。宁夏回族自治区接受这一访谈的共112人,其中农民28人,教师21人,学生30人,乡镇干部14人,大夫、商贩、手艺人11人,宗教界人士8人。访谈时我们问到如下问题:

除课本以外,你(经常阅读、偶尔阅读、从不阅读)汉字书刊吗?

甘肃省接受访谈的农民37人,其中回答"经常阅读"的人数为6人,约占16%;回答"偶尔阅读"的人数为25人,约占68%;回答"从不阅读"的人数为6人,约占16%。接受访谈的教师28人,其中回答"经常阅读"的人数为24人,约占86%;回答"偶尔阅读"的人数为4人,约占14%;回答"从不阅读"的人数为0人。接受访谈的学生39人,其中回答"经常阅读"的人数为14人,约占 36%；回答"偶尔阅读"的人数为 19 人，约占 49%；回答"从不阅读"的人数为 6 人，约占 15%。接受访谈的乡镇干部 16 人，其中回答"经常阅读"的人数为 7 人，约占 44%；回答"偶尔阅读"的人数为 9 人，约占 56%；回答"从不阅读"的人数为 0 人。接受访谈的大夫、商贩、手艺人 13 人，其中回答"经常阅读"的人数为 3 人，约占 23%；回答"偶尔阅读"的人数为 7 人，约占 54%；回答"从不阅读"的人数为 3 人，约占 23%。接受访谈的宗教界人士 9 人，其中回答"经常阅读"的人数为 2 人，约占 22%；回答"偶尔阅读"的人数为 4 人，约占 45%；回答"从不阅读"的人数为 3 人，约占 33%。

青海省接受访谈的农民 23 人，其中回答"经常阅读"的人数为 3 人，约占 13%；回答"偶尔阅读"的人数为 14 人，约占 61%；回答"从不阅读"的人数为 6 人，约占 26%。接受访谈的牧民 14 人，其中回答"经常阅读"的人数为 2 人，约占 14%；回答"偶尔阅读"的人数为 8 人，约占 57%；回答"从不阅读"的人数为 4 人，约占 29%。接受访谈的教师 19 人，其中回答"经常阅读"的人数为 16 人，约占 84%；回答"偶尔阅读"的人数为 3 人，约占 16%；回答"从不阅读"的人数为 0 人。接受访谈的学生 21 人，其中回答"经常阅读"的人数为 6 人，约占 29%；回答"偶尔阅读"的人数为 11 人，约占 52%；回答"从不阅读"的人数为 4 人，约占 19%。接受访谈的乡镇干部 11 人，其中回答"经常阅读"的人数为 5 人，约占 45%；回答"偶尔阅读"的人数为 5 人，约占 45%；回答"从不阅读"的人数为 1 人，约占 10%。接受访谈的大夫、商贩、手艺人 10 人，其中回答"经常阅读"的人数为 2 人，约占 20%；回答"偶尔阅读"的人数为 5 人，约占 50%；回答"从不阅读"的人数为 3 人，约占 30%。接受访谈的宗教界人士 5 人，其中回答"经常阅读"的人数为 2 人，约占41%；回答"偶尔阅读"的人数为 2 人，约占41%；回答"从不阅读"的人数为 1 人，约占 18%。

宁夏回族自治区接受访谈的农民 28 人，其中回答"经常阅读"的人数为 5 人，约占 18%；回答"偶尔阅读"的人数为 20 人，约占71%；回答"从不阅读"的人数为 3 人，约占 11%。接受访谈的教师 21 人，其中回答"经常阅读"的人数为 18 人，约占 84%；回答"偶尔阅读"的人数为 3 人，约占 16%；回答"从不阅读"的人数为 0 人。接受访谈的学生 30 人，其中回答"经常阅读"的人数为 11 人，约占 37%；回答"偶尔阅读"的人数为 15 人，约占 50%；回答"从不阅读"的人数为 4 人，约占 13%。接受访谈的乡镇干部 14 人，其中回答"经常阅读"的人数为 8 人，约占 57%；回答"偶尔阅读"的人数为 6 人，约占 43%；回答"从不阅读"的人数为 0 人。接受访谈的大夫、商贩、手艺人 11 人，其中回答"经常阅读"的人数为 5 人，约占 46%；回答"偶尔阅读"的人数为 4 人，约占 36%；回答"从不阅读"的人数为 2 人，约占 18%。接受访谈的宗教界人士 8 人，其中回答"经常阅读"的人数为 5 人，约占 62%；回答"偶尔阅读"的人数为 3 人，约占 38%；回答"从不阅读"的人数为 0 人。

从上面各种数据可以看出，三省区农牧民选择"偶尔阅读"的人数比例较高，选择"经常阅读"和"从不阅读"的人数比例较低。经询问得知，由于地理环境和生活条件的限制，农村居民习惯于纯粹的农耕生活，"日出而作，日落而息"。对他们来说，庄家收成好、牛羊数量多是最大的愿望。他们喜欢坐在田埂、草滩，看着庄稼，看着牛羊，及时了解作物的长势，了解家畜的繁衍。即使没有农牧活，他们也总会找一些事来干：做家务、修农具、整理畜圈，或下棋、打牌、打麻将、看电视，很少有人会把时间用于阅读书报上。教师选择"经常阅读"的人数比例最高，都在 80% 以上。我们认为，这与教师的职业有关，教师难免与文字材料打交道，养成了一种阅读习惯。学生选择"偶尔阅读"的人数比例较高，都在 50% 左右。我们原以为，大部分学生会选择"经常阅读"，可结果并非如此。经了解知道，大部分学生除了课本以外，阅读其他书刊的确很少，一方面因为时间受限，学校有很多课程作业，回家还要从事农牧劳动；另一方面书刊受限，偏僻的农村和牧区几乎没有可供学生阅读的材料。青海省互助县五十乡一位小学教师告诉调查人员，他所在学校的学生有汉、藏、土族等几个民族的学生，语言基础有差异，需要一些汉文读物，但全校只订一份报纸和几种教学参考书，没有适合学生阅读的书刊。现在学校的房屋由原来的土房变成了瓦房，可图书资料仍然是个大问题。三省区乡镇干部选择答案的情况互有出入，甘肃省乡镇干部选择"偶尔阅读"的人数比例较高，青海省乡镇干部选择"经常阅读"和"偶尔阅读"的人数比例同高，宁夏回族自治区选择"经常阅读"的人数比例较高。说明宁夏农村乡镇干部日常应用汉字来阅读的人多于甘肃和青海。三省区农村的大夫、商贩、手艺人中，甘肃和青海的人员选择"偶尔阅读"的人数比例较高，宁夏的人员选择"经常阅读"的人数比例较高；甘肃和青海农村的大夫、商贩、手艺人选择"从不阅读"的人数比例较高，宁夏较低。这也说明宁夏农村的大夫、商贩、手艺人中阅读汉文书报的人多于甘青两省。这种状况可能与宁夏回族自治区民族较为单一，而甘青两省农村民族成分较为复杂有关。三省区农村的宗教界人士中，甘肃省人员选择"偶尔阅读"的人数比例较高，青海省人员选择"经常阅读"和"偶尔阅读"的人数比例都较高，宁夏人员选择"经常阅读"的人数比例较高；甘肃、青海两省农村地区宗教界人士都有"从不阅读"的人，而宁夏回族自治区选择"从不阅读"的人数为0。

五、利用汉字工具书情况

利用工具书查检汉字，是应用汉字的一个重要内容。有的人利用某种汉字字典或词典，可能是查检以前不认识的汉字，掌握字的形体、读音和意义；有的人则可能是核实以前学过的汉字，确认其形体、读音和意义。无论哪种情况，一旦一个人有查字典的意识，说明他有应用某个字的要求。基于这种认识，我们对甘青宁三省区农村居民利用汉字工具书的情况作了调查。问卷题目如下：

题目十九，选择。根据题意，在你认为正确的答案上打√。（注意：每题只选一个答案，可由答题人自己阅读题目并选择，也可由调查人阅读，被调查人听取并选择答案。）

1. 你手头或家里有汉字字典、词典吗？

A. 有　B. 没有

2. 你会用汉字字典、词典查检不认识的汉字吗？

A. 会　B. 不会

关于第1题，甘肃省接受调查的5599人，选择A的人数为2464人，约占44%；选择B的人数为3135人，约占56%。青海省接受调查的3389人，选择A的人数为1254人，约占37%；选择B的人数为2135人，约占63%。宁夏回族自治区接受调查的3444人，选择A的人数为1481人，约占43%；选择B的人数为1963人，约占57%。

关于第 2 题，甘肃省接受调查的 5599 人，选择 A 的人数为 2911 人，约占 52%；选择 B 的人数为 2688 人，约占 48%。青海省接受调查的 3389 人，选择 A 的人数为 1593 人，约占 47%；选择 B 的人数为 1796 人，约占 53%。宁夏回族自治区接受调查的 3444 人，选择 A 的人数为 1860 人，约占 54%；选择 B 的人数为 1584 人，约占 46%。

从第 1 题的统计数据可以看出，三省区农村具有汉字字典、词典的家庭数不到被调查人数的一半，就是说，能够应用汉字的人不一定每家都有汉字字典或词典。调查人从访谈中了解到，人们手头的汉字字典、词典主要是《新华字典》、《小学生字典》、《小学生汉语字典》、《中学生词典》、《新编常用汉字字典》等，有《现代汉语词典》的人家很少。

从第 2 题的统计数据可以看出，三省区农村居民会从字典、词典中查检汉字的人数为被调查人数的一半左右。调查人从学生那里了解到，很多人查字典、词典的办法都是自己从摸索中得来，学校没有教过查字方法。有的学生告诉调查人，他们查检汉字并非采取一般的部首法或拼音法，因为有的字，他们既不知道其部首，也不知道其读音，这时他们先按照自己的判断，猜测出一个读音来，然后用字典验证。如此说来，自认为会查字典的人，其方法与我们一般意义上的查法还有一定距离。

六、社会使用汉字状况

个人用字之外，还有社会用字。一般意义上的社会用字包括机关公文用字、出版印刷用字、影视屏幕用字和广告标语用字等方面。

因为我们调查的主要是农村人手头用字，所以这里所说的社会用字，从用途来说，是指面向社会公众或特定人群使用的，具有公告性、示意性、说明性的文字；从具体表现形式来说，包括标语、广告、宣传牌、指示牌用字，人名地名用字，发通知、开药方、写便条、写对联、改作业、课堂用字；从书写方式来说，主要指手写的铅笔、钢笔、毛笔、粉笔字。

现将调查人员观察与了解到的三省区农村社会用字状况概括介绍如下：

用字的场合：（1）道路口。一些路口的指路牌上用毛笔书写地名、方向等。（2）乡镇机关院落、文化站院落、村（牧）委会院落，手写的工作规程、管理制度、标语、指示牌等用字。（3）店铺招牌用字。（4）校园用字。（5）村镇墙壁广告标语、用字。（6）菜谱、价格表用字。（7）手头其他日常用字。

用字不规范的表现：（1）繁简字混杂。如"松树村"写成"松樹村"。（2）使用"二简字"。如"韭菜"的"韭"写成"艽"。（3）使用异体字。如"锄地"的"锄"写成"鉏"。（4）使用旧字形。如"平安子"（地名）的"平"写成"苹"。（5）写别字。如"蜜瓜"的"蜜"写成"密"。（6）写错字。如"稿纸"的"纸"，写成"帋"。（7）不规范数目字。如"三月二十三日"写成"三月23日"。

用字的特点：（1）随意性较强。同一个字在同一个村镇的不同场合或不同写手的笔下面貌不同。如"钟表修理"的"钟"字，有人写成"钟"，有人写成"锺"，有人写成"鈡"。（2）趋减心理明显。如"补车胎"的"胎"写成"台"，"砂锅"的"锅"写成"呙"，"每袋化肥85元"的"袋"写成"代"。（3）同音字代替较多。如"副食零售"写成"付食另售"，"招领启事"写成"召领启示"等等。

第四节 农村居民应用汉字的实际情况

从理论上说，应用任何一个汉字，都要涉及该字的形体、读音、意义三个方面。正确应用一个汉字，就是在书写、诵读、理解三个方面同时做到合乎规范，即字形书写正确，字音诵读准确，字义理解和运用恰当。但是，我们感到，在现阶段，对甘青宁三省区农村居民而言，关注的重点应当首先是字形。原因有三：一是作为"字"，形体第一，音义第二，人们看到一个特定的形体，才能念出特定的读音，作出特定的理解。如果把一个字写成了另外一个字，人们自然就会念出另外一个读音，作出另外一种理解；如果把一个字写得不成字，人们就读不出其音，不理解其义。二是现代规范汉字的读音，基本上就是汉字所记录的普通话中相应单字的读音。应用汉字的人如果普通话水平较高，那么字音会读得较准；否则，难免受汉语方音或民族语言语音的影响。在三省区农村，居民的普通话水平整体不高，而且一部分人还不会说普通话。相对而言，教师、学生和一部分乡镇干部对字音把握较好。在这种情况下，我们就很难用所谓规范读音去作严格要求。三是用字者如果对字的意义理解有误，可能引起用字错误，但字义引发的错误不像字形所带来的错误那样常见，而且农村居民所用都是常见字，应用者和其他人一般情况下对意义的理解都不存在太大问题。从上述三个方面考虑，我们确定把三省区农村居民用字实际状况的调查重点放在字形方面，适当兼顾字音字义。

前面已说到，我们对三省区农村居民用字趋向与习惯的调查表明，大部分人员认同并惯于使用简化字。但是，据我们观察和走访得知，人们应用简化字还存在不少问题，这表现在不同方面，主要有类推简化字、"二简字"、繁体字与简化字的对应关系、异体字、异形词用字、数目字、形近字和音近字、新旧字形、错别字、度量衡用字。虽然从逻辑分类角度来看，上述各方面不在同一范畴，至少有的是从人们对同一个字的不同形体能否辨认并能否应用其规范形体的角度进行观察，如繁体字与简化字的对应关系、异体字、形近字和音近字、新旧字形；有的是从人们对一个字的规范形体是否掌握并是否能正确应用的角度进行观察，如类推简化字、"二简字"、异形词用字、数目字、错别字、度量衡用字等，但是为便于调查和分析用字状况，我们仍然依照所存在问题的类型加以讨论。

一、对类推简化字的掌握情况

《汉字简化总表》包括三个表：第一表是"不作简化偏旁用的简化字"，共 350 个；第二表是"可作简化偏旁用的简化字和简化偏旁"，共收简化字 132 个和简化偏旁 14 个；第三表是"应用第二表所列简化字和简化偏旁得出来的简化字"，共收简化字 1735 个。从这三个表的关系可以看出，第一表是较为独立的简化字，第二表提供了简化偏旁，第三表是用第二表的偏旁类推出来的简化字。既然字表所列简化字的数目固定，那么类推是有限度的。调查中，我们随机访谈了解到，一部分人能够正确掌握《简化字总表》列出的不能类推简化的字。如"遼、療"可简化为"辽、疗"，即"遼、療"的繁复部分简化为"了"，但"撩、瞭、僚、燎、镣"等字的右边不能简化为"了"。但在甘肃渭源县五竹乡政府所在地的路边小商店门口，我们看到一块牌子上写着："收购中草苭"，我们请教"苭"字时，主人说是个"药"字。我们才明白，"樂"简化为"乐"，所以人们类推就有了此字。我们又在宁夏固原县开城乡一个商店招牌上看到"太阳能烧水壶",我们请教旁边的人告诉我们这是个"阳"字。这仍然是用类推法造简化字的结果。

我们在问卷中设计了下面的题目:

题目二十,判读正误。在你认为正确的答案上打√。

1. "車"可简化为"车",则"陣、輛、軋、輪、軟、軌、轍"可简化为"阵、辆、轧、轮、软、轨、辙"。

　　A. 是　　B. 否

2. "歡、權"可简化为"欢、权",则"罐"可简化为"𬬻"。

　　A. 是　　B. 否

3. "兒"可简化为"儿",则"倪、睨"可依次简化为"伲""䀽"。

　　A. 是　　B. 否

关于第 1 题,正确的选择应当是 A。甘肃省接受调查的农民两次共 2480 人,教师 528 人,学生 2376 人,乡镇干部 132 人,大夫、商贩、手艺人 62 人,宗教界人士 21 人。农民选择 A 的有 2083 人,约占农民人数的 84%。教师选择 A 的有 528 人,约占 100%。学生选择 A 的有 2233 人,约占 94%。乡镇干部选择 A 的有 128 人,约占 96%。大夫、商贩、手艺人选择 A 的有 55 人,约占 89%。宗教界人士选择 A 的有 18 人,约占 85%。

青海省接受调查的农民 754 人,牧民 642 人,教师 396 人,学生 792 人,乡镇干部 132 人,大夫、商贩、手艺人 498 人,宗教界人士 175 人。农民选择 A 的有 611 人,约占农民人数的 81%。牧民选择 A 的有 494 人,约占牧民人数的 77%。教师选择 A 的有 388 人,约占 98%。学生选择 A 的有 721 人,约占 91%。乡镇干部选择 A 的有 116 人,约占 88%。大夫、商贩、手艺人选择 A 的有 393 人,约占 79%。宗教界人士选择 A 的有 138 人，约占 79%。

宁夏回族自治区两次接受调查的农民共 841 人，教师 553 人，学生 1721 人，乡镇干部 201 人，大夫、商贩、手艺人 102 人，宗教界人士 26 人。农民选择 A 的有 690 人，约占农民人数的 82%。教师选择 A 的有 553 人，约占 100%。学生选择 A 的有 1635 人，约占 95%。乡镇干部选择 A 的有 191 人，约占 95%。大夫、商贩、手艺人选择 A 的有 85 人，约占 83%。宗教界人士选择 A 的有 23 人，约占 89%。

关于第 2 题，正确的选择应当是 B。甘肃省两次调查接受调查的农民共 2480 人，教师 528 人，学生 2376 人，乡镇干部 132 人，大夫、商贩、手艺人 62 人，宗教界人士 21 人。农民选择 B 的有 1166 人，约占农民人数的 47%。教师选择 B 的有 380 人，约占 72%。学生选择 B 的有 1616 人，约占 68%。乡镇干部选择 B 的有 87 人，约占 66%。大夫、商贩、手艺人选择 B 的有 38 人，约占 62%。宗教界人士选择 B 的有 13 人，约占 61%。

青海省接受调查的农民 754 人，牧民 642 人，教师 396 人，学生 792 人，乡镇干部 132 人，大夫、商贩、手艺人 498 人，宗教界人士 175 人。农民选择 B 的有 317 人，约占农民人数的 42%。牧民选择 B 的有 231 人，约占牧民人数的 36%。教师选择 B 的有 277 人，约占 70%。学生选择 B 的有 515 人，约占 65%。乡镇干部选择 B 的有 54 人，约占 62%。大夫、商贩、手艺人选择 B 的有 294 人，约占 59%。宗教界人士选择 B 的有 110 人，约占 63%。

宁夏回族自治区两次接受调查的农民共 841 人，教师 553 人，学生 1721 人，乡镇干部 201 人，大夫、商贩、手艺人 102 人，宗教界人士 26 人。农民选择 B 的有 353 人，约占农民人数的 42%。教师选择 B 的有 382 人，约占 69%。学生选择 B 的有 1136 人，约占 66%。乡镇干部选择 B 的有 129 人，约占 64%。大夫、商贩、手艺人选择 B 的有 61 人，约占 60%。宗教界人士选择 B 的有 15 人，约占 59%。

关于第 3 题，正确的选择应当是 B。甘肃省两次调查接受调查的农民共 2480 人，教师 528 人，学生 2376 人，乡镇干部 132 人，大夫、商贩、手艺人 62 人，宗教界人士 21 人。农民选择 B 的有 1190 人，约占农民人数的 48%。教师选择 B 的有 375 人，约占 71%。学生选择 B 的有 1568 人，约占 66%。乡镇干部选择 B 的有 87 人，约占 66%。大夫、商贩、手艺人选择 B 的有 40 人，约占 64%。宗教界人士选择 B 的有 12 人，约占 58%。

青海省接受调查的农民 754 人，牧民 642 人，教师 396 人，学生 792 人，乡镇干部 132 人，大夫、商贩、手艺人 498 人，宗教界人士 175 人。农民选择 B 的有 309 人，约占农民人数的 41%。牧民选择 B 的有 212 人，约占牧民人数的 33%。教师选择 B 的有 285 人，约占 72%。学生选择 B 的有 491 人，约占 62%。乡镇干部选择 B 的有 83 人，约占 63%。大夫、商贩、手艺人选择 B 的有 294 人，约占 59%。宗教界人士选择 B 的有 107 人，约占 61%。

宁夏回族自治区两次接受调查的农民共 841 人，教师 553 人，学生 1721 人，乡镇干部 201 人，大夫、商贩、手艺人 102 人，宗教界人士 26 人。农民选择 B 的有 378 人，约占农民人数的 45%。教师选择 B 的有 393 人，约占 71%。学生选择 B 的有 1101 人，约占 64%。乡镇干部选择 B 的有 123 人，约占 61%。大夫、商贩、手艺人选择 B 的有 61 人，约占 60%。宗教界人士选择 B 的有 15 人，约占 58%。

从第 1 题数据可以看出，三省区农村居民对以"车"为偏旁的类推简化字掌握较为清楚，作出正确判断的人数比例很高，最低的为 77%（牧民），最高为 100%（教师）。从第 2、3 题数据可以看出，人们对以"堇"和"兒"作偏旁的字能否类推简化不甚明白，从调查所得结果来看，作出正确判断的人数比例走向大致相同，最高比例为 72%（教师），最低比例为 36%（牧民）。就是说，很多人不明白这两个偏旁不能作类推简化的偏旁使用，或者说他们不明白类推简化有一定限制。虽然教师和学生相对于其他各类人员，作出正确判断的人数比例较高，但教师当中约三成人认为相同偏旁可以类推简化，这种情况令人忧虑。

我们询问一些人，为什么把"罐"字写成"𦈢"，有的人回答，看见别人这样写；有的人回答，一些字的构成部分与"罐"字右边相同，写成"又"，那么"罐"字右边也可以写成"又"，这就是运用类推简化的思路写字。有不少学者已经指出，1964 年 5 月公布的《〈简化字总表〉说明》在类推简化问题的阐述上不够明了，该说明说："汉字总数很多，这个表不必尽列。……未收入第三表的字，凡用第二表的简化字或简化偏旁作为偏旁的，一般应该同样简化。"似乎表明，《简化字总表》所列字形只是示范或类例，类推简化的范围可以无限，人们可用第二表的偏旁无限类推来写简化字。也许因为这个原因，三省区农村应用类推简化字出现了很多问题。由此，我们觉得今后制定有关汉字简化的政策或简化字表时，在尽可能全面考虑各种情况的基础上，应当采取限定原则，即明确规定类推简化的范围，或直接以字表的方式列出全部类推简化字的规范形体。

二、关于"二简字"的使用情况

1977 年 12 月,国务院批准发布《第二次汉字简化方案(草案)》。该方案所收的字简称"二简字"。方案自公布之日起,其第一表的 248 个简化字开始在全国报刊和中小学课本上使用。1978 年 4 月和 7 月,教育部和中宣部分别发出通知,"在课本、教科书和报纸、刊物、图书等方面停止使用第一表的简化字"。1986 年 6 月 24 日,国务院对国家语言文字工作委员会《关于废止〈第二次汉字简化方案(草案)〉和纠正社会用字混乱现象的请示》的批示中申明:"1977 年 12 月 20 日发表的《第二次汉字简化方案(草案)》,自本通知下达之日起停止使用。" 1986 年 10 月 10 日,国家语言文字工作委员会发布的《关于重新发表〈简化字总表〉的说明》中也强调:"凡是不符合《简化字总表》规定的简化字,包括《第二次汉字简化方案(草案)》的简化字和社会上流行的各种简体字都是不规范的简化字,应当停止使用。"

国家政策十分明确,但直到现在,使用"二简字"的现象还很普遍。当我们首次去宁夏农村调查时,在很多地方都能看到"二简字"、自造字。下面这些字,是我们从墙报、标语、通知、便条、介绍信、药方之上拍摄、抄录的:

坒(壁)(括号外为"二简字"或自造字,下同)、疒(病)、拁(播)、卩(部)、歺(餐)、辺(道)、苲(董)、弍(贰)、洼(灌)、合(盒)、迠(建)、亍(街)、氿(酒)、兰(蓝、篮)、玏(璃)、令(龄)、甾(留)、灬(煤)、圫(墙)、沮(渠)、氵(漆)、肋(勤)、坿(壤)、祘(算)、糒(糖)、仃(停)、酔(醉)、仪(信)、厷(雄)、闫(阎)、迊(迎)、沇(游)、㘰(堂)、沅(源)。

在甘肃农村，上面所举"二简字"中的一部分同样存在，此外如茮（椒）、芛（葱）、厶（私）等。青海农村使用"二简字"的情况似乎不如甘肃和宁夏普遍，我们在走过的地方看到了辺（道）、炛（煤）、迠（建）、玏（璃）等几个。

为了解人们的使用情况，我们专门在问卷中设计了下面的题目：

题目二十一，问答题。

1. 下面25组字，括号外的你用不用？如使用，请用√标出：

爫（爆）、疒（病）、卩（部）、歺（餐）、芷（藏）、辺（道）、钭（短）、忄（懂）、迠（建）、氿（酒）、灯（燎）、昮（量）、玏（璃）、炛（煤）、叩（器）、肋（勤）、西（赛）、厶（私）、仃（停）、宀（宣）、厷（雄）、辿（迎）、彡（影）、百（面）、尾（属）

2. 下面三句话，哪一句用字完全合乎规范？在你认为正确的一句上打√：

A. 听广㧓可以学习普通话　B. 老师教我们写仪　C. 他的话有道理

关于第1题，为便于统计与分析比较，我们设定每5个字为一组，25个字共分为5组。如不足5个字，达到3个字及以上视为一组，3个字以下不计。下面按照组数比较各类人员使用"二简字"的情况。

甘肃省两次调查的农民共2480人，教师528人，学生2376人，乡镇干部132人，大夫、商贩、手艺人62人，宗教界人士21人。农民打√达5组的0人；打√达4组的有223人，约占9%；打√达3组的有273人，约占11%；打√达2组的有818人，约占33%；打√达1组的有1166人，约占47%；打√为0组的0人。教师打√达5组的0人。打√达4组的有26人，约占5%；打√达3组的有37人，约占7%；打√达2组的有42人，约占8%；打√达1组的有 63 人，约占 12%；打√为 0 组的有 360 人，约占 68%。学生打√达 5 组的 0 人；打√达 4 组的 0 人；打√达 3 组的 0 人；打√达 2 组的 0 人；打√达 1 组的有 95 人，约占 4%；打√为 0 组的有 2281 人，约占 96%。乡镇干部打√达 5 组的 0 人；打√达 4 组的有 8 人，约占 6%；打√达 3 组的有 11 人，约占 8%；打√达 2 组的有 11 人，约占 8%；打√达 1 组的有 18 人，约占 14%；打√为 0 组的有 84 人，约占 64%。大夫、商贩、手艺人打√达 5 组的 0 人；打√达 4 组的有 5 人，约占 8%；打√达 3 组的有 15 人，约占 24%；打√达 2 组的有 17 人，约占 27%；打√达 1 组的有 25 人，约占 41%；打√为 0 组的 0 人。宗教界人士打√达 5 组的 0 人；打√达 4 组的 0 人；打√达 3 组的有 3 人，约占 14%；打√达 2 组的有 6 人，约占 29%；打√达 1 组的有 7 人，约占 33%；打√为 0 组的有 5 人，约占 24%。

青海省接受调查的农民 754 人，牧民 642 人，教师 396 人，学生 792 人，乡镇干部 132 人，大夫、商贩、手艺人 498 人，宗教界人士 175 人。农民打√达 5 组的 0 人；打√达 4 组的有 30 人，约占 4%；打√达 3 组的有 98 人，约占 13%；打√达 2 组的有 279 人，约占 37%；打√达 1 组的有 324 人，约占 43%；打√为 0 组的有 23 人，约占 3%。牧民打√达 5 组的 0 人。打√达 4 组的有 39 人，约占 6%；打√达 3 组的有 109 人，约占 17%；打√达 2 组的有 276 人，约占 43%；打√达 1 组的有 205 人，约占 32%；打√为 0 组的有 13 人，约占 2%。教师打√达 5 组的 0 人；打√达 4 组的有 24 人，约占 6%；打√达 3 组的有 36 人，约占 9%；打√达 2 组的有 51 人，约占 13%；打√达 1 组的有 67 人，约占 17%；打√为 0 组的有 218 人，约占 55%。学生打√达 5 组的 0 人；打√达 4 组的 0 人；打√达 3 组的 0 人；打√达 2 组的 0 人；打√达 1 组的有 24 人，约占 3%；打

√为0组的有768人，约占97%。乡镇干部打√达5组的0人；打√达4组的有5人，约占4%；打√达3组的有8人，约占6%；打√达2组的有11人，约占8%；打√达1组的有21人，约占16%；打√为0组的有87人，约占66%。大夫、商贩、手艺人打√达5组的0人；打√达4组的有30人，约占6%；打√达3组的有119人，约占24%；打√达2组的有154人，约占31%；打√达1组的有195人，约占39%；打√为0组的0人。宗教界人士打√达5组的0人；打√达4组的有4人，约占2%；打√达3组的有26人，约占15%；打√达2组的有54人，约占31%；打√达1组的有65人，约占37%；打√为0组的有26人，约占15%。

宁夏回族自治区两次调查的农民共841人，教师553人，学生1721人，乡镇干部201人，大夫、商贩、手艺人102人，宗教界人士26人。农民打√达5组的0人；打√达4组的有67人，约占8%；打√达3组的有84人，约占10%；打√达2组的有286人，约占34%；打√达1组的有404人，约占48%；打√为0组的0人。教师打√达5组的0人；打√达4组的有39人，约占7%；打√达3组的有39人，约占7%；打√达2组的有50人，约占9%；打√达1组的有82人，约占15%；打√为0组的有343人，约占62%。学生打√达5组的0人；打√达4组的0人；打√达3组的0人；打√达2组的0人；打√达1组的有52人，约占3%；打√为0组的有1669人，约占97%。乡镇干部打√达5组的0人；打√达4组的有16人，约占8%；打√达3组的有20人，约占10%；打√达2组的有22人，约占11%；打√达1组的有34人，约占17%；打√为0组的有109人，约占54%。大夫、商贩、手艺人打√达5组的0人；打√达4组的有7人，约占7%；打√达3组的有22人，约占 22%；打√达 2 组的有 32 人，约占 31%；打√达 1 组的有 41 人，约占 40%；打√为 0 组的 0 人。宗教界人士打√达 5 组的 0 人；打√达 4 组的 0 人，打√达 3 组的有 3 人，约占 12%；打√达 2 组的有 7 人，约占 27%；打√达 1 组的有 8 人，约占 31%；打√为 0 组的有 8 人，约占 30%。

关于第 2 题，正确的回答应当是 C。甘肃省接受调查的农民共 2480 人，教师 528 人，学生 2376 人，乡镇干部 132 人，大夫、商贩、手艺人 62 人，宗教界人士 21 人。农民回答 C 的有 1662 人，约占农民人数的 67%。教师回答 C 的有 507 人，约占 96%。学生回答 C 的有 2328 人，约占 98%。乡镇干部回答 C 的有 95 人，约占 72%。大夫、商贩、手艺人回答 C 的有 35 人，约占 57%。宗教界人士回答 C 的有 11 人，约占 51%。

青海省接受调查的农民 754 人，牧民 642 人，教师 396 人，学生 792 人，乡镇干部 132 人，大夫、商贩、手艺人 498 人，宗教界人士 175 人。农民回答 C 的有 483 人，约占农民人数的 64%。牧民回答 C 的有 276 人，约占 43%。教师回答 C 的有 376 人，约占 95%。学生回答 C 的有 760 人，约占 96%。乡镇干部回答 C 的有 90 人，约占 68%。大夫、商贩、手艺人回答 C 的有 254 人，约占 51%。宗教界人士回答 C 的有 84 人，约占 48%。

宁夏回族自治区两次接受调查的农民共 841 人，教师 553 人，学生 1721 人，乡镇干部 201 人，大夫、商贩、手艺人 102 人，宗教界人士 26 人。农民回答 C 的有 555 人，约占农民人数的 66%。教师回答 C 的有 531 人，约占 96%。学生回答 C 的有 1704 人，约占 99%。乡镇干部回答 C 的有 141 人，约占 70%。大夫、商贩、手艺人回答 C 的有 60 人，约占 49%。宗教界人士回答 C 的有 13 人，约占 48%。

从第 1 题的数据可以看出，三省区农村居民使用"二简字"现象较为普遍。农民、牧民、教师、学生、乡镇干部、大夫、商贩、手艺人、宗教界人士都用"二简字"。但我们注意到两个事实，一是在"二简字"上打√较多的人员，其年龄多在 50 岁上下。经了解得知，《第二次汉字简化方案（草案）》公布前后，这些人正在中学阶段学习，他们学过"二简字"，而且从中学得了造简化字的方法。这些字虽然后来废止，但毕竟在全国范围推行过，其影响广泛；再加上这些字大多为人们的手头用字，与日常生活关系紧密，使用较为频繁，即使人们知道不是规范字，但由于其书写方便，在一定场合照样可以达到交际目的，因此一时半会儿不愿放弃，这就使得"二简字"在农村还有较大市场。二是学生在"二简字"上打√的人最少。我们第一次去宁夏调查时，不同县份、不同学校的学生作答的问卷，此题没有出现一个√标记。跟校园外面五花八门使用"二简字"的情况相比，我们暗暗叹服学校环境的神奇，佩服教师执教严格，信服学生学习认真。我们问及一些中小学生时，学生明确回答："课本上没有，老师没教，我们不用。"

从第 2 题的数据可以看出，三省区的整体情况是，农牧民、大夫、商贩、手艺人和宗教界人士作出正确选择的人数比例都较低，都在 50% 左右，而教师、学生和乡镇干部作出正确选择的人数比例都较高，学生人数比例最高。这个结果可与第 1 题相应证。我们了解到，经常使用"二简字"的是一些小商贩。他们为了写字方便，将一些字的笔画简省或用同音字代替。在他们看来，写字正确与否是无伤大雅的，只要自己明白、顾客理解就行了，不必浪费时间在写规范汉字上。

作完上述分析之后，我们有这样一种感觉，目前在城市使用"二简字"的现象比较少见，主要因为三个方面的原因，一是计算机全面普及，一般场合的用字（包括书面用字）都采用打印方式，计算机字库所出字样能够保证字形的规范；二是相对而言，城市管理机构健全，监督机制的作用较为明显，所以社会用字容易走向规范；三是城市人的文化程度普遍较高，规范意识较强，个人用字也能按照规范办事。而农村各种条件相对较差，人们考虑更多的是使用便利，从国家规范层面认识不深，因而"二简字"的使用除学校以外，其他场合还较为普遍。

三、对简化字与繁体字的对应关系掌握情况

《中华人民共和国国家通用语言文字法》第十七条规定了应用繁体字的基本情形，其他情形一般都应当使用简化字。我们在调查中看到，三省区农村不少店铺、招牌、门联都使用手写繁体字。看来，人们对繁体字怀有较深的感情。

然而，我们看到，人们应用繁体字不符合用字规范，主要表现在两个方面：

一是繁简字夹杂。在甘肃，从一个乡政府院子里树立的告示栏上看到这样的字："告示欄"、"办事須知"、"工作人員守則"、"欄"、"須"、"員"用了繁体。一所学校的门联写道："學海无涯勤是岸，雲程有路志为梯"，"學"和"雲"是繁体。在青海，一个中药铺药柜上的药名主要用简化字书写，其中几个这样写："黨归、車前子、貝母花、罗漢果"，"黨"、"車"、"貝"、"漢"用繁体。在宁夏，一所中学初中二年级三班的黑板报标题这样写："談古論今，妙笔生花"。上一句用繁体字书写，下一句却用了简化字。很多人家的大门对联都是繁简字夹杂书写，如"爆竹聲聲辞旧岁，锣鼓陣陣迎新

春",上下两联仅"聲聲"和"陣陣"是繁体,其余均是简化字。类似的例子不少。

二是繁简字对应失当。我们知道,有的简化字和繁体字是一对一的关系,如简化字"阶"的繁体是"階",简化字"夺"的繁体是"奪";而有的简化字和繁体字则是一对多的关系,如简化字"发"对应"發"和"髮"两个繁体,简化字"历"对应"歷"和"曆"两个繁体。我们在一些学校翻阅教案簿时,看到有人把"历史"写成"曆史",把"回复"写成"回複",不少理发店把"理发"写成了"理發",个别家具店还把"沙发"写成了"沙髮"等。

我们感到,繁简字对应中存在的问题更多,因此,在问卷中设计了下面的题目:

题目二十二,判读正误。在你认为正确的答案上打√(学生不作此题):

1."太后、长征、树干、净末旦丑"的繁体写法分别是"太後、长徵、树幹、净末旦醜",对吗?

2."联系"的繁体写法既可以是"聯係"也可以是"聯繫",对吗?

考虑到在校的中小学生大多数都没有学过繁体字,而且我们了解到,学生基本上不用繁体字,所以本题调查针对学生以外的其他人员。

关于第 1 题,正确的判断应当是:都不对,不在任何一个繁体写法上打√。甘肃省接受调查的农民共 2480 人,教师 528 人,乡镇干部 132 人,大夫、商贩、手艺人 62 人,宗教界人士 21 人。农民完全作出正确判断的有 298 人,约占 12%;教师完全作出正确判断的有 198 人,约占 37%;乡镇干部完全作出正确判断的有 32 人,约占 24%；大夫、商贩、手艺人完全作出正确判断的有 11 人，约占 18%；宗教界人士完全作出正确判断的有 3 人，约占 15%。

青海省接受调查的农民 754 人，牧民 642 人，教师 396 人，乡镇干部 132 人，大夫、商贩、手艺人 498 人，宗教界人士 175 人。农民完全作出正确判断的有 53 人，约占 7%；牧民完全作出正确判断的有 32 人，约占 5%；教师完全作出正确判断的有 135 人，约占 34%；乡镇干部完全作出正确判断的有 20 人，约占 15%；大夫、商贩、手艺人完全作出正确判断的有 55 人，约占 11%；宗教界人士完全作出正确判断的有 16 人，约占 9%。

宁夏回族自治区接受调查的农民共 841 人，教师 553 人，乡镇干部 201 人，大夫、商贩、手艺人 102 人，宗教界人士 26 人。农民完全作出正确判断的有 67 人，约占 8%；教师完全作出正确判断的有 144 人，约占 26%；乡镇干部完全作出正确判断的有 36 人，约占 18%；大夫、商贩、手艺人完全作出正确判断的有 13 人，约占 13%；宗教界人士完全作出正确判断的有 1 人，约占 4%。

关于第 2 题，正确的判断应当是：不对，只在"聯係"上打√。甘肃省接受调查的农民共 2480 人，教师 528 人，乡镇干部 132 人，大夫、商贩、手艺人 62 人，宗教界人士 21 人。农民作出正确判断的有 471 人，约占 19%；教师作出正确判断的有 243 人，约占 46%；乡镇干部作出正确判断的有 41 人，约占 31%；大夫、商贩、手艺人完全作出判断的有 14 人，约占 23%；宗教界人士作出正确判断的有 4 人，约占 21%。

青海省接受调查的农民 754 人，牧民 642 人，教师 396 人，乡镇干部 132 人，大夫、商贩、手艺人 498 人，宗教界人士 175 人。农民作出正确判断的有 106 人，约占 14%；牧民作出正确判断的有

103 人，约占 16%；教师作出正确判断的有 150 人，约占 38%；乡镇干部作出正确判断的有 32 人，约占 24%；大夫、商贩、手艺人完全作出判断的有 90 人，约占 18%；宗教界人士作出正确判断的有 21 人，约占 12%。

宁夏回族自治区接受调查的农民共 841 人，教师 553 人，乡镇干部 201 人，大夫、商贩、手艺人 102 人，宗教界人士 26 人。农民作出正确判断的有 135 人，约占 16%；教师作出正确判断的有 243 人，约占 44%；乡镇干部作出正确判断的有 54 人，约占 27%；大夫、商贩、手艺人完全作出判断的有 17 人，约占 17%；宗教界人士作出正确判断的有 4 人，约占 17%。

从第 1、2 两个题目的调查数据可以看出，三省区农村居民作出正确判断的人数比例很低，这就是说大多数人对简化字和繁体字的对应关系不甚明白，就连教师中的大部分人也不能正确把握繁简字的对应关系。

宁夏同心县王团镇张家湾村的几位村民告诉我们，当地的回民和其他少数民族人员中，30 岁以上者认识繁体字的极少。据他们说，30 年前他们都不上学，没有学过"老字"（繁体字），现在他们的孩子上学，都学"新字"（简化字）。因此回民和其他少数民族人员几乎不使用繁体字。我们问一些用繁体字作为对联用字的汉族人家成员，为何使用繁体？他们有的人说，"老字"好看；有的人说，能写"老字"说明写字人的文化水平高。

四、异体字使用状况

1955 年 12 月，文化部和文字改革委员会联合发布了《第一批异体字整理表》。该表收异体字810组，根据从简从俗的原则，从中选出810个作为正体，淘汰了1055个异体。该表的发布，不仅精简了汉字的字数，使汉字系统向规范化方向迈进了一大步，而且有效地遏制了汉字使用中的字体混乱现象。虽然该表颁布后又曾作过某些调整，以后颁行的《简化字总表》和《现代汉语通用字表》甚至恢复了一些异体字，但《第一批异体字整理表》无疑是我们淘汰异体字的主要依据和基本标准。可是，调查时我们看到，《第一批异体字整理表》淘汰的异体字在三省区农村还不同程度地使用。如我们首次在宁夏调查时，看到"畧（略）（括号前的为异体字，下同）、袴（裤）、羣（群）、鵞（鹅）、峯（峰）、喆（哲）、氾（泛）、𢬵（拿）、夠（够）"9个字。后来发现这些字在甘肃很多地方也都使用，青海省使用得较少。为了解较为具体的情况，我们在调查问卷中设计了下面的问题：

题目二十三，问答题。

1. 下面18组字，括号外的字你用不用？如使用，请用√标出：

峯（峰）、氾（泛）、仝（同）、牀（床）、煇（辉）、鵞（鹅）、夠（够）、𢬵（拿）、喆（哲）、並（并）、詠（咏）、袴（裤）、羣（群）、鉬（锄）、樑（梁）、畧（略）、弔（吊）、椀（碗）

2. 下面三句话，哪一句用字完全合乎规范？在你认为用字完全正确的一句上打√：

A. 二斤苹菓换一斤鸡蛋　B. 他看一遍就记住了　C. 老师強迫他交作业

关于第1题，我们设定每6个字为1组，18个字共分为3组。如不足6个字，那么达到3个字及以上视为1组，3个字以下不计。按照组数比较各类人员的使用情况。

甘肃省接受调查的农民共 2480 人，教师 528 人，学生 2376 人，乡镇干部 132 人，大夫、商贩、手艺人 62 人，宗教界人士 21 人。农民打√达 3 组的 0 人；打√达 2 组的有 645 人，约占 26%；打√达 1 组的有 1265 人，约占 51%；打√为 0 组的有 570 人，约占 23%。教师打√达 3 组的 0 人；打√达 2 组的有 48 人，约占 9%；打√达 1 组的有 90 人，约占 17%；打√为 0 组的有 360 人，约占 74%。学生打√达 3 组的 0 人；打√达 2 组的 0 人；打√达 1 组的有 48 人，约占 2%；打√为 0 组的有 2328 人，约占 98%。乡镇干部打√达 3 组的 0 人；打√达 2 组的有 18 人，约占 14%；打√达 1 组的有 28 人，约占 21%；打√为 0 组的有 86 人，约占 65%。大夫、商贩、手艺人打√达 3 组的 0 人；打√达 2 组的有 12 人，约占 19%；打√达 1 组的有 18 人，约占 27%；打√为 0 组的有 32 人，约占 54%。宗教界人士打√达 3 组的 0 人；打√达 2 组的有 4 人，约占 21%；打√达 1 组的有 6 人，约占 27%；打√为 0 组的有 11 人，约占 52%。

青海省接受调查的农民 754 人，牧民 642 人，教师 396 人，学生 792 人，乡镇干部 132 人，大夫、商贩、手艺人 498 人，宗教界人士 175 人。农民打√达 3 组的 0 人；打√达 2 组的有 181 人，约占 24%；打√达 1 组的有 339 人，约占 45%；打√为 0 组的有 234 人，约占 31%。牧民打√达 3 组的 0 人；打√达 2 组的有 135 人，约占 21%；打√达 1 组的有 263 人，约占 41%；打√为 0 组的有 244 人，约占 38%。教师打√达 3 组的 0 人；打√达 2 组的有 28 人，约占 7%；打√达 1 组的有 75 人，约占 19%；打√为 0 组的有 360 人，约占 74%。学生打√达 3 组的 0 人；打√达 2 组的 0 人；打√达 1 组的有 24 人，约占 3%；打√为 0 组的有 768 人，约占 97%。乡镇干部打√达 3 组的 0 人；打√达 2 组的有 15 人，约占 11%；打√达

1组的有22人，约占17%；打√为0组的有95人，约占72%。大夫、商贩、手艺人打√达3组的0人；打√达2组的有80人，约占16%；打√达1组的有114人，约占23%；打√为0组的有304人，约占61%。宗教界人士打√达3组的0人；打√达2组的有32人，约占18%；打√达1组的有40人，约占23%；打√为0组的有103人，约占59%。

宁夏回族自治区接受调查的农民共841人，教师553人，学生1721人，乡镇干部201人，大夫、商贩、手艺人102人，宗教界人士26人。农民打√达3组的0人；打√达2组的有235人，约占28%；打√达1组的有463人，约占55%；打√为0组的有143人，约占17%。教师打√达3组的0人；打√达2组的有45人，约占8%；打√达1组的有88人，约占16%；打√为0组的有420人，约占76%。学生打√达3组的0人；打√达2组的0人；打√达1组的有179人，约占1%；打√为0组的有2328人，约占99%。乡镇干部打√达3组的0人；打√达2组的有34人，约占17%；打√达1组的有44人，约占22%；打√为0组的有123人，约占61%。大夫、商贩、手艺人打√达3组的0人；打√达2组的有22人，约占22%；打√达1组的有32人，约占31%；打√为0组的有48人，约占47%。宗教界人士打√达3组的0人；打√达2组的有4人，约占17%；打√达1组的有5人，约占21%；打√为0组的有17人，约占62%。

关于第2题，正确回答应当是B。甘肃省接受调查的农民共2480人，教师528人，学生2376人，乡镇干部132人，大夫、商贩、手艺人62人，宗教界人士21人。农民作出正确回答的有1686人，约占68%；教师作出正确回答的有517人，约占98%；学生作出正确回答的有2328人，约占98%；乡镇干部作出正确回答的有110

人，约占 83%；大夫、商贩、手艺人作出正确回答的有 46 人，约占 74%；宗教界人士作出正确回答的有 14 人，约占 67%。

青海省接受调查的农民 754 人，牧民 642 人，教师 396 人，学生 792 人，乡镇干部 132 人，大夫、商贩、手艺人 498 人，宗教界人士 175 人。农民作出正确回答的有 490 人，约占 65%；牧民作出正确回答的有 398 人，约占 62%；教师作出正确回答的有 380 人，约占 96%；学生作出正确回答的有 752 人，约占 95%；乡镇干部作出正确回答的有 103 人，约占 78%；大夫、商贩、手艺人作出正确回答的有 344 人，约占 69%；宗教界人士作出正确回答的有 110 人，约占 63%。

宁夏回族自治区接受调查的农民共 841 人，教师 553 人，学生 1721 人，乡镇干部 201 人，大夫、商贩、手艺人 102 人，宗教界人士 26 人。农民作出正确回答的有 597 人，约占 71%；教师作出正确回答的有 536 人，约占 97%；学生作出正确回答的有 1687 人，约占 98%；乡镇干部作出正确回答的有 175 人，约占 87%；大夫、商贩、手艺人作出正确回答的有 77 人，约占 76%；宗教界人士作出正确回答的有 14 人，约占 69%。

从第 1 题可以看出，就省份而言，青海宁夏写异体字的较少，而甘肃写异体字的较多；就人员类型而言，学生和教师写异体字的较少，而农民、乡镇干部、大夫、商贩、手艺人写异体字的较多。

从第 2 题可以看出，教师和学生作出正确选择的人数比例较高，而其他各类人员作出正确选择的人数比例较低。

我们注意到，使用异体字的大多是年龄在 40 岁以上的人员。这些人当中的农民，目前正是各乡村劳动成员的主力，在各村庄最具号召力和影响力。他们当中的教师，很多是一些社请代课教师或民办转公办的教师。这些人有使用异体字的习惯，这种习惯直接影响教学效果乃至当地社会用字。在调查中我们了解到,这些人绝大部分对国家颁布的语言文字政策和相关文件一无所知,更没有见过《第一批异体字整理表》。从一些作业、试卷和教案簿上看到,有的老师较频繁地使用异体字。

五、异形词用字状况

2001年12月,教育部和国家语言文字工作委员会发布了《第一批异形词整理表》,2002年3月开始试行。该表根据通用性、理据性、系统性等原则,选取了普通话书面语中经常使用、公众的取舍倾向比较明显的338组异形词,给出了338组异形词的推荐使用词形,还对目前社会上流行的一批含有非规范字(即国家早已废止的异体字或已简化的繁体字)的异形词,选取一些影响较大的列为附录,明确废除其非规范词形。为了解三省区农村使用异形词的情况,我们在问卷中设计了下面的题目:

题目二十四,判断正误。每一组词都有两个写法,在你认为正确且经常使用的一个上打√:

按语—案语、本份—本分、笔画—笔划、车厢—车箱、定单—订单、磁器—瓷器、倒霉—倒楣、必恭必敬—毕恭毕敬、含胡—含糊、弘扬—宏扬、胡蝶—蝴蝶、简炼—简练、录象—录像、溜达—蹓跶、马糊—马虎、连接—联接、直截了当—直接了当、凭空—平空、原来—元来、希罕—稀罕

关于本题,我们设定每选5个为1小组,20个共分为4小组。如不足5个,那么达到3个及以上视为1小组,3个以下不计。按照组数比较各类人员的使用情况。

甘肃省接受调查的农民共 2480 人，教师 528 人，学生 2376 人，乡镇干部 132 人，大夫、商贩、手艺人 62 人，宗教界人士 21 人。农民正确打√的数量达到 4 组的 0 人；正确打√的数量达到 3 组的有 496 人，约占 20%；正确打√的数量达到 2 组的有 818 人，约占 33%；正确打√的数量达到 1 组的有 1166 人，约占 47%；正确打√的数量为 0 组的 0 人。教师正确打√数量达到 4 组的有 90 人，约占 17%；正确打√达到 3 组的有 137 人，约占 26%；正确打√数量达到 2 组的有 227 人，约占 43%；正确打√的数量达到 1 组的有 74 人，约占 14%；打√为 0 组的 0 人。学生正确打√的数量达到 4 组的有 380 人，约占 16%；正确打√的数量达到 3 组的有 689 人，约占 29%；正确打√的数量达到 2 组的有 1046 人，约占 44%；正确打√的数量达到 1 组的有 261 人，约占 11%；正确打√的数量为 0 组的 0 人。乡镇干部正确打√的数量达到 4 组的有 15 人，约占 11%；正确打√的数量达到 3 组的有 30 人，约占 23%；正确打√的数量达到 2 组的有 55 人，约占 42%；正确打√的数量达到 1 组的有 32 人，约占 24%；打√为 0 组的 0 人。大夫、商贩、手艺人正确打√的数量达到 4 组的有 4 人，约占 6%；正确打√的数量达到 3 组的有 12 人，约占 19%；正确打√数量达到 2 组的有 39 人，约占 64%；正确打√的数量达到 1 组的有 7 人，约占 11%；正确打√的数量为 0 组的 0 人。宗教界人士正确打√的数量达到 4 组的 0 人；正确打√的数量达到 3 组的有 2 人，约占 8%；正确打√的数量达到 2 组的有 15 人，约占 73%；正确打√的数量达到 1 组的有 4 人，约占 19%；打√为 0 组的 0 人。

青海省接受调查的农民 754 人，牧民 642 人，教师 396 人，学生 792 人，乡镇干部 132 人，大夫、商贩、手艺人 498 人，宗教界人士 175 人。农民正确打√数量达到 4 组的 0 人；正确打√的数量达到 3 组的有 128 人，约占 17%；正确打√的数量达到 2 组的有 257 人，约占 34%；正确打√的数量达到 1 组的有 369 人，约占 49%；正确打√的数量为 0 组的 0 人。牧民正确打√的数量达到 4 组的 0 人；正确打√的数量达到 3 组的有 96 人，约占 15%；正确打√的数量达到 2 组的有 212 人，约占 33%；正确打√的数量达到 1 组的有 327 人，约占 51%；正确打√的数量为 0 组的有 7 人，约占 1%。教师正确打√数量达到 4 组的有 63 人，约占 16%；正确打√达到 3 组的有 91 人，约占 23%；正确打√数量达到 2 组的有 183 人，约占 46%；正确打√的数量达到 1 组的有 59 人，约占 15%；打√为 0 组的 0 人。学生正确打√的数量达到 4 组的有 71 人，约占 9%；正确打√的数量达到 3 组的有 190 人，约占 24%；正确打√的数量达到 2 组的有 420 人，约占 53%；正确打√的数量达到 1 组的有 111 人，约占 14%；正确打√的数量为 0 组的 0 人。乡镇干部正确打√的数量达到 4 组的有 9 人，约占 7%；正确打√的数量达到 3 组的有 28 人，约占 21%；正确打√的数量达到 2 组的有 62 人，约占 47%；正确打√的数量达到 1 组的有 33 人，约占 25%；打√为 0 组的 0 人。大夫、商贩、手艺人正确打√的数量达到 4 组的有 20 人，约占 4%；正确打√的数量达到 3 组的有 90 人，约占 18%；正确打√数量达到 2 组的有 338 人，约占 68%；正确打√的数量达到 1 组的有 50 人，约占 10%；正确打√的数量为 0 组的 0 人。宗教界人士正确打√的数量达到 4 组的 0 人；正确打√的数量达到 3 组的有 11 人，约占 6%；正确打√的数量达到 2 组的有 120 人，约占 69%；正确打√的数量达到 1 组的有 42 人，约占 24%；打√为 0 组的有 2 人，约占 1%。

宁夏回族自治区接受调查的农民共 841 人，教师 553 人，学生

1721 人，乡镇干部 201 人，大夫、商贩、手艺人 102 人，宗教界人士 26 人。农民正确打√的数量达到 4 组的 0 人；正确打√的数量达到 3 组的有 185 人，约占 22%；正确打√的数量达到 2 组的有 303 人，约占 36%；正确打√的数量达到 1 组的有 353 人，约占 42%；正确打√的数量为 0 组的 0 人。教师正确打√数量达到 4 组的有 105 人，约占 19%；正确打√达到 3 组的有 149 人，约占 27%；正确打√数量达到 2 组的有 249 人，约占 45%；正确打√的数量达到 1 组的有 50 人，约占 9%；打√为 0 组的 0 人。学生正确打√的数量达到 4 组的有 241 人，约占 14%；正确打√的数量达到 3 组的有 551 人，约占 32%；正确打√的数量达到 2 组的有 809 人，约占 47%；正确打√的数量达到 1 组的有 120 人，约占 7%；正确打√的数量为 0 组的 0 人。乡镇干部正确打√的数量达到 4 组的有 18 人，约占 9%；正确打√的数量达到 3 组的有 53 人，约占 26%；正确打√的数量达到 2 组的有 90 人，约占 45%；正确打√的数量达到 1 组的有 40 人，约占 20%；打√为 0 组的 0 人。大夫、商贩、手艺人正确打√的数量达到 4 组的有 4 人，约占 4%；正确打√的数量达到 3 组的有 16 人，约占 16%；正确打√数量达到 2 组的有 69 人，约占 67%；正确打√的数量达到 1 组的有 13 人，约占 13%；正确打√的数量为 0 组的 0 人。宗教界人士正确打√的数量达到 4 组的 0 人；正确打√的数量达到 3 组的有 2 人，约占 7%；正确打√的数量达到 2 组的有 18 人，约占 69%；正确打√的数量达到 1 组的有 4 人，约占 24%；打√为 0 组的 0 人。

　　从上面的数据分布可以看出，三省区农村的农牧民、宗教界人士对异形词用字能够准确把握的人数比例较低，基本上没有正确选出 4 组规范字的人员；学生和教师能够准确把握异形词用字的人数比例较高，有一小部分人能够正确选出 4 组规范字。总体来看，三省区农村居民对异形词的规范用字认识不深，很多人还在使用不规范的词形，其中既有农民，又有教师，还有学生和其他人员。

六、数目字应用状况

一般谈文字规范问题者，甚少提及数目字的规范；语文教学工作者，不大关心数目字的教学。但我们在三省区农村调查中发现，数目字在使用中存在的问题不少。

问卷中，我们设计了下面的题目：

题目二十五，选择题。请找出使用正确的数目字，在你认为正确的答案后打√（每小题只能选 1 个）：

1. 209 师　第三方面军　25000 里长征　0 岁教育　二百七十元

2. 公元二十四年　下午三点四十分　公元前 8 世纪　二十世纪 80 年代　文公 44 年

3. 二、三米　四十五、六岁　三五天　十三、四度　七、八百元

4. 丙寅年 10 月 15 日　腊月二十三日　8 月 15 中秋节　正月初 5　藏历阳木龙年 8 月 26 日

5. "一·二八"事变　"九一一"事件　五四运动　五一国际劳动节　七七事变

6. 10 几天　100 几十次　几十个人　50 几趟　20 好几只羊

7. 三千多名　200 余册　50 个左右　二百 18 本上下　30 余个

8. 八四二六部队　二十二次特快列车　八十五号汽油　1059 农药　总 3147 号

9. 21 万四千　三千零 8　45 万　28 千　3 亿 4 千 5 百万

关于第 1 题，正确的选择应当是"第三方面军"。甘肃省接受调查的农民共 2480 人，教师 528 人，学生 2376 人，乡镇干部 132 人，大夫、商贩、手艺人 62 人，宗教界人士 21 人。农民选择正确的有 1317 人，约占农民人数的 77%。教师选择正确的有 496 人，约占 94%。学生选择正确的有 2257 人，约占 95%。乡镇干部选择正确的有 110 人，约占 83%。大夫、商贩、手艺人选择正确的有 50 人，约占 81%。宗教界人士选择正确的有 16 人，约占 77%。

青海省接受调查的农民 754 人，牧民 642 人，教师 396 人，学生 792 人，乡镇干部 132 人，大夫、商贩、手艺人 498 人，宗教界人士 175 人。农民选择正确的有 550 人，约占农民人数的 73%。牧民选择正确的有 443 人，约占牧民人数的 69%。教师选择正确的有 360 人，约占 91%。学生选择正确的有 705 人，约占 89%。乡镇干部选择正确的有 81 人，约占 74%。大夫、商贩、手艺人选择正确的有 364 人，约占 73%。宗教界人士选择正确的有 129 人，约占 74%。

宁夏回族自治区接受调查的农民共 841 人，教师 553 人，学生 1689 人（宁夏学生总数 1721 人，第一次调查时，有 32 人未答此题，因此总数中不计入），乡镇干部 201 人，大夫、商贩、手艺人 102 人，宗教界人士 26 人。农民选择正确的有 622 人，约占农民人数的 74%。教师选择正确的有 525 人，约占 95%。学生选择正确的有 1638 人，约占 97%。乡镇干部选择正确的有 163 人，约占 81%。大夫、商贩、手艺人选择正确的有 80 人，约占 78%。宗教界人士选择正确的有 19 人，约占 75%。

关于第 2 题，正确的选择应当是"公元前 8 世纪"。甘肃省接受调查的农民共 2480 人，教师 528 人，学生 2376 人，乡镇干部 132 人，大夫、商贩、手艺人 62 人，宗教界人士 21 人。农民选择正确的有 1562 人，约占农民人数的 63%。教师选择正确的有 470 人，约占 89%。学生选择正确的有 2162 人，约占 91%。乡镇干部选择正确的有 107 人，约占 81%。大夫、商贩、手艺人选择正确的有 44 人，约占 71%。宗教界人士选择正确的有 14 人，约占 69%。

青海省接受调查的农民 754 人，牧民 642 人，教师 396 人，学生 792 人，乡镇干部 132 人，大夫、商贩、手艺人 498 人，宗教界人士 175 人。农民选择正确的有 460 人，约占农民人数的 61%。牧民选择正确的有 404 人，约占牧民人数的 63%。教师选择正确的有 329 人，约占 83%。学生选择正确的有 697 人，约占 88%。乡镇干部选择正确的有 103 人，约占 78%。大夫、商贩、手艺人选择正确的有 334 人，约占 67%。宗教界人士选择正确的有 112 人，约占 64%。

宁夏回族自治区接受调查的农民共 841 人，教师 553 人，学生 1689 人，乡镇干部 201 人，大夫、商贩、手艺人 102 人，宗教界人士 26 人。农民选择正确的有 547 人，约占农民人数的 65%。教师选择正确的有 509 人，约占 92%。学生选择正确的有 1588 人，约占 94%。乡镇干部选择正确的有 153 人，约占 76%。大夫、商贩、手艺人选择正确的有 80 人，约占 7%。宗教界人士选择正确的有 18 人，约占 69%。

关于第 3 题，正确的选择应当是"三五天"。甘肃省接受调查的农民共 2480 人，教师 528 人，学生 2376 人，乡镇干部 132 人，大夫、商贩、手艺人 62 人，宗教界人士 21 人。农民选择正确的有 1786 人，约占农民人数的 72%。教师选择正确的有 470 人，约占 92%。学生选择正确的有 2210 人，约占 93%。乡镇干部选择正确的有 112 人，约占 85%。大夫、商贩、手艺人选择正确的有 48 人，约占 78%。宗教界人士选择正确的有 15 人，约占 73%。

青海省接受调查的农民 754 人，牧民 642 人，教师 396 人，学生 792 人，乡镇干部 132 人，大夫、商贩、手艺人 498 人，宗教界人士 175 人。农民选择正确的有 513 人，约占农民人数的 68%。牧民选择正确的有 411 人，约占牧民人数的 64%。教师选择正确的有 345 人，约占 87%。学生选择正确的有 689 人，约占 87%。乡镇干部选择正确的有 107 人，约占 81%。大夫、商贩、手艺人选择正确的有 368 人，约占 74%。宗教界人士选择正确的有 122 人，约占 70%。

宁夏回族自治区接受调查的农民共 841 人，教师 553 人，学生 1689 人，乡镇干部 201 人，大夫、商贩、手艺人 102 人，宗教界人士 26 人。农民选择正确的有 631 人，约占农民人数的 75%。教师选择正确的有 520 人，约占 94%。学生选择正确的有 1621 人，约占 96%。乡镇干部选择正确的有 167 人，约占 83%。大夫、商贩、手艺人选择正确的有 90 人，约占 80%。宗教界人士选择正确的有 20 人，约占 78%。

关于第 4 题，正确的选择应当是"腊月二十三日"。甘肃省接受调查的农民共 2480 人，教师 528 人，学生 2376 人，乡镇干部 132 人，大夫、商贩、手艺人 62 人，宗教界人士 21 人。农民选择选择正确的有 1959 人，约占农民人数的 79%。教师选择正确的有 491 人，约占 93%。学生选择正确的有 2257 人，约占 95%。乡镇干部选择正确的有 115 人，约占 87%。大夫、商贩、手艺人选择正确的有 51 人，约占 82%。宗教界人士选择正确的有 17 人，约占 79%。

青海省接受调查的农民 754 人，牧民 642 人，教师 396 人，学生 792 人，乡镇干部 132 人，大夫、商贩、手艺人 498 人，宗教界人士 175 人。农民选择正确的有 588 人，约占农民人数的 78%。牧民选择正确的有 488 人，约占牧民人数的 76%。教师选择正确的有 352 人，约占 89%。学生选择正确的有 720 人，约占 91%。乡镇干部选择正确的有 108 人，约占 82%。大夫、商贩、手艺人选择正确的有 388 人，约占 78%。宗教界人士选择正确的有 138 人，约占 76%。

宁夏回族自治区接受调查的农民共 841 人，教师 553 人，学生 1689 人，乡镇干部 201 人，大夫、商贩、手艺人 102 人，宗教界人士 26 人。农民选择正确的有 673 人，约占农民人数的 80%。教师选择正确的有 525 人，约占 95%。学生选择正确的有 1588 人，约占 94%。乡镇干部选择正确的有 177 人，约占 88%。大夫、商贩、手艺人选择正确的有 84 人，约占 82%。宗教界人士选择正确的有 21 人，约占 81%。

关于第 5 题，正确的选择应当是"五一国际劳动节"。甘肃省接受调查的农民共 2480 人，教师 528 人，学生 2376 人，乡镇干部 132 人，大夫、商贩、手艺人 62 人，宗教界人士 21 人。农民选择正确的有 1711 人，约占农民人数的 69%。教师选择正确的有 417 人，约占 79%。学生选择正确的有 1839 人，约占 77%。乡镇干部选择正确的有 95 人，约占 72%。大夫、商贩、手艺人选择正确的有 43 人，约占 70%。宗教界人士选择正确的有 14 人，约占 68%。

青海省接受调查的农民 754 人，牧民 642 人，教师 396 人，学生 792 人，乡镇干部 132 人，大夫、商贩、手艺人 498 人，宗教界人士 175 人。农民选择正确的有 520 人，约占农民人数的 69%。牧民选择正确的有 404 人，约占牧民人数的 63%。教师选择正确的有 293 人，约占 74%。学生选择正确的有 594 人，约占 75%。乡镇干部选择正确的有 88 人，约占 67%。大夫、商贩、手艺人选择正确的有 333 人，约占 67%。宗教界人士选择正确的有 114 人，约占 65%。

宁夏回族自治区接受调查的农民共 841 人，教师 553 人，学生 1689 人，乡镇干部 201 人，大夫、商贩、手艺人 102 人，宗教界人士

26 人。农民选择正确的有 606 人，约占农民人数的 72%。教师选择正确的有 448 人，约占 81%。学生选择正确的有 1351 人，约占 80%。乡镇干部选择正确的有 147 人，约占 73%。大夫、商贩、手艺人选择正确的有 72 人，约占 71%。宗教界人士选择正确的有 18 人，约占 71%。

关于第 6 题，正确的选择应当是"几十个人"。甘肃省接受调查的农民共 2480 人，教师 528 人，学生 2376 人，乡镇干部 132 人，大夫、商贩、手艺人 62 人，宗教界人士 21 人。农民选择正确的有 2033 人，约占农民人数的 82%。教师选择正确的有 512 人，约占 97%。学生选择正确的有 2328 人，约占 98%。乡镇干部选择正确的有 116 人，约占 88%。大夫、商贩、手艺人选择正确的有 51 人，约占 82%。宗教界人士选择正确的有 12 人，约占 83%。

青海省接受调查的农民 754 人，牧民 642 人，教师 396 人，学生 792 人，乡镇干部 132 人，大夫、商贩、手艺人 498 人，宗教界人士 175 人。农民选择正确的有 648 人，约占农民人数的 83%。牧民选择正确的有 507 人，约占牧民人数的 79%。教师选择正确的有 360 人，约占 91%。学生选择正确的有 737 人，约占 93%。乡镇干部选择正确的有 112 人，约占 85%。大夫、商贩、手艺人选择正确的有 403 人，约占 81%。宗教界人士选择正确的有 140 人，约占 80%。

宁夏回族自治区接受调查的农民共 841 人，教师 553 人，学生 1689 人，乡镇干部 201 人，大夫、商贩、手艺人 102 人，宗教界人士 26 人。农民选择正确的有 706 人，约占农民人数的 84%。教师选择正确的有 542 人，约占 98%。学生选择正确的有 1621 人，约占 96%。乡镇干部选择正确的有 165 人，约占 82%。大夫、商贩、手艺人选择正确的有 84 人，约占 82%。宗教界人士选择正确的有 22 人，约占 86%。

关于第 7 题，正确的选择应当是"三千多名"。甘肃省接受调查的农民共 2480 人，教师 528 人，学生 2376 人，乡镇干部 132 人，大夫、商贩、手艺人 62 人，宗教界人士 21 人。农民选择正确的有 2009 人，约占农民人数的 81%。教师选择正确的有 507 人，约占 96%。学生选择正确的有 2328 人，约占 98%。乡镇干部选择正确的有 119 人，约占 90%。大夫、商贩、手艺人选择正确的有 53 人，约占 85%。宗教界人士选择正确的有 18 人，约占 84%。

青海省接受调查的农民 754 人，牧民 642 人，教师 396 人，学生 792 人，乡镇干部 132 人，大夫、商贩、手艺人 498 人，宗教界人士 175 人。农民选择正确的有 603 人，约占农民人数的 80%。牧民选择正确的有 494 人，约占牧民人数的 77%。教师选择正确的有 364 人，约占 92%。学生选择正确的有 737 人，约占 93%。乡镇干部选择正确的有 108 人，约占 82%。大夫、商贩、手艺人选择正确的有 403 人，约占 81%。宗教界人士选择正确的有 138 人，约占 79%。

宁夏回族自治区接受调查的农民共 841 人，教师 553 人，学生 1689 人，乡镇干部 201 人，大夫、商贩、手艺人 102 人，宗教界人士 26 人。农民选择正确的有 715 人，约占农民人数的 85%。教师选择正确的有 536 人，约占 97%。学生选择正确的有 1621 人，约占 96%。乡镇干部选择正确的有 175 人，约占 87%。大夫、商贩、手艺人选择正确的有 89 人，约占 87%。宗教界人士选择正确的有 22 人，约占 83%。

关于第 8 题，正确的选择应当是"总 3147 号"。甘肃省接受调查的农民共 2480 人，教师 528 人，学生 2376 人，乡镇干部 132 人，大夫、商贩、手艺人 62 人，宗教界人士 21 人。农民选择正确的有 1786 人，约占农民人数的 72%。教师选择正确的有 480 人，约占

91%。学生选择正确的有 2114 人，约占 89%。乡镇干部选择正确的有 113 人，约占 86%。大夫、商贩、手艺人选择正确的有 50 人，约占 81%。宗教界人士选择正确的有 15 人，约占 74%。

青海省接受调查的农民 754 人，牧民 642 人，教师 396 人，学生 792 人，乡镇干部 132 人，大夫、商贩、手艺人 498 人，宗教界人士 175 人。农民选择正确的有 513 人，约占农民人数的 68%。牧民选择正确的有 404 人，约占牧民人数的 63%。教师选择正确的有 336 人，约占 85%。学生选择正确的有 665 人，约占 84%。乡镇干部选择正确的有 104 人，约占 79%。大夫、商贩、手艺人选择正确的有 359 人，约占 72%。宗教界人士选择正确的有 121 人，约占 69%。

宁夏回族自治区接受调查的农民共 841 人，教师 553 人，学生 1689 人，乡镇干部 201 人，大夫、商贩、手艺人 102 人，宗教界人士 26 人。农民选择正确的有 622 人，约占农民人数的 74%。教师选择正确的有 509 人，约占 92%。学生选择正确的有 1537 人，约占 91%。乡镇干部选择正确的有 177 人，约占 88%。大夫、商贩、手艺人选择正确的有 84 人，约占 82%。宗教界人士选择正确的有 20 人，约占 78%。

关于第 9 题，正确的选择应当是"45 万"。甘肃省接受调查的农民共 2480 人，教师 528 人，学生 2376 人，乡镇干部 132 人，大夫、商贩、手艺人 62 人，宗教界人士 21 人。农民选择正确的有 1736 人，约占农民人数 70%。教师选择正确的有 444 人，约占 84%。学生选择正确的有 1972 人，约占 83%。乡镇干部选择正确的有 113 人，约占 86%。大夫、商贩、手艺人选择正确的有 51 人，约占 82%。宗教界人士选择正确的有 15 人，约占 72%。

青海省接受调查的农民 754 人，牧民 642 人，教师 396 人，学生

792 人，乡镇干部 132 人，大夫、商贩、手艺人 498 人，宗教界人士 175 人。农民选择正确的有 483 人，约占农民人数的 64%。牧民选择正确的有 392 人，约占牧民人数的 61%。教师选择正确的有 313 人，约占 79%。学生选择正确的有 642 人，约占 81%。乡镇干部选择正确的有 107 人，约占 81%。大夫、商贩、手艺人选择正确的有 408 人，约占 82%。宗教界人士选择正确的有 124 人，约占 71%。

宁夏回族自治区接受调查的农民共 841 人，教师 553 人，学生 1689 人，乡镇干部 201 人，大夫、商贩、手艺人 102 人，宗教界人士 26 人。农民选择正确的有 435 人，约占农民人数的 70%。教师选择正确的有 459 人，约占 83%。学生选择正确的有 1385 人，约占 82%。乡镇干部选择正确的有 175 人，约占 87%。大夫、商贩、手艺人选择正确的有 88 人，约占 86%。宗教界人士选择正确的有 19 人，约占 75%。

从以上 9 个题目的数据可以看出以下几个特点：第一，从人员类别来看，各题数据反映出一个基本规律，即作出正确选择的农牧民和宗教界人士人数比例较低，而教师和学生的人数比例较高。这说明，教师和学生对数字的基本用法掌握得较为清楚。第二，从数目字类别来看，人们对公历世纪和年代使用阿拉伯数字的规定（如：公元前 8 世纪）、代号和序号及代码使用阿拉伯数字的规定（如：总 3147 号）、一般情况下大额数字以"万"作单位的规定（如：45 万）不够清楚，而对中国干支纪年使用汉字的规定（如：腊月二十三日）、带有"几"的约数必须使用汉字的规定（如：几十个人）、带有"多"的约数要使用汉字的规定（如三千多名）等，掌握得较好。似乎可以说，在一般行文中，人们更习惯于用汉字表示数目或数量。第三，从省份来看，农村居民使用数目字整体情况较强的是宁夏回族自治区，整体情况较弱的是青海省。

从所答问卷可以看出，人们使用数目字常犯的错误有三类：

一是该选汉字书写的形式，却错选了阿拉伯数字书写的形式。

二是该选阿拉伯数字书写的形式，却错选了汉字书写的形式。

三是该选数目字中间不隔开的书写形式，却错选了隔开的书写形式。相反，该选数目字中间隔开的书写形式，却错选了没有隔开的书写形式。

我们访谈时，一些居民说，有的数目字写成汉字的话太麻烦了，浪费时间，又不如阿拉伯数字清楚。还有的说，他们不了解历史和事件，因此也不知道该怎么写。

七、形近字、音近字使用状况

现行汉字中，有的字形体接近，如"拔"和"拨"、"未"和"末"，认读或书写时可能混淆，造成错误；有的字读音接近，如"代"和"带"、"垢"和"诟"，运用时可能混淆，造成错误。调查时我们看到，农村有些乡镇虽然使用计算机打字，但因打字者水平不高而误选字形。

我们在问卷中设计了下面的题目：

题目二十六，选择。请选出写法有错误的词语，并在上面打√：

1. 欢渡春节、详细、行踪鬼秘、侯车室、讴歌、娇娇者、佳宾、急躁、严蜜、高粱

2. 检查院、括风、既使、慷慨、一幅对联、脑羞成怒、已经、鬼鬼祟祟、炼习簿、部署

3. 必须品、直接了当、通情达礼、副业、题纲、干忧、事迹、

穿流不息、勤恳、寒喧。

关于第 1 题，写法错误的词语是：欢渡春节、行踪鬼秘、侯车室、娇娇者、佳宾、严蜜、高粱。甘肃省接受调查的农民共 2480 人，教师 528 人，学生 2376 人，乡镇干部 132 人，大夫、商贩、手艺人 62 人，宗教界人士 21 人。农民选择完全正确的有 868 人，约占农民人数的 19%。教师选择完全正确的有 327 人，约占 62%。学生选择完全正确的有 1378 人，约占 58%。乡镇干部选择完全正确的有 54 人，约占 41%。大夫、商贩、手艺人选择完全正确的有 22 人，约占 36%。宗教界人士选择正确的有 5 人，约占 22%。

青海省接受调查的农民 754 人，牧民 642 人，教师 396 人，学生 792 人，乡镇干部 132 人，大夫、商贩、手艺人 498 人，宗教界人士 175 人。农民选择完全正确的有 113 人，约占农民人数的 15%。牧民选择完全正确的有 83 人，约占农民人数的 13%。教师选择完全正确的有 233 人，约占 59%。学生选择完全正确的有 451 人，约占 57%。乡镇干部选择完全正确的有 49 人，约占 37%。大夫、商贩、手艺人选择完全正确的有 159 人，约占 32%。宗教界人士选择正确的有 33 人，约占 19%。

宁夏回族自治区接受调查的农民共 830 人（农民人数总共 841 人，第一次调查中，11 人未做此题），教师 553 人，学生 1709（宁夏学生总数 1721 人，第一次调查时，有 12 名小学生未作此题，因此总数中不计入）人，乡镇干部 201 人，大夫、商贩、手艺人 102 人，宗教界人士 26 人。农民选择完全正确的有 38 人，约占农民人数的 21%。教师选择完全正确的有 359 人，约占 65%。学生选择完全正确的有 1077 人，约占 63%。乡镇干部选择完全正确的有 88 人，约占 44%。大夫、商贩、手艺人选择完全正确的有 35 人，约占

34%。宗教界人士选择正确的有 6 人，约占 23%。

关于第 2 题，写法错误的词语是：检查院、括风、既使、一幅对联、脑羞成怒、鬼鬼祟祟、炼习簿。甘肃省接受调查的农民共 2480 人，教师 528 人，学生 2376 人，乡镇干部 132 人，大夫、商贩、手艺人 62 人，宗教界人士 21 人。农民选择完全正确的有 520 人，约占农民人数的 21%。教师选择完全正确的有 338 人，约占 64%。学生选择完全正确的有 1354 人，约占 57%。乡镇干部选择完全正确的有 51 人，约占 39%。大夫、商贩、手艺人选择完全正确的有 23 人，约占 37%。宗教界人士选择正确的有 5 人，约占 23%。

青海省接受调查的农民 754 人，牧民 642 人，教师 396 人，学生 792 人，乡镇干部 132 人，大夫、商贩、手艺人 498 人，宗教界人士 175 人。农民选择完全正确的有 128 人，约占农民人数的 17%。牧民选择完全正确的有 103 人，约占农民人数的 16%。教师选择完全正确的有 242 人，约占 61%。学生选择完全正确的有 475 人，约占 60%。乡镇干部选择完全正确的有 48 人，约占 36%。大夫、商贩、手艺人选择完全正确的有 169 人，约占 34%。宗教界人士选择正确的有 33 人，约占 19%。

宁夏回族自治区接受调查的农民共 830 人，教师 553 人，学生 1709 人，乡镇干部 201 人，大夫、商贩、手艺人 102 人，宗教界人士 26 人。农民选择完全正确的有 199 人，约占农民人数的 24%。教师选择完全正确的有 365 人，约占 66%。学生选择完全正确的有 1128 人，约占 66%。乡镇干部选择完全正确的有 86 人，约占 43%。大夫、商贩、手艺人选择完全正确的有 33 人，约占 32%。宗教界人士选择正确的有 6 人，约占 24%。

关于第 3 题，写法错误的词语是：必须品、直接了当、通情达礼、题纲、干忧、穿流不息、寒喧。甘肃省接受调查的农民共2480人，教师528人，学生2376人，乡镇干部132人，大夫、商贩、手艺人62人，宗教界人士21人。农民选择完全正确的有496人，约占农民人数的20%。教师选择完全正确的有327人，约占62%。学生选择完全正确的有1378人，约占58%。乡镇干部选择完全正确的有49人，约占37%。大夫、商贩、手艺人选择完全正确的有21人，约占35%。宗教界人士选择正确的有4人，约占22%。

青海省接受调查的农民754人，牧民642人，教师396人，学生792人，乡镇干部132人，大夫、商贩、手艺人498人，宗教界人士175人。农民选择完全正确的有143人，约占农民人数的19%。牧民选择完全正确的有109人，约占农民人数的17%。教师选择完全正确的有253人，约占64%。学生选择完全正确的有499人，约占63%。乡镇干部选择完全正确的有51人，约占39%。大夫、商贩、手艺人选择完全正确的有149人，约占35%。宗教界人士选择正确的有35人，约占20%。

宁夏回族自治区接受调查的农民共830人，教师553人，学生1709人，乡镇干部201人，大夫、商贩、手艺人102人，宗教界人士26人。农民选择完全正确的有190人，约占农民人数的23%。教师选择完全正确的有382人，约占69%。学生选择完全正确的有1145人，约占67%。乡镇干部选择完全正确的有84人，约占42%。大夫、商贩、手艺人选择完全正确的有35人，约占34%。宗教界人士选择正确的有6人，约占23%。

从上面三个题目的数据分布可以看出这样几个特点，第一，各题数据变化不大，说明各类人员对形近字、音近字的使用情况大体稳定。第二，从总体情况来说，各类人员作出完全正确选择的比例数都很低。最高者为 69%，最低者仅仅为 13%，这种情况说明，人们对形近字和音近字混用。第三，从人员类别来看，教师和学生选择完全正确的人数比例较高，农牧民选择完全正确的人数比例较低。

我们感到，对形近引起的错误和音近引起的错误而言，后者对农村居民的用字影响更大。因为三省区农村居民的用字，同音或近音字代替法使用较为普遍。我们不仅从问卷上得到这种印象，还从学生作业本、社会用字得到同样印象。如宁夏海原县七营镇一所学校的语文试卷题目有"辩析同义词"的字样；甘肃宁县盘克镇一个商店把"鸡蛋"写作"鸡旦"，同时把"饼干"写作"并干"。我们还看到，农村有些乡镇办公机构虽然使用计算机打字，但因打字者对一些音近字分辨不清，所以打成了别字。如甘肃省宁县盘克镇盘克小学开学通知"徽纳学费"中的"徽"（应为"缴"）。

八、关于新旧字形

1965 年文化部、文字改革委员会发出《关于统一汉字字形的联合通知》，同时下发《印刷通用汉字字形表》，该表收有印刷通用宋体 6196 字，规定了每个字的标准字形。从此，该表既是印刷用字字形的标准，也是语文教学的字形标准，同时还是人们平时书写的规范。该表规定的字形习惯上被称之为新字形，在此之前使用的铅字字形被叫做旧字形。

走访过程中，我们看到有的地方还使用旧字形，于是我们在问卷中设计了下面的题目：

题目二十七，填空。你平时所写下列各字是什么样子？请写在括号里：

平（　）、骨（　）、吕（　）、兑（　）、丰（　）、争（　）、呈（　）、虚（　）、录（　）、偷（　）、盛（　）、并（　）、角（　）、户（　）

本题目的在于了解还有哪些人在使用旧字形。果然，有人还在习惯性使用旧字形，如把"吕、争、录、偷、并、角"写成"吕、争、录、偷、并、角"。

为避免书写的偶然性，我们设定被调查人在括号内写3个以上旧字形才算使用旧字形，3个以下不计。

甘肃省接受调查的农民共2480人，教师528人，学生2376人，乡镇干部132人，大夫、商贩、手艺人62人，宗教界人士21人。农民使用旧字形的有99人，约占农民人数的4%。教师使用旧字形的有11人，约占2%。学生使用旧字形的0人。乡镇干部使用旧字形的有3人，约占2%。大夫、商贩、手艺人使用旧字形的有2人，约占3%。宗教界人士使用旧字形的有1人，约占2%。

青海省接受调查的农民754人，牧民642人，教师396人，学生792人，乡镇干部132人，大夫、商贩、手艺人498人，宗教界人士175人。农民使用旧字形的有15人，约占农民人数的2%。牧民使用旧字形的有5人，约占农民人数的1%。教师使用旧字形的有3人，约占1%。学生使用旧字形的0人。乡镇干部使用旧字形的有2人，约占2%。大夫、商贩、手艺人使用旧字形的有9人，约占2%。宗教界人士使用旧字形的有2人，约占1%。

宁夏回族自治区接受调查的农民共841人，教师553人，学生1721人，乡镇干部201人，大夫、商贩、手艺人102人，宗教界人士26人。农民使用旧字形的有17人，约占农民人数的2%。教师使用旧字形的有10人，约占2%。学生使用旧字形的0人。乡镇干部使用旧字形的有20人，约占1%。大夫、商贩、手艺人使用旧字形的有4人，约占3%。宗教界人士使用旧字形的有1人，约占1%。

从以上数据可以看出，三省区农村虽然有人使用旧字形，但使用者极少。我们注意到，这些旧字形的使用者，几乎都是年龄在50岁左右，文化程度为初中、小学的人员，既有农民，也有教师和其他人员。访问得知，这些人上小学和初中的时间是上个世纪50年代，当时教材、报纸、文学作品等印刷品所用铅字字形存在差别，宋体和楷体之间也有差别。现在年龄在50岁左右的一些人使用的旧字形，正是他们当时学习的结果。"文革"期间，这批人离开了学校，大部分人一直在农村劳动，没有机会学习更多文化知识，于是旧字形还在他们笔下存活。

九、错别字

写错别字是普遍现象，农牧民如此，学生如此，其他人员如此，就连教师也不例外。本节的"七、形近字、音近字使用状况"所讲的其实就是一般所说的别字。为从书写角度了解人们的用字情况，我们在问卷中设计了以下题目：

题目二十八，填空。看拼音写汉字（如不懂拼音，可由调查人读出）：

zhēn（ ）假、wǔ（ ）蹈、bēi（ ）鄙、rǎn（ ）发、guǐ（ ）道、huāng（ ）张、辉 huáng（ ）、村 zhuāng（ ）、发 zhǎn（ ）、liú（ ）水、huàn（ ）想、mó（ ）糊、qín（ ）奋、一张 zhǐ（ ）、方 shì（ ）、lín（ ）时工、近 shì（ ）眼、办手 xù（ ）、发家 zhì（ ）富、zuò（ ）生意、改 xié（ ）归正、思想品 dé

（　）、化 zhuāng（　）演出、cháng（　）久、jì（　）然、文 wǔ（　）双全、hé（　）谐社会、照 xiàng（　）机

我们设定被调查人在括号内写 3 个及其以上错别字才算有错别字，3 个以下不计。

甘肃省接受调查的农民共 2480 人，教师 528 人，学生 2376 人，乡镇干部 132 人，大夫、商贩、手艺人 62 人，宗教界人士 21 人。农民出现错别字的有 521 人，约占农民人数的 21%。教师出现错别字的有 26 人，约占 5%。学生出现错别字的有 214 人，约占 9%。乡镇干部出现错别字的有 11 人，约占 8%。大夫、商贩、手艺人出现错别字的有 11 人，约占 19%。宗教界人士出现错别字的有 3 人，约占 14%。

青海省接受调查的农民 754 人，牧民 642 人，教师 396 人，学生 792 人，乡镇干部 132 人，大夫、商贩、手艺人 498 人，宗教界人士 175 人。农民出现错别字的有 181 人，约占农民人数的 24%。牧民出现错别字的有 167 人，约占牧民人数的 26%。教师出现错别字的有 28 人，约占 7%。学生出现错别字的有 79 人，约占 10%。乡镇干部出现错别字的有 12 人，约占 9%。大夫、商贩、手艺人出现错别字的有 90 人，约占 18%。宗教界人士出现错别字的有 21 人，约占 12%。

宁夏回族自治区接受调查的农民共 841 人，教师 553 人，学生 1721 人，乡镇干部 201 人，大夫、商贩、手艺人 102 人，宗教界人士 26 人。农民出现错别字的有 168 人，约占农民人数的 20%。教师出现错别字的有 22 人，约占 4%。学生出现错别字的有 138 人，约占 8%。乡镇干部出现错别字的有 18 人，约占 9%。大夫、商贩、手艺人使用旧字形的有 16 人，约占 16%。宗教界人士使用旧字形的有 4 人，约占 14%。

从以上分析数据可以看出，三省区农村居民应用汉字过程中出

现错别字的人数比例较高。即使教师,也都难免写错别字。错字主要表现是:有的字多了笔画,如"染发"的"染",右上方的"九"写成了"丸";"模糊"的"模",右边的"木"写成了"米"。有的字少了笔画,如"思想品德"的"德",右下部"心"字上边少了一横;"勤奋"的"勤"左下部三横却写成两横。别字如:"办手续"的"续"写成了"序","改邪归正"的"邪"写成了"斜","幻想"的"幻"写成了"幼"等等。

十、计量单位用字

国务院于 1959 年发布《统一我国计量制度的命令》,确定以米制(即公制)为基本计量制度,当时淘汰了一些专为翻译过来的计量单位词创制的汉字,但此后很长一段时间内,"吋、呎、浬、瓩"等字保持一字双音,与现代汉字形音配合规律不一致。1977 年 7 月,文字改革委员会和国家标准计量局发布《部分计量单位名称统一用字表》,统一了 20 个公制计量单位的译名用字,"吋、呎、浬、瓩"等字要求分别写成"英寸、英尺、海里、千瓦"。至今,我们还能在报纸、小说、影视片、电器说明书上看到"吋、呎、浬、瓩"字样,这实际上都是不规范的书写形式。

在宁夏走访时,我们留心观察这些字的使用情况,同时询问各类人员是否使用这些汉字,结果每个地方都未见使用,接受询问的人员都说不用。有的人说看见书报上使用,但自己用不到。这使我们明白,农村居民使用的汉字都与现实生活密切相关。"吋、呎、浬、瓩"等字距离人们的生活较远,一般不用,所以未发现不规范应用的问题。甘肃、青海两省的情况也是如此。

第三章
甘青宁三省区农村居民汉语拼音应用状况调查与分析

第一节 农村居民对汉语拼音有关政策法规的了解及认识状况

一、农村居民对《汉语拼音方案》的形成过程及其相关规定的了解

1949年10月,民间团体"中国文字改革协会"成立。1952年2月,政务院文化教育委员会成立"中国文字改革研究委员会",下设"拼音方案组"。1956年2月,拉丁字母的汉语拼音方案第一个草案发表;1957年10月,拼音方案委员会又提出完全采用拉丁字母的修正草案。1958年2月,全国人民代表大会批准以后,秋季开始在全国小学教学。小学生入学,先学汉语拼音字母,然后用拼音字母帮助识字。同时在推广普通话和外国人学习汉语方面,采用汉语拼音作为学习的工具。

50年的使用过程中,有关部门对方案进行了必要的完善。主要表现是先后公布了一系列法规,1963年发布《普通话异读词三

次审音总表初稿》，1974 年发布《中国人名汉语拼音字母拼写法》，1975 年发布《中国各省、直辖市、自治区汉语拼写字母缩写表》，1982 年发布《中国书刊名称汉语拼音拼写法》，1982 年 8 月发布《汉语拼音字母名称读音》，1982 年 12 月发布《中国各民族名称的罗马字母拼写法和代码》，1984 年 12 月发布《中国地名汉语拼音字母拼写规则》，1984 年 10 月，中国文字改革委员会发表了《汉语拼音正词法基本规则（试用稿）》，1985 年 12 月修订并颁布《普通话异读词审音表》，1988 年 7 月 1 日颁布《汉语拼音正词法基本规则》。

2000 年，我国公布《中华人民共和国国家通用语言文字法》，其中第十八条规定："国家通用语言文字以汉语拼音方案作为拼写和注音工具；《汉语拼音方案》是中国人名、地名和中文文献罗马字母拼写法的统一规范，并用于汉字不便和不能使用的领域；初等教育应当进行汉语拼音教学。"

应当说，《汉语拼音方案》和相关法规的形成与颁布，经历了这样一个历程之后，大部分人有所了解才较为合理。但甘青宁三省区农村调查所反映的结果并非如此。

我们在访谈中问到下面的问题：

1. 你了解《汉语拼音方案》吗？
2. 你了解《汉语拼音正词法基本规则》吗？

关于第 1 题，甘肃省接受访谈的 439 人，回答"了解"的有 40 人，约占 9%；回答"了解不多"的有 101 人，约占 23%；回答"根本不了解"的有 298 人，约占 68%。青海省接受访谈的 317 人，回答"了解"的有 22 人，约占 7%；回答"了解不多"的有 86 人，约占 27%；回答"根本不了解"的有 209 人，约占 66%。宁夏回族自治区接受访谈的314人，回答"了解"的有38人，约占12%；回答"了解不多"的有69人，约占22%；回答"根本不了解"的有207人，约占66%。

关于第2题，甘肃省接受访谈的439人，回答"了解"的有9人，约占2%；回答"了解不多"的有35人，约占8%；回答"根本不了解"的有395人，约占90%。青海省接受访谈的317人，回答"了解"的有6人，约占2%；回答"了解不多"的有22人，约占7%；回答"根本不了解"的有289人，约占91%。宁夏回族自治区接受访谈的314人，回答"了解"的有9人，约占3%；回答"了解不多"的有28人，约占9%；回答"根本不了解"的有276人，约占88%。

从上面第1个访谈题目的相关数据可以看出，三省区农村居民中，70%左右的人对《汉语拼音方案》不够了解。我们注意到一个特点，虽然三省区农村居民选择三个答案的人数比例不同，但总体分布规律一致，即回答"了解"的人数比例最低，回答"了解不多"的人数比例最高。回答"了解"的人员，大部分都是中小学语文教师和中小学生，还有少数从师范学校刚毕业不久、在乡镇机关工作的年轻人；回答"了解不多"的人员，主要是年龄在50岁左右、具有小学或中学文化程度的人，他们早年上学期间学过汉语拼音，但现在多数人已经不能使用拼音，仅仅留下汉语拼音的印象；回答"根本不了解"的多数是50岁以上文盲半文盲人员。从第2个访谈题目的相关数据可以看出，三省区农村居民中90%左右的人不了解《汉语拼音正词法基本规则》。虽然三省区农村居民选择三个答案的人数比例不同，但总体分布规律一致，即回答"了解"的人数比例最低，回答"不了解"的人数比例最高。回答"了解"的人员，有的是从大学中文系毕业不久的年轻人，有的是当地学区教研部门语文组人员,有的是参加过汉语言文学专业自学考试本科段学习的人员;回答"了解不多"的人员,是一部分中小学语文教师和乡镇的年轻干部,他们略知"正词法",但不明其理。回答"根本不了解"的人员,在各年龄段、各种身份的人中都占多数。

二、人们对应用汉语拼音的意义的认识

有学者指出,新中国成立以来,我国语言学界取得了不少成就,其中汉语拼音是最大的成就,是影响千秋万代的杰作,是没有申请专利却有国际专利权的重大发明。(刘涌泉:《汉语拼音是我国语言学界的最大成就》,载《语文建设》1998年第4期)因为《汉语拼音方案》颁布以来,在许多领域得到了广泛应用。总体而言,其用途和意义体现在两大方面,即语言文字方面和技术应用方面。在语言文字方面,拼音普遍施用于字典、词典的注音,施用于认读汉字,施用于拼写普通话,施用于制订少数民族文字,施用于设计聋哑人用的手指语和盲人用的盲字,施用于对外汉语教学。在技术应用方面,施用于辞书和百科全书的条目排列,施用于书刊的索引,施用于中文信息处理,施用于各种产品的型号标记,施用于视觉通信和无线电报,施用于聋人的手指字母。1977年,联合国地名标准化会议决定,汉语拼音方案是中国地名拼写法的国际标准。1982年,国际标准化组织决定,采用汉语拼音作为拼写汉语的国际标准。中国对外书报文件和出国护照中的汉语人名地名一律用汉语拼音字母书写。最近几年,人们开始使用移动电话,发送短信也使用汉语拼音。可以说,汉语拼音是我国建设新文化的重要支柱之一。

当代社会，汉语拼音无处不在。

我们在甘肃、青海、宁夏三省区访谈时，问及汉语拼音有何用途、国家推广汉语拼音方案有何意义。有的人反应茫然，有的人回答：便于书写、跟外语接轨、写出来好看……

访谈中，我们问到如下两个问题：

1. 列举汉语拼音的三种用途。

2. 国际标准化组织采用拼音字母作为拼写汉语的国际标准，你知道吗？

关于第 1 题，甘肃省接受访谈的 439 人，能够列举出汉语拼音三种及三种以上用途的有 211 人，约占 48%；青海省接受访谈的 317 人，能够列举出汉语拼音的三种及三种以上用途的有 130 人，约占 41%；宁夏回族自治区接受访谈的 314 人，能够列举出汉语拼音的三种及三种以上用途的有 166 人，约占 53%。

关于第 2 题，甘肃省接受访谈的 439 人，回答"知道"的有 18 人，约占 4%；青海省接受访谈的 317 人，回答"知道"的有 6 人，约占 2%；宁夏回族自治区接受访谈的 314 人，回答"知道"的有 16 人，约占 5%。

从上面的访谈中我们注意到，能够列举汉语拼音用途的人员主要是教师、学生、乡镇干部和商贩，而农民、牧民、大夫、手艺人和宗教界人士大多不能列举。同时，人们列举的内容主要是给汉字注音、查字典、手机发送短信，而对汉语拼音在科学技术方面的作用知道得很少。三省区农村居民中 95% 以上的人员不知道拼音字母为拼写汉语的国际标准的事实。回答"知道"的人员是一些教师、刚从高等院校毕业回乡镇工作的年轻人。

第二节　农村居民中应用汉语拼音的人群

我国于 1958 年颁布了《汉语拼音方案》。50 多年来，该方案在教育、科技、文化、军事、外交各领域发挥了重要作用，为扫除文盲、普及教育，发展经济文化，增进对外交流作出了积极贡献。

今天，我们已经进入网络信息时代，计算机开始进入普通百姓家，因而计算机信息处理技术的重要意义也日益突出。在这种形势下，掌握和使用汉语拼音比以往任何时候都显得重要。随着农村中文信息处理技术和互联网的迅速发展及其应用范围的不断扩大，亟须数量更大、范围更广的人群熟练地掌握汉语拼音。

然而，我们走访中了解到，在甘肃、青海、宁夏农村地区，应用汉语拼音的人员比应用普通话和汉字的人员少得多。按照人员身份来说，主要是下面几类：

第一类是教师。三省区农村中小学的语文教师，由于教学工作的要求，必须应用汉语拼音。担任其他课程的教师，有一部分可以应用汉语拼音，有一部分不能应用。

第二类是学生。从小学一年级开始，学生学习汉语拼音。小学《语文》课本上的重要内容就是讲解汉语拼音的声韵调及音节拼读。2001 年颁布的《中华人民共和国国家通用语言文字法》第十八条规定："初等教育应当进行汉语拼音教学。"这一规定使得汉语拼音的学习成为学生的法定任务。在此要求下，甘肃、青海、宁夏农村的中小学学生，都在学习并应用汉语拼音。青海省有些学校以民族语言为教学语言，学习汉语文稍晚，但都学习汉语拼音。

第三类是一些乡镇干部。最近几年，乡镇一些部门管理环节开始使用计算机，如户籍管理、电报电话业务等，乡镇的主要道路开始设立汉字加汉语拼音的标牌。在这种情况下，乡镇干部也开始应用汉语拼音。

广大的农牧民、大夫、商贩、手艺人、宗教界人士中，只有少数人员偶尔使用汉语拼音，如用手机收发短信。鉴于这种情况，我们在访谈时间及各类人员，而发放问卷时仅针对教师、学生和乡镇干部。

第三节　农村居民应用汉语拼音的基本状况

在三省区农村，人们应用汉语拼音的作用在于：帮助识记汉字、纠正字音；帮助人们阅读注音读物；用来查字典词典；计算机汉字信息处理。基本状况如下：

一、借助汉语拼音识记汉字的情况

实践证明，汉语拼音可以帮助人们加快识字速度、培养独立识字能力，是提高识字效率的有效工具。1982年以来在许多省、自治区开展的"注音识字，提前读写"实验，较好地发挥了汉语拼音的作用。但我们在甘肃、青海、宁夏三省区农村调查发现，汉语拼音在三省区农村人们记认汉字方面所发挥的作用还不够强大。

我们在问卷中设计了下面的题目：

题目二十九，选择。根据题意，在你认为正确的答案上打√：

1. 你认为汉语拼音对人们识记汉字有作用吗？

　A. 有　　B. 没有

2. 你能利用汉语拼音识记汉字吗？

A. 能　B. 不能

关于第 1 题,甘肃省接受调查的教师(528 人)、学生(2376 人)、乡镇干部(132 人)共 3036 人。教师回答"有"的有 459 人,约占教师人数的 87%;学生回答"有"的有 2257 人,约占学生人数的 95%;乡镇干部回答"有"的有 74 人,约占乡镇干部人数的 56%。青海省接受调查的教师(396 人)、学生(792 人)、乡镇干部(132 人)共 1320 人,教师回答"有"的有 341 人,约占教师人数的 86%;学生回答"有"的有 737 人,约占学生人数的 93%;乡镇干部回答"有"的有 42 人,约占乡镇干部人数的 32%。宁夏回族自治区接受调查的教师(553 人)、学生(1721 人)、乡镇干部(201 人)共 2477 人,教师回答"有"的有 492 人,约占教师人数的 89%;学生回答"有"的有 1669 人,约占学生人数的 97%;乡镇干部回答"有"的有 124 人,约占乡镇干部人数的 59%。这就是说,学生和教师普遍感觉到汉语拼音对人们识记汉字有作用。而学生的人数比例更高,说明学生的感受更深。的确,现在的在校学生一开始接触汉语文,总是从汉语拼音入手,汉语拼音成了他们识字的一个先行工具。教师当中有一部分年龄较大的人员,尤其是担任非语文课的教师,没有掌握或不熟悉汉语拼音,他们当初学记汉字是从汉字本身的点横竖撇捺开始,了解汉语拼音是后来的事,所以选择"有"的人数比例不及学生高。三省区农村的乡镇干部当中很多人没有学过汉语拼音,或者一知半解。年龄较轻的干部多是近些年从大中专学校毕业的学生,对拼音了解较为深入,因此乡镇干部选择"有"的人数比例较低。

关于第 2 题,甘肃省接受调查的教师、学生、乡镇干部共 3036 人。教师回答"能"的有 438 人,约占教师人数的 83%;学生回答"能"的有 2162 人,约占学生人数的 91%;乡镇干部回答"能"的有 54 人，约占乡镇干部人数的 41%。青海省接受调查的教师、学生、乡镇干部共 1320 人，教师回答"能"的有 309 人，约占教师人数的 78%；学生回答"能"的有 657 人，约占学生人数的 83%；乡镇干部回答"能"的有 37 人，约占乡镇干部人数的 28%。宁夏回族自治区接受调查的教师、学生、乡镇干部共 2477 人，教师回答"能"的有 476 人，约占教师人数的 86%；学生回答"能"的有 1583 人，约占学生人数的 92%；乡镇干部回答"能"的有 113 人，约占乡镇干部人数的 56%。跟第 1 题统计结果相比，此题各项人数比例都略有下降，这就是说，有一部分人认为汉语拼音对人们识记汉字有作用，但自己并不能应用拼音帮助识记汉字。调查中，我们在一些小学听到年龄比较大的教师感慨地说，汉语拼音帮助娃娃们识字起了大作用。因为这些教师自己年轻时没有学会拼音，当时识字速度比现在的学生缓慢许多，他们学过汉字，现在又给学生教拼音教汉字，体会深刻。我们还了解到，几年前，有少数教师打着素质教育、减负的旗号，以弘扬民族文化、热爱民族语言为理由，在小学淡化汉语拼音教学。最近两年，人们的认识有所变化，拼音教学情况有所好转。

二、借助汉语拼音阅读注音读物的情况

阅读注音读物，既是巩固汉语拼音知识、增强自主识字能力的一种有效方法，又是获取多种知识的一种有力手段。因为学会了汉语拼音，人们就能借助拼音去认读大量的词语、句子、短文。这样，一个人即使识字不多，也能阅读比较丰富的汉字文本内容。这样不仅培养了阅读能力，增加了识字量，还增长了知识，发展了智力，人们的思想也受到一定程度的教育。

我们的调查问卷中有下面的问题：

题目三十，选择。根据题意，在符合你实际情况的答案上打√：

1. 你阅读汉语拼音注音读物吗？

A. 阅读　B. 不阅读

2. 你们家里有汉语拼音注音读物吗？

A. 有　B. 没有

关于第1题，甘肃省接受调查的教师（528人）、学生（2376人）、乡镇干部（132人）共3036人。教师回答"阅读"的有148人，约占教师人数的28%；学生回答"阅读"的有855人，约占学生人数的36%；乡镇干部回答"阅读"的有924人，约占乡镇干部人数的7%。青海省接受调查的教师（396人）、学生（792人）、乡镇干部（132人）共1320人，教师回答"阅读"的有75人，约占教师人数的19%；学生回答"阅读"的有182人，约占学生人数的23%；乡镇干部回答"阅读"的有53人，约占乡镇干部人数的4%。宁夏回族自治区接受调查的教师（553人）、学生（1721人）、乡镇干部（201人）共2477人，教师回答"阅读"的有138人，约占教师人数的25%；学生回答"阅读"的有637人，约占学生人数的37%；乡镇干部回答"阅读"的有12人，约占乡镇干部人数的6%。显然，各类人员阅读汉语拼音读物的人数比例很低。相对而言，学生阅读汉语拼音读物的人数比例较高。我们注意到，小学生阅读注音读物的人数比例高于中学生。乡镇干部阅读注音读物的人数比例最低。甘肃省天水市甘谷县有一位乡干部说，他从头至尾阅读过《毛泽东诗词注音读本》。他说，自己没有阅读目的，仅是顺手翻看而已。大部分教师和乡镇干部认为，阅读汉语拼音读物是学生们的事，大人们没有时间，也没必要阅读那样的书。

我们还顺便问过学生两个问题,第一个问题是,阅读课外注音读物是老师要求,还是自己去读?不到十所学校的学生说老师曾经布置,要求阅读。大部分学生说是自己去读。我们大致记录了学生所说的读物名称,主要有:《唐诗故事》、《中国寓言故事》、《英雄人物故事》、《三国演义故事(注音读物)》、《三字经》、《增广贤文》、《中国智慧故事》等等,内容偏重于中国传统文化。第二个问题是,阅读课外注音读物有何收获?学生的回答各种各样,归纳起来有下面几种:(1)熟悉和巩固了汉语拼音。学生们说,有些汉语拼音知识在课本上没有讲清,通过阅读,这些知识变得清楚了。在不断阅读的过程中,实际拼读音节的能力大为增强。(2)帮助学生们读准字音。学生们发现,受方言影响,一些字的读音掌握得不好,而在注音读物中,这些字的注音反复出现,强化学生记忆,使他们克服了区别不清的困难。(3)帮助学生们识字。通过拼音,学生们可以识读课文中没有学过的字。青海省一些少数民族学生说,通过注音读物识汉字,速度快,记得牢。

关于第 2 题,甘肃省接受调查的教师、学生、乡镇干部共 3036 人。教师回答"有"的有 79 人,约占教师人数的 15%;学生回答"有"的有 451 人,约占学生人数的 19%;乡镇干部回答"有"的有 26 人,约占乡镇干部人数的 20%。青海省接受调查的教师、学生、乡镇干部共 1320 人,教师回答"有"的有 51 人,约占教师人数的 13%;学生回答"有"的有 119 人,约占学生人数的 15%;乡镇干部回答"有"的有 25 人,约占乡镇干部人数的 19%。宁夏回族自治区接受调查的教师、学生、乡镇干部共 2477 人,教师回答"有"的有 94 人,约占教师人数的 17%;学生回答"有"的有 275 人,约占学生人数的 16%;乡镇干部回答"有"的有 44 人,约占乡镇干部人数的22%。可见,约占有汉语拼音读物(不计数量多少)的人家很少。这从一个侧面反映出,人们并不重视阅读汉语拼音注音读物。我们了解到,对三省区农村的教师、学生和乡镇干部而言,除了教材之外的书籍,一般很少购买,包括汉语拼音注音读物,一方面因为大部分人家经济困难;另一方面拿钱也很难买到,没有书店,或书店里没有这样的书。

以上情况表明,三省区真正借助汉语拼音阅读文章书籍的人数较少。

三、借助汉语拼音学习普通话的情况

我国幅员广阔,各地语音有很大不同。只有说普通话,才能克服方言的障碍,达到互相交流的目的。但是,学习普通话单凭口授耳听,学习者难以掌握规律,不能满足学习需要。《汉语拼音方案》能够科学准确地反映普通话的语音实际,掌握这个工具,就有可能做到语音正确,较快较好地学习普通话。

为了解三省区农村居民借助汉语拼音学习普通话的状况,问卷中设计了下面的题目:

题目三十一,选择。根据题意,在你认为正确的答案上打√:

1. 汉语拼音对你学习和掌握普通话有帮助吗?

A. 有   B. 没有

2. 你能利用汉语拼音学习普通话吗?

A. 能   B. 不能

关于第1题,甘肃省接受调查的教师(528人)、学生(2376人)、乡镇干部(132人)共3036人。教师回答"有"的有401人,约占教师人数的 76%；学生回答"有"的有 1283 人，约占学生人数的 54%；乡镇干部回答"有"的有 61 人，约占乡镇干部人数的 46%。青海省接受调查的教师（396 人）、学生（792 人）、乡镇干部（132 人）共 1320 人，教师回答"有"的有 360 人，约占教师人数的 91%；学生回答"有"的有 673 人，约占学生人数的 85%；乡镇干部回答"有"的有 71 人，约占乡镇干部人数的 54%。宁夏回族自治区接受调查的教师（553 人）、学生（1721 人）、乡镇干部（201 人）共 2477 人，教师回答"有"的有 426 人，约占教师人数的 77%；学生回答"有"的有 964 人，约占学生人数的 56%；乡镇干部回答"有"的有 94 人，约占乡镇干部人数的 47%。

关于第 2 题，甘肃省接受调查的教师、学生、乡镇干部共 3036 人。教师回答"能"的有 359 人，约占教师人数的 68%；学生回答"能"的有 1378 人，约占学生人数的 58%；乡镇干部回答"能"的有 28 人，约占乡镇干部人数的 21%。青海省接受调查的教师、学生、乡镇干部共 1320 人，教师回答"能"的有 345 人，约占教师人数的 87%；学生回答"能"的有 681 人，约占学生人数的 86%；乡镇干部回答"能"的有 34 人，约占乡镇干部人数的 26%。宁夏回族自治区接受调查的教师、学生、乡镇干部共 2477 人，教师回答"能"的有 365 人，约占教师人数的 66%；学生回答"能"的有 1067 人，约占学生人数的 61%；乡镇干部回答"能"的有 46 人，约占乡镇干部人数的 23%。

从上面两个题目调查结果的分析可以看出三个特点：第一个是从人员身份来看，三省区的教师认为汉语拼音对人们学习和使用普通话有帮助的人数比例最高，能利用汉语拼音学习普通话的人数比例也最高。这表明教师对汉语拼音和普通话的内在联系的认识最为深刻。第二个是三省区的乡镇干部认为汉语拼音对人们学习和使用普通话有帮助的人数比例最低,能利用汉语拼音学习普通话的人数比例也最低。这说明乡镇干部普遍不重视应用汉语拼音。第三个是从省区范围来看,青海省的教师和学生认为汉语拼音对人们学习和使用普通话有帮助的人数比例最高,能利用汉语拼音学习普通话的人数比例也最高。这表明该省农村中小学师生利用汉语拼音的主动性最强。其所以如此,是因为青海省农村往往多民族杂居,虽然以汉语为母语的人不少,但毕竟多民族语言相互影响,人们所操语言的语音跟普通话语音差别较大,普通话环境较差。而工作和学习又需要他们学说普通话,在实际学习过程中,老师和学生都感受到了汉语拼音在学习普通话过程中的引导与正音作用,因此85%以上的教师和学生都认为,汉语拼音对学习普通话影响较大。而甘肃、宁夏两省区的中小学教师和学生,由于大部分人员的母语为汉语,听普通话没有多大困难,模仿普通话也较为容易,学习普通话的条件较为优越,一般对汉语拼音的帮助作用没有明显感受,因而大部分人认为,是否学习汉语拼音,并不影响掌握普通话。

我们在甘肃省的庆阳、天水、平凉等市的一些县份和宁夏回族自治区的固原市、中卫市的一些县份走访时听一些学生和老师说,汉语拼音只是给汉字注音的工具,可用来拼读一个个汉字,却不能帮助人们学说普通话。他们说,汉语拼音只管"字"的问题,而管不了"话"的问题。有的学生认为,学了汉语拼音,照常不会说普通话;会说普通话的人,不必都会汉语拼音。显然,这些学生甚至老师把学习汉语拼音和学习普通话当作互不相干的两件事,没有从实质上理解"汉语拼音"的意义,还不太重视应用汉语拼音跟学习普通话的关系,还不能主动借助汉语拼音学习普通话。

四、用汉语拼音拼写汉语的情况

国家制订《汉语拼音方案》的最初目的，是既给汉字注音，又用来拼写汉语。这一点，在《国家通用语言文字法》第十八条第一款中又加以强调："国家通用语言文字以《汉语拼音方案》作为拼写和注音工具。"这一表述再次说明，"拼写"和"注音"是两回事。尹斌庸曾经指出："'拼写'，指用汉语拼音来书写普通话，这是从语言层次来处理问题的。语言最自然的单位是词，因此拼写必须以词为单位。""拼写既然是以词为书写单位，就必须有一套按词分写的规则作为拼写的依据。""'注音'，指用汉语拼音给汉字标上读音，这是从文字符号层次来处理问题的。汉字文章最自然的符号单位是字，而一个字就是一个音节，所以注音的单位实际上就是音节。""处于比较孤立状态下的汉字，最适宜采用注音的方法。"（尹斌庸：《拼写与注音》，载于《语言文字周报》2003 年 1 月 22 日）

顺着上面的叙述思路，我们来观察三省区农村有关情况。

我们在甘青宁三省区农村走访中看到，教师的教案中，拼写短语或句子、段落时，都是按照音节（单字）标写。由此，我们推测，教师和学生习惯按单字注音，而不习惯按词拼写。为了证实我们的判断，在问卷中设计了下面的题目：

题目三十二，拼写。把下面这段话用汉语拼音拼写在横线上：

很久以前，祁连山大旱。一位仙女从南天门望见这里一片焦土，就驾云来到山上寻找水源。王母娘娘有事召开会议，发现这位仙女下凡，要她赶紧回去。仙女知道她不能再来，临走前就把白羽衫披在山顶，把四颗珍珠撒在草中。后来，衫儿化成厚厚的白雪，覆盖山脉，雪水终年浇灌田亩；珍珠变作牛群、羊群、鹿群、马群，在山下饮着雪水,吃着青草。

_____

_____

_____

_____

_____

_____

  我们看到,三省区农村几乎所有的教师、学生和乡镇干部都按照单字音节做了注音。例如,"一位仙女从南天门望见这里一片焦土,就驾云来到山上寻找水源"被拼写成了:yi wei xian nü cong nan tian men wang jian zhe li yi pian jiao tu, jiu jia yün lai dao shan shang xun zhao shui yuan。这是甘肃省金昌市永昌县一位从中专学校毕业、已在一所中学工作六年的语文教师给出的答案。这些拼音无声调、无字母大写,没有一个是按分词连写的要求来写的。

  1477名教师(甘肃528名,青海396名,宁夏553名)中,仅有21名(甘肃9名,青海2名,宁夏10名)以词为单位进行拼写,仅占教师人数比例的1%强。4889名学生(甘肃2376名,青海792名,宁夏1721名)中,仅有2名(青海1名,宁夏1名)以词为单位进行拼写,但整体错误较多,其他人或是音节一个个分离,间距相等,或是音节间没有界限,犹如写汉字,音节连续排列。661名乡镇干部(甘肃176名,青海132名,宁夏353名)中,仅5名有以词为单位进行拼写的意识(甘肃1名,青海3名,宁夏1名),但拼写错误很多。

我们对这段文字的拼音拼写中出现的主要问题进行归纳，大类如下：

一是没有彻底掌握普通话音节的拼写规则。如把"衫儿"写成"shāner"。

二是不知何时使用大写字母。很少有人知道一句话开头的第一个字母要大写的规则。如本段文字开头"很久以前"，绝大多数人拼写为：hén jiǔ yǐ qiǎn。

三是人名地名拼写错误。如"王母娘娘"拼写成：wáng mǔ niáng niáng，开头字母没有大写，第二个"娘"字为轻声音节，但大部分人标了声调。"祁连山"拼写成：qí lián shān，正确拼写应当是：Qílián Shān。

四是不会移行。移行时任意拆开音节的情况比比皆是。

五是没有掌握拼音书写规则。如"驾云"拼写成：jia yün，ü 上两点没有省略。

以上这些问题集中说明，人们还基本停留在给单字注音的阶段，这是使用汉语拼音必须经历的阶段，是基础阶段，还应该努力进入高级阶段，即拼写句子、段落阶段。

五、掌握拼写规则的情况

因为《汉语拼音方案》本身比较简略，只有基本符号部分，即字母表、声母表、韵母表、声调符号、隔音符号，这容易给人造成错觉，认为记住这五个部分，即算掌握了汉语拼音。为使拼音方案更好地发挥拼写汉语的作用，国家技术监督局于 1996 年 1 月 22 日批准并发布了《汉语拼音正词法基本规则》，作为中华人民共和国国家标准。该标准对词和句子的拼写作了规定："本标准规定了用《汉语拼音方案》拼写现代汉语的规则。内容包括分词连写法、成语拼写法、外来词拼写法、人名地名拼写法、标调法、移行规则等。为了适应特殊的需要，同时提出一些可供技术处理的变通方式。本标准适用于文教、出版、信息处理及其他部门，作为用《汉语拼音方案》拼写现代汉语的统一规范。"

在《汉语拼音方案》和《汉语拼音正词法基本规则》之间，国家还先后颁布了一些相关规定，如 1974 年拟定的《中国人名汉语拼音字母拼写法》，1984 年颁发的《中国地名汉语拼音字母拼写规则》，1987 年的《关于企业、商店、牌匾、商品包装、广告等正确使用汉字和汉语拼音的若干规定》，1992 年颁布的《关于在各种体育活动中正确使用汉字和汉语拼音的规定》等。这些规定使得拼音的用途更加明确，功能更加完善。拼音方案和这些基本规定与规则配合使用，就成了应用拼音必须遵守的规范。

为了解三省区农村居民对拼写规则掌握的具体情况，我们在问卷中设计了以下问题：

题目三十三，选择。根据题意，在你认为正确的答案上打√：

1."中华人民共和国"正确的汉语拼音拼写是：

A. Zhōnghuá rénmín gònghéguó　　B. Zhōng Huá Rén Mín Gòng Hé Guó　　C. Zhōnghuá Rénmín Gònghéguó

2."李卫东"正确的汉语拼音拼写是：

A. Lǐwèidōng　　B. Lǐ Wèidōng　　C. Lǐ wèidōng

3."510 基地"正确的汉语拼音拼写是：

A. 510 Jīdì　　B. 510 jīdì　　C. 510 jī dì

4. "看看"正确的汉语拼音拼写是：

A. kànkàn　B. kàn kàn　C. kànkan

5. 宁夏回族自治区名称的汉语拼音字母缩写形式是：

A. N X　B. N.X　C. nx

关于第1题，正确选择应当是C。甘肃省接受调查的教师（528人）、学生（2376人）、乡镇干部（132人）共3036人。教师作出正确选择的有227人，约占教师人数的43%；学生作出正确选择的有1117人，约占学生人数的47%；乡镇干部作出正确选择的有25人，约占乡镇干部人数的19%。青海省接受调查的教师（396人）、学生（792人）、乡镇干部（132人）共1320人，教师作出正确选择的有139人，约占教师人数的35%；学生作出正确选择的有309人，约占学生人数的39%；乡镇干部作出正确选择的有15人，约占乡镇干部人数的11%。宁夏回族自治区接受调查的教师（553人）、学生（1721人）、乡镇干部（201人）共2477人，教师作出正确选择的有265人，约占教师人数的48%；学生作出正确选择的有912人，约占学生人数的53%；乡镇干部作出正确选择的有42人，约占乡镇干部人数的21%。这表明，一半以上的师生对表示整体概念的名词的拼写规则没有掌握。

关于第2题，正确选择应当是B。甘肃省接受调查的教师、学生、乡镇干部共3036人。教师作出正确选择的有364人，约占教师人数的69%；学生作出正确选择的有1734人，约占学生人数的73%；乡镇干部作出正确选择的有42人，约占乡镇干部人数的32%。青海省接受调查的教师、学生、乡镇干部共1320人，教师作出正确选择的有206人，约占教师人数的52%；学生作出正确选择的有451人，约占学生人数的57%；乡镇干部作出正确选择的有

36 人，约占乡镇干部人数的 27%。宁夏回族自治区接受调查的教师、学生、乡镇干部共 2477 人，教师作出正确选择的有 398 人，约占教师人数的 72%；学生作出正确选择的有 1308 人，约占学生人数的 76%；乡镇干部作出正确选择的有 86 人，约占乡镇干部人数的 43%。这表明，一半以上的师生对表示整体概念的名词的拼写规则没有掌握。数据统计表明，学生对人名拼写规则掌握得较好。

关于第 3 题，正确选择应当是 A，地名中的代码要用阿拉伯数字书写。甘肃省接受调查的教师、学生、乡镇干部共 3036 人。教师作出正确选择的有 306 人，约占教师人数的 58%；学生作出正确选择的有 1354 人，约占学生人数的 57%；乡镇干部作出正确选择的有 32 人，约占乡镇干部人数的 24%。青海省接受调查的教师、学生、乡镇干部共 1320 人，教师作出正确选择的有 162 人，约占教师人数的 41%；学生作出正确选择的有 309 人，约占学生人数的 39%；乡镇干部作出正确选择的有 17 人，约占乡镇干部人数的 13%。宁夏回族自治区接受调查的教师、学生、乡镇干部共 2477 人。教师作出正确选择的有 321 人，约占教师人数的 58%；学生作出正确选择的有 1015 人，约占学生人数的 59%；乡镇干部作出正确选择的有 50 人，约占乡镇干部人数的 25%。这表明，将近半数的师生对地名拼写规则没有掌握。

关于第 4 题，正确选择应当是 C。考查人们对轻声音节的拼写规则的掌握情况。甘肃省接受调查的教师、学生、乡镇干部共 3036 人。教师作出正确选择的有 348 人，约占教师人数的 66%；学生作出正确选择的有 1639 人，约占学生人数的 69%；乡镇干部作出正确选择的有 41 人，约占乡镇干部人数的 31%。青海省接受调查的教师、学生、乡镇干部共 1320 人，教师作出正确选择的有 246 人，约占教师人数的 62%；学生作出正确选择的有 523 人，约占学生人数的66%；乡镇干部作出正确选择的有33人，约占乡镇干部人数的25%。宁夏回族自治区接受调查的教师、学生、乡镇干部共2477人，教师作出正确选择的有382人，约占教师人数的69%；学生作出正确选择的有1308人，约占学生人数的76%；乡镇干部作出正确选择的有64人，约占乡镇干部人数的32%。这表明，三分之一左右的师生对轻声音节拼写规则没有掌握。

关于第5题，正确选择应当是A。考查人们对省、市、自治区名称的拼音字母缩写形式的掌握情况。甘肃省接受调查的教师、学生、乡镇干部共3036人。教师作出正确选择的有465人，约占教师人数的88%；学生作出正确选择的有2233人，约占学生人数的94%；乡镇干部作出正确选择的有77人，约占乡镇干部人数的58%。青海省接受调查的教师、学生、乡镇干部共1320人，教师作出正确选择的有325人，约占教师人数的82%；学生作出正确选择的有665人，约占学生人数的84%；乡镇干部作出正确选择的有58人，约占乡镇干部人数的44%。宁夏回族自治区接受调查的教师、学生、乡镇干部共2477人，教师作出正确选择的有503人，约占教师人数的91%；学生作出正确选择的有1652人，约占学生人数的96%；乡镇干部作出正确选择的有139人，约占乡镇干部人数的69%。看来，各类人员对省、市、自治区名称的拼音字母缩写形式掌握得较好，尤其是宁夏回族自治区的乡镇干部显得更为突出，这也许跟"注重自己"的心理有关，但从另一个角度说明，农村人员学习汉语拼音更加注重实用。

从以上的统计与分析可以看出这样两点：一是三省区应用汉语拼音的人员，对各种拼写形式作出正确选择的人数比例普遍较低。只有个别规则，由于特殊原因，一个地方的人们使用频率偏高或是某种特殊心理驱使，掌握得较好。二是学生与教师相比，各题正确选择的人数比例，学生更高。经调查得知，从学生方面说，他们正在学习拼音，或英语学习中常用一些汉语拼音形式，因此有关拼写规则掌握得更加清楚；从教师方面说，语文任课教师对有关拼写规则掌握较好，而其他课的教师情况较差，于是，在有些规则应用方面，教师整体情况不如学生。

我们还对拼写过程中的书写规则应用情况也作了调查。调查题目如下：

题目三十四，判断正误。在你认为恰当的答案上打√。

1. 汉语化的音译名词，其汉语拼音形式按汉字译音拼写。

　　A. 是　B. 否

2. 用汉语拼音写短语或句子时，凡连写的音节，移行时自然分开。

　　A. 是　B. 否

3. 如果设计需要，书刊名称的汉语拼音形式可以全用大写。

　　A. 是　B. 否

关于第1题，正确判断应当为"是"。甘肃省接受调查的教师（528人）、学生（2376人）、乡镇干部（132人）共3036人。教师作出正确选择的有459人，约占教师人数的87%；学生作出正确选择的有2162人，约占学生人数的91%；乡镇干部作出正确选择的有63人，约占乡镇干部人数的48%。青海省接受调查的教师（396人）、学生（792人）、乡镇干部（132人）共1320人，教师作出正确选择的有321人，约占教师人数的81%；学生作出正确选择的有658人，约占学生人数的83%；乡镇干部作出正确选择的有41人，约占乡镇干部人数的31%。宁夏回族自治区接受调查的教师（553人）、学生（1721

人)、乡镇干部（201 人）共 2477 人，教师作出正确选择的有 492 人，约占教师人数的 89%；学生作出正确选择的有 1601 人，约占学生人数的 93%；乡镇干部作出正确选择的有 98 人，约占乡镇干部人数的 49%。可见，大部分师生对汉语化的音译名词拼写规则掌握得较好。

关于第 2 题，正确判断应当为"否"。甘肃省接受调查的教师、学生、乡镇干部共 3036 人。教师作出正确选择的有 327 人，约占教师人数的 62%；学生作出正确选择的有 1497 人，约占学生人数的 63%；乡镇干部作出正确选择的有 46 人，约占乡镇干部人数的 35%。青海省接受调查的教师、学生、乡镇干部共 1320 人，教师作出正确选择的有 210 人，约占教师人数的 53%；学生作出正确选择的有 444 人，约占学生人数的 56%；乡镇干部作出正确选择的有 38 人，约占乡镇干部人数的 29%。宁夏回族自治区接受调查的教师、学生、乡镇干部共 2477 人，教师作出正确选择的有 360 人，约占教师人数的 65%；学生作出正确选择的有 1101 人，约占学生人数的 64%；乡镇干部作出正确选择的有 76 人，约占乡镇干部人数的 38%。看来，三省区农村有将近一半的中小学教师和学生不了解：一个音节不可拆开，移行时须在上行末加短横，乡镇干部不了解的人数更多。

关于第 3 题，正确选择应当为"是"。甘肃省接受调查的教师、学生、乡镇干部 3036 人。教师作出正确选择的有 364 人，约占教师人数的 69%；学生作出正确选择的有 1687 人，约占学生人数的 71%；乡镇干部作出正确选择的有 59 人，约占乡镇干部人数的 45%。青海省接受调查的教师、学生、乡镇干部共 1320 人，教师作出正确选择的有 242 人，约占教师人数的 61%；学生作出正确选择的有 515 人，约占学生人数的 65%；乡镇干部作出正确选择的有 44 人，约占乡镇干部人数的 33%。宁夏回族自治区接受调查的教师、学生、乡镇干部共 2477 人，教师作出正确选择的有 404 人，约占教师人数的 73%；学生作出正确选择的有 1325 人，约占学生人数的 77%；乡镇干部作出正确选择的有 96 人，约占乡镇干部人数的 48%。这表明，三省区农村中小学教师和学生当中有三分之一左右人员不了解：书刊名称可以全用大写字母的规则，乡镇干部中不了解的人员数量更多。

以上几个题目的调查结果说明这么几个问题：一是三省区相较，宁夏回族自治区作出正确选择的人数比例最高，青海省作出正确选择的人数比例最低。二是教师、学生、乡镇干部三类人员相比，学生作出正确判断的人数比例最高，乡镇干部人数比例最低。三是对于拼写规则，三省区农村的教师、学生和乡镇干部仅了解其中很少一部分。经访谈，我们得知，在绝大多数人的意识中，汉语拼音就是声母、韵母、声调的组合体，其用途就是给汉字注音；拼写规则就是声韵调的配合规则。显然，《汉语拼音正词法基本规则》等相关规定还未被广大应用者尤其是中小学教师所了解和接受，因而应用效果较差。

六、汉语拼音的应用状况

我们调查过程中注意到，三省区农村地区的路边广告、招牌、店名、标语等，使用汉语拼音的很少，说明汉语拼音的社会应用范围不广。但是若有使用，往往表现为大小写混杂、分隔号缺失、声韵配合失据等，不一而足。

我们将碰到的一些现象加以归纳，突出的有下面几种：

一是专栏、板报标题使用汉语拼音不规范。有关规定明确指出，汉语拼音不能单独使用，但有些学校的专栏、板报标题，却单独使用。

二是人名、地名汉语拼音拼写不规范。学生的作业本、课本封面上屡见不规范书写现象，如：X·K·ZHAO（赵新奎），Jiǔquán Mǎ（马九全）。

三是字母书写不合乎要求。在有的地方看到，n、l 跟 ü 相拼时，上面的两点被省略，导致 lü 和 lu 相混。如宁夏同心县王团镇有一家旅馆，招牌上用朱笔大大地写着 luguan。

四是一些印刷品所用汉语拼音形式错误。很多学校为学生统一订购练习本、作业本，这些本儿上往往有汉语拼音，却往往存在问题。如甘肃秦安县五营乡一所小学统一为学生订购的拼音作业本——"勤学牌"健视作业本，封面"田字拼音"几个字的汉语拼音书写形式，按音节孤立书写，且把"拼"字注为"PING"。

我们对王团镇旅馆的一名负责人说，门墙上的汉语拼音写法不正确。这位负责人说，没人管它正确不正确，反正写了，好看就行！由此我们听出两层意思：一层是没有专人更没有专门机构管理汉语拼音的社会应用，人们自行其是；另一层是人们使用汉语拼音，不是为了给汉字注音，也不是为了拼写汉语，而仅仅是为了装点门面，求得新异。

第四节　农村居民掌握和应用《汉语拼音方案》的具体情况

《汉语拼音方案》包括字母表、声母表、韵母表、声调符号、隔音符号五个部分。每个部分都有自己的规定与使用要求。此方案表面简单，而内容极为丰富。我们主要通过问卷方式，对甘青宁三省区农村居民掌握和应用该方案的情况作了调查。

一、关于字母表

调查得知，一般学校的升级或升学考试，都不考查跟字母有关的知识，所以教师大多忽视字母表的教学。在一般人心目中，汉语拼音和《汉语拼音方案》是一回事，都不过是声韵调的拼合。于是，产生下列问题：

（一）大部分人不知道字母名称

我们知道，《汉语拼音方案》的字母表、声母表、韵母表，均采用拉丁字母系统。按照国际惯例，字母表中的每个字母都需有个名称，这样在使用中便于称说。为了区别于其他使用拉丁字母符号（如英语等）的字母表，《汉语拼音方案》的制订者规定，以汉语拼音声母和韵母发音为基础，在辅音前后加上元音，形成汉语拼音字母名，即 Aa 读 [ɑ]，Bb 读 [bɛ]，Cc 读 [tsʻɛ]，Dd 读 [dɛ]，Ee 读 [ə]，Ff 读 [ɛf]，Gg 读 [gɛ] ……在《汉语拼音方案·字母表》中有"名称"一行，用注音符号给出了每个字母的名称：ㄚ，ㄅㄝ，ㄘㄝ，ㄉㄝ，ㄜ，ㄝㄈ，《ㄝ……每个字母的名称是朗读字母表、称说字母的根据。字母有了名称，使用者就有了一个统一的字母读音标准，便于朗读，便于记诵，也可突出每个字母的独特性和区别性。

既然名称是法定的读法，那么，毫无疑问，人们应当积极遵守，提倡用名称音读字母表。为了解人们对字母名称的掌握情况，我们在针对教师、学生、乡镇干部的问卷中提出下面的问题：

第三章 甘青宁三省区农村居民汉语拼音应用状况调查与分析 | 323

题目三十五,判断正误。若认为正确,则在题后括号内打√;若认为不正确,则在题后括号内打×:

1.《汉语拼音方案》字母表中的字母书写虽然采用拉丁字母,但《汉语拼音方案》的制订者为每个字母重新规定了读音。( )

2. 在《汉语拼音方案》字母表中,字母 w 读 wa。( )

3. 拉丁字母 d,充当英文字母有一个读音,在《汉语拼音方案·字母表》中又有一个读音,在拼读汉语音节时作声母还有一个读音。( )

关于第 1 题,应当在括号内打√。甘肃省接受调查的教师(528 人)、学生(2376 人)、乡镇干部(132 人)共 3036 人,教师判断正确的有 248 人,约占教师人数的 47%;学生判断正确的有 428 人,约占学生人数的 18%;乡镇干部判断正确的有 21 人,约占乡镇干部人数的 16%。青海省接受调查的教师(396 人)、学生(792 人)、乡镇干部(132 人)共 1320 人,教师判断正确的有 143 人,约占教师人数的 36%;学生判断正确的有 95 人,约占学生人数的 12%;乡镇干部判断正确的有 11 人,约占乡镇干部人数的 8%。宁夏回族自治区接受调查的教师(553 人)、学生(1723 人)、乡镇干部(201 人)共 2477 人,教师判断正确的有 271 人,约占教师人数的 49%;学生判断正确的有 327 人,约占学生人数的 19%;乡镇干部判断正确的有 30 人,约占乡镇干部人数的 15%。这就是说,教师知道《汉语拼音方案·字母表》中的字母有规定读音的人数不到一半,而学生和乡镇干部知道《汉语拼音方案·字母表》中的字母有规定读音的人数不到 20%。

关于第 2 题,应当在括号内打√。甘肃省接受调查的教师、学生、乡镇干部共 3036 人,教师判断正确的有 285 人,约占教师人数的 54%;学生判断正确的有 380 人,约占学生人数的 16%;乡镇干部判断正确的有 15 人，约占乡镇干部人数的 11%。青海省接受调查的教师、学生、乡镇干部共 1320 人，教师判断正确的有 238 人，约占教师人数的 43%；学生判断正确的有 172 人，约占学生人数的 10%；乡镇干部判断正确的有 16 人，约占乡镇干部人数的 8%。宁夏回族自治区接受调查的教师、学生、乡镇干部共 2477 人，教师判断正确的有 310 人，约占教师人数的 56%；学生判断正确的有 310 人，约占学生人数的 18%；乡镇干部判断正确的有 20 人，约占乡镇干部人数的 10%。

关于第 3 题，应当在括号内打√。甘肃省接受调查的教师、学生、乡镇干部共 3036 人，教师判断正确的有 164 人，约占 31%；学生判断正确的有 285 人，约占 12%；乡镇干部判断正确的有 11 人，约占 8%。青海省接受调查的教师、学生、乡镇干部共 1320 人，教师判断正确的有 87 人，约占教师人数的 22%；学生判断正确的有 71 人，约占学生人数的 9%；乡镇干部判断正确的有 5 人，约占乡镇干部人数的 4%。青海省接受调查的教师、学生、乡镇干部共 1320 人，教师判断正确的有 164 人，约占教师人数的 31%；学生判断正确的有 285 人，约占学生人数的 12%；乡镇干部判断正确的有 11 人，约占乡镇干部人数的 8%。宁夏回族自治区接受调查的教师、学生、乡镇干部共 2477 人，教师判断正确的有 182 人，约占教师人数的 33%；学生判断正确的有 190 人，约占学生人数的 11%；乡镇干部判断正确的有 14 人，约占乡镇干部人数的 7%。

这三个题目判断正确的人数比例最高为 54%，最低为 8%，足见绝大多数人员不清楚汉语拼音字母有专用名称，或不清楚字母的具体名称。

甘肃省秦安县一所中学几位年龄在 50 岁左右的教师告诉我们，

他们知道汉语拼音字母有名称，但现在他们说不出。极少数知道有汉语拼音字母名称音的教师和学生，也普遍念不标准或念不完整。乡镇干部中的年轻人有的说，在学校听老师讲过，但不清楚；有的说不知道字母还有名称。年龄稍大的都承认不知道哪个字母是哪个读音。这说明，日常教学中，人们并不关心汉语拼音的字母名称。我们了解到，绝大部教师和学生都是按英文字母的读音来称呼汉语拼音字母的，让他们读汉语拼音字母表，他们不读［ɑ］、［bɛ］、［tsʻɛ］、［dɛ］、［ə］、［ɛf］、［gɛ］……而读［ei］、［bi:］、［si:］、［di:］、［i:］、［ef:］、[tɕi:]……有一部分教师和学生则按声母、韵母的读音来读。在宁夏同心县王团镇中学调查时，两个先后曾在师范学校学习过的语文教师说，从学生方面看，学生好不容易刚刚学完整套的声母和韵母读音，又增加一套名称读音，这套名称音除了 a、e、i、o、u 这五个字母与所学过的韵母读音一样之外，其余 21 个均另有读法。以 f 为例，学生学声母时读作［fo］，现在名称音又要读［ɛf］，学生觉得没必要。从教师方面看，他们这些学过英语的师范学生感到，字母的读音确实比较复杂而含混，特别是一些辅音字母，它们既有作为声母的呼读音，还有作为拼音字母的名称音，加上与汉语拼音字母源出一家并且在形体上与汉语拼音字母完全相同的英文字母名称音的干扰，久而久之，常用的声、韵呼读音和频繁使用的英文字母的读音，渐渐地成为他们称呼字母的读音，而《汉语拼音方案》所规定的名称音反而受到冷落。于是，教师和学生都在马马虎虎中教完、学完了拼音。

现在看来，人们读不出字母名称的原因有四：一是《汉语拼音方案》用注音字母标注名称，不便于学生诵读记忆，因为学生根本不认识注音字母；二是大部分教师不了解注音字母的读法，无法告诉学生关于字母的名称；三是字母在字母表中有一个名称音，在声母表中有一个呼读音，两个发音不一致，增加了教学的复杂性，而且在实际拼写过程中，名称音没有作用，于是教师觉得没必要教，学生觉得没必要学；四是英语字母读音干扰，现在农村一些小学生开始学英语，老师教学生认读英文字母，同时又学汉语拼音字母表，面貌一样而读音有别的两种东西极易互相干扰。周有光先生曾经说过："字母名称，虽有规定，难于推广。起初受注音字母名称的影响，现在又受英文字母名称的影响。可能要在长期实践中，由群众来约定俗成。"（周有光：《拼音冗谈》，载《群言》2006年第3期）

（二）有一部分人没有掌握字母顺序

《汉语拼音方案》字母表明确规定了每一个字母的先后顺序，它完全采用了拉丁字母的排序，这也是国际通用的排列方式。字母顺序是用拼音字母作字典、词典索引的基本依据。掌握字母排序，可帮助学生根据音序查检工具书。当我们问及教师、学生和乡镇干部是否经常根据字母顺序在工具书中查检字词时，大部分人回答说是。看来大多数人掌握了字母表中字母的顺序。为了解具体情况，我们在问卷中设计了这样一个题目：

题目三十六，书写或拼写。按汉语拼音字母表的顺序，排列下面的大写字母。

P R S J D N L Y X U Q W B Z H M K I O T C V A E G F

_____

_____

从统计结果看到，甘肃省接受调查的教师（528人）、学生

(2376人)、乡镇干部（132人）共3036人，教师书写正确的有454人，约占教师人数的86%；学生判断正确的有2162人，约占学生人数的91%；乡镇干部判断正确的有57人，约占乡镇干部人数的43%。青海省接受调查的教师（396人）、学生（792人）、乡镇干部（132人）共1320人，教师判断正确的有321人，约占教师人数的81%；学生判断正确的有697人，约占学生人数的88%；乡镇干部判断正确的有41人，约占乡镇干部人数的31%。宁夏回族自治区接受调查的教师（553人）、学生（1723人）、乡镇干部（201人）共2477人，教师判断正确的有487人，约占教师人数的88%；学生判断正确的有1533人，约占学生人数的89%；乡镇干部判断正确的有82人，约占乡镇干部人数的41%。整体情况表明，学生对汉语拼音字母的排列顺序掌握得最好，教师次之，乡镇干部更次之。这显然与学生学习英文有关。很多学生们告诉我们，他们真正记住字母顺序是学英语的缘故。

（三）半数左右的人员不能正确书写拼音字母

在宁夏一些学校，我们翻检了部分学生的汉语拼音作业本及考试卷，看到有的字母笔道不够规范，如 w 用四笔写出；有的字母打印时所选体式有误，如字母 g 很多试卷上都打印成 g。于是我们在问卷中设计了下面的题目：

题目三十七，选择。根据题意，在你认为正确的答案上打√：

1. 字母 t 的书写笔画顺序是：

A. 先竖弯，后横画　B. 先横画，后竖弯　C. 随意

2. 字母 k 的笔画数是：

A. 3 画　B. 2 画　C. 不固定

3. 字母 q 的书写方式是：

A. 从上方落笔，往左下方运笔，一笔而成

B. 从下方落笔，往左上方运笔，两笔而成

C. 从下放落笔，往右上方运笔，一笔而成

4.《汉语拼音·字母表》中第一个字母是 A，其小写形式是：

A. ɑ　B. A　C. ɑ 和 A 都行

5. 字母 h 在四线格中的位置是：

A. 中上格　B. 中下格　C. 随意

关于第 1 题，正确的选择是 A。甘肃省接受调查的教师（528 人）、学生（2376 人）、乡镇干部（132 人）共 3036 人，教师选择正确的有 275 人，约占教师人数的 52%；学生判断正确的有 1354 人，约占学生人数的 57%；乡镇干部判断正确的有 57 人，约占乡镇干部人数的 43%。青海省接受调查的教师（396 人）、学生（792 人）、乡镇干部（132 人）共 1320 人，教师判断正确的有 202 人，约占教师人数的 51%；学生判断正确的有 428 人，约占学生人数的 54%；乡镇干部判断正确的有 58 人，约占乡镇干部人数的 44%。宁夏回族自治区接受调查的教师（553 人）、学生（1723 人）、乡镇干部（201 人）共 2477 人，教师判断正确的有 282 人，约占教师人数的 51%；学生判断正确的有 965 人，约占学生人数的 56%；乡镇干部判断正确的有 96 人，约占乡镇干部人数的 48%。

关于第 2 题，正确的选择是 B。甘肃省接受调查的教师、学生、乡镇干部共 3036 人，教师选择正确的有 296 人，约占教师人数的 56%；学生判断正确的有 1497 人，约占学生人数的 63%；乡镇干部判断正确的有 59 人，约占乡镇干部人数的 45%。青海省接受调查的教师、学生、乡镇干部共 1320 人，教师判断正确的有 214 人，

约占教师人数的54%；学生判断正确的有467人，约占学生人数的59%；乡镇干部判断正确的有62人，约占乡镇干部人数的47%。宁夏回族自治区接受调查的教师、学生、乡镇干部共2477人，教师判断正确的有315人，约占教师人数的57%；学生判断正确的有1068人，约占学生人数的62%；乡镇干部判断正确的有92人，约占乡镇干部人数的46%。

关于第3题，正确的选择是A。甘肃省接受调查的教师、学生、乡镇干部共3036人，教师选择正确的有354人，约占教师人数的67%；学生判断正确的有1734人，约占学生人数的73%；乡镇干部判断正确的有78人，约占乡镇干部人数的59%。青海省接受调查的教师、学生、乡镇干部共1320人，教师判断正确的有249人，约占教师人数的63%；学生判断正确的有570人，约占学生人数的72%；乡镇干部判断正确的有67人，约占乡镇干部人数的51%。宁夏回族自治区接受调查的教师、学生、乡镇干部共2477人，教师判断正确的有376人，约占教师人数的68%；学生判断正确的有1223人，约占学生人数的71%；乡镇干部判断正确的有115人，约占乡镇干部人数的57%。

关于第4题，正确的选择是A。甘肃省接受调查的教师、学生、乡镇干部共3036人，教师选择正确的有259人，约占教师人数的49%；学生判断正确的有1259人，约占学生人数的53%；乡镇干部判断正确的有54人，约占乡镇干部人数的41%。青海省接受调查的教师、学生、乡镇干部共1320人，教师判断正确的有190人，约占教师人数的48%；学生判断正确的有396人，约占学生人数的50%；乡镇干部判断正确的有57人，约占乡镇干部人数的43%。宁夏回族自治区接受调查的教师、学生、乡镇干部共2477人，教师判断正确的有 288 人，约占教师人数的 52%；学生判断正确的有 896 人，约占学生人数的 52%；乡镇干部判断正确的有 84 人，约占乡镇干部人数的 42%。

关于第 5 题，正确的选择是 A。甘肃省接受调查的教师、学生、乡镇干部共 3036 人，教师选择正确的有 343 人，约占教师人数的 65%；学生判断正确的有 1830 人，约占学生人数的 77%；乡镇干部判断正确的有 69 人，约占乡镇干部人数的 52%。青海省接受调查的教师、学生、乡镇干部共 1320 人，教师判断正确的有 242 人，约占教师人数的 61%；学生判断正确的有 562 人，约占学生人数的 71%；乡镇干部判断正确的有 63 人，约占乡镇干部人数的 48%。宁夏回族自治区接受调查的教师、学生、乡镇干部共 2477 人，教师判断正确的有 376 人，约占教师人数的 68%；学生判断正确的有 1309 人，约占学生人数的 76%；乡镇干部判断正确的有 109 人，约占乡镇干部人数的 54%。

以上五个题目，选择正确的人数比例最高为 77%，最低为 41%。就是说最高比例刚达到被调查人数的三分之二，最低比例不到被调查人数的二分之一，而且整体比例数在 70% 以上的不多，更多的是 50% 左右。可见半数左右的人员不能正确书写拼音字母。

在以上五个题目之外，我们还作了与拼音字母书写有关的其他一些观察、了解，感到应用汉语拼音者书写存在的主要问题有下面两个方面：

一是书写过程中出现的错误。首先是笔画的顺序有误，如书写"i、j、ü"几个字母，其正确的写法应当是，先写下半，最后书写圆点，但不少学生往往先写上面的圆点，这恐怕是受汉字笔顺"从上到下"规则的影响所致。再如书写 f 和 t 两个字母，其正确写法应当是先写弯竖或竖弯部分，然后写出横画，但有不少学生先写横画，这也许是受汉字笔顺"先横后竖"规则的影响所致。我们还看见，一位教师在黑板上手写字母 x，先写自左上向右下的斜竖，后写自右上向左下的斜竖。这显然不对，应当相反，因为后写自左上向右下的斜竖，才便于 x 后面字母的书写。其次是笔画方向有误。我们看到，有的学生甚至教师习惯将 c、o、q 等字母从下往左上或右上运笔。其实，c 的正确书写，应该从上方落笔，往左下方圆转运笔，一笔写成；字母 o、q 的正确书写方向应当是从上方落笔，往左下方运笔，再往右上方运笔，一笔而成。我们告诉一些学生正确写法，有的学生竟然说，方向没关系，只要写出来就行。可见学生对字母的书写方式不够重视。再次是笔画数目有误。如字母 k 应该是两画，有学生却用三画写成，将其中应该为一画的"<"，分两次写成。又如 w 也应该是两画，有学生却用四画写成，即将其中为一画的 v，分两次写成。再如 n、u 两个字母，都应是两画，但很多学生用一画写成。学生们说，老师这样写。应当说，字母在书写方式上跟汉字有许多不同，但很多学生可能受汉字书写方法的影响，像写汉字一样来写字母，结果笔画数量出现差异，有的笔画减少了，有的笔画增加了。

　　二是书写结果中存在的错误。首先是字母形体有误，表现为两种情况，第一种是大小写混同。如把 l 写成 L，把 y 写成 Y 等等。这种混写，可能是由字母表中同一个字母的大小写形体相近，区别度不高所致。第二种是印刷体和手写体混合。《汉语拼音方案》的字母书体分为印刷体、手写体、大写、小写四种，字母表中只列出了印刷体的大写和小写形式，没有列出手写体，但有的教师在黑板上时而写印刷体，时而写手写体，学生也照例书写，结果同一个汉语拼音作业，同一个班级的学生，各自所写字母面貌不同。甚至有的学生同一个作业中同一个字母也随意书写。其次是字母样式有误。拉丁字母可以写成哥特式,如第一个字母和第七个字母哥特体分别写作 a 和 g,也可以写成罗马式,这两个字母分别写作 ɑ 和 ɡ。罗马式方便手写,适于应用,所以汉语《拼音方案·字母表》采用罗马式。但有的教师和学生却刻意将 A 写成 ɑ,殊不知,这是一种错误的写法,因为字母表颁布,就意味着其中的字母形式各自固定,有合法地位,不能用其他形式代替。与此相关,现在计算机在农村开始应用,学生试卷一改传统的抄写和刻写油印方法,而用计算机打印。我们发现,很多试卷上的字母 g 被打印成哥特式 g。这当然因为计算机键盘输入受限,但我们调查得知,绝大多数教师和学生不知道两者的区别。再次是字母的位置高低有误。这主要表现为汉语拼音字母占错了四线格的位置。因为学生很多时候手写拼音时,没有四线格引导,所以字母的高低显得不够规范,如字母 f、h 应该写在中上格,一些学生却写在了中下格;字母 g 和 y 应该占中下格,学生却往往写在了中上格;字母 i 和 j 上的点,应该写在第二线之上,从作业本上看,很多学生却写在第二线之下。当我们说起规范写法时,有许多学生甚至教师不以为然,竟然说:写清楚就行吧,高低有什么关系?显然,人们对汉语拼音字母的书写不重视。

二、关于声母表

声母表中的拼音符号,其排列顺序与字母表不同。我们在学校走访时感到,学生更为熟悉声母表,因为说起汉语拼音,他们很多人就会随口念出 b、p、m、f、d、t、n、l……具体调查过程中我们看到:

（一）对声母表所列声母掌握得较好

我们在问卷中设计了下面的题目：

题目三十八，书写或拼写。按照声母表的顺序排列下面的声母：

l h b t s r p z f d q k _____

正确的排法是 b、p、f、d、t、l、k、h、q、r、z、s。甘肃省接受调查的教师（528人）、学生（2376人）、乡镇干部（132人）共3036人，教师排列正确的有470人，约占教师人数的89%；学生排列正确的有2305人，约占学生人数的97%；乡镇干部排列正确的有83人，约占乡镇干部人数的63%。青海省接受调查的教师（396人）、学生（792人）、乡镇干部（132人）共1320人，教师排列正确的有321人，约占教师人数的81%；学生排列正确的有697人，约占学生人数的88%；乡镇干部排列正确的有62人，约占乡镇干部人数的47%。宁夏回族自治区接受调查的教师（553人）、学生（1723人）、乡镇干部（201人）共2477人，教师排列正确的有487人，约占教师人数的88%；学生排列正确的有1689人，约占学生人数的98%；乡镇干部排列正确的有131人，约占乡镇干部人数的65%。

看样子，三省区农村应用汉语拼音的人员对声母顺序掌握得普遍较好，但相对而言，宁夏回族自治区情况更好。

（二）存在的问题

1. 普遍不了解声母的性质

声母表所列声母主要是为普通话注音的。声母用字母表示，如果一个音节有声母，那么这个声母就是该音节第一个字母，若为零声母音节，则第一个字母就不是声母。似乎这个道理较为浅显，但实际应用中情况并非如此。下面的问卷题目回答情况的分析可以看出这一点。

题目三十九，判断正误。如果你认为正确，在题后打√；如果你认为不正确，在题后打×：

1. 声母表所列声母既能满足普通话注音需要，也能满足方言注音需要。（ ）

2. 声母是一个音节的第一个字母。（ ）

3. 每一个音节都有一个声母。（ ）

上述三个题目，其正确判断都应在题后打×。

关于第1题，甘肃省接受调查的教师（528人）、学生（2376人）、乡镇干部（132人）共3036人，教师判断正确的有380人，约占教师人数的72%；学生判断正确的有1639人，约占学生人数的69%；乡镇干部判断正确的有79人，约占乡镇干部人数的46%。青海省接受调查的教师（396人）、学生（792人）、乡镇干部（132人）共1320人，教师判断正确的有253人，约占教师人数的64%；学生判断正确的有483人，约占学生人数的61%；乡镇干部判断正确的有50人，约占乡镇干部人数的38%。宁夏回族自治区接受调查的教师（553人）、学生（1723人）、乡镇干部（201人）共2477人，教师判断正确的有409人，约占教师人数的74%；学生判断正确的有1223人，约占学生人数的71%；乡镇干部判断正确的有90人，约占乡镇干部人数的45%。数据表明，在教师、学生和乡镇干部三者中，教师判断正确的人数比例最高。

关于第2题，甘肃省接受调查的教师、学生、乡镇干部共3036人，教师判断正确的有359人，约占教师人数的68%；学生判断正确的有1473人，约占学生人数的62%；乡镇干部判断正确的有48人，约占乡镇干部人数的36%。青海省接受调查的教师、学生、乡镇干部共 1320 人，教师判断正确的有 242 人，约占教师人数的 61%；学生判断正确的有 451 人，约占学生人数的 57%；乡镇干部判断正确的有 45 人，约占乡镇干部人数的 34%。宁夏回族自治区接受调查的教师、学生、乡镇干部共 2477 人，教师判断正确的有 376 人，约占教师人数的 68%；学生判断正确的有 1103 人，约占学生人数的 64%；乡镇干部判断正确的有 70 人，约占乡镇干部人数的 35%。数据表明，教师判断正确的人数比例较高，但最高才达到 68%。

关于第 3 题，甘肃省接受调查的教师、学生、乡镇干部共 3036 人，教师判断正确的有 454 人，约占教师人数的 86%；学生判断正确的有 2091 人，约占学生人数的 88%；乡镇干部判断正确的有 63 人，约占乡镇干部人数的 48%。青海省接受调查的教师、学生、乡镇干部共 1320 人，教师判断正确的有 313 人，约占教师人数的 79%；学生判断正确的有 618 人，约占学生人数的 78%；乡镇干部判断正确的有 51 人，约占乡镇干部人数的 39%。宁夏回族自治区接受调查的教师、学生、乡镇干部共 2477 人，教师判断正确的有 487 人，约占教师人数的 88%；学生判断正确的有 1533 人，约占学生人数的 89%；乡镇干部判断正确的有 94 人，约占乡镇干部人数的 47%。此题判断正确的人数比例整体高于前面两个题目。

以上三个题目的数字比例整体表明，三省区应用汉语拼音的人员对声母的实质了解不够深入。

2. 不太了解声母表构成情况

声母表中，各个声母的排列顺序不同于字母表中的排列，而是依据语音学原理，按照发音部位分组，另行排列，兼顾表格的整齐对称，依次分别是：唇音 b p m f，舌尖音 d t n l，舌根音 g k h，舌面音 j q x，舌尖后音 zh ch sh r，舌尖前音 z c s；声母表包含没有列入字母表却能够充当声母用的三个增补字母 zh、ch、sh；因为在汉语拼音实施之前使用着注音字母，所以声母表中每个拉丁字母下面用一个注音字母标注声母的音值，从而给已经熟悉注音符号的人提供方便。如ㄅ表示双唇不送气清塞音 [p]，与 b 代表的音值相同；同样，f 和ㄈ都代表齿唇清擦音 [f]，与 f 代表的音值相同。在注音字母旁边有一个汉字，用以代表声母的呼读音，例如汉字"玻坡摸佛"，分别代表 b、p、m、f 这几个声母的呼读音，即相当于在 b、p、m、f 之后加元音 o 构成的读音——bo、po、mo、fo。呼读音的作用在于使声母的读音响亮，让人听得清楚。

上面的叙述包括三个方面内容，一是声母的排列顺序，二是注音字母及其作用，三是声母的呼读音与本音。

我们调查发现，对于以上几个方面的内容，绝大部分被调查者都不清楚。问卷设计了这样一个题目：

题目四十，回答。若知道，则在题后打√；若不知道，则在题后打×：

1. 你是否知道声母表中声母分组排列的原理？（　）
2. 你是否知道每个声母下边附加注音字母的原因？（　）
3. 你是否知道每个声母下边写一个汉字的作用？（　）

关于第 1 题，甘肃省接受调查的教师（528 人）、学生（2376 人）、乡镇干部（132 人）共 3036 人，教师回答"知道"的有 275 人，约占教师人数的 52%；学生回答"知道"的有 855 人，约占学生人数的 36%；乡镇干部回答"知道"的有 30 人，约占乡镇干部人数的 23%。青海省接受调查的教师（396 人）、学生（792 人）、乡镇干部（132 人）共 1320 人，教师回答"知道"的有 186 人，约占教师人数的 47%；学生回答"知道"的有 253 人，约占学生人数的 32%；

乡镇干部回答"知道"的有25人，约占乡镇干部人数的19%。宁夏回族自治区接受调查的教师（553人）、学生（1723人）、乡镇干部（201人）共2477人，教师回答"知道"的有310人，约占教师人数的56%；学生回答"知道"的有638人，约占学生人数的37%；乡镇干部回答"知道"有42人，约占乡镇干部人数的21%。数据表明，回答"知道"的最高人数比例为56%，最低人数比例为19%。足见汉语拼音使用者中多半不了解声母分组排列的原理。

关于第2题，甘肃省接受调查的教师、学生、乡镇干部共3036人，教师回答"知道"的有312人，约占教师人数的59%；学生回答"知道"的有808人，约占学生人数的34%；乡镇干部回答"知道"的有36人，约占乡镇干部人数的27%。青海省接受调查的教师、学生、乡镇干部共1320人，教师回答"知道"的有206人，约占教师人数的52%；学生回答"知道"的有246人，约占学生人数的31%；乡镇干部回答"知道"的有30人，约占乡镇干部人数的23%。宁夏回族自治区接受调查的教师、学生、乡镇干部共2477人，教师回答"知道"的有315人，约占教师人数的57%；学生回答"知道"的有603人，约占学生人数的35%；乡镇干部回答"知道"的有56人，约占乡镇干部人数的28%。数据表明，回答"知道"的最高人数比例为59%，最低人数比例为23%。可见大多数人不知道声母下边附加注音字母的原因。

关于第3题，甘肃省接受调查的教师、学生、乡镇干部共3036人，教师回答"知道"的有269人，约占教师人数的51%；学生回答"知道"的有618人，约占学生人数的26%；乡镇干部回答"知道"的有28人，约占乡镇干部人数的21%。青海省接受调查的教师、学生、乡镇干部共1320人，教师回答"知道"的有170人，约占教师人数的43%；学生回答"知道"的有166人，约占学生人数的21%；乡镇干部回答"知道"的有21人，约占乡镇干部人数的16%。宁夏回族自治区接受调查的教师、学生、乡镇干部共2477人，教师回答"知道"的有282人，约占教师人数的51%；学生回答"知道"的有500人，约占学生人数的29%；乡镇干部回答"知道"有40人，约占乡镇干部人数的20%。数据表明，回答"知道"的最高人数比例为51%，最低人数比例为16%。可见，大部分人员不知道声母下边写一个汉字的作用。

以上三个题目回答的统计与分析结果表明，在三省区农村，绝大部分人员不知道声母表中声母分组的原因，不知道声母下边附加注音字母和汉字的原因。实质上，大部分人员可以诵读声母，但并不了解字母表的含义。

访谈中，学生告诉我们，老师只教他们练习声母读音，很少教他们关于声母的知识。学生们说，他们只是根据声母表的顺序背诵声母，并不关心为何如此排列；他们不知道每个声母下边的符号和汉字意味着什么。学生一般都会正确书写21个辅音声母，但不清楚声母表跟字母表的关系。

3. n 和 l 两个声母混淆问题没有很好地解决

从音理上说，n 为舌尖中、浊、鼻音。发音时舌尖抵住上齿龈，软腭下降，关闭口腔通道，打开鼻腔通道，气流振动声带，并从鼻腔冲出成声。l 为舌尖中、浊、边音。发音时舌尖抵住上齿龈（略后），舌头两侧留有空隙，软腭上升，关闭鼻腔通道，气流振动声带，并经舌头两边从口腔冲出成声。

但是，甘肃、青海、宁夏三省人员因受汉语方言的影响，大多将 n 和 l 混用。

在这种情况下，在校学生虽然可能掌握了汉语拼音的原理和拼写方法，但却由于方音的影响，而经常发生 n 与 l 两个声母的混淆。

在跟学生交谈中，我们听到，有一部分学生说，"河南"和"荷兰"读音一样。我们读 hénán（河南）与 hélán（荷兰），让学生听，结果很多学生说，听起来一样。我们又用英语单词测试，结果很多中学生把 night 和 light、nine 和 line 读得完全一样。由于误读，往往导致误写。我们翻检了很多小学生的作业本和试卷，发现这样的问题："纪律"拼写为 jìnǜ，"流利"拼写为 niúlì。

我们询问了一部分教师，他们当中一些人承认，分不清 n 与 l。

为了解具体情况，我们在问卷中设计了下面的题目：

题目四十，选择。下面这三个词都有几个不同的汉语拼音形式，请在表示普通话读音的一个上面打√：

1. 男女　A. lánnǚ　　B. nánnǚ　　C. lánlǚ
2. 年龄　A. niánníng　B. liánníng　C. niánlíng
3. 来历　A. láilì　　B. láinì　　C. náilì

关于第 1 题，应该在上面打√的是 B。甘肃省接受调查的教师（528 人）、学生（2376 人）、乡镇干部（132 人）共 3036 人，教师作出正确选择的有 333 人，约占教师人数的 63%；学生作出正确选择的有 1568 人，约占学生人数的 66%；乡镇干部作出正确选择的有 41 人，约占乡镇干部人数的 31%。青海省接受调查的教师（396 人）、学生（792 人）、乡镇干部（132 人）共 1320 人，教师作出正确选择的有 242 人，约占教师人数的 61%；学生作出正确选择的有 451 人，约占学生人数的 57%；乡镇干部作出正确选择的有 38 人，约占乡镇干部人数的 29%。宁夏回族自治区接受调查的教师（553 人）、学生（1723 人）、乡镇干部（201 人）共 2477 人，教师作出正确选择的有

371 人，约占教师人数的 67%；学生作出正确选择的有 1206 人，约占学生人数的 70%；乡镇干部作出正确选择的有 62 人，约占乡镇干部人数的 31%。数据表明，学生比教师作出正确选择的人数比例高。

关于第 2 题，应该在上面打√的是 C。甘肃省接受调查的教师、学生、乡镇干部共 3036 人，教师作出正确选择的有 428 人，约占教师人数的 81%；学生作出正确选择的有 2020 人，约占学生人数的 85%；乡镇干部作出正确选择的有 98 人，约占乡镇干部人数的 74%。青海省接受调查的教师、学生、乡镇干部共 1320 人，教师作出正确选择的有 293 人，约占教师人数的 74%；学生作出正确选择的有 618 人，约占学生人数的 78%；乡镇干部作出正确选择的有 78 人，约占乡镇干部人数的 59%。宁夏回族自治区接受调查的教师、学生、乡镇干部共 2477 人，教师作出正确选择的有 492 人，约占教师人数的 89%；学生作出正确选择的有 1602 人，约占学生人数的 93%；乡镇干部作出正确选择的有 167 人，约占乡镇干部人数的 83%。

关于第 3 题，应该在上面打√的是 A。甘肃省接受调查的教师、学生、乡镇干部共 3036 人，教师作出正确选择的有 502 人，约占教师人数的 95%；学生作出正确选择的有 2305 人，约占学生人数的 97%；乡镇干部作出正确选择的有 123 人，约占乡镇干部人数的 93%。青海省接受调查的教师、学生、乡镇干部共 1320 人，教师作出正确选择的有 352 人，约占教师人数的 89%；学生作出正确选择的有 721 人，约占学生人数的 91%；乡镇干部作出正确选择的有 114 人，约占乡镇干部人数的 86%。宁夏回族自治区接受调查的教师、学生、乡镇干部共 2477 人，教师作出正确选择的有 525 人，约占教师人数的 95%；学生作出正确选择的有 1686 人，约占学生人数的 98%；乡镇干部作出正确选择的有 189 人，约占乡镇干部人数的 94%。

上面三个题目的分析结果表明,虽然教师和学生比其他人员掌握声母的情况好,但 n 声母显然是三省区农村居民掌握声母系统的困难所在。因为"男女"一词的正确选择人数比例最低,而此词两个音节的声母都是 n;"年龄"一词的正确选择人数比例次高,此词两个音节的声母先后为 n 和 l;"来历"一词的正确选择人数比例最高,此词两个音节的声母都是 l。看样子,人们更习惯于把 n 发成 l。

4. 将 y、w 作为声母

《汉语拼音方案》声母表共列 21 个辅音声母。这些声母置于音节开头。但在实际拼写中,有些音节的开头可以不出现声母,这就是所谓零声母音节。如果按照一般拼写方式写出,可能有些音节表示的意义不明,如音节 ianguang(仰望),可能被误会为 ian guang(眼光)。为了避免音节间的界线混淆,韵母表规定,i 行的韵母,前面没有声母的时候,写成 yi(衣)、ya(呀)、ye(耶)、yao(腰)、you(忧)、yan(烟)、yin(因)、yang(央)、ying(英)、yong(雍)。u 行的韵母,前面没有声母的时候,写成 wu(乌)、wa(蛙)、wo(窝)、wai(歪)、wei(威)、wan(弯)、wen(温)、wang(汪)、weng(翁)。ü 行的韵母,前面没有声母的时候,写成 yu、yue、yuan、yun。在这种情况下,y 和 w 实际上起着一种隔音字母的作用,即分隔音节,性质上不属于声母。然而,当我们调查时,却发现很多学生甚至一些教师将 y 和 w 也算作声母。为此,我们在问卷中设计了这样一道题目:

题目四十二,判断正误。如果你认为正确,在题后打√;如果你认为不正确,在题后打 ×:

1."又"的汉语拼音形式是 yòu,声母是 y。( )

2."小"的汉语拼音形式是 xiǎo,声母是 x。( )

3."五"的汉语拼音形式是 wǔ,声母是 w。( )

关于第 1 题，正确的判断应该是打×。甘肃省接受调查的教师（528 人）、学生（2376 人）、乡镇干部（132 人）共 3036 人，教师作出正确判断的有 364 人，约占教师人数的 69%；学生作出正确判断的有 1544 人，约占学生人数的 65%；乡镇干部作出正确判断的有 40 人，约占乡镇干部人数的 30%。青海省接受调查的教师（396 人）、学生（792 人）、乡镇干部（132 人）共 1320 人，教师作出正确判断的有 246 人，约占教师人数的 62%；学生作出正确判断的有 459 人，约占学生人数的 58%；乡镇干部作出正确判断的有 30 人，约占乡镇干部人数的 23%。宁夏回族自治区接受调查的教师（553 人）、学生（1723 人）、乡镇干部（201 人）共 2477 人，教师作出正确判断的有 382 人，约占教师人数的 69%；学生作出正确判断的有 1137 人，约占学生人数的 66%；乡镇干部作出正确判断的有 58 人，约占乡镇干部人数的 29%。

关于第 2 题，正确的判断应该是打√。甘肃省接受调查的教师、学生、乡镇干部共 3036 人，教师作出正确判断的有 523 人，约占教师人数的 99%；学生作出正确判断的有 2352 人，约占学生人数的 99%；乡镇干部作出正确判断的有 123 人，约占乡镇干部人数的 93%。青海省接受调查的教师、学生、乡镇干部共 1320 人，教师作出正确判断的有 380 人，约占教师人数的 96%；学生作出正确判断的有 760 人，约占学生人数的 97%；乡镇干部作出正确判断的有 104 人，约占乡镇干部人数的 79%。宁夏回族自治区接受调查的教师、学生、乡镇干部共 2477 人，教师作出正确判断的有 542 人，约占教师人数的 98%；学生作出正确判断的有 1671 人，约占学生人数的 97%；乡镇干部作出正确判断的有 189 人，约占乡镇干部人数的 94%。

关于第 3 题，正确的判断应该是打×。甘肃省接受调查的教师、学生、乡镇干部共 3036 人，教师作出正确判断的有 354 人，约占教师人数的67%；学生作出正确判断的有1568人，约占学生人数的66%；乡镇干部作出正确判断的有42人，约占乡镇干部人数的32%。青海省接受调查的教师、学生、乡镇干部共1320人，教师作出正确判断的有253人，约占教师人数的64%；学生作出正确判断的有451人，约占学生人数的57%；乡镇干部作出正确判断的有34人，约占乡镇干部人数的26%。宁夏回族自治区接受调查的教师、学生、乡镇干部共2477人，教师作出正确判断的有376人，约占教师人数的68%；学生作出正确判断的有1154人，约占学生人数的67%；乡镇干部作出正确判断的有56人，约占乡镇干部人数的28%。

上面三个题目答案统计的结果表明，很多人把y和w看作声母。

甘肃省一所小学的一位教师教案上写道："(1)声母y和韵母相拼，不便于拼读的音节，采用整体认读，如yi、yin、ying等。"显然，教师和学生都不是十分了解汉语拼音方案的声母表构成状况。

我们询问一些语文教师，为何很多人把y和w当做声母，这些教师回答说，y和w在音节中的作用跟其他声母相同，把y、w当作声母来教，直接和韵母相拼，可以省去解释有关规则的麻烦。由此看来，教师对y和w的隔音符号性质认识不明，学生和其他人员的认识就更加模糊了。

三、关于韵母表

（一）被调查人对韵母表的构成不够了解

韵母表中有35个韵母，这并未包含普通话实际运用的全部韵母。韵母表后有这样的说明：(1)"知、蚩、诗、日、资、雌、思"等7个音节的韵母用i；(2)韵母儿写作er，用作韵尾的时候写成r；(3)

韵母ê单用时写成ê。这就是说，还应加上4个韵母，一是zhī(知)、chī(蚩)、shī(诗)、rī(日)几个音节中的舌面元音韵母-i；二是zī(资)、cī(雌)、sī(思)几个音节中的舌尖前元音韵母-i；三是单韵母er(儿、耳、二等)；四是单韵母ê。也就是说，韵母表所含的实际韵母是39个。因为i所代表的三个元音在跟声母结合时呈互补状态，所以从音位理论上说，这三个音设计为一个字母是可以的，于是韵母表中只有一个i；因为ê单独出现时只有一个"欸"字，所以韵母表没有把它列入，只在《汉语拼音方案》的说明中提出。ê有三种表现：一是对话时的应答声，自成音节ê，如"欸，我马上回来！"二是构成韵母iê。三是构成韵母üê。《汉语拼音方案》把iê、üê省为ie、üe、省去了e上的^，其实际读音还是ê，进行韵母分析时应视为ê。

为了解在校学生对上述韵母掌握的状况，问卷中设计了下面的题目：

题目四十三，判断正误。如果你认为正确，在题后打√；如果你认为不正确，在题后打×：

1. 韵母表包括了普通话实际运用中的全部韵母。（　）

2. "只"、"尺"、"使"的韵母和"几"、"齐"、"洗"的韵母相同。（　）

3. er是一个单韵母。（　）

关于第1题，正确判断应当是打×。甘肃省接受调查的教师(528人)、学生(2376人)、乡镇干部(132人)共3036人，教师作出正确判断的有375人，约占教师人数的71%；学生作出正确判断的有1616人，约占学生人数的68%；乡镇干部作出正确判断的有48人，约占乡镇干部人数的36%。青海省接受调查的教师(396人)、学生(792人)、乡镇干部(132人)共1320人，教师作出正确判断的有 269 人，约占教师人数的 68%；学生作出正确判断的有 491 人，约占学生人数的 62%；乡镇干部作出正确判断的有 42 人，约占乡镇干部人数的 32%。宁夏回族自治区接受调查的教师（553 人）、学生（1723 人）、乡镇干部（201 人）共 2477 人，教师作出正确判断的有 404 人，约占教师人数的 73%；学生作出正确判断的有 1223 人，约占学生人数的 71%；乡镇干部作出正确判断的有 74 人，约占乡镇干部人数的 37%。

关于第 2 题，正确判断应当是打×。甘肃省接受调查的教师、学生、乡镇干部共 3036 人，教师作出正确判断的有 433 人，约占教师人数的 82%；学生作出正确判断的有 1734 人，约占学生人数的 73%；乡镇干部作出正确判断的有 58 人，约占乡镇干部人数的 44%。青海省接受调查的教师、学生、乡镇干部共 1320 人，教师作出正确判断的有 309 人，约占教师人数的 78%；学生作出正确判断的有 531 人，约占学生人数的 67%；乡镇干部作出正确判断的有 50 人，约占乡镇干部人数的 38%。宁夏回族自治区接受调查的教师、学生、乡镇干部共 2477 人，教师作出正确判断的有 476 人，约占教师人数的 86%；学生作出正确判断的有 1275 人，约占学生人数的 74%；乡镇干部作出正确判断的有 86 人，约占乡镇干部人数的 43%。

关于第 3 题，正确判断应当是打√。甘肃省接受调查的教师、学生、乡镇干部共 3036 人，教师作出正确判断的有 385 人，约占教师人数的 73%；学生作出正确判断的有 1687 人，约占学生人数的 71%；乡镇干部作出正确判断的有 49 人，约占乡镇干部人数的 37%。青海省接受调查的教师、学生、乡镇干部共 1320 人，教师作出正确判断的有 273 人，约占教师人数的 71%；学生作出正确判断的有 546 人，约占学生人数的 69%；乡镇干部作出正确判断的有

45 人，约占乡镇干部人数的 34%。宁夏回族自治区接受调查的教师（553 人）、学生（1723 人）、乡镇干部（201 人）共 2477 人，教师作出正确判断的有 426 人，约占教师人数的 77%；学生作出正确判断的有 1292 人，约占学生人数的 75%；乡镇干部作出正确判断的有 76 人，约占乡镇干部人数的 38%。

上面的分析表明，三省区使用汉语拼音的人员中，还有比较多的人对韵母表的内容了解不够。较多的人员被相同的字母表面形式迷惑。虽然中小学生学习汉语拼音重在应用，在给汉字注音，在帮助他们认读汉字、掌握普通话，但在不清楚韵母性质及韵母表排列韵母的情况下，他们的读、认、说都会受到影响。

我们觉得，这个问题的根源不在学生，而在于管理部门和教师。三省区农村中小学，尤其是小学，至今很多语文教师都是聘请的代课者，没有受过专门训练；最近几年，一些大中专学校毕业的学生急于就业，有关县内其他部门难于接纳众多毕业生，结果大量非师范内的毕业生被安排到中小学任教。这些毕业生本身对《汉语拼音方案》的构成了解甚少，无法从根本上讲清有关理论，因而所教的学生难免对一些问题认识不明。

（二）教师和学生对韵母的结构掌握得较清楚

韵母的内部结构可以分为韵头、韵腹、韵尾三部分。如韵母 iao，其中 i 是韵头，也叫介音；a 是韵腹；o 是韵尾。并不是每个韵母都具备韵头、韵腹、韵尾这三部分。有的只有韵头和韵腹，如韵母 ia、uo、üe，其中的 i、u、ü 是韵头，a、o、e 是韵腹；有的只有韵腹和韵尾，如韵母 ai、ei，其中的 a、e 是韵腹，韵腹后面的为韵尾；单韵母只有韵腹，没有韵头和韵尾。在普通话韵母中的韵头只有 i、u、 ü 3 个；韵尾只有 4 个，其中包括元音韵尾 i、u（包括 ao、iao 中的 o）两个和辅音韵母 n、ng 两个。在韵母中，韵腹不可缺少。

关于韵母结构，问卷设计了这样的问题：

题目四十四，判断正误。如果你认为正确，在题后打√；如果你认为不正确，在题后打 ×：

1. 在韵母 uo 中，o 是韵腹；在韵母 ao 中，o 是韵尾。（　）

2. 在韵母 eng 中，g 是韵尾。（　）

3. 在普通话韵母中，韵头有 i、u、ü 三个。（　）

关于第 1 题，正确的判断应该是打√。甘肃省接受调查的教师（528 人）、学生（2376 人）、乡镇干部（132 人）共 3036 人，教师作出正确判断的有 438 人，约占教师人数的 83%；学生作出正确判断的有 1901 人，约占学生人数的 80%；乡镇干部作出正确判断的有 45 人，约占乡镇干部人数的 34%。青海省接受调查的教师（396 人）、学生（792 人）、乡镇干部（132 人）共 1320 人，教师作出正确判断的有 321 人，约占教师人数的 81%；学生作出正确判断的有 618 人，约占学生人数的 78%；乡镇干部作出正确判断的有 42 人，约占乡镇干部人数的 32%。宁夏回族自治区接受调查的教师（553 人）、学生（1723 人）、乡镇干部（201 人）共 2477 人，教师作出正确判断的有 481 人，约占教师人数的 87%；学生作出正确判断的有 1447 人，约占学生人数的 84%；乡镇干部作出正确判断的有 72 人，约占乡镇干部人数的 36%。

关于第 2 题，正确的判断应该是打×。甘肃省接受调查的教师、学生、乡镇干部共 3036 人，教师作出正确判断的有 475 人，约占教师人数的 90%；学生作出正确判断的有 2067 人，约占学生人数的 87%；乡镇干部作出正确判断的有 48 人，约占乡镇干部人数的 36%。

青海省接受调查的教师、学生、乡镇干部共 1320 人，教师作出正确判断的有 341 人，约占教师人数的 86%；学生作出正确判断的有 649 人，约占学生人数的 82%；乡镇干部作出正确判断的有 45 人，约占乡镇干部人数的 34%。宁夏回族自治区接受调查的教师、学生、乡镇干部共 2477 人，教师作出正确判断的有 503 人，约占教师人数的 91%；学生作出正确判断的有 1551 人，约占学生人数的 90%；乡镇干部作出正确判断的有 76 人，约占乡镇干部人数的 38%。

关于第 3 题，正确的判断应该是打√。甘肃省接受调查的教师、学生、乡镇干部共 3036 人，教师作出正确判断的有 502 人，约占教师人数的 95%；学生作出正确判断的有 2281 人，约占学生人数的 96%；乡镇干部作出正确判断的有 45 人，约占乡镇干部人数的 34%。青海省接受调查的教师、学生、乡镇干部共 1320 人，教师作出正确判断的有 348 人，约占教师人数的 88%；学生作出正确判断的有 665 人，约占学生人数的 84%；乡镇干部作出正确判断的有 44 人，约占乡镇干部人数的 33%。宁夏回族自治区接受调查的教师、学生、乡镇干部共 2477 人，教师作出正确判断的有 542 人，约占教师人数的 98%；学生作出正确判断的有 1671 人，约占学生人数的 97%；乡镇干部作出正确判断的有 82 人，约占乡镇干部人数的 41%。

（三）对四呼了解普遍不够深入

《汉语拼音方案》依据韵头的不同情况，把韵母排成四列。表中第一列韵母统称为开口呼韵母，第二列为齐齿呼韵母，第三列为合口呼韵母，第四列为撮口呼韵母。行的排列显示着韵母之间韵类归属的异同，即同一行的韵母通常总是属于同一个韵类，如 a、ia、ua 三个韵母，韵头不同，但韵腹、韵尾相同，同属一个韵类。

对此，问卷中设计了这样的问题：

题目四十五，判断正误。如果你认为正确，在题后打√；如果你认为不正确，在题后打×：

1. 韵母表把韵母分为四列的依据是韵头。（　）

2. weng 是开口呼韵母。（　）

3. jue 的韵母是合口呼。（　）

关于第1题，正确的判断应该是打√。甘肃省接受调查的教师（528人）、学生（2376人）、乡镇干部（132人）共3036人，教师作出正确判断的有470人，约占教师人数的89%；学生作出正确判断的有1972人，约占学生人数的83%；乡镇干部作出正确判断的有47人，约占乡镇干部人数的36%。青海省接受调查的教师（396人）、学生（792人）、乡镇干部（132人）共1320人，教师作出正确判断的有329人，约占教师人数的83%；学生作出正确判断的有618人，约占学生人数的78%；乡镇干部作出正确判断的有41人，约占乡镇干部人数的31%。宁夏回族自治区接受调查的教师（553人）、学生（1723人）、乡镇干部（201人）共2477人，教师作出正确判断的有503人，约占教师人数的91%；学生作出正确判断的有1465人，约占学生人数的85%；乡镇干部作出正确判断的有76人，约占乡镇干部人数的38%。

关于第2题，正确的判断应该是打×。甘肃省接受调查的教师、学生、乡镇干部共3036人，教师作出正确判断的有380人，约占教师人数的72%；学生作出正确判断的有1616人，约占学生人数的68%；乡镇干部作出正确判断的有37人，约占乡镇干部人数的28%。青海省接受调查的教师、学生、乡镇干部共1320人，教师作出正确判断的有273人，约占教师人数的69%；学生作出正确判断的有483

人，约占学生人数的 61%；乡镇干部作出正确判断的有 32 人，约占乡镇干部人数的 24%。宁夏回族自治区接受调查的教师、学生、乡镇干部共 2477 人，教师作出正确判断的有 420 人，约占教师人数的 76%；学生作出正确判断的有 1258 人，约占学生人数的 73%；乡镇干部作出正确判断的有 58 人，约占乡镇干部人数的 29%。

关于第 3 题，正确的判断应该是打×。甘肃省接受调查的教师、学生、乡镇干部共 3036 人，教师作出正确判断的有 343 人，约占教师人数的 65%；学生作出正确判断的有 1449 人，约占学生人数的 61%；乡镇干部作出正确判断的有 36 人，约占乡镇干部人数的 27%。青海省接受调查的教师、学生、乡镇干部共 1320 人，教师作出正确判断的有 242 人，约占教师人数的 61%；学生作出正确判断的有 451 人，约占学生人数的 57%；乡镇干部作出正确判断的有 25 人，约占乡镇干部人数的 19%。宁夏回族自治区接受调查的教师（553 人）、学生（1723 人）、乡镇干部（201 人）共 2477 人，教师作出正确判断的有 382 人，约占教师人数的 69%；学生作出正确判断的有 1085 人，约占学生人数的 63%；乡镇干部作出正确判断的有 58 人，约占乡镇干部人数的 29%。

以上三个题目调查数据分析表明，人们对韵母表依韵头来排列的韵母较为明白，而对一个音节内部韵头的辨认能力较差。看样子，多数人未能真正弄明白韵头的实质，而是仅据拼写形式判断。

（四）对省略元音的韵母认识模糊

《汉语拼音方案》韵母表规定，iou、uei、uen 前面加声母的时候，写成 iu、ui、un。就是说，这三个韵母跟声母相拼时可以省略韵腹。于是出现了下面三种情况：第一，当前面没有辅音声母而成零声母音节时，按照 i 行韵母和 u 行韵母拼写规则要求，这三个韵母要分别写作 you、wei、wen，即 iou 要将 i 换成 y，uei 和 uen 要将 u 换成 w。第二，韵腹省略后，声调符号的位置要作相应的移动。iou 和 uei 省略韵腹后，声调符号要标写在后一个字母上面，例如 lióushuěi（流水）变成了 liúshuǐ，此时，声调符号实际上标在了韵尾上；uen 省略韵腹后，因为只有一个元音，所以声调符号直接标写在元音字母 u 上面，例如 lúndūn（伦敦），此时，声调符号实际上标在了韵头上。第三，在实际运用中，iou、uei、uen 三个韵母的拼写形式不会出现。

我们从小学生作业本上看到，为数不少的学生对这几个韵母的实际应用状况认识不明。从对中学生的访谈中了解到，他们不清楚这几个韵母省略韵腹以后出现的变化。针对这种情况，我们在问卷中设计了下面的题目：

题目四十六，判断正误。如果你认为正确，在题后打√；如果你认为不正确，在题后打 ×：

1. 音节 you 是韵母 iou 的变式。（ ）

2. 在音节 gǔn 中，ǔ 是韵腹。（ ）

3.《韵母表》中有 uei，但实际运用中，这个韵母的拼写形式从来不会出现。（ ）

关于第 1 题，正确的判断应该是打√。甘肃省接受调查的教师（528 人）、学生（2376 人）、乡镇干部（132 人）共 3036 人，教师作出正确判断的有 429 人，约占教师人数的 82%；学生作出正确判断的有 1830 人，约占学生人数的 77%；乡镇干部作出正确判断的有 44 人，约占乡镇干部人数的 33%。青海省接受调查的教师（396 人）、学生（792 人）、乡镇干部（132 人）共 1320 人，教师作出正确判断的有 313 人，约占教师人数的 79%；学生作出正确判断的有 570 人，约占学生人数的 72%；乡镇干部作出正确判断的有 36 人，约占乡镇干部人数的 27%。宁夏回族自治区接受调查的教师（553 人）、学生（1723 人）、乡镇干部（201 人）共 2477 人，教师作出正确判断的有 470 人，约占教师人数的 85%；学生作出正确判断的有 1344 人，约占学生人数的 78%；乡镇干部作出正确判断的有 64 人，约占乡镇干部人数的 32%。

关于第 2 题，正确的判断应该是打×。甘肃省接受调查的教师、学生、乡镇干部共 3036 人，教师作出正确判断的有 375 人，约占教师人数的 71%；学生作出正确判断的有 1592 人，约占学生人数的 67%；乡镇干部作出正确判断的有 41 人，约占乡镇干部人数的 31%。青海省接受调查的教师、学生、乡镇干部共 1320 人，教师作出正确判断的有 257 人，约占教师人数的 65%；学生作出正确判断的有 483 人，约占学生人数的 61%；乡镇干部作出正确判断的有 28 人，约占乡镇干部人数的 25%。宁夏回族自治区接受调查的教师、学生、乡镇干部共 2477 人，教师作出正确判断的有 415 人，约占教师人数的 75%；学生作出正确判断的有 1241 人，约占学生人数的 72%；乡镇干部作出正确判断的有 62 人，约占乡镇干部人数的 31%。

关于第 3 题，正确的判断应该是打√。甘肃省接受调查的教师、学生、乡镇干部共 3036 人，教师作出正确判断的有 391 人，约占教师人数的 74%；学生作出正确判断的有 1687 人，约占学生人数的 71%；乡镇干部作出正确判断的有 42 人，约占乡镇干部人数的 32%。青海省接受调查的教师、学生、乡镇干部共 1320 人，教师作出正确判断的有 281 人，约占教师人数的 71%；学生作出正确判断的有 531 人，约占学生人数的 67%；乡镇干部作出正确判断的有 33 人，约占乡镇干部人数的 5%。宁夏回族自治区接受调查的教师、学生、乡镇干部共 2477 人，教师作出正确判断的有 426 人，约占教师人数的

77%；学生作出正确判断的有 1309 人，约占学生人数的 76%；乡镇干部作出正确判断的有 62 人，约占乡镇干部人数的 31%。

以上三题调查的数据反映两个事实：一是三省区应用汉语拼音的人中，有不少人忘记了 iou 自成音节时须写成 you 的状况；不少人把 un 看成了一个韵母，而忘记了韵母表中本有的 uen；还有不少人忘记了韵母表中虽有 uei 韵母，但实际运用中总省略为 ui。由此看来，应用者对元音省略形式的掌握不太透彻。二是三省区的数据有一个共同特点，即对省略元音的韵母情况作出正确判断的人员，人数最多的是教师，其次是学生，再次是乡镇干部。

（五）前后鼻音韵母容易混淆

一般把《汉语拼音方案》韵母表中的韵母分为三类，即单韵母、复韵母、鼻韵母。其中 16 个鼻韵母分两种，一种是 8 个带舌尖鼻音 n 的前鼻音韵母：an、ian、uan、üan、en、in、uen、ün；另一种是 8 个带舌根鼻音 ng 的后鼻音韵母：ang、iang、uang、eng、ing、ueng、ong、iong。作为西北人，我们深知，甘肃、青海、宁夏三省区大部分地区的汉语方言中，en 与 eng、in 与 ing、uen 与 ueng 和 ong、ün 与 iong 等几组韵母两两不加区分。如甘肃的天水市、平凉市、定西市、陇南市等地，"长针"同于"长征"，"天津"同于"天京"，"元勋"同于"元凶"，都读后鼻音。青海的西宁市、海东地区、海北藏族自治州大部，"根"同于"耕"，"金"同于"京"，"温"同于"翁"，"群"同于"穷"，都读为鼻化韵。宁夏的吴忠市、固原市、中卫市，"盆"同于"棚"，"问"同于"瓮"，"亲"同于"青"，"轮"同于"隆"，"运"同于"用"，都读为前鼻音。此次，我们调查时了解到，区别前后鼻音，依然是三省区居民应用好汉语拼音面临的严峻任务。

我们设计了这样的题目：

题目四十七，选择。下面这三个词语都有几个不同的汉语拼音形式，请在表示普通话读音的一个上面打√：

1. 人名　　A. réngmíng　　B. rénmín　　C. rénmíng
2. 伦敦　　A. lóngdōng　　B. lúndūn　　C. lúndōng
3. 凶狠　　A. xiōnghěn　　B. xūnhěng　　C. xiōnghěng

关于第 1 题，应该在上面打√的是 C。甘肃省接受调查的教师(528 人)、学生（2376 人）、乡镇干部（132 人）共 3036 人，教师作出正确判断的有 375 人，约占教师人数的 71%；学生作出正确判断的有 1616 人，约占学生人数的 68%；乡镇干部作出正确判断的有 48 人，约占乡镇干部人数的 36%。青海省接受调查的教师（396 人）、学生（792 人）、乡镇干部（132 人）共 1320 人，教师作出正确判断的有 269 人，约占教师人数的 68%；学生作出正确判断的有 515 人，约占学生人数的 65%；乡镇干部作出正确判断的有 38 人，约占乡镇干部人数的 29%。宁夏回族自治区接受调查的教师（553 人）、学生（1723 人）、乡镇干部（201 人）共 2477 人，教师作出正确判断的有 398 人，约占教师人数的 72%；学生作出正确判断的有 1223 人，约占学生人数的 71%；乡镇干部作出正确判断的有 78 人，约占乡镇干部人数的 39%。

关于第 2 题，应该在上面打√的是 B。甘肃省接受调查的教师、学生、乡镇干部共 3036 人，教师作出正确判断的有 380 人，约占教师人数的 72%；学生作出正确判断的有 1544 人，约占学生人数的 65%；乡镇干部作出正确判断的有 45 人，约占乡镇干部人数的 34%。青海省接受调查的教师、学生、乡镇干部共 1320 人，教师作出正确判断的有 261 人，约占教师人数的 66%；学生作出正确判断的有 491

人，约占学生人数的 62%；乡镇干部作出正确判断的有 41 人，约占乡镇干部人数的 31%。宁夏回族自治区接受调查的教师、学生、乡镇干部共 2477 人，教师作出正确判断的有 371 人，约占教师人数的 67%；学生作出正确判断的有 1172 人，约占学生人数的 68%；乡镇干部作出正确判断的有 70 人，约占乡镇干部人数的 35%。

关于第 3 题，应该在上面打√的是 A。甘肃省接受调查的教师、学生、乡镇干部共 3036 人，教师作出正确判断的有 391 人，约占教师人数的 74%；学生作出正确判断的有 1639 人，约占学生人数的 69%；乡镇干部作出正确判断的有 48 人，约占乡镇干部人数的 36%。青海省接受调查的教师、学生、乡镇干部共 1320 人，教师作出正确判断的有 265 人，约占教师人数的 67%；学生作出正确判断的有 507 人，约占学生人数的 64%；乡镇干部作出正确判断的有 44 人，约占乡镇干部人数的 33%。宁夏回族自治区接受调查的教师、学生、乡镇干部共 2477 人，教师作出正确判断的有 398 人，约占教师人数的 72%；学生作出正确判断的有 1206 人，约占学生人数的 70%；乡镇干部作出正确判断的有 76 人，约占乡镇干部人数的 38%。

以上三个题目调查数据的分析表明，三省区农村应用汉语拼音的人群对韵母表中前后鼻音的分辨能力普遍较差。这跟普通话调查结果相符。

我们在有的学校还顺便测试了一些学生的听音辨音能力。我们既读单字，也读词语，两两一组，如：您—宁，熏—凶，频繁—平凡，瓜分—刮风。结果，被问到的大部分学生分辨不清前后鼻音。我们还询问了部分教师，他们当中一些人承认，虽然韵母表中的前后鼻音韵母分明，但他们在实际应用中除了死记部分常见字音外，大部分辨认不了。

四、关于声调符号

（一）对轻声字的认识不清楚，所以给轻声字也标注了声调符号

《汉语拼音方案》规定，声调符号标在音节的主要母音（元音）上，轻声不标调。此规定包含下面四层意思：一是声母与单元音韵母 a、o、e、i、u、ü 构成的音节，声调符号只能标在该元音上。二是韵母含两个或两个以上元音的音节，声调符号要标在开口度相对较大、发音相对响亮的元音上。以上 6 个单韵母就是按口形由大到小、发音由强到弱的顺序排列的。因此，韵母含两个或两个以上元音时，出现"a"就标在"a"上，没有"a"就标在"o"上，依次类推。例如：gào（告）、kòu（叩）、zéi（贼）；三是 i 上标调时，顶部的圆点须取掉；四是在轻声音节中，元音顶部不出现声调符号。

我们从学生的练习、作业、试卷中看到，学生基本上掌握了标调位置，懂得在 i 上标调时取掉圆点，但大部分人把握不住轻声音节。问卷调查结果大体也是这样：

题目四十八，判断正误。如果你认为声调标注正确，则在题后打√；如果你认为声调标注不正确，则在题后打×：

1. móu（谋）（ ）
2. zhǐ（只）（ ）
3. zhuōzǐ（桌子）（ ）

关于第 1 题，应该在题后打√。甘肃省接受调查的教师（528人）、学生（2376人）、乡镇干部（132人）共 3036人，教师作出正确判断的有 502人，约占教师人数的 95%；学生作出正确判断的有 2233人，约占学生人数的 94%；乡镇干部作出正确判断的有 70人，约占乡镇干部人数的 53%。青海省接受调查的教师（396人）、学生

（792 人）、乡镇干部（132 人）共 1320 人，教师作出正确判断的有 364 人，约占教师人数的 92%；学生作出正确判断的有 697 人，约占学生人数的 88%；乡镇干部作出正确判断的有 61 人，约占乡镇干部人数的 46%。宁夏回族自治区接受调查的教师（553 人）、学生（1723 人）、乡镇干部（201 人）共 2477 人，教师作出正确判断的有 531 人，约占教师人数的 96%；学生作出正确判断的有 1654 人，约占学生人数的 96%；乡镇干部作出正确判断的有 105 人，约占乡镇干部人数的 52%。

关于第 2 题，应该在题后打×，因为标调时没有去掉 i 上圆点。甘肃省接受调查的教师、学生、乡镇干部共 3036 人，教师作出正确判断的有 470 人，约占教师人数的 89%；学生作出正确判断的有 2043 人，约占学生人数的 86%；乡镇干部作出正确判断的有 61 人，约占乡镇干部人数的 46%。青海省接受调查的教师、学生、乡镇干部共 1320 人，教师作出正确判断的有 329 人，约占教师人数的 83%；学生作出正确判断的有 626 人，约占学生人数的 79%；乡镇干部作出正确判断的有 54 人，约占乡镇干部人数的 41%。宁夏回族自治区接受调查的教师、学生、乡镇干部共 2477 人，教师作出正确判断的有 498 人，约占教师人数的 90%；学生作出正确判断的有 1499 人，约占学生人数的 87%；乡镇干部作出正确判断的有 96 人，约占乡镇干部人数的 48%。

关于第 3 题，应该在题后打×，因为"子"在这里是轻声，不标调。甘肃省接受调查的教师、学生、乡镇干部共 3036 人，教师作出正确判断的有 327 人，约占教师人数的 62%；学生作出正确判断的有 1449 人，约占学生人数的 61%；乡镇干部作出正确判断的有 34 人，约占乡镇干部人数的 26%。青海省接受调查的教师、学生、乡镇干部共 1320 人，教师作出正确判断的有 214 人，约占教师人数的 54%；学生作出正确判断的有 396 人，约占学生人数的 50%；乡镇干部作出正确判断的有 28 人，约占乡镇干部人数的 21%。宁夏回族自治区接受调查的教师、学生、乡镇干部共 2477 人，教师作出正确判断的有 376 人，约占教师人数的 68%；学生作出正确判断的有 1154 人，约占学生人数的 67%；乡镇干部作出正确判断的有 64 人，约占乡镇干部人数的 32%。

从以上三个题目调查数据的分析可以看出，三省区应用汉语拼音的人员对标调位置和 i 上标调时去掉圆点是比较清楚的，但对轻声音节掌握得不好，所以几乎多数人都认为"桌子"的"子"应标声调。

（二）调号书写不规范

《汉语拼音方案》规定了声调符号书写样态，阴平、阳平、上声、去声的调号依次是"‾、ˊ、ˇ、ˋ"。从翻检学生作业本和试卷过程中，我们看到，阳平和上声的调号写法不正确，主要是书写的笔道走势有误。阳平调号的正确写法应当是从左下向右上走，这样笔画走势正好标示着调值的轨迹，但一些学生却当"撇"来写，末尾还带有向左上翘起的弯儿。同样，写上声调号时，正确的写法应当是从左上往右下走，不抬笔，改变方向，从左下往右上走，一笔而成，但不少学生却用两笔写成，先从左上往右下，抬笔，再从右上往左下，两笔会合；有一些学生仍然用两笔写成，但顺序相反，即先从右上往左下，抬笔，再从左上往右下，两笔会合。问及一些学生和老师，有的说，习惯这样写，没人专门教过；有的说，写出来就可以吧，笔顺没关系。对此，我们在问卷中设计了有关题目，想借此观察调号书写不规范的人数比例。题目如下：

题目四十九，选择。下面是关于阳平和上声调号的几种写法的说明，在你认为正确的一个上面打√：

1. 阳平　　A. 就是"撇"　B. 从右上往左下走笔　C. 从左下向右上走笔

2. 上声　　A. 先从左上往右下，不起笔，改变方向，再从左下往右上，一笔而成

B. 先从左上往右下，抬笔，再从右上往左下，两笔写成

C. 先从右上往左下，抬笔，再从左上往右下，两笔写成

关于第1题，正确的选择应当是C。甘肃省接受调查的教师（528人）、学生（2376人）、乡镇干部（132人）共3036人，教师作出正确判断的有480人，约占教师人数的91%；学生作出正确判断的有2043人，约占学生人数的86%；乡镇干部作出正确判断的有108人，约占乡镇干部人数的82%。青海省接受调查的教师（396人）、学生（792人）、乡镇干部（132人）共1320人，教师作出正确判断的有348人，约占教师人数的88%；学生作出正确判断的有657人，约占学生人数的83%；乡镇干部作出正确判断的有98人，约占乡镇干部人数的74%。宁夏回族自治区接受调查的教师（553人）、学生（1723人）、乡镇干部（201人）共2477人，教师作出正确判断的有514人，约占教师人数的93%；学生作出正确判断的有1482人，约占学生人数的86%；乡镇干部作出正确判断的有167人，约占乡镇干部人数的83%。

关于第2题，正确的选择应当是A。甘肃省接受调查的教师、学生、乡镇干部共3036人，教师作出正确判断的有470人，约占教师人数的89%；学生作出正确判断的有2020人，约占学生人数的85%；乡镇干部作出正确判断的有106人，约占乡镇干部人数的

80%。青海省接受调查的教师、学生、乡镇干部共 1320 人，教师作出正确判断的有 333 人，约占教师人数的 84%；学生作出正确判断的有 642 人，约占学生人数的 81%；乡镇干部作出正确判断的有 91 人，约占乡镇干部人数的 69%。宁夏回族自治区接受调查的教师、学生、乡镇干部共 2477 人，教师作出正确判断的有 503 人，约占教师人数的 91%；学生作出正确判断的有 1465 人，约占学生人数的 85%；乡镇干部作出正确判断的有 161 人，约占乡镇干部人数的 80%。

以上两个题目调查结果的分析表明，三省区有 10% 左右的人员书写调号不规范。

五、关于隔音符号

《汉语拼音方案》规定，a、o、e 开头的音节，连接在其他音节后面时，如果音节界限发生混淆，用隔音符号（'）隔开。

这一规定实际上关系到用拼音记写汉语的规则和拼音反映词义的特点两方面。

首先，从拼音记写汉语的规则方面看，"a、o、e 开头的音节连接在其他音节后面"，这就意味着按词连写，而不是一个一个音节分开来写。单音节的词，音节界限分明。而双音节和多音节词需要两个或多个音节连写，音节之间不留空隙，例如：yīnjié（音节）、kòngxì（空隙）。

其次，从拼音反映词义的特点方面看，"如果音节的界限发生混淆，用隔音符号（'）隔开"。这就意味着，音节连写很可能引起所表意义不明。使用隔音符号，可以比较直观地解决意义混淆问题。因为普通话音节多数具有辅音声母，汉语拼音字母的拼读习惯是，辅音字母一般跟后边的元音拼合成音节，例如 gāoshān，只能念成 gāo 和 shān，表示"高山"的意思；如果后面没有元音，辅音字母就跟前边的元音拼合，例如 zhǔn。这样，辅音声母就发挥着标明音节界限的作用。《汉语拼音方案》还规定，以 i、u、ü 起头的零声母音节增加或更换 y，w 来标明音节界限。这样，就剩下了以 a，o，e 开头的零声母音节，若连写在前一音节的辅音韵尾后，可能和此辅音韵尾连读，从而导致音节的界限混淆，造成意义淆乱。细分析，这种音节混淆有三种可能：一是 a，o，e 和前边以 n、ng 收尾的音节相连，如果不用符号隔开，前一音节最后一个字母 n、g 会被误认成后一种音节的声母，如 fān'àn（翻案）可能被念成 fānàn（发难）。二是跟前面以 i，u，ü 收尾的音节相连，如果不用符号隔开，两个音节有可能被误读成一个音节，如 xi'an（西安）可能被念成 xiān（先），ku'ài（酷爱）可能被念成 kuai（快）。三是跟 i，u，ü 以外的其他元音收尾的音节相连，不用符号隔开，虽不至于被误读成一个音节，但元音相连，视觉分辨感不够明晰，给辨义带来困难，如 rèai（热爱）。再如 xiè'èrqìng（谢二庆，一个学生的名字），虽然 xie 和 er 之间不加隔音符号并不会出现 xi 与 eer，或 xiee 与 r 的淆乱（因为汉语里没有 xiee 这样的拼式），但为使音节界限更加明晰，使用隔音符号，写成 rè'ài 和 xiè'èr 更好。

为了解学生对这一规定的认识和应用情况，我们在问卷中设计了以下题目：

题目五十，判断正误。如果你认为拼式正确，则在题后打√；如果你认为拼式不正确，则在题后打×：

1. 昏暗 hūnàn（ ）
2. 嫦娥 Cháng'é（ ）

3. 吸烟 xī'yān（ ）

4. 挨饿 ái'è（ ）

关于第 1 题，正确判断应当是打×，因为规范拼式是 hūn'àn。甘肃省接受调查的教师（528 人）、学生（2376 人）、乡镇干部（132 人）共 3036 人，教师作出正确判断的有 438 人，约占教师人数的 83%；学生作出正确判断的有 1877 人，约占学生人数的 79%；乡镇干部作出正确判断的有 54 人，约占乡镇干部人数的 41%。青海省接受调查的教师（396 人）、学生（792 人）、乡镇干部（132 人）共 1320 人，教师作出正确判断的有 309 人，约占教师人数的 78%；学生作出正确判断的有 578 人，约占学生人数的 73%；乡镇干部作出正确判断的有 45 人，约占乡镇干部人数的 34%。宁夏回族自治区接受调查的教师（553 人）、学生（1723 人）、乡镇干部（201 人）共 2477 人，教师作出正确判断的有 481 人，约占教师人数的 87%；学生作出正确判断的有 1430 人，约占学生人数的 83%；乡镇干部作出正确判断的有 84 人，约占乡镇干部人数的 42%。

关于第 2 题，正确判断应当是打√。甘肃省接受调查的教师、学生、乡镇干部共 3036 人，教师作出正确判断的有 480 人，约占教师人数的 91%；学生作出正确判断的有 2115 人，约占学生人数的 89%；乡镇干部作出正确判断的有 65 人，约占乡镇干部人数的 49%。青海省接受调查的教师、学生、乡镇干部共 1320 人，教师作出正确判断的有 337 人，约占教师人数的 85%；学生作出正确判断的有 618 人，约占学生人数的 78%；乡镇干部作出正确判断的有 58 人，约占乡镇干部人数的 40%。宁夏回族自治区接受调查的教师、学生、乡镇干部共 2477 人，教师作出正确判断的有 520 人，约占教师人数的 94%；学生作出正确判断的有 1570 人，约占学生人数的 91%；乡镇干部作出正确判断的有 98 人，约占乡镇干部人数的 49%。

关于第 3 题，正确判断应当是打×，因为第二个音节有 y，起着隔音作用，不再需要隔音符号。甘肃省接受调查的教师、学生、乡镇干部共 3036 人，教师作出正确判断的有 491 人，约占教师人数的 93%；学生作出正确判断的有 2067 人，约占学生人数的 87%；乡镇干部作出正确判断的有 53 人，约占乡镇干部人数的 40%。青海省接受调查的教师、学生、乡镇干部共 1320 人，教师作出正确判断的有 341 人，约占教师人数的 86%；学生作出正确判断的有 657 人，约占学生人数的 83%；乡镇干部作出正确判断的有 49 人，约占乡镇干部人数的 37%。宁夏回族自治区接受调查的教师、学生、乡镇干部共 2477 人，教师作出正确判断的有 509 人，约占教师人数的 92%；学生作出正确判断的有 1551 人，约占学生人数的 90%；乡镇干部作出正确判断的有 88 人，约占乡镇干部人数的 44%。

关于第 4 题，正确判断应当是打×，因为第一个音节前不需要隔音符号。甘肃省接受调查的教师、学生、乡镇干部共 3036 人，教师作出正确判断的有 496 人，约占教师人数的 94%；学生作出正确判断的有 2210 人，约占学生人数的 93%；乡镇干部作出正确判断的有 55 人，约占乡镇干部人数的 42%。青海省接受调查的教师、学生、乡镇干部共 1320 人，教师作出正确判断的有 348 人，约占教师人数的 88%；学生作出正确判断的有 665 人，约占学生人数的 84%；乡镇干部作出正确判断的有 50 人，约占乡镇干部人数的 38%。宁夏回族自治区接受调查的教师、学生、乡镇干部共 2477 人，教师作出正确判断的有 520 人，约占教师人数的 94%；学生作出正确判断的有 1585 人，约占学生人数的 92%；乡镇干部作出正确判断的有 82 人，约占乡镇干部人数的 41%。

从以上四个题目调查结果的统计与分析可以看出，教师和学生作出正确判断的人数比例整体较高，说明大部分师生对隔音符号的使用比较清楚。而其他人员（这里主要是乡镇干部）作出正确判断的人数比例较低，在30%—40%之间徘徊，这说明教师和学生以外的其他人员绝大部分没有掌握隔音符号用途。

除了上述问卷题目之外，有些问题是我们调查前没有预料到的。在我们跟甘肃省白银市景泰县一所中学的教师交谈中，一位教师说，《汉语拼音方案》完全可以不要隔音符号，因为一个音节一般包括声、韵、调三部分，考虑隔音符号时，仅考虑到声母和韵母两部分，而忽视了声调。他说，《汉语拼音方案》隔音符号所举例证 pi'ao（皮袄），正好没有标出两个音节的声调，若给它们加上声调符号，就可使音节界限一清二楚，不会发生混淆。因为两个音节虽然相连，但《方案》规定每个音节只能标一个声调，就是说，标几个声调就有几个音节，界限很清楚。如 piǎo，人们根据声调会看做是两个音节，只能读成"皮袄"，不可能读成"漂"，所以，隔音符号的规定显得多余。

一开始，我们觉得这位教师观察问题细致，说得有理。但仔细琢磨，就发现他的话有问题。至少有两点，他没有考虑清楚。首先是相连的音节即便标了声调，也有混淆的可能，如 míngé（名额），也可能理解为 mín gé（民革）。可见，只有加上隔音符号才能一目了然。其次是书刊名称、文章标题、专用名称等，其拼音形式一般不标声调。此时，相连的音节界限难以辨认。

从这一问题的讨论中，我们可以看到，有的教师对《汉语拼音方案》的应用做过或正在做深入思考，他们关心《汉语拼音方案》的应用，关心与拼音有关的理论问题。这样的精神值得鼓励。

第四章
对甘青宁三省区农村居民汉语言文字应用状况调查结果的判断

第一节 对基本状况的判断

一、关于应用普通话的基本状况

就应用普通话的场合来说，民族、语言背景、性别、身份、年龄、文化程度对人们应用普通话的场合选择都有影响，但相对而言，性别、身份、年龄三种因素影响更加明显。如女性在当地公众场所一般不说普通话；乡镇干部在各种场合应用普通话的人数比例虽然都不是最高，但是其人数比例之间的差别，不像其他几种因素的人数比例内部差距那样明显；年龄较小的人员在学校、家庭应用普通话的人数比例较高，而年龄较大的人员在跟外地人交往的场合应用普通话的人数比例较高。在家庭、学校、当地公众场所、跟外地人交往四种场合中，相对而言，在家庭内，人们普遍感到不宜于说普通话，而在学校很多人可以开口说普通话。

就应用普通话的目的来说，三省区农村的农牧民、教师、乡镇干部、大夫、商贩、手艺人、宗教界人士，应用普通话的第一目的是为了求职或满足工作需要，但毕竟普通话是一种通用的言语交际形式，所以一般都把便于交际作为应用普通话的一个重要目的，非汉族人员这一目的性更强。中小学生处于获取知识、听从教导的阶段，所以以适应社会为目的的人数比例较高。无论哪个民族、语言背景、性别、身份、年龄段、文化程度的人员，以追求时尚为目的的人数比例都很低，这说明人们应用普通话主要是为了生活、工作的实际需要。

就应用普通话的能力来说，听说流畅的人数比例，汉族人员高于非汉族人员，女性高于男性，教师学生高于其他人员，年龄在31—45岁之间的人员高于其他人员，大专本科学历的人员高于其他人员。能听但词语不属于普通话、能听但语法不合普通话规范的人数比例，非汉族人员高于汉族人员，显然民族语言对人们应用普通话产生影响。能听不能说、不能听不能说的人数比例，非汉族高于汉族，非汉语高于汉语，女性高于男性，农牧民高于其他人群，年龄较大者高于年龄较小者，文盲半文盲高于其他文化程度人员。

二、关于应用规范汉字的基本状况

就人们应用汉字的动机和趋向而言，三省区农村居民学习和应用汉字的动机主要集中在改善个人生活条件、找到一份工作等方面。学习和应用汉字的主要趋向是日常应用，如简单的书信和便条之类。利用所学汉字阅读汉字书刊的人员相对较多，但用汉字写作或进行广泛书面交流的较少。用字者的日常习惯是使用简化字。

就人们对汉字有关规范的认识而言，三省区农村居民大部分人认为，汉字的应用存在规范，但规范对人们的约束程度，应当根据使用者的身份而定，即不同身份的人员应有不同程度的要求。对一般人来说，汉字的一系列规范没有太大约束作用；而对教师来说约束较为严格，因为教师不仅自己用字，还要给学生教字，不遵守规范，就会出现差错。就一般人的用字习惯来说，应用简化字还是繁体字，可以凭个人习惯而定。

就人们利用汉字阅读书报、查检字典的情况而言，三省区农村地区的农牧民，学生，乡镇干部，大夫、商贩、手艺人一般都没有经常阅读汉文书刊的习惯。教师因为职业原因，坚持经常阅读的人较多。一般人都没有使用字典的意识，有少数人有时在字典中查字，但实质上是翻检，而不是根据偏旁部首或音序去查。

三、关于应用汉语拼音的基本状况

就人们对汉语拼音有助于识字、有助于阅读、有助于学习普通话的道理的认识而言，三省区农村的教师、学生和乡镇干部都承认汉语拼音对识字具有辅助作用，虽然各类人员持此观点的人数比例不等。三省区农村居民借助拼音阅读文章书籍的人数不多，但阅读过拼音读物的人都承认，借助拼音可以读准字音，可以识读课文中没有学过的汉字。各类人员对拼音帮助人们掌握普通话的认识状况不一，教师认为汉语拼音对人们学习和使用普通话有帮助的人数比例最高，能利用汉语拼音学习普通话的人数比例也最高；在三省区当中，青海省的教师和学生认为汉语拼音对人们学习和使用普通话有帮助的人数比例最高，能利用汉语拼音学习普通话的人数比例也最高，85%以上的教师和学生都认为，汉语拼音对学习普通话帮助较大。而甘肃、宁夏两省区的情况相反，中小学教师和学生中的大部分人认为，是否学习汉语拼音，并不影响掌握普通话。甘肃、宁夏的一些教师和学生认为，汉语拼音只管"字"的问题，而管不了"话"的问题；学了汉语拼音，照常不会说普通话；会说普通话的人，不必都会汉语拼音。这说明，部分教师和学生还不能主动借助汉语拼音学习普通话，没有处理好学习汉语拼音和学习普通话的关系。

就应用汉语拼音的人群掌握拼写规则和用拼音拼写词句的效果而言，主要存在拼写规则掌握不熟练、不会使用大写字母、不会移行等问题。注音的结果表明，很多人的拼写能力还停留在给单字注音的阶段，还不会拼写词组、句子、段落。很多人认为，汉语拼音的用途就是给汉字注音，《汉语拼音正词法基本规则》所规定拼写词组、句子的内容还未被广大应用者尤其是中小学教师所了解和接受。

就汉语拼音的社会应用状况而言，不规范的拼音书写在校园内外都能见到，甚至一些印刷品所用拼写形式都存在错误。面对这种状况，人们持无所谓态度。

第二节 对具体情况的判断

一、关于应用普通话的具体情况

根据第一章第三节第二部分对三省区农村居民应用普通话过程中有关语音、词汇、语法各方面情况进行的分析，我们得到了以下认识：

第一，从民族角度而言，三省区总体情况是汉族人员较好地应用普通话的人数比例高于非汉族人员。少数情况相反，如单字声母和韵母发音准确的人数比例，宁夏回族自治区的非汉族人数比例高于汉族人数比例。

第二，从语言背景角度而言，三省区总体情况是第一语言为汉语的人员较好地应用普通话的人数比例高于第一语言为非汉语人员的人数比例。

第三，从性别角度而言，三省区总体情况是女性发音或读音准确的人数比例高于男性人数比例。而正确选择普通话词语、句式及相关结构的情况为，男性人数比例高于女性。

第四，从身份角度而言，三省区总体情况是教师和学生较好地应用普通话的人数比例高于其他人员。

第五，从年龄角度而言，三省区总体情况是16—30、31—45岁人员较好地应用普通话的人数比例较高。

第六，从文化程度而言，三省区总体情况是大专本科学历者较好地应用普通话的人数比例高于其他学历人员。

第七，从人数比例高或低的原因角度而言，第一语言的语音、语法、词汇对人们学习和应用普通话有明显影响。如汉语方言或民族语言中有相同于普通话的语音，一般来说，发此音准确的人数比例较高，否则人数比例较低。三省区汉语方言中"给"字仅有 gěi 一读，所以人们多把"给予"读为 gěiyǔ。再如汉语方言或民族语言中有相同于普通话的句式或结构，那么，应用普通话时选择这一句式或结构的人数比例较高，否则人数比例较低。青海省非汉语背景的人员正确选择普通话动宾语序的人数比例较低，就是因为藏语、蒙古语、撒拉语、土族语等语言中动词跟宾语的顺序不同于普通话的缘故。

这里需要说明的是，从调查的具体结果看，三省区农村居民讲说的普通话，在语音、词汇、语法各方面都与所谓"标准普通话"存在一定差距。但语言学习与应用的大量事实表明，在已经有了第一语言的基础上，无论人们学习任何形式的其他语言，都会受到第一语言的影响。专门接受语言训练的人是这样，其他自发模仿而使用新的语言形式的人更是这样。因此，我们应当进一步明确国家在农村推广普通话的目的，主要是为了消除不同地域、不同言语人群的交流隔阂，而非纯粹为了推行"标准普通话"。事实上，带有方言土语或民族语言色彩的普通话是会在长时期内存在的，只要"人们在交际中使用了这种不怎么标准的普通话，基本上离开了方言（当包括民族语言），大体上消除了交际中的隔阂"（于根元：《二十世纪中国语言应用研究》，书海出版社1996年版，第246页），推广普通话就算取得了初步成绩。

二、关于应用规范汉字的具体情况

就人们用字的倾向而言，三省区农村居民都使用简化字，但存在"两多两少"现象，即多见不规范的类推简化字，尤其多见"二简字"，很少使用旧字形，很少使用度量衡用字。不少人都认为偏旁可以无限类推使用，就连一部分教师也认为同一偏旁可以处处类推；农牧民、大夫、商贩、手艺人手下"二简字"最多，因为他们用字主要考虑便利、快捷，并不在乎规范；而广大中小学生几乎不见使用"二简字"，因为学生主要以教材为学习范本，教材完全使用规范字，教师要求学生作业应用规范汉字，"二简字"渗透不了校园，因此学生都不用"二简字"。旧字形偶尔可见，使用者极少，主要是年龄在 50 岁左右的一些人笔下出现；一些计量单位用字曾经为一形两音节，后来规范，写成两个字，如"吋"写成"英寸"。三省区农村居民一般不使用这种计量单位用字，因此未见不规范使用。

就人们用字的心理状态而言，有两种情况：一是一些汉族人员为了字形好看，同时表明写字人文化水平较高，于是使用"老字"（繁体字）。二是一部分人觉得写字是个人行为，只要目的达到，形体规范与否都不重要，于是异形词用字较为随意，同音或近音的字代替；数目字使用可以不分场合，忽而使用汉字，忽而使用阿拉伯数字。

就人们对汉字掌握的程度而言，三省区农村大多数用字人不太了解简化字和繁体字的对应关系。很多人简单地认为，繁体字就是笔画较多的字，简化字就是笔画较少的字，于是认为"太后"的繁体写法就是"太後"。大部分中小学教师也不能正确把握繁简字的对应关系；一些中年人根据习惯来用字，往往使用已被淘汰的异体字，他们不了解哪些属于保留的规范字形，哪些属于不规范的字形，因此常常把"同"写成"仝"，把"略"写成"畧"；有的人不了解音近兼形近字的差异，结果我们在很多地方都看到"欢渡春节"、"通情达礼"的字样；还有不少人一开始识字就没有弄清有些字的笔画，因此写出了错字。

三、关于应用汉语拼音的具体情况

就三省区应用汉语拼音的相对状况来看，宁夏回族自治区的情况最好，甘肃次之，青海更次之。从前面列举的各种访谈、问卷结果分析可以看到，多数情况下，宁夏回族自治区的人员对有关题目作出正确选择或正确判断的人数比例最高,青海省的人员对有关题目作出正确选择或正确判断的人数比例最低。我们认为,这种情况与各省区农村居民的民族构成、语言背景有关,宁夏回族自治区的主要民族是汉族和回族,都使用汉语,汉语拼音的推行与应用条件较为优越。甘肃和青海两省(尤其是青海省)民族众多,语言复杂,汉语拼音的推广与应用基础相对薄弱。

就三省区应用汉语拼音的环境来看,整体状况亟待大力改善。主要表现在这样几个方面:一是应用汉语拼音的人群范围狭窄,缺少互相影响、互相促进的氛围。如前面所说,三省区农村只有教师、学生和乡镇干部三类人员能够应用汉语拼音,而学生和教师主要在校园,乡镇干部主要在自己的乡镇办公地点。校园应用者一般不跟乡镇干部交流,教师和学生离开校园后,也就基本上离开了应用汉语拼音的环境,乡镇干部也是这样。似乎教师和学生应用汉语拼音仅仅是为了教和学,乡镇干部应用汉语拼音仅仅是为了应付姓名、籍贯一类简单信息的计算机录入或输出,他们都没有考虑提高民族文化水平、提升社会语文能力、为现代科技应用提供便捷高效的辅助工具等等问题。二是人们应用汉语拼音的目的不明,缺少深入学习和精心应用汉语拼音的直接动力。大部分教师和学生对汉语拼音的文化价值、社会意义一无所知,因此学生学习无自主性、能动性,几乎全是为了考试去学。从理论上说,应用汉语拼音有助于识记汉字,有助于把握普通话语音,有助于扩大人们阅读书报的范围,但实质上由于一些政策缺乏连贯性、课堂引导不到位、适合人们阅读的拼音材料紧缺等原因,教师、学生以及乡镇干部都感受不到学习和应用汉语拼音的实际益处。于是,语文教师满足于课堂教学需要,学生满足于作业、考试需要,乡镇干部满足于简单的汉字信息处理需要，没有多少人愿意认真学习和掌握汉语拼音。三是对应用汉语拼音的效果缺少引导与监管，既没有社会舆论的监督，更没有相应的章程与制度制约。在学校，教师（主要是语文教师）和学生的任务是教与学，还不是严格意义上的应用汉语拼音；乡镇干部的一部分工作，的确是应用汉语拼音，但涉及面十分有限。说起来，教师、学生和乡镇干部的应用还都是理论应用或书面应用，而不是社会实践应用。如果说理论应用受人的身份制约或工作学习的特定要求制约，那么在三省区农村，汉语拼音的社会应用全然缺少监管，应用效果无所谓好坏，因为广大的农牧民群众及其他人员没有能力加以判断或评价，县乡村镇各级部门根本没有什么制度制约。

就三省区应用汉语拼音的整体情况来看，存在"三多三少"现象：一是不能应用汉语拼音的人占绝对多数，能够应用的人占绝对少数；知道汉语拼音的人占多数，而真正了解《汉语拼音方案》实质与内涵的人占少数；能给汉字注音的人占多数，能拼写词语、句子、段落的人占少数。

第五章

对甘青宁三省区农村居民汉语言文字应用水平偏低原因的探讨

通过前面几章的分析可以看出，甘青宁三省区农村居民应用汉语言文字的水平整体不高，主要表现是：从普通话方面看，应用普通话的人数少；应用多限于听说层面，许多人不能读写；应用普通话的目的较为单一，主要是为了求职、务工、经商；所说普通话口音较重，多夹杂汉语方言词语或民族语言词语，语法受方言或民族语言影响较深。从规范汉字方面看，文盲比例高，青海省农牧区的文盲比例尤高；学习和应用汉字的主要目的仍然是为了求职、务工、经商；用汉字进行书面交流的趋势不够明显；农牧民使用不规范汉字的现象常见，一些学校的教师也使用"二简字"、异体字；数目字的使用状况较为混乱，写错别字的人数比例较高。从汉语拼音方面看，应用拼音的人数少，能在实际应用中发挥拼音功能的人更少；包括学生在内的拼音使用者大多不了解声母表、韵母表的构成及相关要求；不清楚隔音符号的作用；书写字母、调号不符合规范等等。我们认为，导致上述现象出现的原因很多，但主要有三个方面：一是国家语言文字政策贯彻不力，二是经济发展水平制约，三是传统观念影响。

第一节　语言文字政策贯彻不力

前面各章第一节，就三省区农村居民掌握国家有关政策法规的状况，了解应用普通话、规范汉字和汉语拼音的意义状况进行了分析。分析结果表明，国家的语言文字政策没有得到很好的贯彻落实。

一、很少有人了解国家语言文字政策和法规

就推广普通话的政策法规而言，第一章第一节所述访谈结果表明，三省区农村最少83%的居民不知道国家自何时开始推广普通话，97%左右的居民回答不出任何一种要求人们学习和使用普通话的法律法规。只有极少数学校的教师和学生知道上级教育主管部门向他们宣讲过一些政策，要求他们讲说普通话；而广大农牧民只从孩子们那里、从校园周边的标语上得知国家要求人们学习和应用普通话。问卷调查表明，三省区农村93%以上的居民不知道国家在特定时期推广普通话的方针，96%以上的居民不知道《中华人民共和国宪法》规定"国家推广全国通用的普通话"，91%以上的居民不知道新世纪的推普目标，92%以上的居民不知道国家推广普通话的基本措施。这就表明，在三省区农村，面对广大居民，缺乏强有力的宣传。农村居民只是从外围环境非常表面地了解到国家推广普通话的政策。这使我们想到，多年来，国家语言文字有关政策主要在城市宣传，而事实上推广普通话的难点却在农村。因为农民占我国人口的绝大多数，农村居民应用普通话的水平不高，这意味着国家整体应用通用语言的水平不高；国家有关政策在农村一日得不到推行，全国普及普通话的大计就一日无法实现。

就使用规范汉字的政策法规而言，第二章第一节所述访谈结果

表明，90% 左右的农村居民不知道新中国成立以后书写简化汉字应该遵循什么依据，88% 以上的农村居民不知道异体字整理结果，92% 以上的农村居民不知道有《现代汉语常用字表》，84% 以上的农村居民不知道"中华人民共和国国家通用语言文字"的概念由哪部法律提出，86% 以上的农村居民不知道本省或本自治区公布的有关应用规范汉字的章程或规定。由此，我们感到，简化字已经推行了近半个世纪，农村虽然在使用简化字，但并不了解有关政策与规定。在这种情况下，尽管国家管理部门非常强调"规范汉字"的概念，且有着较为严格的界定，但农村群众对这一概念的认识与理解相当表面。在绝大部分人的观念中，几乎没有规范这一说。

就应用汉语拼音的政策法规而言，由第三章第一节所述访谈结果得知，三省区农村居民中最多只有 12% 的人员了解《汉语拼音方案》，将近 80% 的人员根本不了解此方案；最多只有 3% 的人员了解《汉语拼音正词法基本规则》，90% 以上的人员根本不了解。我们了解到，对《汉语拼音方案》和《汉语拼音正词法基本规则》略有所知的是一些从高等院校毕业不久的人员、参加汉语言文学专业自学考试的人员、部分教师和乡镇干部，而广大的农牧民几乎全然不晓。可见，农村基本上没有贯彻有关汉语拼音的规章规则。

以上种种情况表明，我们还需加大力度在甘青宁三省区推广国家语言文字政策，解决好人们的思想认识问题和观念问题。

二、绝大部分人不知道国家推广普通话、推行规范汉字、推行《汉语拼音方案》的意义

《中华人民共和国国家通用语言文字法》第一条指出："为推动

国家通用语言文字的规范化、标准化及其健康发展,使国家通用语言文字在社会生活中更好地发挥作用,促进各民族、各地区经济文化交流,根据宪法,制定本法。"第五条指出:"国家通用语言文字的使用应当有利于维护国家主权和民族尊严,有利于国家统一和民族团结,有利于社会主义物质文明建设和精神文明建设。"此法对国家推行通用语言文字的政治意义、经济意义和文化意义作了明确阐述。然而,三省区农村居民大部分人尚未完全认识到这些意义。

就推广普通话的意义而言,第一章第一节所述问卷数据统计表明,甘肃和宁夏两省区认为推广普通话有利于增进中华民族凝聚力的人数比例超过半数,而青海省的人数比例则不到50%。看来,在三省区农村,还有半数左右的人没有认识到应用普通话跟增进全民族凝聚力之间的关系。三省区最多只有27%的人员认为推广普通话对贯彻国家政策有重要意义。这就是说,83%左右的人没有感受到推广普通话在贯彻国家政策方面的作用。三省区农村居民多数人认为,讲说普通话有利于经济发展,认识到了应用普通话具有经济意义。然而,我们也发现,人们心目中的"经济意义"是指自身得到实惠的意义,因为近年来三省区农村人开始出外打工、做生意,都真切地感受到了应用普通话的好处。而真正从更为宏观的角度考虑,认识到推广普通话对全民经济发展具有更重要意义的人还不够多。三省区农村居民50%以上不了解应用普通话跟中文信息处理之间的关系。我们认为,这种状况当然跟农村地区人们的生活条件和生活环境有关。就目前情况而言,中文信息处理与普通群众关系最直接的就是计算机、手机的汉字输入问题。在城市,大部分人都会使用手机、计算机,人们大都理解应用普通话跟汉字信息处理的关系。但在甘青宁三省区农村,前些年使用手机的人很少,使用计算机的人更少,因而人们对普通话跟汉字信息处理之间的关系感受不深。近几年情况开始发生变化，不少人为了通讯和其他工作需要，有意识学习汉字的普通话读音。这也许是有关部门因势利导、进一步提高农村居民对推广普通话的实际意义和现代文化意义认识水平的好时机。

就推行规范汉字的意义而言，从第二章第一节所述访谈结果看到，三省区农村居民都认为汉字和少数民族文字是平等、并举或互补关系。

就推行和使用汉语拼音的意义而言，第三章第一节所述访谈结果表明，最少47%的人对汉语拼音的用途不甚明白，最少95%的人对汉语拼音为拼写汉语的国际标准的事实全然不知。从道理上讲，三省区农村居民，不仅应当明白汉语拼音的用途，了解汉语拼音为拼写汉语的国际标准的事实，而且还应该认识到以下两个意义：一个是在多民族多语言的西北农村，汉语拼音是帮助人们学习和应用普通话、加强语际沟通的有力工具。因为我国幅员广大，各地语言有很大不同。在西北地区，很多县份汉语方言多歧，民族语言并存。只有说普通话，才能克服交际的障碍，达到互相交流的目的。但是，学习普通话单凭耳听口授，在西北农村特定的语言环境下，难以引导学习者掌握规律。如果掌握了汉语拼音这个工具，就有了一个用以正音的抓手，就可能较快较好地学习和应用普通话，从而为打通人们的交际通道奠定基础。另一个是汉语拼音可以帮助人们阅读汉字书报。不同语言背景的人员，掌握了汉语拼音，就能借助注音阅读文章，查检汉字工具书，可以在识字不多的情况下，阅读比较丰富的汉字资料。显然，比之普通话和规范汉字，三省区农村居民对应用汉语拼音的意义认识更加粗浅。

总而言之，三省区农村不少人都感受到了应用普通话、应用规范汉字的重要性，但是他们这种认识大都建立在实用目的之上，即把讲说普通话、应用规范汉字和汉语拼音当作达到实用目的的一种手段。因为近年来很多人出外打工时应用普通话、很多人做买卖应用汉字给他们带来了实惠，才认为说普通话、应用汉字跟增加收入有关。在三省区农村，还有不少人没有认识到应用普通话跟增进全民族凝聚力之间的关系，感受不到推广普通话在贯彻国家政策方面的作用；人们对多民族大国和谐发展过程中的文字的作用问题考虑较少，从利于捍卫国家主权、保持国家统一利于中华民族文化水平的整体提升、利于多民族之间顺畅交流等宏观方面考虑问题的人也很少；人们对汉语拼音在现代信息化社会发展中的作用，在科学技术方面的作用所知甚少。

上述情况的存在，首先是因为人们对国家语言文字政策了解不深，其次是因为各地主管部门投入精力不足。而这两个方面又紧密关联，因为主管部门不够重视，所以国家的政策不能通过这些部门正常下达，人们没有渠道了解国家的法规与措施；因为各地没有专设机构和专门人员负责语言文字工作，所以人们的意识中总感到语言文字政策可有可无，导致不少人对国家政策抱无所谓态度，即便有所耳闻，也觉得与己无关；还有一部分人对应用普通话、规范汉字和汉语拼音的意义似有所体认，但因囿于习惯而徘徊观望，不愿主动学习和应用。

第二节　交际状况与经济水平制约

一般认为，对于一个群体而言，其社会越是进步，该群体的语言越是具有活力；其经济越是发达，该群体的语言越是具有传播力。这是普通语言学、社会语言学和应用语言学共同的观点。显然，这是从语言文字输出一方观察的结果。

可是，任何事物都有正反两个方面。我们认为观察语言文字应用问题还应当从语言接受一方的社会进步状况和经济发展水平加以考虑，因为这两个因素影响着人们的语言文字态度。在甘青宁三省区进行调查时，我们产生这样几个认识：一是人们的生产生活方式保持着浓厚的传统特征，自给自足的色彩十分明显。这里的大部分居民在传统上不愿外出跟其他人接触，外地人到这里生活、工作或从事其他行业的人很少。这样，当地人们之间的交际仅仅依靠汉语方言或民族语言已足，无须学习和使用通用语言文字。因此，人们学习普通话、规范汉字的主动性不强，应用者较少。虽然近年来三省区农村与外界交往增多，外出的人数上升，外地人深入三省区农村从事经商等活动的人数增加，但就整体状况而言，大部分人仍然不愿或不会说普通话。二是现代社会进步的成果引入和应用相对缓慢，导致语言文字信息、数码交换信息、科技发展信息采用几率较低，大部分人缺乏强有力的掌握通用语言文字的动机刺激，人们学习和掌握通用语言文字的态度不够积极。三是经济发展水平较低，绝大多数人感受不到凭借通用语言文字获取实惠的益处，如：在通用语言文字的帮助下完成某项工作，从而获取经济利益；依靠通用语言文字从事某项职业或参与某种活动，从而获取经济利益；凭借通用语言文字走入劳务输出序列，从而获取经济利益，等等。从语言起源与劳动的关系中我们早已认识到，经济对语言的影响重大，人类的主要活动在于满足生存的需要，语言也不例外。如果学习和应用通用语言文字的活动不能满足经济水平提升的需要，那么人们学习和使用通用语言文字的信心就不足。

在上述因素的影响下，出现了以下几个问题：

一、应用通用语言文字的人群体量弱小

根据第一章第二节介绍，三省区农村居民按照听说普通话的能力分为三类：第一类是能听能说者，第二类是能听不能说者，第三类是不能听也不能说者。这三类人员的数量大致各占三分之一。严格说来，只有第一类人员才能算作具有应用普通话能力的人，因为第三类纯粹没有听说普通话的能力，第二类能听别人讲说但自己不会说，也不能算作具备了应用普通话的能力。如此看来，三省区农村居民仅有三成左右的人可以应用普通话。这与三省区农村居民的整个数量相比，体量显然偏小。又据第二章第二节分析，三省区的文盲半文盲人数高出全国同类人员一倍，而文盲半文盲绝大多数集中在农牧区，这就是说农牧民当中的不识字者比例更高。又据第三章第二节分析，三省区农村应用汉语拼音的人员主要是教师和学生，还有少数乡镇干部。显然，应用者类型更少，体量更小。

二、应用通用语言文字的状况较差

根据第一章第四节的"语音方面"分析，三省区农村居民受汉语方言或民族语言语音的影响，对普通话语音多以方言语音或民族语言简单匹配。如甘肃农村汉语方言中，大部分人对声母 n 和 l 不加区分，于是导致普通话 n 声母发音准确的人数比例最低，调查所设 22 个项目，正确发音的人数比例在 60% 以下的有 16 项；甘肃农

村汉语方言中,大部分人对韵母 uen 和 ueng 不加区分,所以导致人们对普通话这两个韵母发音准确的人数比例整体最低,22个调查项中,发音准确的人数比例在60%以下的各有6项,在70%以下的分别有10项和9项,在80%以下的分别有6项和7项;甘肃农村汉语方言中,大部分没有像普通话上声那样的降升调类型,所以四个声调中对上声发音准确的人数比例最低。第一章第四节的"词汇方面"分析表明,三省区农村居民受汉语方言或民族语言表达方式的影响,选用普通话词汇不够准确。如甘肃农村居民对房屋建筑类词语能够正确使用的人数比例偏低,仅仅为67%;青海农村居民对程度指代类词语能够正确使用的人数比例较低,仅仅为61%。第一章第四节的"语法方面"分析表明,三省区农村居民受汉语方言或民族语言表达方式的影响,使用普通话语法形式不够准确。如词尾"子",甘肃、青海、宁夏农村居民说普通话时正确使用的仅有半数左右;重叠词,三省区农村居民能够正确使用的也仅在半数左右;语序,正确把握普通话语序的人数比例最高者为大专以上文化程度的人员,其他各类人员的比例数都较低。又根据第二章第四节所列问题的分析可以看出,三省区农村居民普遍使用已经停用的"二简字";大多数人对繁体字和简化字的对应关系不太明白,而认为使用繁体字是为了美观或显示写字人的文化水平;人们对异形词的规范不大了解;数目字使用较为混乱;写错别字现象普遍。又根据第三章第三、四节的分析可以看出,三省区农村借助汉语拼音阅读书刊和识字、学习普通话的人很少,用汉语拼音拼写汉语还停留在给单字注音阶段,汉语拼音的社会应用效果较差,对《汉语拼音方案》的构成不太了解,字母或调号的书写不规范,等等。

这种状况表面上看来是语言本身的问题,其实深层原因在于使用普通话交际的强度不够、使用普通话获得经济利益的动力不足，人们不大会用心去琢磨发音、用词、用句的准确与否，仅是临场运用而已。

三、很多家庭无力或不愿供孩子上学，文盲半文盲比例居高不下

第二章第二节列举的各项数字表明，三省区文盲比例最高，且主要集中在农村。这种状况一方面与人们的传统观念有关（下节论述），另一方面与经济发展水平有关。若干年来，三省区经济状况始终处于全国最低水平，2003年我们调查时了解到，三省区农村很多家庭年收入较低，孩子们上学有一定困难。我们在甘肃省东乡县几个村庄走访得知，村中适龄儿童将近一半不能上学。距离县城10里路的免古池乡马场村一直没有学校，后来兴建一所，但因学生家庭经济困难，不少学童求学时断时续。青海省循化撒拉族自治县的积石镇大多数家庭都有3个以上儿童，有的家庭供一个或两个孩子上学，供3个孩子上学的家庭不多。宁夏回族自治区固原县官厅乡、开城乡不少农民家庭年轻夫妇打工，所挣工钱几乎全部用来维生，无力供孩子读书。农业人口如此，牧业人口也是如此。青海省循化撒拉族自治县下辖八个农业、半农半牧乡镇，一个纯牧业乡。课题组从该县岗察藏族乡了解到，大部分牧民至今保持传统经济观念，把存栏牲畜当作积聚财富的手段，大量饲养牲畜而不出售。这样必然会出现经济效益不高而畜牧业生产开支增加的局面。在此状况下，很多孩子都去放牧，而不去上学。

中央决定实施西部开发以来，从政策到资金都为三省区教育事业提供了强大的支持。2006年，西部农村首先实施义务教育经费保

障机制改革。此外,一些兄弟省份还为三省区中小学捐款捐物。这些措施和善举减缓了三省区农村中小学学生辍学的势头,但积重难返,大部分农牧户要真正走上富裕道路还要经过长时间的努力。在这样的经济条件下,很多学龄儿童或者在家务农放牧,或者出外打工挣钱,导致三省区的文盲半文盲比例依然较高。文盲半文盲人数多,则居民整体应用通用语言文字的水平自然低下。

第三节 传统思想观念影响

甘青宁三省区的人们群体在长期的实践活动中逐步形成并沿传下来某些思想意识,这就是其传统观念。这些传统观念具有习惯性或相对稳定性,可以影响人们的行动。在调查与走访中我们感到,传统观念中,妨碍人们通用语言文字水平提升的主要有下面几个方面:

一、"宁卖祖宗田,不改祖宗言"

在第一章第三节的"调查统计与分析"中,我们详细叙述了三省区农村居民在各自的族别背景、语言背景、性别背景、身份背景、年龄背景、文化背景下应用普通话的场合、目的、能力状况,叙述中涉及了传统观念问题。总体来看,三省区人们不愿或不好意思应用普通话的内在原因较为复杂,粗略而言有四种情况:一是乡土观念。走访中,我们多次听到甘肃和青海两省农村的汉族群众说:"宁卖祖宗田,不改祖宗言。"这种说法与其他地方人们所说的"宁卖祖宗金，不卖祖宗音"异曲同工。表面看来，这是一种语言忠诚，是人们对自身文化的珍视、敬仰和保护，而实质上是农业社会背景下安土重迁思想在语言观念上的一种反映。人们认为，家乡土是衣食之源，家乡话是亲情纽带。若在九死一生的情况下，衣食之源可以根据情况变化，而语言纽带则绝不能割断。无论是谁，若在本乡本土，都不应该使用"言子"（指说话人使用的不同于自己所操方言之话语）。二是族别观念。在青海省农村的少数民族地方，不少藏族、蒙古族群众认为，自己不属于汉族，没必要学习和应用普通话。有的人还说："祖祖辈辈不说普通话，还是牛羊满地爬！"显然，他们把自己和汉民族从生产生活方式上作了严格区别，认为自己所在民族祖祖辈辈都以畜牧为生，以自己母语为交际工具，无须使用汉民族的语言。三是性别观念。调查时，每到一地，我们总发现同一个现象，即男性说普通话的人数远远多于女性。即使有的地方女性听说普通话能力强于男性，但使用普通话的女性人数仍然大大少于男性。这是因为西北农村（尤其是少数民族地区）传统社会观念认为，与家庭以外的人打交道的应当是男性而非女性，与本地的干部、大夫或外来游客、商人等接触的必须是男性而不能是女性。女性一般不在公众场合出现，更不允许多言多语。在有的场合，男性可以改变言语面貌以满足交往需要，而女子则只能保持母语语言形式。四是实用观念。因为西北农村居民与外界交往较少，生活圈子狭小，接触的都是"熟脸熟面"，使用方言或民族语言最为亲切实在，最为实用，无须"耍洋腔"。

在这种观念影响下，人们更愿意使用方言或民族语言，而不愿意学习和使用普通话。既然不学不用，水平自然不高。

二、"女子娃终究是人家的人，花钱念书没有用"

第一章第三节我们谈到，宁夏回族自治区农村居民受传统观念影响至深，认为女孩子迟早要出嫁，跟着丈夫过日子，让她们念书是白花钱。我们在固原县开城乡一个村庄入户调查时，还听到一位张姓文盲母亲这样说："我不识字，但现在家里有电视机，还有拖拉机。女孩子找个好婆家就对了！"在宁夏农村不少地方，我们了解到，很多人认为女童到9岁，就不应再露脸露面，在学校也不应与男学生混合学习，尤其反对女童长期在校读书。据一些统计资料反映，20世纪90年代中期，宁夏回族妇女文盲率在70%以上。中间有一段时间，情况略为好转，但后来又见反弹。实质上，三省区农村居民普遍具有女子无须上学的观念，非汉族如此，汉族也是如此；经济状况困难的家庭是这样，条件较好的家庭也是这样。甘肃省环县农村大部分家庭的女孩都不上学。我们问及原因时，有的家长回答说："女子娃终究是人家的人，花钱念书没有用！"有的家长回答说："女孩子天生要操持家务，不上学就可以踏踏实实过日子；上了学，有点儿文化，思想就会发生变化，家庭就不稳。"看样子，这就是"女子无才便是德"的通俗解释。我们了解到，有少数家庭曾供女孩上学，但一般只准许其读完小学。家长对女孩们的要求是：认识少量汉字，会写自己的名字，出门在外会给家里写信即可。青海省循化县白庄乡一对夫妇的3个女儿都没有上学，丈夫对调查者说，女孩不能出外干活，在家里本来就是负担，供她们上学更要花钱！

虽然这里我们列举的仅仅是个别例子，但从中可以看出，在三省区农村，人们普遍不主张女孩子上学。前面各章调查结果反复证明，虽然孩子上学后不一定会具有很好的通用语言文字应用水平，但如果不具备一定的文化程度，应用通用语言文字的水平必然不高。女孩子不能上学，意味着一大部分居民不能很好地应用通用语言文字，从而也就意味着三省区农村居民整体不能很好地应用通用语言文字。

三、"上学识字是为了求职做事，记账算数"

当人们的物质生活还不能满足基本需要时，人的一切行为都围绕经济利益而动。这种状况在西部省区表现得尤为突出。在调查过程中我们了解到，三省区不少人认为学习汉字比学习普通话更为重要。会认汉字，就可以读书看报，享受现代化的某些成果，而说普通话与否却无关紧要。汉族人员持这种看法，非汉族人员也持这种看法。他们的理由是，在大部分场合，汉语方言或民族语言可以满足交际需要，而不认识汉字却会处处碰壁。人们认为，当地汉族地区自然使用汉语方言，就是汉族与其他民族杂居的地方，汉语方言也可以满足交际需要，但不认识汉字却会遇到很多困难。调查人员从青海省循化县积石镇一位当教师的青年男子那里得知：他之所以获得教师职业，是因为他认识汉字，而说普通话与否并不十分重要。从其言语中，我们也许可以听得出这样一个含义：学习和应用汉字可以求得一份职业，可以在汉族地区工作，而学习和应用普通话并不一定有这样的作用。

在人们看来，学用汉字是为了求职做事，也是为了记账算数。宁夏海原县蒿川乡一位男子告诉我们，他上完小学二年级后跟着大人们做生意，现在专门贩卖皮毛，生意不错。他的儿子正在上小学，他打算让孩子最多读完初中就跟着自己做生意。他说:"娃娃上学,识些汉字,学些算数,会记账会算数,不受人蒙骗就可以了,多学了也没用。"

从上面的例子可以看出,在通用语言和通用文字之间,人们认为学习通用文字更为重要,通用文字可以助人获得职位,可以满足记账做事需求。显然,在这样的心理指导下,人们应用通用语言文字的整体水平便难以提高。

第六章

提升农村居民汉语言文字应用水平的建议

第一节 提升农村居民汉语言文字应用水平的总体建议

一、从贯彻国家法律法规角度出发,加强对国家语言文字政策和制度的宣传

我们看到,甘青宁三省区农村居民的法律意识不强,国家出台的很多法规与措施,人们全然不知。人们解决生活中的矛盾与纠纷,很大程度上依赖习惯与传统的伦理观念。很少有人能够主动运用现行法律法规化解矛盾、平息事端。对一般法规如此,对语言文字法规更是如此。因而为使人们了解国家语言文字政策与法规,宜从培养人们的法律意识入手。

关于贯彻有关语言文字政策,应当考虑如下几个方面:

第一,有关部门系统整理国家和各省区关于推广普通话、规范汉字、汉语拼音的文件资料,包括领导人的讲话、国家职能部门颁布的政策和规定、有关重大活动的报道、各省区发布的具体措施等,为人们学习和应用普通话、规范汉字及汉语拼音提供政策依据。

第二，宣传主要法规中的主要条款。如《中华人民共和国宪法》第十九条规定："国家推广全国通用的普通话。"《中华人民共和国国家通用语言文字法》第二条规定："国家通用语言文字是普通话和规范汉字。"第三条规定："国家推广普通话，推行规范汉字。"第十八条规定："国家通用语言文字以《汉语拼音方案》作为拼写和注音工具。"第十九条规定："凡以普通话作为工作语言的岗位，其工作人员应当具备说普通话的能力。"《中华人民共和国民族区域自治法》第三十七条规定："招收少数民族学生为主的学校（班级）和其他教育机构，有条件的应当采用少数民族文字的课本，并用少数民族语言讲课；根据情况从小学低年级或者高年级起开设汉语文课程，推广全国通用的普通话和规范汉字。"第四十九条规定："民族自治地方的自治机关教育和鼓励各民族的干部互相学习语言文字。汉族干部要学习当地少数民族的语言文字，少数民族干部在学习、使用本民族语言文字的同时，也要学习全国通用的普通话和规范汉字。"《中华人民共和国教育法》第十二条规定："学校及其他教育机构进行教学，应当推广使用全国通用的普通话和规范汉字。"《中华人民共和国义务教育法》第六条规定："学校应当推广全国通用的普通话。招收少数民族学生为主的学校，可以用少数民族通用的语言文字教学。"《中华人民共和国义务教育法实施细则》第二十四条规定："实施义务教育的学校在教育教学和各种活动中，应当推广使用全国通用的普通话。"《扫除文盲工作条例》第六条规定："扫除文盲教学应当使用全国通用的普通话。"《幼儿园管理条例》第十五条规定："幼儿园应当使用全国通用的普通话。"《民族乡行政工作条例》第十四条规定："民族乡的中小学可以使用当地少数民族通用的语言文字教学，同时推广全国通用的普通话。"

第三，将推广普通话、推行规范汉字、推行《汉语拼音方案》的政策与法规的主要条款以印刷品、音像制品的形式，散发至乡（镇）、村（社）干部手中，散发至乡镇的商店、医院、学校、文化中心等机构，散发至农牧户内，为人们掌握国家政策和贯彻有关措施提供有形凭借。同时，将主要政策与法规凝炼成口号、标语，在人们闲暇时聚会的场所、村庄要道、会场操场等处书写或悬挂，营造气氛，并为人们轻松了解国家政策与法规提供方便渠道。

第四，将政策法规宣传与农村广大群众学习和应用普通话、规范汉字、汉语拼音的目的联系起来。从前面的分析可以看出，大部分人员应用普通话、汉字是为了现实目的，即求职或满足工作需要。这自然无可厚非，但我们应该意识到，在求职和工作需要的背后是经济利益的驱使，有学者已经指出："这种经济动机具有很大的盲目性和自发性，经济力量一方面可以成为推广普通话的动力，另一方面也容易使人们走入片面追求经济利益的误区。"（姚亚平：《中国语言规划研究》，商务印书馆2006年版，第221页）因此，我们的宣传应当引导人们从长远着眼，把应用通用语言文字及汉语拼音的行为跟消除交际隔阂、提升公民的科学文化素质、推进精神文明建设、加速社会发展等国家需要联系起来。讲明个人目的与国家目标完全一致，实现自我目的在一定程度上也就是实现国家目标，防止喊口号、唱高调的纯形式宣传。

二、从加强管理角度出发，督促人们学习和应用普通话、规范汉字、汉语拼音

三省区农村人口居住较为分散，政策执行相对困难。因此，通

过各种方式督促人们学习和使用通用语言文字是摆在语言文字工作者面前的艰巨任务。从三省区实际状况来看，我们认为应从以下几个方面着手：

第一，成立专门机构，定期派人进入村镇、牧区，向人们介绍和讲解国家语言文字政策，逐步扭转农村居民的语言文字观念，使他们形成关心国家语言文字政策乃至其他各项政策法规的习惯。省、县、乡（镇）、村（社），自上而下，应有对口机构，根据实际情况制定"推普"工作方案，分步骤、分阶段地开展工作。

第二，有关部门抽调责任心强、懂得国家政策的人员，向广大干部群众宣讲应用普通话、规范汉字、汉语拼音的重要意义。这些人员应该能够结合实际事例，介绍国家政策与相关法规，使广大群众真正认识学习和应用通用语言文字和汉语拼音对提高自己生活质量、维护国家团结与安定、塑造大国形象等所具有的重大作用，尽快形成学习和应用通用语言文字及汉语拼音的良好社会风气。

第三，为普通话的应用创造宽松的环境，为规范汉字的应用营造整肃的气氛，为汉语拼音的应用拓宽渠道。调查结果显示，三省区农村居民应用普通话的主要人员是教师和学生，应用普通话的主要场合是学校。显然这种状况无法适应当前国家建设新农村的政策要求，也不适应全民素质整体提升的基本趋势。我们从调查和访谈中得知，不少教师和学生在学校应用普通话，而在学校以外的其他场合使用方言或民族语言，甚至很多教师和学生在课堂以外的校园里也不用普通话，结果普通话应用的效果大为减弱。甘肃省宁县盘克镇中学的一位王姓教师对我们说："有好多教师在课堂上讲课时，既要考虑普通话说得对与错，还要考虑教材知识的精讲与学生的学习情绪。当某个知识点讲解到精彩时，用本来就不太熟练的普通话，自己感到比较别扭，学生的学习注意力一下子就被调到其他方面，教师一急之下，还是土话比较方便，一下子就能说到点子上，学生听起来也舒服了。久而久之，普通话的推广就越难了。"导致这种后果的主要原因是校园以外应用普通话的空气稀薄，应用普通话的环境不良，大家都不愿意说普通话或一些规定不利于人们应用普通话。原国家语言文字工作委员会主任刘导生曾经指出："学校是推广普通话的重点，但是如果只抓学校而放松社会，学校推广普通话的成果也不容易巩固。学校和社会的推广普通话工作不是孤立的，两者应该互相促进。"（刘导生1986年1月在全国语言文字工作会议上的讲话《新时期的语言文字工作》）与普通话应用需要宽松的环境相反，规范汉字的应用必须依赖整肃的氛围，使人人都懂得现行汉字的基本规范，要求人们必须在明确统一的规范下学习和应用汉字，不可自行其是。改变大部分人认为应用拼音就是给汉字注音或借以认读汉字的片面观念，引导人们认识现代化社会进程中汉语拼音日益重要的作用，可用手机键盘、计算机键盘等为例，激发人们学习和应用汉语拼音的积极性，从而拓宽汉语拼音应用的渠道。三省区行政管理部门应该结合具体工作采取一些措施，如文明乡镇评比、文明家庭推选、招工、参军人选确定等工作，均可考虑与应用通用语言文字及汉语拼音的状况挂钩，促使人们在多种场合说普通话、写规范字。

第四，发挥干部带头和号召作用，使广大群众从干部身上看到国家政策的作用。应当在县、乡（镇）、村（社）干部当中分期分批举办培训班，使广大干部真正认识到，对我们这样一个人口大国而言，推广普通话、应用规范汉字、使用汉语拼音，既有交际方面的意义，也有政治、经济、文化方面的意义。从交际方面来说，我国是一个多人口、多民族的国家,三省区农村的汉语方言面貌复杂,民族语言纷繁,文字面貌有别,不同地域、不同民族的人群,口头交际和书面交际多有不便。为了实现各地区、各民族人群的互相交流,促进全省、全区各项事业快速发展,就必须有一种能够承担全民族共同交际职能的语言文字,便于人们在正式场合和公共交际场合使用。普通话、规范汉字正是在这种情况下出现的一种具有全民通用性质的语言文字形式,汉语拼音正是帮助人们学习普通话和规范汉字的有力工具。从政治方面来说,为了增强全省、全区农村群众的公民意识,增强中华民族凝聚力,增进民族认同感,维护国家统一,需要推广普通话和规范汉字。从经济建设方面来说,为了便于区域内人员交流往来,从而促进商品流通、培育各民族共同繁荣富强的大市场,便于三省区农村居民上北京、下广州,在更广阔的层面上参与国家建设,需要推广普通话和规范汉字。从文化建设方面来说,应用通用语言文字是提升全民素质的重要措施,是贯彻国家各项政策、落实教育教学方针的有力手段,同时也是热爱民族语言、弘扬祖国优秀传统文化的必要方式,还是展示西北新农村风采、重塑西北农村人形象的有利时机。从当代社会发展来说,应用通用语言文字、汉语拼音还有利于促进中文信息处理技术的发展和应用。各级干部层层监督,村(社)干部包户,适时宣传,把宣讲政策的效果与干部考核挂钩。

三、从创造良好环境角度出发,呼吁媒体、教材编写部门重视通用语言文字应用的规范性和严肃性,为西北农村树立典范

我们在调查中听到一些教师和学生说,一些重要媒体都常见不规范的普通话（如字音）、不规范汉字（如别字）、很少使用汉语拼音，那么西北农村就无须苛求了！的确，我们从各种媒体不止一次听到、不止一处看到广告标语、影视字幕、店名路牌的用字用语及拼音不合规范的现象。为了提高全国人民的通用语言文字应用水平，媒体应当给予足够重视。

在第三章说到，三省区农村大部分教师和学生都不了解拼写规则，这与教材编写中出现的问题有关。我们翻阅了《语文课程标准》，也翻阅了人民教育出版社出版的小学《语文》教材，看到这样的情况：《语文课程标准》指出，汉语拼音教学要与学说普通话、识字教学相结合。然而《语文》教材当中除拼音字母和音节外，几乎没有成句成段的拼音标写，少量的儿歌、谜语都是按照音节给汉字注音，没有按照正词法基本规则从语言角度拼写。一些教师告诉我们，按照教学要求，他们只教给学生声韵调和音节拼写，不教词语、移行、大小写等方面的知识，课本中也没有这方面的内容。这就是说，《语文课程标准》的要求和《语文》教材的内容编排不相吻合。教材这样编排，给学生和教师的印象是，按照汉语拼音所标注的音节去读，就能够学习普通话。这显然是一种误会。由此看来，大部分人不了解汉语拼音拼写的规则，其主要原因在于教材的引导不够。

毫无疑问，作为国家标准的《语文》教材，应当贯彻国家语言文字政策，课本上的汉语拼音标写应当实行分词连写，适当增加一般词语、人名、地名的拼写内容，从而培养学生的语言意识，引导学生根据拼音说普通话。这样，国家的政策才能让更多的人了解，才能贯彻到农村，也才能真正落到实处。

由此，我们还想到，中小学《语文》教材应以适当形式、适当篇幅介绍有关汉语拼音的规则与法规，将其纳入课堂教学内容。目前，我们还没有做到这一点，学生只是学了一些拼音的基本知识和技能，根本不懂得这些规则。如果说在小学阶段让小学生接受这些法规、规则有困难的话，那么在初高中、大学阶段让学生懂得这些知识是完全必要的。而事实恰恰相反，不但小学阶段没有这些内容，到了初高中、大学阶段甚至连汉语拼音知识技能的巩固环节都被取消，更不用说贯彻这些规则了。现在初中《语文》课本除了注释中有拼音，附录中有《方案》外，没有一篇宣传有关规则的文章，这也就不难解释为何高年级学生的拼音水平比不上低年级的学生了。类似问题值得我们的教材编写部门深思。

第二节　提升农村居民汉语言文字应用水平的具体建议

一、对甘肃省农村的建议

（一）分区域采取不同措施，提高农村居民掌握和使用通用语言文字的水平

按照我们调查了解，甘肃省农村应用汉语言文字的状况大致可划分为三个区域：第一个区域是河西走廊各市县，包括武威市、张掖市、酒泉市、金昌市所属各县，该区域农村居民应用普通话的人口相对较多，但方音较重；人们一般都在使用规范汉字，但也常见"二简字"、已被淘汰的异体字和繁体字；使用汉语拼音的人员仅限于教师、学生和少数乡镇干部。第二个区域是兰州市、天水市、陇南市、庆阳市、平凉市、定西市、白银市所属各县，该区域是省内农村居民应用普通话人口最多的地区，应用水平也相对最高；人们主要应用规范汉字,但社会用字中的不规范现象也时有所见;使用汉语拼音的人员主要是教师和学生,还有一些年轻的乡镇干部。第三个区域是甘南州和临夏州所属各县农牧区,该区域少数民族人口较多,应用汉语言文字的能力最弱,在多民族人口场合,人们都用汉语方言作为基本交际语言;居民们接受学校教育的程度很低,读写规范汉字的能力不强,但社会用字中"二简字"、异体字、繁体字较少;部分教师和学生及少数乡镇干部能够使用汉语拼音,其中大部分人处于拼音使用的初级阶段。

  面对这种情况,语言文字管理部门须按不同区域提出不同要求,采取不同方法。对河西走廊区域,应当将注意力放在纠正字音、提高人们的规范用字意识方面。我们调查得知,河西走廊各地方言语音有两个明显特点:一是一些声母与普通话语音的声母不一致,如合口乎之前的 zh, ch, sh 读为 g, k, h, 二是前后鼻音韵目区别不甚分明,听起来都是鼻化元音,如 ang 听起来是ã, in 听起来是ĩ。即便是一些讲普通话较好的人,其发音也有这样两个特点。我们还注意到,这一区域的武威市农村各地居民使用繁体字的人较多,社会用字如对联、人名、药方、地名、标语等,有很多是繁体字。走访得知,历史上武威地区文化较为发达,学堂密集,各家各户都送孩子读书识字。而先前人们在习惯上主要学习和使用繁体字,因此当地人书写繁体字的风气依然较盛。面对这种情况,现行语言文字工作的重心就应放在矫正字音、培养人们树立使用现行简化字的意识方面。对第二个区域,应将工作重点放在提高人们应用规范汉字的意识方面。我们看到,该区域农村居民整体使用简化字,但对具体规范及用字范围不甚清楚。最少有两种现象可以反映这一点,一是庆阳市的环县农村一高中语文教师在黑板上将力量的"量"写作另,该校有三名学生的作文将发展的"展"写作尸。二是天水市秦安县五营乡的一些通知、人们手头用字常见"㘟"和"圤",当地人说,这两个字一样,读 wā,写任何一个都行,如"王家㘟"也可以写成"王家圤","何家㘟"可以写成"何家圤"。第一种现象表明,一些学生甚至教师还在使用"二简字";第二种现象表明方言地名用字不够统一,人们具有习惯意识而没有规范意识。面对这种情况,教育主管部门和其他相关部门就应当采取措施,矫正使用"二简字"的习惯、在区域内统一用字,逐步形成书写规范汉字的意识。此外,该区域人们说普通话的部分语音需要矫正,如声母 n 与 l 的分别,zh、ch、sh 的舌位调整、韵母中 ai 与 ei 的分别,in 与 ing 的分别,en 与 eng 的分别,复元音韵母 ao 和 ou 的动程把握,声调中上声的音程把握,上声在其他声调之前的变调把握,多音词的音义区别,异读词的不规范音排除等。对第三个区域,须设法引导农牧民说普通话,矫正不合乎普通话规范的词语、句式及结构。这一区域的藏民和回民居多,当回、汉、藏、保安、东乡等族人在一起时,当地汉语方言是人们的交际语言。与当地人攀谈时得知,他们活动的区域主要在当地,一般较少外出,所以使用汉语方言作为族际交流语言是可以的;藏民外出主要在四川、青海的藏区,用藏语交流,用不上普通话。因此农牧民群众一般不说普通话。而这里使用的汉语方言明显受藏语语法结构的影响,如我们调查语序的题目有"你牛奶喝,馒头吃"。要求答题人判断正误。从问卷中我们看到,这一区域内人们作出错误判断的人数比例大大高于另外两个区域。原因是这里藏民人数较多,他们说的汉语往往采用汉语词语而用藏语语法。藏语语法的一个突出特点是宾语在前动词在后。

（二）提升中青年人通用语言文字的应用能力，培养少年与老年人的应用意识与习惯

从调查中我们看到，甘肃农村应用汉语言文字的人群状况有一个明显特点，即无论哪一个年龄段、哪一个民族、哪一种文化程度、哪一个性别、哪一种职业，中青年人使用通用语言文字的能力都较强，而少年与中老年人使用通用语言文字的能力较弱。具体表现是：除极少数人以外，中青年人或多或少都有使用普通话的经历，基本上都能听懂普通话广播；中青年人大部分都能阅读简化汉字排印的一般书刊，他们中的大部分人都能用简化汉字写信、写通知、写便条等。少年中有一部分在学校学习并使用普通话，但没有与外界交往使用普通话的经历。这些年，因为学费、就业等等原因影响，甘肃农村许多家庭不让孩子上学，小时候跟着大人干农牧活儿，十来岁即派其出外打工或做生意，因而少年当中文盲比例增高。老年人基本上没有使用普通话的能力，因为他们长年生活在本地，使用汉语方言或民族语言可以满足交际需要，因此既不说普通话也听不懂普通话。老年人绝大部分都是文盲，只有极少数曾经进过学堂的男性偶尔阅读汉文书报，有时写一些契约、便条等。

鉴于这种情况，就必须采取不同方式：对中青年人，应设法促进和提高其应用通用语言文字的能力；对少年和老年人，须设法培养其应用通用语言文字的意识和习惯。就目前甘肃农村的实际状况看，中青年人一般都具有小学以上文化程度，他们大部分出外务工，其应用普通话的能力主要是在外地锻炼获得，其应用汉字的能力也从写信、阅读简单书刊中获得。但许多人缺乏基本语言常识，所说的普通话无论是语音、词汇还是语法，都与方言相差无几，写的汉字往往出现不规范现象。为此，各乡镇可以考虑通过下列步骤提高

中青年人整体应用汉语言文字的能力：(1)培训。通过各种形式对这些人员进行培训，有的可以是语音要点的介绍，有的是常用话语的训练，有的是使用规范汉字基本要求的说明，有的是常用汉字的复习与巩固。(2)考查。通过一些手段督促和检查中青年人的汉语汉字应用能力，如用普通话对话，写作日常应用文，听其阅读书报等。(3)奖惩。为显示培训效果，对学得较好的人员可以是当众口头表扬或准许其出外务工，对学得不好的人员可以是当众口头批评或暂时取消其出外务工资格。

二、对青海省农村的建议

（一）处理好各民族之间的关系，使非汉语民族愉快而积极地学习和应用通用语言文字

青海省是个多民族省份。东部农业区三州、一市、一地区，主要有汉族、藏族、回族、土族、撒拉族、蒙古族等民族。在多民族杂居的地方，不仅生活习惯有别，语言习惯也不相同。这就需要各民族互相谅解，妥善处理相关问题。

从历史上看，民族关系和睦的地区，人们对形形色色的语言文字都采取互相尊重的态度，并能客观看待各种语言文字的不同交际功能。当两个民族之间关系融洽，各自对对方的语言文字有好感，人们能够感觉到掌握对方语言文字对自己有益，就会产生主动学习的积极性。为此，语言文字工作部门和民政、民委、教育等机构应通力协作，处理好民族关系，以顺利开展通用语言文字推广工作。首先青海省上述各部门应当真正落实国家的民族政治政策、民族经济政策和民族文化政策，使各少数民族群众都能真切感受到各民族在政治上一律

平等，经济上共同繁荣，文化上互相促进。其次青海省各级教育行政部门、语言文字管理部门应当向各族群众讲明国家的民族教育政策、民族语言文字政策，使人们了解国家正在大力发展民族教育事业、在提倡双语教育，使人们了解少数民族语言文字一样受到尊重，各民族都有使用和发展自己语言文字的自由。在人们普遍了解相关政策，实实在在感受到各民族平等，各民族关系和谐融洽的基础上，再来宣传一个道理：大国的发展，需要科技进步、信息共享、交际便捷等条件，而这些条件的创造与利用都不能离开通用语言文字。由此逐渐引导少数民族群众主动而快乐地学习和使用通用语言文字。

（二）发挥主要少数民族示范作用，使其他民族有比照、有样板地学习和应用通用语言文字

据有关资料统计，青海省总人口 518 万，其中藏族人口 113 万，约占全省总人口的 21.81%，是青海省人数最多的少数民族。青海藏族的分布特征是"大分散、小聚居"。我们了解到，在多民族杂居的地方，藏族有较强的话语权。那么，如果能够引导藏族民众积极学习和应用通用语言文字，不仅解决了人口最多的少数民族应用通用语言文字的问题，也必将对省内其他少数民族树立示范作用，带动土族、蒙古族、撒拉族等族群众学习和应用汉语言文字。

调查人员看到，因居住环境的差异，藏民族群众对汉语言文字的认识和掌握程度明显不同。一般而言，县城附近的农村藏民因受外来影响较多，社会主流文化对群众个体影响程度较深，因而对汉语言文字价值的认可程度较高，学习的态度较为明朗；偏远的农区、半农半牧区因与共同从事农耕的汉族交往，受汉文化影响较深，具有一定的使用汉语言文字的基础；纯牧区藏族群众始终保持着逐水

草而居、随季节而动的传统生活方式，与外界甚少交往，纯母语交际的特征十分突出，因而学习和应用汉语言文字的人极少。

面对上述状况，必须采取不同措施。首先是借鉴目前青海省双语教育的基本思路，即在县城附近的农村小学和中学，主要课程用汉语文讲授，兼开藏语文课程；在农区、半农半牧区的中小学，主要课程用汉语文讲授，其他课程用藏语文讲授；在纯牧区学校，主要课程用藏语文讲授，部分课程用汉语文讲授。这样，通过一段时间的学习，全省藏民族的孩子及其家庭会对汉语文和藏语文的关系有一个较为全面的认识。随着时间的推移，省内全藏民族的汉语言文字应用水平必将有一个整体提升。随之，藏民族的整体文化水平、应用现代科学技术的水平、与外界交往的水平、日常生活水平也必将出现根本性变化。此时，其他兄弟少数民族必然以藏民族为眼前的现实比照对象，奋起直追，从而出现人数较多的民族带动其他民族，各民族文化教育事业共同发展的局面。

（三）加强少数民族的汉语文师资培训，使兼通母语和汉语的教师在中小学讲台发挥积极作用

课题组了解到，目前青海省兼通母语和汉语的教师队伍数量严重不足，总体形势是：能用少数民族语言和汉语两种语言交替授课的教师比例，不到教师总数的10%。在我们走访的一些学校，有的竟然没有一个双语教师。而就仅有的双语教师来说，整体质量不高，能够较为娴熟地用一种少数民族语言和汉语交替讲授自己承担的课程的教师极少。大部分双语教师的母语是某种少数民族语，授课时主要用母语，有时用汉语的简单句子或单词对相关内容加以说明，似乎起不到提高学生汉语水平、进一步阐明课程内容的作用。我们

还了解到，由于近年来知识更新，教材内容屡经变化，可以用某一种少数民族语言和汉语交替授课的教师大大减少，纯牧区学校尤其如此。因为许多教师特别是初、高中的一些教师专业知识有限，难以吃透教材内容，用母语讲解尚且困难，用汉语讲授就更成问题。显然，这种状况既不利于现代科学知识的传播与应用，也不利于学生双语能力的培养。

面对这种状况，应当尽快采取措施，加快汉语文师资力量的培训。我们认为，从师资力量来源角度考虑，首先选拔母语应用能力强、专业知识相对扎实的人员，分专业、分层次进行专门培训；从师资数量角度考虑，三年内参加培训的人数总量，能够满足大部分农牧区中小学校主要课程开展双语教学的需要；从培训方式角度考虑，既可以委托省内高校培养，也可以组织受训者专程赴外省接受集中训练，还可以利用跨省民族的族缘关系进行培训，如青海与四川、甘肃接壤，且都有藏族，总体而言，四川、甘肃的藏民族双语水平较高，因此可以派遣藏族学员分赴四川、甘肃藏农业区学校帮教，在双语教学的实地环境中提高学员汉语文能力。

三、对宁夏回族自治区农村的建议

从前面的各种数据和分析可以看出，就三省区总体而言，宁夏回族自治区农村居民应用通用语言文字的状况好于甘肃和青海两省。但是与东部各省农村状况相比，与国家要求相比，还有很大距离。第一章第三节宁夏人"应用普通话的目的"谈到，因为民族习惯的影响，宁夏回族自治区农村女性显得内敛，学用普通话的人数比例很低。而更为严重的问题是，女童认读汉字的人数比例偏低，大部分回民群众学习汉字、学说普通话的目的是为了经商赚钱。显然，这种状况极不适应新农村建设的需要，不适应文化发展、科技进步的需要。为此，我们提出如下建议：

（一）提高女童入学率，促进女性认读汉字的能力，从而整体提升全区农村居民应用通用语言文字的水平

西北农村女童入学率普遍偏低，但宁夏回族自治区情况尤为严重。我们注意到，1996年，国家教委发布了《关于进一步加强贫困地区、民族地区女童教育的十条意见》，提出了加强女童教育的原则和具体措施。后来教育部的《女童教育专题报告1996—2000》指出，解决女童入学难主要是政府行为，各级政府要把女童教育作为普及九年义务教育验收的条件之一。在此精神号召下，宁夏政府部门设法督促、接收女孩上学，如西吉县在火石寨乡元嘴村小学专设"春蕾班"，当地妇联通过种种渠道筹措资金，资助失学、辍学的女童上学读书。其他各县也有类似行动，于是，女孩入学比例上升。但最近几年，许多家长又放弃供给女孩上学，在校女生辍学的现象频繁发生，而且女童年龄越大，在校人数越少。女孩中具有初中及以上文化程度者很少，甚至在一些乡村，文盲比例回升。

为提高宁夏农村女童入学率，提高女性认读汉字的能力，我们认为最少应当采取如下措施：

一是动员全社会力量，营造女童就学氛围。各级政府、妇联、教育部门应把督促女童就学识读汉字、提高文化水平作为政治任务看待，社会舆论、家庭责任、学校教育各方面有机结合，政策上形成一个支持和鼓励女童上学的氛围。让人们感到，女童入学是社会发展的需要，是家庭应尽的义务，是落实国家教育任务的必然环节。

二是根据实际情况，采取多种办学形式，灵活调整课程内容，满足宁夏农村经济社会发展和人们生存的要求。宁夏农村女童主要是辍学和未上学的两类。对这两类人员应采取不同教学形式，对辍学儿童年龄较轻者，动员其返回学校，正常学习；对辍学儿童年龄偏大者，通过业余培训的方式，提高汉语言文字应用能力，便于她们更好地掌握新型劳动技术和技能；对未上过学而年龄偏大已不适宜进入小学学习的女童，举办汉语文扫盲班，同时开设乡土地理与文化、实用劳动技术（养殖、种植、栽培、刺绣）等课程，让这些女童一方面学习汉语文知识，一方面获得劳动技能。

三是创造条件，让女童与外界交往，促使其使用通用语言文字，提高学习兴趣。可以考虑分期分批或有重点地组织女童在兄弟省区参观、实践，促其在陌生环境下为维持生存和获得劳动技能而使用通用语言文字，同时开阔眼界，增强她们学习通用语言文字的动力。

四是成立帮教互助组，开展比学赶帮。有女童的家庭之间、在校学生和未上学的女童之间、中小学教师和受训女童之间，都可以成立帮教小组，组与组之间开展学习和应用通用语言文字的竞赛，激发女童学习汉语言文字的热情。

五是发挥宗教界人士作用，鼓励女童学习和应用通用语言文字。宗教界人士在广大穆斯林群众中有着很高的威望，做好宗教界高层人士的思想工作，通过他们的宣传和引导，使更多女童努力学习文化科学知识，学好通用语言文字。

（二）从宁夏农村实际出发，促使农村居民认识掌握通用语言文字的意义，感受应用通用语言文字的好处

宁夏地处我国西部腹地，经济相对落后，交通不畅，信息闭

塞，文化生活贫乏，农村群众与外界交往甚少，人们的观念仍在传统模式的桎梏当中。其表现是：农村居民习惯于传统的生活方式，习惯于松散性农业生产，缺乏经营谋生技能，缺乏发展经济的长远谋略，缺乏彻底脱贫的信心，对借助通用语言文字掌握现代技术、获取信息、改进生产与生活方式的问题考虑不多；农村居民满足于以汉语方言交流，用简单汉字作辅助沟通，认为"说标准话是学生和干部的事"，跟自己关系不大；回民群众习惯于小商小贩经营、小本买卖运行的商贸思维，认为学习汉语汉字就是为了做买卖，为了记账算钱，急功近利色彩明显。显然，这些观念已不能适应社会发展的需要。

面对上述情况，我们认为应当采取如下措施：

首先应当使人们认识掌握和使用通用语言文字的经济意义。宁夏回族自治区农村居民生活条件艰苦，衣食问题依然是他们每天考虑的第一要事。政策规定，宜与解决人们的温饱问题挂钩，这样才可能得到贯彻与执行。因此，宜从"说标准话、写规范汉字能够赚钱"的立场出发，设法使广大居民在学习和应用通用语言文字的同时得到实际经济利益，如有关部门招揽客商前来收购药材或皮毛，客商一般无法使用民族语言或该地方言与农民交谈，语言文字管理部门就必须抢抓这一时机，动员并监督当地农民使用通用语言文字与客商交谈，力促生意成交，使农民群众心有所感，实有所得。从而由通用语言文字应用的无意识走向有意识，由不便开口和不愿动手变为主动开口动手。成年人从中得到实惠，自然会督促自己的孩子或家人学习和应用通用语言文字。这样便可以撬动传统观念的顽石，使农村群众积极而主动地掌握和使用通用语言文字。

其次应当使农村居民认识掌握和使用通用语言文字的文化意义。

从工作环节上，依然必须设法使这一意义与农村居民的实际利益挂钩。例如为了提高乳产品的深加工质量，当地政府购买较为先进的设备，这时设备操作人员的培训、外来技术指导人员的交流、相关技术资料的查询等等，都须使用通用语言文字。于是有关部门应当与语言文字管理机构大力配合，现身说法，使少数掌握和应用通用语言文字的技术人员先得好处，从而触动大部分群众，使观望者克服困难，主动加入学用汉语言文字的行列。

再次应当使农村居民认识掌握和使用通用语言文字的政治意义。当人们逐渐认识了学用通用语言文字可以改善生活的事实以后，回过头来再向他们讲解利用通用语言文字维护国家主权、树立大国尊严的意义。

以上建议仅仅侧重各省区突出现象提出，但有的情况三省区相同，如女童返盲问题、少年与老年应用通用语言文字的意识培养问题，因此这些建议可以互相补充，互为借鉴。

后记

本书是国家社科基金项目"甘青宁三省区农村汉语言文字应用问题的调查与研究"（02CYY002）的最终成果。

回想此项工作的历程，总体感觉付出很多，收获也很多。与本项目有关的第一次外出调查始于2001年4月。当时趁参加会议之便，我们约请了宁夏大学和固原师专的两位老师前往宁夏回族自治区北部的平罗县、中部的同心县、南部的西吉县，跑乡镇，进学校，走访农户，咨询个人，了解有关情况，尝试调查问卷的合用程度。此次调查，鼓起了我们的研究信心，因为我们完善了调查方法，改定了调查问卷，还得到了许多有用的材料，发现了不少新问题。项目申报获批以后，我们既赴甘肃、青海及宁夏各县农村实地观察、访谈和调查，又通过联络员向农村各类人员分发问卷获取数据，还通过信件、电话方式求得资料。

随着调查工作的推进，情况变得复杂起来，进展不像当初设想的那样顺利。

实地调查方面，有时因为交通条件限制而难以到达事先确定的地点，有时因为联络员考虑不周而难以找到合适的调查对象，有时因为语言交流受限而中止工作，有时因为调查对象不愿配合而影响进展……问卷方面，有时材料寄出后联络员难以收到，有时问卷回寄后我们没有收到，有时散发的问卷回收不齐，有时收回的问卷不合乎要求……访谈方面，有时因预先和访谈对象沟通不够而致访谈冷场，有时因访谈对象心存顾虑而致所获资料不实，有时因谈话时间较短而致所获信息较为表面，有时因调查人意指不明而致访谈对象回答多歧……

　　此外，我们还碰到许多其他困难，这里无须一一细说。由于耗费时间较多，奔波区间较广，吃住行都较艰难，本项目的参与人员更换较为频繁，以致多个调查环节难以按时完成。然而，调查期间，也遇到了许多让我们感动的人和事，有的乡村干部利用工作间隙为我们联络调查对象、陪同我们走家串户，有的中小学教师毫不惮烦组织学生填写问卷、提供教案和试卷以及学生作业，有的村民领路陪行不辞辛劳，有的学生送水送饭拒收报酬……这些人，这些事，给了我们力量，给了我们信心，促使我们奋力完成调查与研究工作。

　　本项目因故未能按照原计划准时结项，但是国家社科规划办宽容了我们，甘肃省和兰州大学的项目管理部门始终督促并关心我们，《语言文字应用》等杂志发表项目的阶段性成果扶掖我们，西北大学文学院、211工程办、人事处尽力资助我们，商务印书馆出版此项目成果支持我们。这些单位、部门为项目工作提供了宽松环境与高水准平台，激励我们继续科研事业，提升科研质量。

　　在此，我要感谢宁夏大学的党小龙老师、青海民族学院的张慧玲老师、青海省政府办公厅秘书二处龚启德处长。他们花费不少时间安排调查相关环节，为项目推进排除了诸多困难。感谢我的硕士研究生刘传启，他多次同我一起出外调查，发挥了不小作用。我还要感谢兰州大学、文学院2007级汉语言文字学专业的部分硕士研究生,他们帮我查找资料、统计数据,加快了研究进度。我还要感谢西北大学副校长李浩教授、文学院院长张弘教授、文学院办公室主任刘晓宇同志,他们联络或督办出版事宜。最后我要感谢我的妻子辛晓玲,她为项目的完成付出了不少劳动。

由于我们调查所得资料庞杂,研究能力有限,疏漏纰缪在所难免,恳切希望方家批评指正。

2011 年 11 月于西北大学文学院

补记

  商务印书馆编辑老师电话通知，二校稿即将寄给我，嘱我查看审稿人的批注，并作修改。当我接稿后逐页校改时，暗自佩服：审稿人好眼力，好功夫！小至字母、符号的使用，大至国家有关语言文字政策的表述，凡是有问题之处，审稿人或加标示，或注明修改要求。尤其令我惊讶的是，全稿中繁多的数字统计、百分比计算，审稿人竟然都加核查！第一次校对时，有几处数字差错我未能发现，二校稿中即见审稿人用红笔写出了算式或正确的百分数。还有很多细节，这里不一一陈述。由此，我深深感到，编辑与审稿人是那样负责，那样敬业！这里，我谨向出版本书时付出艰苦劳动的编辑和审稿人深表敬意与谢忱！

2012 年 9 月 15 日

表1

			民族		第一语言		性别		身份							年龄（岁）					文化程度			
			汉族	非汉族	汉语	非汉语	男	女	农民	牧民	教师	学生	乡镇干部	大夫、商贩、手艺人	宗教界人士	05~15	16~30	31~45	46~60	61以上	文盲半文盲	小学	中学	大专本科
人员分布		人数	4589	1747	5890	446	3285	3051	3168	0	528	2376	132	96	36	1902	1136	1327	1238	733	737	2165	3053	381
		%	72	28	93	7	52	48	50	0	8	37	2	2	1	30	18	21	21	10	12	34	48	6
应用普通话的场合	家庭	人数	92	105	295	36	197	122	63	0	26	190	4	4	1	304	91	66	25	0	22	65	214	34
		%	2	6	5	8	6	4	2	0	5	8	3	4	3	16	8	5	2	0	3	3	7	9
	当地公众场所	人数	184	192	471	36	624	61	253	0	58	166	28	12	2	133	261	252	149	88	37	195	305	57
		%	4	11	8	8	19	2	8	0	11	7	21	12	5	7	23	19	12	12	5	9	10	15
	学校	人数	2018	646	2592	174	1183	1617	570	0	370	1830	30	12	5	1293	329	372	223	125	29	390	946	164
		%	44	37	44	39	36	53	18	0	70	77	23	13	14	68	29	28	18	17	4	18	31	43
	跟外地人交往	人数	2295	804	2533	201	1281	1251	2281	0	74	190	70	68	28	171	454	637	842	520	649	1516	1588	126
		%	50	46	43	45	39	41	72	0	14	8	53	71	78	9	40	48	68	71	88	70	52	33
应用普通话的目的	方便交际	人数	1010	489	1708	156	756	793	1299	0	174	499	61	46	19	209	375	518	470	323	243	779	1099	168
		%	22	28	29	35	23	26	41	0	33	21	46	48	52	11	33	39	38	44	33	36	36	44
	追求时尚	人数	367	157	353	9	131	183	95	0	11	143	3	3	1	209	45	40	25	15	44	87	92	8
		%	8	9	6	2	4	6	3	0	2	6	2	3	2	11	4	3	2	2	6	4	3	2
	求职或工作需要	人数	2799	943	3357	259	2135	1800	1457	0	322	998	50	34	4	380	488	650	235	44	295	974	1313	88
		%	61	54	57	58	65	59	46	0	61	42	38	35	11	20	43	49	19	6	40	45	43	23
	适应社会	人数	413	157	471	22	263	275	317	0	21	737	18	13	13	1103	227	119	508	352	155	325	550	118
		%	9	9	8	5	8	9	10	0	4	31	14	14	35	58	20	9	41	48	21	15	18	31
应用普通话的能力	听说流畅	人数	964	210	1473	36	788	885	602	0	359	1544	61	28	9	266	364	464	297	103	258	1342	2351	328
		%	21	12	25	8	24	29	19	0	68	65	46	29	25	14	32	35	24	14	35	62	77	86
	能听但口音重	人数	1881	314	3063	94	690	549	539	0	79	333	33	31	12	590	250	252	198	95	103	260	305	34
		%	41	18	52	21	21	18	17	0	15	14	25	32	33	31	22	19	16	13	14	12	10	9
	能听但词语非普通话	人数	597	262	530	85	427	397	824	0	42	214	15	17	5	456	182	186	235	95	74	173	122	8
		%	13	15	9	19	13	13	26	0	8	9	11	18	14	24	16	14	19	13	10	8	4	2
	能听但语法不合普通话	人数	551	332	412	112	427	305	412	0	32	166	12	20	5	361	193	159	173	73	59	87	92	11
		%	12	19	7	25	13	10	13	0	6	7	9	21	13	19	17	12	14	10	8	4	3	3
	能听但不能说	人数	459	367	236	27	558	458	507	0	16	71	9	6	4	152	80	146	161	169	140	195	122	0
		%	10	21	4	6	17	15	16	0	3	3	7	6	10	8	7	11	13	23	19	9	4	0
	不能听不能说	人数	138	262	177	94	394	458	285	0	0	48	3	4	2	76	68	119	173	198	103	108	61	0
		%	3	15	3	21	12	15	9	0	0	2	2	4	5	4	6	9	14	27	14	5	2	0

说明：1.当地公众场所：指医院、政府部门、集贸市场、宗教活动场所、其他集会场所等。
2.学校：按照有关规定，乡、村学校的老师和学生在学校，尤其在课堂，都应当说普通话，所以相对而言，在甘肃农村，学校是一个较好的普通话环境。我们还了解到，有一部分人在其他场合不说普通话，而进入学校后，跟老师和学生用普通话交谈。为此，我们把学校单列为一种场所。
3.跟外地人交往：既指村民在本地和前来办事的外地人交往，也指村民在外地跟所在地人员交往。
4.能听但口音重、能听但词语非普通话、能听但语法不合普通话：分别指被调查人能听懂广播、电影、电视演播人员和其他人员所说的普通话，自己也能说普通话，但明显带有方言音色或非汉语腔调、所用词语不属于普通话、语法受汉语方言或民族语言影响。青海、宁夏两省区情况与此同，不再说明。

表2

			民族		第一语言		性别		身份							年龄（岁）					文化程度		
			汉族	非汉族	汉语	非汉语	男	女	农民	牧民	教师	学生	乡镇干部	大夫、商贩、手艺人	宗教界人士	05~15	16~30	31~45	46~60	61以上	文盲半文盲	小学	中学	大专本科
人员分布		人数	2231	2059	2689	1601	2317	1973	1188	990	396	792	132	594	198	772	1373	1115	729	301	901	1587	1416	386
		%	52	48	63	37	54	46	28	23	9	18	3	14	5	18	32	26	17	7	21	37	33	9
应用普通话的场合	家庭	人数	67	165	108	48	185	138	24	9	16	48	4	12	14	64	97	67	29	3	0	63	70	42
		%	3	8	4	3	8	7	2	1	4	6	3	2	7	8	7	6	4	1	0	4	5	11
	当地公众场所	人数	134	226	134	32	301	99	48	50	24	63	30	83	6	144	273	268	102	33	27	95	113	55
		%	6	11	5	2	13	5	4	5	6	8	23	14	3	19	20	24	14	11	3	6	8	14
	学校	人数	736	618	1076	929	880	730	107	139	301	594	38	113	46	463	427	301	109	36	18	270	298	135
		%	33	30	40	58	38	37	9	14	76	75	29	19	23	60	31	27	15	12	2	17	21	35
	跟外地人交往	人数	1294	1050	1371	592	951	1006	1009	792	55	87	60	386	132	101	576	479	489	229	856	1159	935	154
		%	58	51	51	37	41	51	85	80	14	11	45	65	67	13	42	43	67	76	95	73	66	40
应用普通话的目的	方便交际	人数	692	844	834	560	695	631	440	178	123	151	58	255	69	116	467	457	255	135	288	540	524	201
		%	31	41	31	35	30	32	37	18	31	19	44	43	35	15	34	41	35	45	32	34	37	52
	追求时尚	人数	134	62	215	64	116	178	48	59	16	63	6	24	4	69	69	45	15	6	72	63	57	4
		%	6	3	8	4	5	9	4	6	4	8	4	4	2	9	5	4	2	2	8	4	4	1
	求职或工作需要	人数	1160	1009	1506	945	1135	829	558	307	230	277	51	208	54	131	535	513	131	12	334	682	566	23
		%	52	49	56	59	49	42	47	31	58	35	39	35	27	17	39	46	18	4	37	43	40	6
	适应社会	人数	245	144	134	32	371	335	142	446	27	301	17	107	71	456	302	100	328	148	207	302	269	158
		%	11	7	5	2	16	17	12	45	7	38	13	18	36	59	22	9	45	49	23	19	19	41
应用普通话的能力	听说流畅	人数	401	165	618	112	301	414	107	40	158	285	21	125	67	100	316	245	66	18	90	397	411	232
		%	18	8	23	7	13	21	9	4	40	36	16	21	34	13	23	22	9	6	10	25	29	60
	能听但口音重	人数	848	268	1210	288	440	335	214	168	86	182	36	149	45	201	343	234	138	51	135	349	439	119
		%	38	13	45	18	19	17	18	17	22	23	27	25	23	26	25	21	19	17	15	22	31	31
	能听但词语非普通话	人数	334	391	323	288	371	296	344	317	48	87	21	89	26	154	247	201	175	45	117	175	113	12
		%	15	19	12	18	16	15	29	32	12	11	16	15	13	20	18	18	24	15	13	11	8	3
	能听但语法不合普通话	人数	268	432	242	337	371	218	178	198	48	111	24	148	24	139	206	167	138	36	117	190	142	19
		%	12	21	9	21	16	11	15	20	12	14	18	25	12	18	15	15	19	12	13	12	10	5
	能听但不能说	人数	268	453	188	288	486	335	214	119	48	87	20	53	24	116	137	134	95	69	253	286	212	4
		%	12	22	7	18	21	17	18	12	12	11	15	9	12	15	10	12	13	23	28	18	15	1
	不能听不能说	人数	112	350	108	288	348	375	131	148	8	40	10	30	12	62	124	134	117	82	189	190	99	0
		%	5	17	4	18	15	19	11	15	2	5	8	5	6	8	9	12	16	27	21	12	7	0

表3

			民族		第一语言		性别		身份							年龄（岁）					文化程度			
			汉族	非汉族	汉语	非汉语	男	女	农民	牧民	教师	学生	乡镇干部	大夫、商贩、手艺人	宗教界人士	05～15	16～30	31～45	46～60	61以上	文盲半文盲	小学	中学	大专本科
人员分布		人数	2068	2204	4262	10	2904	1368	1601	0	553	1721	201	153	43	501	1613	1426	532	200	828	1435	1241	768
		%	48	52	91	9	68	32	37	0	13	40	5	4	1	12	38	33	12	5	19	34	29	18
应用普通话的场合	家庭	人数	62	110	298	1	145	41	64	0	39	138	6	11	1	60	97	57	5	0	17	43	62	61
		%	3	5	7	10	5	3	4	0	7	8	3	7	2	12	6	4	1	0	2	3	5	8
	当地公众场所	人数	62	242	426	1	639	123	176	0	72	172	48	23	3	45	403	271	69	32	50	158	161	123
		%	3	11	10	10	22	9	11	0	13	10	24	15	8	9	25	19	13	16	6	11	13	16
	学校	人数	1055	970	1790	4	1365	629	224	0	337	1222	36	17	5	346	403	342	80	28	17	215	347	315
		%	51	44	42	40	47	46	14	0	61	71	18	11	11	69	25	24	15	14	2	15	28	41
	跟外地人交往	人数	889	882	1747	4	755	575	1137	0	105	189	111	103	34	50	710	756	378	140	745	1019	670	269
		%	43	40	41	40	26	42	71	0	19	11	55	67	79	10	44	53	71	70	90	71	54	35
应用普通话的目的	方便交际	人数	517	661	1151	4	639	328	592	0	166	379	86	69	23	60	565	542	213	88	257	474	447	399
		%	25	30	27	40	22	24	37	0	30	22	43	45	54	12	35	38	40	44	31	33	36	52
	追求时尚	人数	83	88	128	0	116	96	64	0	11	103	4	6	1	50	48	43	11	4	58	72	50	15
		%	4	4	3	0	4	7	4	0	2	6	2	4	2	10	3	3	2	2	7	5	4	2
	求职或工作需要	人数	1241	1344	2557	6	1859	834	768	0	354	792	80	57	6	95	710	656	154	38	356	660	534	146
		%	60	61	60	60	64	61	48	0	64	46	40	37	14	19	44	46	29	19	43	46	43	19
	适应社会	人数	227	110	426	0	290	109	176	0	22	447	30	21	13	296	290	185	154	70	157	230	211	207
		%	11	5	10	0	10	8	11	0	4	26	15	14	30	59	18	13	29	35	19	16	17	27
应用普通话的能力	听说流畅	人数	393	309	938	1	784	424	320	0	376	1153	94	47	11	60	565	528	133	26	265	904	980	676
		%	19	14	22	10	27	31	20	0	68	67	47	31	26	12	35	37	25	13	32	63	79	88
	能听但口音重	人数	807	838	1151	3	581	233	256	0	88	275	52	50	13	75	274	285	138	64	116	158	112	61
		%	39	38	27	30	20	17	16	0	16	16	26	33	31	15	17	20	26	32	14	11	9	8
	能听但词语非普通话	人数	352	441	767	2	348	192	368	0	39	103	22	21	6	155	242	143	59	24	91	100	62	15
		%	17	20	18	20	12	14	23	0	7	6	11	14	15	31	15	10	11	12	11	7	5	2
	能听但语法不合普通话	人数	269	287	852	2	465	123	192	0	39	120	14	23	5	135	226	114	53	14	91	86	50	15
		%	13	13	20	20	16	9	12	0	7	7	7	15	12	27	14	8	10	7	11	6	4	2
	能听但不能说	人数	124	154	213	1	436	164	272	0	11	34	12	6	5	25	113	143	59	28	141	129	25	0
		%	6	7	5	10	15	12	17	0	2	2	6	4	12	5	7	10	11	14	17	9	2	0
	不能听不能说	人数	124	176	341	1	290	233	192	0	0	34	6	5	2	50	194	214	90	44	124	57	12	0
		%	6	8	8	10	10	17	12	0	0	2	3	3	4	10	12	15	17	22	15	4	1	0

表4

			民族		第一语言		性别		身份							年龄（岁）					文化程度			
			汉族	非汉族	汉语	非汉语	男	女	农民	牧民	教师	学生	乡镇干部	大夫、商贩、手艺人	宗教界人士	05~15	16~30	31~45	46~60	61以上	文盲半文盲	小学	中学	大专本科
人员分布		人数	4589	1747	5890	446	3285	3051	3168	0	528	2376	132	96	36	1902	1136	1327	1238	733	737	2165	3053	381
		%	72	28	93	7	52	48	50	0	8	37	2	2	1	30	18	21	21	10	12	34	48	6
普通话声母	b	准 人数	4176	1502	5537	339	2792	2685	2249	0	496	2162	104	71	27	1579	966	1168	1065	623	523	1775	2778	358
		%	91	86	94	76	85	88	71	0	94	91	79	74	75	83	85	88	86	85	71	82	91	94
		否 人数	413	245	353	107	493	366	919	0	32	214	28	25	9	323	170	159	173	110	214	390	275	23
		%	9	14	6	24	15	12	29	0	6	9	21	26	25	17	15	12	14	15	29	18	9	6
	p	准 人数	4222	1555	5360	330	2727	2715	2661	0	486	2186	115	83	31	1560	966	1141	1040	608	509	1710	2626	347
		%	92	89	91	74	83	89	84	0	92	92	87	86	87	82	85	86	84	83	69	79	86	91
		否 人数	367	192	530	116	558	336	507	0	42	190	17	13	5	342	170	186	198	125	228	455	427	34
		%	8	11	9	26	17	11	16	0	8	8	13	14	13	18	15	14	16	17	31	21	14	9
	m	准 人数	4451	1677	5654	419	3154	2990	2756	0	512	2257	112	84	30	1674	1022	1221	1102	638	604	1819	2748	366
		%	97	96	96	94	96	98	87	0	97	95	85	88	84	88	90	92	89	87	82	84	90	96
		否 人数	138	70	236	27	131	61	412	0	16	119	20	12	6	228	114	106	136	95	133	346	305	15
		%	3	4	4	6	4	2	13	0	3	5	15	12	16	12	10	8	11	13	18	16	10	4
	f	准 人数	4268	1555	5537	397	2989	2837	2820	0	512	2233	116	85	32	1636	1000	1234	1040	586	612	1840	2748	351
		%	93	89	94	89	91	93	89	0	97	94	88	89	88	86	88	93	84	80	83	85	90	92
		否 人数	321	192	353	49	296	214	348	0	16	143	16	11	4	266	136	93	198	147	125	325	305	30
		%	7	11	6	11	9	7	11	0	3	6	12	11	12	14	12	7	16	20	17	15	10	8
	d	准 人数	3855	1258	5301	343	2398	2319	2186	0	438	1925	92	69	26	1293	818	982	867	498	509	1559	2381	324
		%	84	72	90	77	73	76	69	0	83	81	70	72	71	68	72	74	70	68	69	72	78	85
		否 人数	734	489	589	103	887	732	982	0	90	451	40	27	10	609	318	345	371	235	228	606	672	57
		%	16	28	10	23	27	24	31	0	17	19	30	28	29	32	28	26	30	32	31	28	22	15
	t	准 人数	3763	1240	5183	339	2464	2319	2154	0	428	1948	95	68	25	1331	818	969	879	498	494	1559	2320	328
		%	82	71	88	76	75	76	68	0	81	82	72	71	70	70	72	73	71	68	67	72	76	86
		否 人数	826	507	707	107	821	732	1014	0	100	428	37	28	11	571	318	358	359	235	243	606	733	53
		%	18	29	12	24	25	24	32	0	19	18	28	29	30	30	28	27	29	32	33	28	24	14
	n	准 人数	2891	961	3946	227	1741	1556	1014	0	380	1449	46	32	13	533	318	425	347	176	162	1234	2229	320
		%	63	55	67	51	53	51	32	0	72	61	35	33	35	28	28	32	28	24	22	57	73	84
		否 人数	1698	786	1944	219	1544	1495	2154	0	148	927	86	64	23	1369	818	902	891	557	575	931	824	61
		%	37	45	33	49	47	49	68	0	28	39	65	67	65	72	72	68	72	76	78	43	27	16
	l	准 人数	4268	1555	5537	415	3055	2837	2629	0	502	2281	117	85	31	1579	966	1168	1052	616	612	1840	2717	362
		%	93	89	94	93	93	93	83	0	95	96	89	89	85	83	85	88	85	84	83	85	89	95
		否 人数	321	192	353	31	230	214	539	0	26	95	15	11	5	323	170	159	186	117	125	325	336	19
		%	7	11	6	7	7	7	17	0	5	4	11	11	15	17	15	12	15	16	17	15	11	5
	g	准 人数	4130	1590	5419	406	3055	2898	2851	0	491	2233	120	88	33	1712	1045	1274	1164	674	678	1970	2839	366
		%	90	91	92	91	93	95	90	0	93	94	91	92	91	90	92	96	94	92	92	91	93	96
		否 人数	459	157	471	40	230	153	317	0	37	143	12	8	3	190	91	53	74	59	59	195	214	15
		%	10	9	8	9	7	5	10	0	7	6	9	8	9	10	8	4	6	8	8	9	7	4

(续表)

				民族		第一语言		性别		身份							年龄（岁）					文化程度			
				汉族	非汉族	汉语	非汉语	男	女	农民	牧民	教师	学生	乡镇干部	大夫、商贩、手艺人	宗教界人士	05～15	16～30	31～45	46～60	61以上	文盲半文盲	小学	中学	大专本科
普通话声母	k	准	人数	4405	1660	5537	424	3088	2929	2946	0	496	2281	120	90	33	1636	1034	1247	1102	630	671	2013	2900	366
			%	96	95	94	95	94	96	93	0	94	96	91	94	93	86	91	94	89	86	91	93	95	96
		否	人数	184	87	353	22	197	122	222	0	32	95	12	6	3	266	102	80	136	103	66	152	153	15
			%	4	5	6	5	6	4	7	0	6	4	9	6	7	14	9	6	11	14	9	7	5	4
	h	准	人数	4314	1660	5654	415	3088	2929	2946	0	512	2281	125	90	34	1769	1079	1287	1188	689	685	2013	2931	370
			%	94	95	96	93	94	96	93	0	97	96	95	94	95	93	95	97	96	94	93	93	96	97
		否	人数	275	87	236	31	197	122	222	0	16	95	7	6	2	133	57	40	50	44	52	152	122	11
			%	6	5	4	7	6	4	7	0	3	4	5	6	5	7	5	3	4	6	7	7	4	3
	j	准	人数	3855	1310	5124	317	2562	2319	2344	0	465	2067	104	74	27	1388	875	1035	966	535	531	1645	2503	339
			%	84	75	87	71	78	76	74	0	88	87	79	77	74	73	77	78	78	73	72	76	82	89
		否	人数	734	437	766	129	723	732	824	0	63	309	28	22	9	514	261	292	272	198	206	520	550	42
			%	16	25	13	29	22	24	26	0	12	13	21	23	26	27	23	22	22	27	28	24	18	11
	q	准	人数	3809	1345	4889	348	2562	2349	2376	0	459	2091	110	77	28	1388	863	1048	929	542	545	1689	2534	335
			%	83	77	83	78	78	77	75	0	87	88	83	80	79	73	76	79	75	74	74	78	83	88
		否	人数	780	402	1001	98	723	702	792	0	69	285	22	19	8	514	273	279	310	191	192	476	519	46
			%	17	23	17	22	22	23	25	0	13	12	17	20	21	27	24	21	25	26	26	22	17	12
	x	准	人数	3947	1363	5183	339	2595	2349	2344	0	465	2020	107	76	28	1427	875	1048	916	542	531	1645	2565	347
			%	86	78	88	76	79	77	74	0	88	85	81	79	79	75	77	79	74	74	72	76	84	91
		否	人数	642	384	707	107	690	702	824	0	63	356	25	20	8	476	261	279	322	191	206	520	488	34
			%	14	22	12	24	21	23	26	0	12	15	19	21	21	25	23	21	26	26	28	24	16	9
	zh	准	人数	3579	1293	4712	308	2562	2441	2471	0	454	1996	104	75	28	1541	988	1048	978	542	531	1819	2687	347
			%	78	74	80	69	78	80	78	0	86	84	79	78	79	81	87	79	79	74	72	84	88	91
		否	人数	1010	454	1178	138	723	610	697	0	74	380	28	21	8	361	148	279	260	191	206	346	366	34
			%	22	26	20	31	22	20	22	0	14	16	21	22	21	19	13	21	21	26	28	16	12	9
	ch	准	人数	3579	1275	4830	317	2562	2471	2471	0	433	1925	103	73	28	1484	966	1048	941	557	516	1775	2565	339
			%	78	73	82	71	78	81	78	0	82	81	78	76	77	78	85	79	76	76	70	82	84	89
		否	人数	1010	472	1060	129	723	580	697	0	95	451	29	23	8	418	170	279	297	176	221	390	488	42
			%	22	27	18	29	22	19	22	0	18	19	22	24	23	22	15	21	24	24	30	18	16	11
	sh	准	人数	3534	1240	4653	285	2497	2349	2408	0	433	1925	100	74	28	1446	943	1009	953	550	523	1754	2534	328
			%	77	71	79	64	76	77	76	0	82	81	76	77	77	76	83	76	77	75	71	81	83	86
		否	人数	1055	507	1237	161	788	702	760	0	95	451	32	22	8	456	193	318	285	183	214	411	519	53
			%	23	29	21	36	24	23	24	0	18	19	24	23	23	24	17	24	23	25	29	19	17	14
	r	准	人数	3625	1310	4830	312	2529	2319	2344	0	470	2043	103	77	28	1388	863	995	929	557	531	1710	2473	331
			%	79	75	82	70	77	76	74	0	89	86	78	80	77	73	76	75	75	76	72	79	81	87
		否	人数	964	437	1060	134	756	732	824	0	58	333	29	19	8	514	273	332	310	176	206	455	580	50
			%	21	25	18	30	23	24	26	0	11	14	22	20	23	27	24	25	25	24	28	21	19	13
	z	准	人数	4176	1502	5301	375	2792	2654	2661	0	491	2162	115	82	31	1579	966	1115	1052	586	604	1905	2839	370
			%	91	86	90	84	85	87	84	0	93	91	87	85	86	83	85	84	85	80	82	88	93	97
		否	人数	413	245	589	71	493	397	507	0	37	214	17	14	5	323	170	212	186	147	133	260	214	11
			%	9	14	10	16	15	13	16	0	7	9	13	15	14	17	15	16	15	20	18	12	7	3

(续表)

			民族		第一语言		性别		身份							年龄（岁）					文化程度			
			汉族	非汉族	汉语	非汉语	男	女	农民	牧民	教师	学生	乡镇干部	大夫、商贩、手艺人	宗教界人士	05~15	16~30	31~45	46~60	61以上	文盲半文盲	小学	中学	大专本科
普通话声母	c	准	人数	4405	1502	5596	379	3022	2837	3010	0	507	2186	127	91	35	1750	1102	1274	1176	696	685	2057	3053	381
			%	96	86	95	85	92	93	95	0	96	92	96	95	97	92	97	96	95	95	93	95	100	100
		否	人数	184	245	295	67	263	214	158	0	21	190	5	5	1	152	34	53	62	37	52	108	0	0
			%	4	14	5	15	8	7	5	0	4	8	4	5	3	8	3	4	5	5	7	5	0	0
	s	准	人数	4360	1555	5537	392	2989	2868	2946	0	507	2281	124	88	33	1769	1068	1274	1151	689	678	2035	3022	381
			%	95	89	94	88	91	94	93	0	96	96	94	92	93	93	94	96	93	94	92	94	99	100
		否	人数	229	192	353	54	296	183	222	0	21	95	8	8	3	133	68	53	87	44	59	130	31	0
			%	5	11	6	12	9	6	7	0	4	4	6	8	7	7	6	4	7	6	8	6	1	0
	ø	准	人数	3534	1398	4476	357	2431	2227	2313	0	444	1901	107	76	28	1407	829	1009	929	550	545	1667	2565	339
			%	77	80	76	80	74	73	73	0	84	80	81	79	78	74	73	76	75	75	74	77	84	89
		否	人数	1055	349	1414	89	854	824	855	0	84	475	25	20	8	495	307	318	310	183	192	498	488	42
			%	23	20	24	20	26	27	27	0	16	20	19	21	22	26	27	24	25	25	26	23	16	11
	a	准	人数	4451	1695	5772	428	3154	2898	3041	0	512	2328	127	92	35	1769	1091	1274	1201	704	715	2122	2992	373
			%	97	97	98	96	96	95	96	0	97	98	96	96	97	93	96	96	97	96	97	98	98	98
		否	人数	138	52	118	18	131	153	127	0	16	48	5	4	1	133	45	53	37	29	22	43	61	8
			%	3	3	2	4	4	5	4	0	3	2	4	4	3	7	4	4	3	4	3	2	2	2
	e	准	人数	4268	1572	5537	401	3022	2837	2915	0	512	2352	123	89	34	1750	1091	1287	1102	638	656	2013	2931	373
			%	93	90	94	90	93	93	92	0	97	99	93	93	94	92	96	97	89	87	89	93	96	98
		否	人数	321	175	353	45	263	214	253	0	16	24	9	7	2	152	45	40	136	95	81	152	122	8
			%	7	10	6	10	8	7	8	0	3	1	7	7	6	8	4	3	11	13	11	7	4	2
	-i前	准	人数	4497	1712	5831	428	3186	2959	3073	0	512	2328	127	93	35	1845	1125	1314	1188	704	722	2143	3022	373
			%	98	98	99	96	97	97	97	0	97	98	96	97	98	97	99	99	96	96	98	99	99	98
		否	人数	92	35	59	18	99	92	95	0	16	48	5	3	1	57	11	13	50	29	15	22	31	8
			%	2	2	1	4	3	3	3	0	3	2	4	3	2	3	1	1	4	4	2	1	1	2
	-i后	准	人数	4176	1572	5478	401	3055	2776	2915	0	502	2305	124	91	34	1598	1045	1247	1164	660	671	1992	2870	362
			%	91	90	93	90	93	91	92	0	95	97	94	95	94	84	92	94	94	90	91	92	94	95
		否	人数	413	175	412	45	230	275	253	0	26	71	8	5	2	304	91	80	74	73	66	173	183	19
			%	9	10	7	10	7	9	8	0	5	3	6	5	6	16	8	6	6	10	9	8	6	5
	ai	准	人数	3121	1328	3711	321	2267	2044	2028	0	428	1996	99	68	26	1236	761	955	879	462	479	1689	2473	339
			%	68	76	63	72	69	67	64	0	81	84	75	71	72	65	67	72	71	63	65	78	81	89
		否	人数	1468	419	2179	125	1018	1007	1140	0	100	380	33	28	10	666	375	372	359	271	258	476	580	42
			%	32	24	37	28	31	33	36	0	19	16	25	29	28	35	33	28	29	37	35	22	19	11
	ei	准	人数	4360	1677	5654	410	3154	2959	2978	0	496	2281	123	88	34	1712	1091	1261	1164	696	671	2035	2839	362
			%	95	96	96	92	96	97	94	0	94	96	93	92	95	90	96	95	94	95	91	94	93	95
		否	人数	229	70	236	36	131	92	190	0	32	95	9	8	2	190	45	66	74	37	66	130	214	19
			%	5	4	4	8	4	3	6	0	6	4	7	8	5	10	4	5	6	5	9	6	7	5
	ao	准	人数	3579	1433	4359	379	2464	2319	2344	0	412	1972	98	72	27	1369	954	1022	904	528	538	1667	2412	316
			%	78	82	74	85	75	76	74	0	78	83	74	75	74	72	84	77	73	72	73	77	79	83
		否	人数	1010	314	1531	67	821	732	824	0	116	404	34	24	9	533	182	305	334	205	199	498	641	65
			%	22	18	26	15	25	24	26	0	22	17	26	25	26	28	16	23	27	28	27	23	21	17

(续表)

				民族		第一语言		性别		身份							年龄（岁）					文化程度			
				汉族	非汉族	汉语	非汉语	男	女	农民	牧民	教师	学生	乡镇干部	大夫、商贩、手艺人	宗教界人士	05~15	16~30	31~45	46~60	61以上	文盲半文盲	小学	中学	大专本科
普通话声母	ou	准	人数	4176	1625	5537	424	3022	2837	2851	0	507	2305	124	91	35	1750	1068	1261	1176	689	671	2035	2900	370
			%	91	93	94	95	92	93	90	0	96	97	94	95	96	92	94	95	95	94	91	94	95	97
		否	人数	413	122	353	22	263	214	317	0	21	71	8	5	1	152	68	66	62	44	66	130	153	11
			%	9	7	6	5	8	7	10	0	4	3	6	5	4	8	6	5	5	6	9	6	5	3
	an	准	人数	3625	1467	4712	379	2595	2532	2503	0	444	2115	107	76	30	1407	943	1075	1003	579	575	1797	2656	331
			%	79	84	80	85	79	83	79	0	84	89	81	79	83	74	83	81	81	79	78	83	87	87
		否	人数	964	280	1178	67	690	519	665	0	84	261	25	20	6	495	193	252	235	154	162	368	397	50
			%	21	16	20	15	21	17	21	0	16	11	19	21	17	26	17	19	19	21	22	17	13	13
	en	准	人数	2432	1066	3829	343	2102	2075	1616	0	380	1734	81	58	21	1027	829	982	829	432	391	1451	2320	297
			%	53	61	65	77	64	68	51	0	72	73	61	60	59	54	73	74	67	59	53	67	76	78
		否	人数	2157	681	2062	103	1183	976	1552	0	148	642	51	38	15	875	307	345	409	301	346	714	733	84
			%	47	39	35	23	36	32	49	0	28	27	39	40	41	46	27	26	33	41	47	33	24	22
	ang	准	人数	3396	1380	4594	361	2464	2349	2313	0	428	2020	104	73	27	1407	977	1075	916	513	538	1645	2473	328
			%	74	79	78	81	75	77	73	0	81	85	79	76	76	74	86	81	74	70	73	76	81	86
		否	人数	1193	367	1296	85	821	702	855	0	100	356	28	23	9	495	159	252	322	220	199	520	580	53
			%	26	21	22	19	25	23	27	0	19	15	21	24	24	26	14	19	26	30	27	24	19	14
	eng	准	人数	4451	1660	5772	419	3121	2929	3073	0	512	2328	128	93	35	1769	1091	1287	1201	711	715	2100	2992	370
			%	97	95	98	94	95	96	97	0	97	98	97	97	97	93	96	97	97	97	97	97	98	97
		否	人数	138	87	118	27	164	122	95	0	16	48	4	3	1	133	45	40	37	22	22	65	61	11
			%	3	5	2	6	5	4	3	0	3	2	3	3	3	7	4	3	3	3	3	3	2	3
	i	准	人数	4222	1572	5478	392	2858	2715	2820	0	475	2115	120	84	32	1693	1022	1221	1077	638	641	1949	2809	358
			%	92	90	93	88	87	89	89	0	90	89	91	88	89	89	90	92	87	87	87	90	92	94
		否	人数	367	175	412	54	427	336	348	0	53	261	12	12	4	209	114	106	161	95	96	217	244	23
			%	8	10	7	12	13	11	11	0	10	11	9	12	11	11	10	8	13	13	13	10	8	6
	ia	准	人数	4405	1677	5654	424	3088	2868	2915	0	512	2305	127	93	35	1826	1091	1287	1188	704	700	2078	2931	370
			%	96	96	96	95	94	94	92	0	97	97	96	97	97	96	96	97	96	96	95	96	96	97
		否	人数	184	70	236	22	197	183	253	0	16	71	5	3	1	76	45	40	50	29	37	87	122	11
			%	4	4	4	5	6	6	8	0	3	3	4	3	3	4	4	3	4	4	5	4	4	3
	ie	准	人数	3579	1310	4653	343	2529	2319	2313	0	412	1901	100	71	27	1407	875	1022	941	542	545	1645	2381	312
			%	78	75	79	77	77	76	73	0	78	80	76	74	76	74	77	77	76	74	74	76	78	82
		否	人数	1010	437	1237	103	756	732	855	0	116	475	32	25	9	495	261	305	297	191	192	520	672	69
			%	22	25	21	23	23	24	27	0	22	20	24	26	24	26	23	23	24	26	26	24	22	18
	iao	准	人数	3534	1433	4653	370	2628	2532	2281	0	438	2020	103	76	29	1388	943	1075	978	542	531	1667	2412	328
			%	77	82	79	83	80	83	72	0	83	85	78	79	81	73	83	81	79	74	72	77	79	86
		否	人数	1055	314	1237	76	657	519	887	0	90	356	29	20	7	514	193	252	260	191	206	498	641	53
			%	23	18	21	17	20	17	28	0	17	15	22	21	19	27	17	19	21	26	28	23	21	14
	iou	准	人数	3396	1328	4418	361	2562	2349	2313	0	417	1925	103	75	29	1407	875	1035	929	564	531	1624	2412	301
			%	74	76	75	81	78	77	73	0	79	81	78	78	80	74	77	78	75	77	72	75	79	79
		否	人数	1193	419	1473	85	723	702	855	0	111	451	29	21	7	495	261	292	310	169	206	541	641	80
			%	26	24	25	19	22	23	27	0	21	19	22	22	20	26	23	22	25	23	28	25	21	21

(续表)

				民族		第一语言		性别		身份						年龄（岁）					文化程度			
				汉族	非汉族	汉语	非汉语	男	女	农民	牧民	教师	学生	乡镇干部	大夫、商贩、手艺人	宗教界人士	05~15	16~30	31~45	46~60	61以上	文盲半文盲	小学	中学	大专本科
普通话声母	ian	准	人数	3396	1363	4535	361	2431	2349	2313	0	433	1996	102	75	27	1388	920	995	916	535	538	1645	2473	324
			%	74	78	77	81	74	77	73	0	82	84	77	78	76	73	81	75	74	73	73	76	81	85
		否	人数	1193	384	1355	85	854	702	855	0	95	380	30	21	9	514	216	332	322	198	199	520	580	57
			%	26	22	23	19	26	23	27	0	18	16	23	22	24	27	19	25	26	27	27	24	19	15
	in	准	人数	2386	1066	3770	330	2135	2044	1616	0	385	1758	90	66	25	1008	829	902	768	410	376	1407	2229	278
			%	52	61	64	74	65	67	51	0	73	74	68	69	70	53	73	68	62	56	51	65	73	73
		否	人数	2203	681	2120	116	1150	1007	1552	0	143	618	42	30	11	894	307	425	470	323	361	758	824	103
			%	48	39	36	26	35	33	49	0	27	26	32	31	30	47	27	32	38	44	49	35	27	27
	iang	准	人数	3488	1380	4653	361	2464	2349	2439	0	438	2020	106	76	28	1427	954	1088	904	520	545	1645	2503	324
			%	76	79	79	81	75	77	77	0	83	85	80	79	78	75	84	82	73	71	74	76	82	85
		否	人数	1101	367	1237	85	821	702	729	0	90	356	26	20	8	476	182	239	334	213	192	520	550	57
			%	24	21	21	19	25	23	23	0	17	15	20	21	22	25	16	18	27	29	26	24	18	15
	ing	准	人数	4314	1642	5537	415	3022	2837	2946	0	496	2257	124	89	34	1769	1079	1247	1151	674	678	2013	2900	358
			%	94	94	94	93	92	93	93	0	94	95	94	93	94	93	95	94	93	92	92	93	95	94
		否	人数	275	105	353	31	263	214	222	0	32	119	8	7	2	133	57	80	87	59	59	152	153	23
			%	6	6	6	7	8	7	7	0	6	5	6	7	6	7	5	6	7	8	8	7	5	6
	u	准	人数	4360	1642	5596	419	3154	2959	3010	0	507	2305	125	90	35	1769	1079	1274	1164	674	685	2100	2931	370
			%	95	94	95	94	96	97	95	0	96	97	95	94	96	93	95	96	94	92	93	97	96	97
		否	人数	229	105	295	27	131	92	158	0	21	71	7	6	1	133	57	53	74	59	52	65	122	11
			%	5	6	5	6	4	3	5	0	4	3	5	6	4	7	5	4	6	8	7	3	4	3
	ua	准	人数	4314	1660	5596	419	3055	2868	2946	0	491	2210	123	89	33	1731	1079	1247	1127	667	671	2035	2870	366
			%	94	95	95	94	93	94	93	0	93	93	93	93	93	91	95	94	91	91	91	94	94	96
		否	人数	275	87	295	27	230	183	222	0	37	166	9	7	3	171	57	80	111	66	66	130	183	15
			%	6	5	5	6	7	6	7	0	7	7	7	7	7	9	5	6	9	9	9	6	6	4
	uo/o	准	人数	2295	1153	3652	321	2004	2044	1521	0	385	1830	87	65	25	970	750	929	805	381	361	1451	2168	301
			%	50	66	62	72	61	67	48	0	73	77	66	68	69	51	66	70	65	52	49	67	71	79
		否	人数	2295	594	2238	125	1281	1007	1647	0	143	546	45	31	11	932	386	398	433	352	376	714	885	80
			%	50	34	38	28	39	33	52	0	27	23	34	32	31	49	34	30	35	48	51	33	29	21
	uai	准	人数	3029	1310	3946	303	2135	2075	1932	0	444	2043	100	66	26	1198	750	876	780	469	464	1710	2473	335
			%	66	75	67	68	65	68	61	0	84	86	76	69	71	63	66	66	63	64	63	79	81	88
		否	人数	1560	437	1944	143	1150	976	1236	0	84	333	32	30	10	704	386	451	458	264	273	455	580	46
			%	34	25	33	32	35	32	39	0	16	14	24	31	29	37	34	34	37	36	37	21	19	12
	uei	准	人数	4314	1660	5654	415	3186	2929	2946	0	502	2281	121	88	33	1731	1102	1274	1176	689	663	2035	2870	366
			%	94	95	96	93	97	96	93	0	95	96	92	92	93	91	97	96	95	94	90	94	94	96
		否	人数	275	87	236	31	99	122	222	0	26	95	11	8	3	171	34	53	62	44	74	130	183	15
			%	6	5	4	7	3	4	7	0	5	4	8	7	7	9	3	4	5	6	10	6	6	4
	uan	准	人数	3534	1398	4830	375	2562	2471	2408	0	454	2091	108	76	29	1427	977	1101	1015	564	575	1840	2565	324
			%	77	80	82	84	78	81	76	0	86	88	82	79	81	75	86	83	82	77	78	85	84	85
		否	人数	1055	349	1060	71	723	580	760	0	74	285	24	20	7	476	159	226	223	169	162	325	488	57
			%	23	20	18	16	22	19	24	0	14	12	18	21	19	25	14	17	18	23	22	15	16	15

（续表）

				民族		第一语言		性别		身份							年龄（岁）					文化程度			
				汉族	非汉族	汉语	非汉语	男	女	农民	牧民	教师	学生	乡镇干部	大夫、商贩、手艺人	宗教界人士	05～15	16～30	31～45	46～60	61以上	文盲半文盲	小学	中学	大专本科
普通话声母	uen	准	人数	2295	1083	3711	339	2168	2044	1521	0	375	1758	87	62	24	970	818	902	792	403	361	1429	2198	282
			%	50	62	63	76	66	67	48	0	71	74	66	65	68	51	72	68	64	55	49	66	72	74
		否	人数	2295	664	2179	107	1117	1007	1647	0	153	618	45	34	12	932	318	425	446	330	376	736	855	99
			%	50	38	37	24	34	33	52	0	29	26	34	35	32	49	28	32	36	45	51	34	28	26
	uang	准	人数	3442	1345	4653	366	2529	2380	2281	0	444	2043	106	74	28	1427	943	1101	941	535	553	1645	2503	320
			%	75	77	79	82	77	78	72	0	84	86	80	77	78	75	83	83	76	73	75	76	82	84
		否	人数	1147	402	1237	80	756	671	887	0	84	333	26	22	8	476	193	226	297	198	184	520	550	61
			%	25	23	21	18	23	22	28	0	16	14	20	23	22	25	17	17	24	27	25	24	18	16
	ong	准	人数	3809	1415	5007	370	2759	2593	2566	0	465	2138	111	80	30	1579	1011	1128	1040	601	604	1840	2717	347
			%	83	81	85	83	84	85	81	0	88	90	84	83	84	83	89	85	84	82	82	85	89	91
		否	人数	780	332	884	76	526	458	602	0	63	238	21	16	6	323	125	199	198	132	133	325	336	34
			%	17	19	15	17	16	15	19	0	12	10	16	17	16	17	11	15	16	18	18	15	11	9
	ueng	准	人数	3901	1415	5065	370	2825	2715	2629	0	486	2257	112	79	30	1579	1045	1194	1102	608	604	1840	2687	331
			%	85	81	86	83	86	89	83	0	92	95	85	82	84	83	92	90	89	83	82	85	88	87
		否	人数	688	332	825	76	460	336	539	0	42	119	20	17	6	323	91	133	136	125	133	325	366	50
			%	15	19	14	17	14	11	17	0	8	5	15	18	16	17	8	10	11	17	18	15	12	13
	ü	准	人数	4038	1380	5242	326	2891	2746	2756	0	475	2186	114	84	31	1369	954	1181	1089	638	649	1949	2809	358
			%	88	79	89	73	88	90	87	0	90	92	86	88	86	72	84	89	88	87	88	90	92	94
		否	人数	551	367	648	120	394	305	412	0	53	190	18	12	5	533	182	146	149	95	88	217	244	23
			%	12	21	11	27	12	10	13	0	10	8	14	12	14	28	16	11	12	13	12	10	8	6
	üe	准	人数	3350	1223	4359	339	2497	2258	2281	0	422	1948	99	70	27	1427	886	995	916	528	523	1624	2320	301
			%	73	70	74	76	76	74	72	0	80	82	75	73	75	75	78	75	74	72	71	75	76	79
		否	人数	1239	524	1531	107	788	793	887	0	106	428	33	26	9	476	250	332	322	205	214	541	733	80
			%	27	30	26	24	24	26	28	0	20	18	25	27	25	25	22	25	26	28	29	25	24	21
	üan	准	人数	3488	1415	4771	375	2529	2410	2313	0	433	2020	107	77	29	1388	943	1075	1003	579	545	1797	2534	316
			%	76	81	81	84	77	79	73	0	82	85	81	80	81	73	83	81	81	79	74	83	83	83
		否	人数	1101	332	1119	71	756	641	855	0	95	356	25	19	7	514	193	252	235	154	192	368	519	65
			%	24	19	19	16	23	21	27	0	18	15	19	20	19	27	17	19	19	21	26	17	17	17
	ün	准	人数	2432	961	3711	321	2135	1983	1584	0	438	2067	87	64	26	989	841	889	780	403	376	1386	2229	282
			%	53	55	63	72	65	65	50	0	83	87	66	67	71	52	74	67	63	55	51	64	73	74
		否	人数	2157	786	2179	125	1150	1068	1584	0	90	309	45	32	10	913	295	438	458	330	361	779	824	99
			%	47	45	37	28	35	35	50	0	17	13	34	33	29	48	26	33	37	45	49	36	27	26
	iong	准	人数	3855	1450	5007	375	2858	2715	2598	0	480	2233	114	80	30	1560	1034	1194	1089	616	597	1819	2656	335
			%	84	83	85	84	87	89	82	0	91	94	86	86	84	82	91	90	88	84	81	84	87	88
		否	人数	734	297	884	71	427	336	570	0	48	143	18	16	6	342	102	133	149	117	140	346	397	46
			%	16	17	15	16	13	11	18	0	9	6	14	17	16	18	9	10	12	16	19	16	13	12
	er	准	人数	3671	1380	4771	335	2595	2471	2408	0	465	2115	108	81	30	1388	977	1088	953	520	464	1472	2259	316
			%	80	79	81	75	79	81	76	0	88	89	82	84	83	73	86	82	77	71	63	68	74	83
		否	人数	918	367	1119	112	690	580	760	0	63	261	24	15	6	514	159	239	285	213	273	693	794	65
			%	20	21	19	25	21	19	24	0	12	11	18	16	17	27	14	18	23	29	37	32	26	17

(续表)

				民族		第一语言		性别		身份							年龄（岁）					文化程度			
				汉族	非汉族	汉语	非汉语	男	女	农民	牧民	教师	学生	乡镇干部	大夫、商贩、手艺人	宗教界人士	05~15	16~30	31~45	46~60	61以上	文盲半文盲	小学	中学	大专本科
普通话声调	阴平	准	人数	3992	1380	5242	321	2792	2685	1996	0	428	2091	106	79	30	1560	954	1154	1040	608	472	1451	2626	354
			%	87	79	89	72	85	88	63	0	81	88	80	82	83	82	84	87	84	83	64	67	86	93
		否	人数	597	367	648	125	493	366	1172	0	100	285	26	17	6	342	182	173	198	125	265	714	427	27
			%	13	21	11	28	15	12	37	0	19	12	20	18	17	18	16	13	16	17	36	33	14	7
	阳平	准	人数	3855	1345	5124	317	2595	2502	2471	0	459	2162	108	81	31	1388	1011	1154	1028	594	604	1970	2870	366
			%	84	77	87	71	79	82	78	0	87	91	82	84	85	73	89	87	83	81	82	91	94	96
		否	人数	734	402	766	129	690	549	697	0	69	214	24	15	5	514	125	173	210	139	133	195	183	15
			%	16	23	13	29	21	18	22	0	13	9	18	16	15	27	11	13	17	19	18	9	6	4
	上声	准	人数	2478	751	3298	174	1905	1648	1837	0	385	1948	78	55	22	970	841	902	755	381	383	1386	2534	328
			%	54	43	56	39	58	54	58	0	73	82	59	57	60	51	74	68	61	52	52	64	83	86
		否	人数	2111	996	2592	272	1380	1403	1331	0	143	428	54	41	14	932	295	425	483	352	354	779	519	53
			%	46	57	44	61	42	46	42	0	27	18	41	43	40	49	26	32	39	48	48	36	17	14
	去声	准	人数	4038	1433	5242	357	2924	2685	2724	0	502	2305	114	80	31	1560	1056	1274	1102	623	597	1862	2687	347
			%	88	82	89	80	89	88	86	0	95	97	86	83	85	82	93	96	89	85	81	86	88	91
		否	人数	551	314	648	89	361	366	444	0	26	71	18	16	5	342	80	53	136	110	140	303	366	34
			%	12	18	11	20	11	12	14	0	5	3	14	17	15	18	7	4	11	15	19	14	12	9

表5

				民族		第一语言		性别		身份							年龄（岁）					文化程度			
				汉族	非汉族	汉语	非汉语	男	女	农民	牧民	教师	学生	乡镇干部	大夫、商贩、手艺人	宗教界人士	05~15	16~30	31~45	46~60	61以上	文盲半文盲	小学	中学	大专本科
人员分布			人数	2231	2059	2689	1601	2317	1973	1188	990	396	792	132	594	198	772	1373	1115	729	301	901	1587	1416	386
			%	52	48	63	37	54	46	28	23	9	18	3	14	5	18	32	26	17	7	21	37	33	9
普通话声母	b	准	人数	1986	1750	2420	1297	1900	1677	1022	861	356	681	114	487	166	633	1153	959	627	253	739	1349	1232	359
			%	89	85	90	81	82	85	86	87	90	86	86	82	84	82	84	86	86	84	82	85	87	93
		否	人数	245	309	269	304	417	296	166	129	40	111	18	107	32	139	220	156	102	48	162	238	184	27
			%	11	15	10	19	18	15	14	13	10	14	14	18	16	18	16	14	14	16	18	15	13	7
	p	准	人数	1986	1771	2393	1297	1923	1697	1022	842	360	665	112	487	164	641	1167	937	620	250	757	1365	1232	355
			%	89	86	89	81	83	86	86	85	91	84	85	82	83	83	85	84	85	83	84	86	87	92
		否	人数	245	288	296	304	394	276	166	149	36	127	20	107	34	131	206	178	109	51	144	222	184	31
			%	11	14	11	19	17	14	14	15	9	16	15	18	17	17	15	16	15	17	16	14	13	8
	m	准	人数	2053	1853	2501	1489	2108	1835	1010	772	372	752	110	440	145	579	1208	937	518	214	676	1270	1246	355
			%	92	90	93	93	91	93	85	78	94	95	83	74	73	75	88	84	71	71	75	80	88	92
		否	人数	178	206	188	112	209	138	178	218	24	40	22	154	53	193	165	178	211	87	225	317	170	31
			%	8	10	7	7	9	7	15	22	6	5	17	26	27	25	12	16	29	29	25	20	12	8
	f	准	人数	1963	1668	2393	1281	1900	1657	974	733	360	729	110	499	174	602	1126	937	598	235	649	1317	1232	344
			%	88	81	89	80	82	84	82	74	91	92	83	84	88	78	82	84	82	78	72	83	87	89
		否	人数	268	391	296	320	417	316	214	257	36	63	22	95	24	170	247	178	131	66	252	270	184	42
			%	12	19	11	20	18	16	18	26	9	8	17	16	12	22	18	16	18	22	28	17	13	11
	d	准	人数	2075	1812	2581	1329	2178	1855	1034	851	368	744	112	487	158	648	1222	1026	620	238	748	1428	1303	367
			%	93	88	96	83	94	94	87	86	93	94	85	82	80	84	89	92	85	79	83	90	92	95
		否	人数	156	247	108	272	139	118	154	139	28	48	20	107	40	124	151	89	109	63	153	159	113	19
			%	7	12	4	17	6	6	13	14	7	6	15	18	20	16	11	8	15	21	17	10	8	5
	t	准	人数	2075	1791	2555	1313	2201	1874	1057	881	364	721	114	493	162	618	1236	992	605	232	766	1412	1289	359
			%	93	87	95	82	95	95	89	89	92	91	86	83	82	80	90	89	83	77	85	89	91	93
		否	人数	156	268	134	288	116	99	131	109	32	71	18	101	36	154	137	123	124	69	135	175	127	27
			%	7	13	5	18	5	5	11	11	8	9	14	17	18	20	10	11	17	23	15	11	9	7
	n	准	人	1829	1730	2232	1377	1969	1717	986	832	352	737	114	517	178	641	1167	981	612	253	739	1317	1260	355
			%	82	84	83	86	85	87	83	84	89	93	86	87	90	83	85	88	84	84	82	83	89	92
		否	人数	402	329	457	224	348	256	202	158	44	55	18	77	20	131	206	134	117	48	162	270	156	31
			%	18	16	17	14	15	13	17	16	11	7	14	13	10	17	15	12	16	16	18	17	11	8
	l	准	人数	2164	1997	2581	1537	2155	1874	1093	921	384	776	120	546	190	672	1277	1048	700	271	838	1524	1359	374
			%	97	97	96	96	93	95	92	93	97	98	91	92	96	87	93	94	96	90	93	96	96	97
		否	人数	67	144	108	64	162	99	95	69	12	16	12	48	8	100	96	67	29	30	63	63	57	12
			%	3	7	4	4	7	5	8	7	3	2	9	8	4	13	7	6	4	10	7	4	4	3

(续表)

				民族		第一语言		性别		身份							年龄（岁）					文化程度			
				汉族	非汉族	汉语	非汉语	男	女	农民	牧民	教师	学生	乡镇干部	大夫、商贩、手艺人	宗教界人士	05~15	16~30	31~45	46~60	61以上	文盲半文盲	小学	中学	大专本科
普通话声母	g	准	人数	2053	1894	2501	1505	2155	1874	1105	941	376	752	123	558	188	710	1291	1048	685	277	829	1460	1331	374
			%	92	92	93	94	93	95	93	95	95	95	93	94	95	92	94	94	94	92	92	92	94	97
		否	人数	178	165	188	96	162	99	83	50	20	40	9	36	10	62	82	67	44	24	72	127	85	12
			%	8	8	7	6	7	5	7	5	5	5	7	6	5	8	6	6	6	8	8	8	6	3
	k	准	人	2097	1956	2555	1537	2201	1894	1093	921	380	760	121	552	182	656	1222	1026	656	271	811	1460	1331	367
			%	94	95	95	96	95	96	92	93	96	96	92	93	92	85	89	92	90	90	90	92	94	95
		否	人数	134	103	134	64	116	79	95	69	16	32	11	42	16	116	151	89	73	30	90	127	85	19
			%	6	5	5	4	5	4	8	7	4	4	8	7	8	15	11	8	10	10	10	8	6	5
	h	准	人数	2008	1833	2420	1377	2062	1736	1069	881	364	729	119	529	182	656	1263	1026	671	265	802	1444	1289	363
			%	90	89	90	86	89	88	90	89	92	92	90	89	92	85	92	92	92	88	89	91	91	94
		否	人数	223	226	269	224	255	237	119	109	32	63	13	65	16	116	110	89	58	36	99	143	127	23
			%	10	11	10	14	11	12	10	11	8	8	10	11	8	15	8	8	8	12	11	9	9	6
	j	准	人数	1963	1791	2420	1377	1946	1697	1010	851	356	729	117	517	172	664	1208	981	634	262	775	1412	1260	355
			%	88	87	90	86	84	86	85	86	90	92	89	87	87	86	88	88	87	87	86	89	89	92
		否	人数	268	268	269	224	371	276	178	139	40	63	15	77	26	108	165	134	95	39	126	175	156	31
			%	12	13	10	14	16	14	15	14	10	8	11	13	13	14	12	12	13	13	14	11	11	8
	q	准	人数	1963	1750	2447	1393	2039	1717	1045	861	356	729	116	523	176	672	1222	992	642	262	793	1397	1303	355
			%	88	85	91	87	88	87	88	87	90	92	88	88	89	87	89	89	88	87	88	88	92	92
		否	人数	268	309	242	208	278	256	143	129	40	63	16	71	22	100	151	123	95	39	108	190	113	31
			%	12	15	9	13	12	13	12	13	10	8	12	12	11	13	11	11	13	13	12	12	8	8
	x	准	人数	1986	1791	2474	1409	2085	1795	1034	871	364	744	117	523	178	648	1222	981	634	262	775	1381	1274	359
			%	89	87	92	88	90	91	87	88	92	94	89	88	90	84	89	88	87	87	86	87	90	93
		否	人数	245	268	215	192	232	178	154	119	32	48	15	71	22	124	151	134	95	39	126	206	142	27
			%	11	13	8	12	10	9	13	12	8	6	11	12	11	16	11	12	13	13	14	13	10	7
	zh	准	人数	1696	1524	2178	1217	1784	1539	927	743	329	665	104	463	156	587	1085	881	554	229	685	1317	1204	344
			%	76	74	81	76	77	78	78	75	83	84	79	78	79	76	79	79	76	76	76	83	85	89
		否	人数	535	535	511	384	533	434	261	248	67	127	28	131	42	185	288	234	175	72	216	270	212	42
			%	24	26	19	24	23	22	22	25	17	16	21	22	21	24	21	21	24	24	24	17	15	11
	ch	准	人数	1673	1524	2205	1201	1784	1559	903	752	329	657	108	487	168	579	1071	881	576	223	685	1301	1218	344
			%	75	74	82	75	77	79	76	76	83	83	82	82	85	75	78	79	79	74	76	82	86	89
		否	人数	558	535	484	400	533	414	285	238	67	135	20	107	30	170	302	234	153	78	216	286	198	42
			%	25	26	18	25	23	21	24	24	17	17	15	18	15	22	22	21	21	26	24	18	14	11
	sh	准	人数	1718	1544	2178	1249	1784	1559	927	743	329	673	111	493	168	594	1112	925	576	238	685	1317	1204	340
			%	77	75	81	78	77	79	78	75	83	85	84	83	85	77	81	83	79	79	76	83	85	88
		否	人数	513	515	511	352	533	414	261	248	67	119	21	101	30	178	261	190	153	63	216	270	212	46
			%	23	25	19	22	23	21	22	25	17	15	16	17	15	23	19	17	21	21	24	17	15	12

(续表)

				民族		第一语言		性别		身份							年龄（岁）					文化程度			
				汉族	非汉族	汉语	非汉语	男	女	农民	牧民	教师	学生	乡镇干部	大夫、商贩、手艺人	宗教界人士	05~15	16~30	31~45	46~60	61以上	文盲半文盲	小学	中学	大专本科
普通话声母	r	准	人数	1740	1524	2097	1137	1761	1499	903	733	329	681	108	487	164	587	1071	914	598	229	685	1238	1175	336
			%	78	74	78	71	76	76	76	74	83	86	82	82	83	76	78	82	82	76	76	78	83	87
		否	人数	491	535	592	464	556	474	285	238	67	111	24	107	34	185	302	201	131	72	216	349	241	50
			%	22	26	22	29	24	24	24	26	17	14	18	18	17	24	22	18	18	24	24	22	17	13
	z	准	人数	2053	1874	2528	1473	2155	1874	1093	901	380	760	123	558	190	687	1277	1037	671	277	811	1428	1345	374
			%	92	91	94	92	93	95	92	91	96	96	93	94	96	89	93	93	92	92	90	90	95	97
		否	人数	178	185	161	128	162	99	95	89	16	32	9	36	10	85	96	78	58	24	90	159	71	12
			%	8	9	6	8	7	5	8	9	4	4	7	6	5	11	7	7	8	8	10	10	5	3
	c	准	人数	2075	1853	2501	1457	2155	1835	1081	891	372	744	119	541	184	695	1277	1037	656	271	811	1444	1331	374
			%	93	90	93	91	93	93	91	90	94	94	90	91	93	90	93	93	90	90	90	91	94	97
		否	人数	156	206	188	144	162	138	107	99	24	48	13	53	14	77	96	78	73	30	90	143	85	12
			%	7	10	7	9	7	7	9	10	6	6	10	9	7	10	7	7	10	10	10	9	6	3
	s	准	人数	2075	1956	2447	1505	2132	1855	1069	911	372	737	121	541	186	695	1277	1059	693	277	811	1460	1331	367
			%	93	95	91	94	92	94	90	92	94	93	92	91	94	90	93	95	95	92	90	92	94	95
		否	人数	156	103	242	96	185	118	119	79	24	55	11	53	12	77	96	56	36	24	90	127	85	19
			%	7	5	9	6	8	6	10	8	6	7	8	9	6	10	7	5	5	8	10	8	6	5
	∅	准	人数	1696	1482	2124	1201	1784	1559	855	693	329	673	106	487	168	587	1085	937	605	250	685	1238	1189	344
			%	76	72	79	75	77	79	72	70	83	85	80	82	85	76	79	84	83	83	76	78	84	89
		否	人数	535	577	565	400	533	414	333	297	67	119	26	107	30	185	288	178	124	51	216	349	227	42
			%	24	28	21	25	23	21	28	30	17	15	20	18	15	24	21	16	17	17	24	22	16	11
普通话韵母	a	准	人数	2142	1956	2608	1473	2132	1835	1093	911	372	744	121	541	182	695	1277	1037	685	277	820	1476	1303	359
			%	96	95	97	92	92	93	92	92	94	94	92	91	92	90	93	93	94	92	91	93	92	93
		否	人数	89	103	81	128	185	138	95	79	24	48	11	53	16	69	96	78	44	24	81	111	113	27
			%	4	5	3	8	8	7	8	8	6	6	8	9	8	9	7	7	6	8	9	7	8	7
	e	准	人数	2097	1915	2555	1441	2155	1815	1081	911	380	752	121	558	188	726	1304	1048	678	277	829	1476	1331	367
			%	94	93	95	90	93	92	91	92	96	95	92	94	95	94	95	94	93	92	92	93	94	95
		否	人数	134	144	134	160	162	158	107	79	16	40	11	36	10	46	69	67	51	24	72	111	85	19
			%	6	7	5	10	7	8	9	8	4	5	8	6	5	6	5	6	7	8	8	7	6	5
	-i（前）	准	人数	2030	1853	2501	1361	2108	1795	1081	842	368	744	119	529	178	625	1195	992	656	268	802	1428	1317	363
			%	91	90	93	85	91	91	91	85	93	94	90	89	90	81	87	89	90	89	89	90	93	94
		否	人数	178	206	188	240	209	178	107	149	28	48	13	65	20	147	178	123	73	33	99	159	99	23
			%	8	10	7	15	9	9	9	15	7	6	10	11	10	19	13	11	10	11	11	10	7	6
	-i（后）	准	人数	1986	1791	2420	1457	2085	1795	1010	842	360	729	119	541	182	641	1222	1015	671	268	793	1397	1274	355
			%	89	87	90	91	90	91	85	85	91	92	90	91	92	83	89	91	92	89	88	88	90	92
		否	人数	245	268	269	144	232	178	178	149	36	63	13	53	16	131	151	100	58	33	108	190	142	31
			%	11	13	10	9	10	9	15	15	9	8	10	9	8	17	11	9	8	11	12	12	10	8

(续表)

			民族		第一语言		性别		身份						年龄（岁）					文化程度			
			汉族	非汉族	汉语	非汉语	男	女	农民	牧民	教师	学生	乡镇干部	大夫、商贩、手艺人	宗教界人士	05～15	16～30	31～45	46～60	61以上	文盲半文盲	小学	中学	大专本科
普通话韵母	ai	准 人数	1361	1400	1667	1057	1367	1125	713	584	285	626	88	362	125	417	783	613	394	166	487	920	906	293
		%	61	68	62	66	59	57	60	59	72	79	67	61	63	54	57	55	54	55	54	58	64	76
		否 人数	870	659	1022	544	950	848	475	406	111	166	44	232	73	355	590	502	335	135	414	667	510	93
		%	39	32	38	34	41	43	40	41	28	21	33	39	37	46	43	45	46	45	46	42	36	24
	ei	准 人数	1963	1709	2393	1297	1900	1657	974	822	345	681	107	487	166	610	1140	937	605	247	730	1333	1246	336
		%	88	83	89	81	82	84	82	83	87	86	81	82	84	79	83	84	83	82	81	84	88	87
		否 人数	268	350	296	304	417	316	214	168	51	111	25	107	32	162	233	178	124	54	171	254	170	50
		%	12	17	11	19	18	16	18	17	13	14	19	18	16	21	17	16	17	18	19	16	12	13
	ao	准 人数	1762	1709	2097	1377	1830	1539	939	782	313	642	102	451	154	587	1071	859	576	229	649	1206	1076	305
		%	79	83	78	86	79	78	79	79	79	81	77	76	78	76	78	77	79	76	72	76	76	79
		否 人数	469	350	592	224	487	434	249	208	83	150	30	143	44	185	302	256	153	72	252	381	340	81
		%	21	17	22	14	21	22	21	21	21	19	23	24	22	24	22	23	21	24	28	24	24	21
	ou	准 人数	1673	1318	1802	1105	1413	1263	748	673	313	665	90	380	131	471	1085	803	496	196	568	1063	1005	293
		%	75	64	67	69	61	64	63	68	79	84	68	64	66	61	79	72	68	65	63	67	71	76
		否 人数	558	741	887	496	904	710	440	317	83	127	42	214	67	301	288	312	233	105	333	524	411	93
		%	25	36	33	31	39	36	37	32	21	16	32	36	34	39	21	28	32	35	37	33	29	24
	an	准 人数	1517	1359	1855	1137	1483	1243	748	644	301	594	88	386	131	494	947	758	496	199	577	1063	991	293
		%	68	66	69	71	64	63	63	65	76	75	67	65	66	64	69	68	68	66	64	67	70	76
		否 人数	714	700	834	464	834	730	440	347	55	198	44	208	67	278	426	357	233	102	324	524	425	93
		%	32	34	31	29	36	37	37	35	14	25	33	35	34	36	31	32	32	34	36	33	30	24
	en	准 人数	1138	1359	1425	1105	1344	1125	594	505	293	602	74	339	111	394	838	647	416	163	451	841	977	286
		%	51	66	53	69	58	57	50	51	74	76	56	57	56	51	61	58	57	54	50	53	69	74
		否 人数	1093	700	1264	496	973	848	594	485	103	190	58	255	87	378	535	468	313	138	451	746	439	100
		%	49	34	47	31	42	43	50	49	26	24	44	43	44	49	39	42	43	46	50	47	31	26
	ang	准 人数	1383	1380	1829	1137	1460	1204	748	644	289	610	90	398	125	517	906	691	467	190	559	1047	963	282
		%	62	67	68	71	63	61	63	65	73	77	68	67	63	67	66	62	64	63	62	66	68	73
		否 人数	848	679	860	464	857	769	440	347	107	182	42	196	73	255	467	424	262	111	342	540	453	104
		%	38	33	32	29	37	39	37	35	27	23	32	33	37	33	34	38	36	37	38	34	32	27
	eng	准 人数	1539	1462	1990	1201	1668	1401	927	782	321	657	102	440	145	548	1016	781	525	217	640	1190	1090	313
		%	69	71	74	75	72	71	78	79	81	83	77	74	73	71	74	70	72	72	71	75	77	81
		否 人数	692	597	699	400	649	572	261	208	75	135	30	154	53	224	357	335	204	84	261	397	326	73
		%	31	29	26	25	28	29	22	21	19	17	23	26	27	29	26	30	28	28	29	25	23	19

（续表）

				民族		第一语言		性别		身份							年龄（岁）					文化程度			
				汉族	非汉族	汉语	非汉语	男	女	农民	牧民	教师	学生	乡镇干部	大夫、商贩、手艺人	宗教界人士	05 ~ 15	16 ~ 30	31 ~ 45	46 ~ 60	61 以上	文盲半文盲	小学	中学	大专本科
普通话韵母	i	准	人数	1606	1688	1990	1345	1738	1499	867	703	325	67756	104	446	150	587	1071	859	532	217	658	1190	1119	317
			%	72	82	74	84	75	76	73	71	82	8555	79	75	76	76	78	77	73	72	73	75	79	82
		否	人数	625	371	699	256	579	474	321	287	71	119	28	149	48	185	302	256	197	84	243	397	297	69
			%	28	18	26	16	25	24	27	29	18	15	21	25	24	24	22	23	27	28	27	25	21	18
	ia	准	人数	2097	1915	2501	1505	2155	1835	1093	891	372	760	125	564	184	718	1291	1048	678	280	829	1492	1345	371
			%	94	93	93	94	93	93	92	90	94	96	95	95	93	93	94	94	93	93	92	94	95	96
		否	人数	134	144	188	96	162	138	95	99	24	32	7	30	14	54	82	67	51	21	72	95	71	15
			%	6	7	7	6	7	7	8	10	6	4	5	5	7	7	6	6	7	7	8	6	5	4
	ie	准	人数	1472	1318	1882	1041	1483	1243	748	644	301	594	88	392	129	494	920	736	496	190	568	1047	1005	293
			%	66	64	70	65	64	63	63	65	76	75	67	66	65	64	67	66	68	63	63	66	71	76
		否	人数	759	741	807	560	834	730	440	347	95	198	44	202	69	278	453	379	233	111	333	540	411	93
			%	34	36	30	35	36	37	37	35	24	25	33	34	35	36	33	34	32	37	37	34	29	24
	iao	准	人数	1629	1462	2017	1105	1715	1440	855	723	333	681	100	463	158	571	1002	814	539	223	658	1238	1104	305
			%	73	71	75	69	74	73	72	73	84	86	76	78	80	74	73	73	74	74	73	78	78	79
		否	人数	602	597	672	496	602	533	333	267	63	111	32	131	40	201	371	301	190	78	243	349	312	81
			%	27	29	25	31	26	27	28	27	16	14	24	22	20	26	27	27	26	26	27	22	22	21
	iou	准	人数	1539	1462	1963	1201	1715	1480	832	713	313	634	103	451	154	579	1016	836	532	223	631	1159	1062	305
			%	69	71	73	75	74	75	70	72	79	80	78	76	78	75	74	75	73	74	70	73	75	79
		否	人数	692	597	726	400	602	493	356	277	83	158	29	143	44	193	357	279	197	78	270	428	354	81
			%	31	29	27	25	26	25	30	28	21	20	22	24	22	25	26	25	27	26	30	27	25	21
	ian	准	人数	1517	1318	1802	1041	1460	1263	796	673	297	618	88	398	127	517	892	725	467	187	577	1047	977	282
			%	68	64	67	65	63	64	67	68	75	78	67	67	64	67	65	65	64	62	64	66	69	73
		否	人数	714	741	887	560	857	710	392	317	99	174	44	196	71	255	481	390	262	114	324	540	439	104
			%	32	36	33	35	37	36	33	32	25	22	33	33	36	33	35	35	36	38	36	34	31	27
	in	准	人数	1182	1380	1533	1073	1552	1282	618	574	297	610	94	428	143	440	934	758	445	178	469	968	949	286
			%	53	67	57	67	67	65	52	58	75	77	71	72	72	57	68	68	61	59	52	61	67	74
		否	人数	1049	679	1156	688	765	691	570	416	99	182	38	166	55	332	439	357	284	123	432	619	467	100
			%	47	33	43	43	33	35	48	42	25	23	29	28	28	43	32	32	39	41	48	39	33	26
	iang	准	人数	1450	1503	1802	1249	1506	1263	796	644	293	602	95	422	143	564	989	836	532	211	577	1047	1104	309
			%	65	73	67	78	65	64	67	65	74	76	72	71	72	73	72	75	73	70	64	66	78	80
		否	人数	781	556	887	352	811	710	392	347	103	190	37	172	55	208	384	279	197	90	324	540	312	77
			%	35	27	33	22	35	36	33	35	26	24	28	29	28	27	28	25	27	30	36	34	22	20

(续表)

				民族		第一语言		性别		身份							年龄（岁）					文化程度			
				汉族	非汉族	汉语	非汉语	男	女	农民	牧民	教师	学生	乡镇干部	大夫、商贩、手艺人	宗教界人士	05~15	16~30	31~45	46~60	61以上	文盲半文盲	小学	中学	大专本科
普通话韵母	ing	准	人数	1562	1400	1909	1057	1576	1361	796	683	301	610	88	374	127	510	934	714	459	205	586	1095	977	278
			%	70	68	71	66	68	69	67	69	76	77	67	63	64	66	68	64	63	68	65	69	69	72
		否	人数	669	659	780	544	741	612	392	307	95	182	44	220	71	262	439	401	270	96	315	492	439	108
			%	30	32	29	34	32	31	33	31	24	23	33	37	36	34	32	36	37	32	35	31	31	28
	u	准	人数	1896	1524	2124	1153	1715	1480	855	723	313	649	98	446	147	533	1057	847	532	226	658	1238	1090	324
			%	85	74	79	72	74	75	72	73	79	82	74	75	74	69	77	76	73	75	73	78	77	84
		否	人数	335	535	565	448	602	493	333	267	83	143	34	149	51	239	316	268	197	75	243	349	326	62
			%	15	26	21	28	26	25	28	27	21	18	26	25	26	31	23	24	27	25	27	22	23	16
	ua	准	人数	2119	1894	2528	1489	2155	1855	1105	911	368	744	121	541	184	710	1277	1048	671	274	829	1476	1331	363
			%	95	92	94	93	93	94	93	92	93	94	92	91	93	92	93	94	92	91	92	93	94	94
		否	人数	112	165	161	112	162	118	83	79	28	48	11	53	14	62	96	67	58	27	72	111	85	23
			%	5	8	6	7	7	6	7	8	7	6	9	9	7	8	7	6	8	9	8	7	6	6
	uo/o	准	人数	1049	1256	1371	1025	1159	1006	546	475	281	586	78	345	113	494	796	624	401	166	432	857	935	259
			%	47	61	51	64	50	51	46	48	71	74	59	58	57	64	58	56	55	55	48	54	66	67
		否	人数	1182	803	1318	576	1159	967	642	515	115	206	54	249	85	278	577	491	328	135	469	730	481	127
			%	53	39	49	36	50	49	54	52	29	26	41	42	43	36	42	44	45	45	52	46	34	33
	uai	准	人数	1294	1112	1533	881	1274	1105	642	525	277	570	81	350	127	417	769	613	408	160	514	936	878	266
			%	58	54	57	55	55	56	54	53	70	72	61	59	64	54	56	55	56	53	57	59	62	69
		否	人数	937	947	1156	720	1043	868	546	465	119	222	51	244	71	355	604	502	321	141	387	651	538	120
			%	42	46	43	45	45	44	46	47	30	28	39	41	36	46	44	45	44	47	43	41	38	31
	uei	准	人数	2053	1853	2528	1489	2155	1894	1093	921	376	744	119	541	182	703	1236	1026	678	280	820	1460	1331	359
			%	92	90	94	93	93	96	92	93	95	94	90	91	92	91	90	92	93	93	91	92	94	93
		否	人数	178	206	161	112	162	79	95	69	20	48	13	53	16	69	137	89	51	21	81	127	85	27
			%	8	10	6	7	7	4	8	7	5	6	10	9	8	9	10	8	7	7	9	8	6	7
	uan	准	人数	1584	1606	2044	1233	1738	1460	891	733	309	649	98	446	149	540	1016	836	561	223	640	1174	1076	305
			%	71	78	76	77	75	74	75	74	78	82	74	75	75	70	74	75	77	74	71	74	76	79
		否	人数	647	453	645	368	579	513	297	257	87	143	34	149	50	232	357	279	168	78	261	413	340	81
			%	29	22	24	23	25	26	25	26	22	18	26	25	25	30	26	25	23	26	29	26	24	21
	uen	准	人数	1182	1318	1560	1041	1576	1322	653	564	305	594	96	422	145	448	892	747	459	175	496	1016	991	297
			%	53	64	58	65	68	67	55	57	77	75	73	71	73	58	65	67	63	58	55	64	70	77
		否	人数	959	741	1129	560	741	651	535	426	91	198	36	172	53	324	481	368	270	126	405	730	425	89
			%	43	36	42	35	32	33	45	43	23	25	27	29	27	42	35	33	37	42	45	46	30	23

(续表)

				民族		第一语言		性别		身份							年龄（岁）					文化程度			
				汉族	非汉族	汉语	非汉语	男	女	农民	牧民	教师	学生	乡镇干部	大夫、商贩、手艺人	宗教界人士	05~15	16~30	31~45	46~60	61以上	文盲半文盲	小学	中学	大专本科
普通话韵母	uang	准	人数	1696	1544	2124	1233	1738	1519	879	723	313	618	99	440	147	571	1043	814	547	223	649	1174	1090	317
			%	76	75	79	77	75	77	74	73	79	78	75	74	74	74	76	73	75	74	72	74	77	82
		否	人数	535	515	565	368	579	454	309	267	83	174	33	154	51	201	192	301	182	78	252	413	184	69
			%	24	25	21	23	25	23	26	27	21	22	25	26	26	26	14	27	25	26	28	26	13	18
	ong	准	人数	1874	1668	2286	1313	1923	1697	950	792	333	705	110	493	162	618	1167	925	605	241	739	1333	1204	344
			%	84	81	85	82	83	86	80	80	84	89	83	83	82	80	85	83	83	80	82	84	85	89
		否	人数	357	391	403	288	394	276	238	198	63	87	22	101	36	154	206	190	124	60	162	254	212	42
			%	16	19	15	18	17	14	20	20	16	11	17	17	18	20	15	17	17	20	18	16	15	11
	ueng	准	人数	1718	1544	2124	1249	1738	1539	867	713	317	649	102	446	154	548	1002	814	547	223	640	1190	1090	313
			%	77	75	79	78	75	78	73	72	80	82	77	75	78	71	73	73	75	74	71	75	77	81
		否	人数	513	515	565	352	579	434	321	277	79	143	30	149	44	224	371	301	182	78	261	397	326	73
			%	23	25	21	22	25	22	27	28	20	18	23	25	22	29	27	27	25	26	29	25	23	19
	ü	准	人数	1941	1688	2393	1265	1923	1677	986	802	341	689	104	475	150	571	1071	847	561	229	703	1254	1175	344
			%	87	82	89	79	83	85	83	81	86	87	79	80	76	74	78	76	77	76	78	79	83	89
		否	人数	290	371	296	336	394	296	202	188	55	103	28	119	48	201	302	268	168	72	198	333	382	42
			%	13	18	11	21	17	15	17	19	14	13	21	20	24	26	22	24	23	24	22	21	27	11
	üe	准	人数	1673	1462	2071	1217	1715	1460	855	723	325	657	107	463	160	548	1043	847	539	223	658	1190	1090	305
			%	75	71	77	76	74	74	72	73	82	83	81	78	81	71	76	76	74	74	73	75	77	79
		否	人数	558	597	618	384	602	513	333	267	71	135	25	131	38	224	330	268	190	78	243	397	326	81
			%	25	29	23	24	26	26	28	27	18	17	19	22	19	29	24	24	26	26	27	25	23	21
	üan	准	人数	1740	1482	2071	1121	1784	1480	832	733	313	657	104	457	154	571	1057	836	539	223	640	1238	1104	313
			%	78	72	77	70	77	75	70	74	79	83	79	77	78	74	77	75	74	74	71	78	78	81
		否	人数	491	577	618	480	533	493	356	257	83	135	28	137	44	201	316	279	190	78	261	349	312	73
			%	22	28	23	30	23	25	30	26	21	17	21	23	22	26	23	25	26	26	29	22	22	19
	ün	准	人数	1227	1174	1560	865	1321	1085	642	525	301	626	84	374	127	417	906	691	423	160	487	936	920	293
			%	55	57	58	54	57	55	54	53	76	79	64	63	64	54	66	62	58	53	54	59	65	76
		否	人数	1004	885	1129	736	996	888	546	465	95	166	48	220	71	355	467	424	306	141	414	651	496	93
			%	45	43	42	46	43	45	46	47	24	21	36	37	36	46	34	38	42	47	46	41	35	24
	iong	准	人数	1696	1503	1990	1185	1691	1480	867	713	333	657	99	434	147	579	1043	847	561	226	658	1190	1104	313
			%	76	73	74	74	73	75	73	72	84	83	75	73	74	75	76	76	77	75	73	75	78	81
		否	人数	535	556	699	416	626	493	321	277	63	135	33	160	51	193	330	268	168	75	243	397	312	73
			%	24	27	26	26	27	25	27	28	16	17	25	27	26	25	24	24	23	25	27	25	22	19
	er	准	人数	1718	1503	2097	1233	1738	1519	855	723	309	634	102	440	150	556	1043	814	554	220	667	1206	1076	313
			%	77	73	78	77	75	77	72	73	78	80	77	74	76	72	76	73	76	73	74	76	76	81
		否	人数	513	556	592	368	579	454	333	267	87	158	30	154	48	216	330	301	175	81	234	381	340	73
			%	23	27	22	23	25	23	28	27	22	20	23	26	24	28	24	27	24	27	26	24	24	19

(续表)

				民族		第一语言		性别		身份							年龄（岁）					文化程度		
				汉族	非汉族	汉语	非汉语	男	女	农民	牧民	教师	学生	乡镇干部	大夫、商贩、手艺人	宗教界人士	05~15	16~30	31~45	46~60	61以上	文盲半文盲	小学	中学	大专本科
普通话声调	阴平	准	人数	1896	1647	2313	1345	1877	1578	784	634	341	689	110	511	168	656	1181	937	605	244	568	1349	1218	351
			%	85	80	86	84	81	80	66	64	86	87	83	86	85	85	86	84	83	81	63	85	86	91
		否	人数	558	412	645	416	672	395	404	356	55	103	49	83	30	116	192	178	124	57	333	238	198	35
			%	25	20	24	26	29	20	34	36	14	13	37	14	15	15	14	16	17	19	37	15	14	9
	阳平	准	人数	1696	1462	2097	1105	1413	1460	855	683	309	634	95	440	145	579	1071	825	525	220	667	1206	1147	320
			%	76	71	78	69	61	74	72	69	78	80	72	74	73	75	78	74	72	73	74	76	81	83
		否	人数	535	597	592	496	904	513	333	307	111	158	37	154	53	193	302	290	204	81	234	381	269	66
			%	24	29	22	31	39	26	28	31	28	20	28	26	27	25	22	26	28	27	26	24	19	17
	上声	准	人数	1249	1009	1587	833	1251	1105	630	495	305	594	87	339	115	425	796	636	394	160	496	1000	1062	309
			%	56	49	59	52	54	56	53	50	77	75	66	57	58	55	58	57	54	53	55	63	75	80
		否	人数	982	1050	1102	768	1066	868	558	495	91	198	45	255	83	347	577	479	335	141	405	587	354	77
			%	44	51	41	48	46	44	47	50	23	25	34	43	42	45	42	43	46	47	45	37	25	20
	去声	准	人数	1762	1482	2124	1201	1738	1539	891	723	321	665	103	440	150	594	1043	825	532	220	649	1206	1104	324
			%	79	72	79	75	75	78	75	73	81	84	78	74	76	77	76	74	73	73	72	76	78	84
		否	人数	469	577	565	400	579	434	297	267	75	127	29	154	48	178	330	290	197	81	252	381	312	62
			%	21	28	21	25	25	22	25	27	19	16	22	26	24	23	24	26	27	27	28	24	22	16

表6

			民族		第一语言		性别		身份							年龄（岁）					文化程度			
			汉族	非汉族	汉语	非汉语	男	女	农民	牧民	教师	学生	乡镇干部	大夫、商贩、手艺人	宗教界人士	05~15	16~30	31~45	46~60	61以上	文盲半文盲	小学	中学	大专本科
人员分布		人数	2068	2204	4262	10	2904	1368	1601	0	553	1721	201	153	43	501	1613	1426	532	200	828	1435	1241	768
		%	48	52	91	9	68	32	37	0	13	40	5	4	1	12	38	33	12	5	19	34	29	18
普通话声母	b	准 人数	1923	2050	4049	9	2643	1272	1361	0	514	1618	179	138	39	421	1419	1226	442	170	696	1277	1142	737
		准 %	93	93	95	90	91	93	85	0	93	94	89	90	91	84	88	86	83	85	84	89	92	96
		否 人数	145	154	213	1	261	96	240	0	39	103	22	15	4	80	194	200	90	30	132	158	99	31
		否 %	7	7	5	10	9	7	15	0	7	6	11	10	9	16	12	14	17	15	16	11	8	4
	p	准 人数	1903	2006	3964	9	2672	1272	1377	0	509	1549	175	135	37	411	1387	1212	447	164	696	1234	1080	730
		准 %	92	91	93	90	92	93	86	0	92	90	87	88	87	82	86	85	84	82	84	86	87	95
		否 人数	165	198	298	1	232	96	224	0	44	172	26	18	6	90	226	214	85	36	132	201	161	38
		否 %	8	9	7	10	8	7	14	0	8	10	13	12	13	18	14	15	16	18	16	14	13	5
	m	准 人数	2006	2138	4092	10	2730	1313	1441	0	525	1652	179	135	36	436	1468	1212	458	166	720	1292	1154	745
		准 %	97	97	96	100	94	96	90	0	95	96	89	88	84	87	91	85	86	83	87	90	93	97
		否 人数	62	66	170	0	174	55	160	0	28	69	22	18	7	65	145	214	74	34	108	144	87	23
		否 %	3	3	4	0	6	4	10	0	5	4	11	12	16	13	9	15	14	17	13	10	7	3
	f	准 人数	1944	2072	4006	9	2672	1272	1457	0	520	1618	185	139	39	451	1484	1283	458	174	745	1306	1154	730
		准 %	94	94	94	90	92	93	91	0	94	94	92	91	90	90	92	90	86	87	90	91	93	95
		否 人数	124	132	256	1	232	96	160	0	33	103	16	15	4	50	129	143	74	26	83	129	87	38
		否 %	6	6	6	10	8	7	10	0	6	6	8	10	10	10	8	10	14	13	10	9	7	5
	d	准 人数	1965	2094	4092	9	2788	1313	1505	0	531	1669	183	142	40	461	1484	1298	479	180	753	1335	1191	745
		准 %	95	95	96	90	96	96	94	0	96	97	91	93	92	92	92	91	90	90	91	93	96	97
		否 人数	103	110	170	1	116	55	96	0	22	52	18	11	3	40	129	128	53	20	75	100	50	23
		否 %	5	5	4	10	4	4	6	0	4	3	9	7	8	8	8	9	10	10	9	7	4	3
	t	准 人数	1944	2072	4049	9	2788	1300	1489	0	531	1669	187	141	40	461	1500	1283	484	180	745	1320	1167	737
		准 %	94	94	95	90	96	95	93	0	96	97	93	92	93	92	93	90	91	90	90	92	94	96
		否 人数	124	132	213	1	116	68	112	0	22	52	14	12	3	40	113	143	48	20	83	115	74	31
		否 %	6	6	5	10	4	5	7	0	4	3	7	8	7	8	7	10	9	10	10	8	6	4
	n	准 人数	1055	1146	2472	6	1568	780	704	0	348	1325	131	93	25	316	1097	827	282	106	356	689	831	660
		准 %	51	52	58	60	54	57	44	0	63	77	65	61	58	63	68	58	53	53	43	48	67	86
		否 人数	1013	1058	1790	4	1336	588	897	0	205	396	70	60	18	185	516	599	250	94	472	746	410	108
		否 %	49	48	42	40	46	43	56	0	37	23	35	39	42	37	32	42	47	47	57	52	33	14
	l	准 人数	1923	2094	4134	9	2788	1327	1521	0	542	1687	181	136	39	466	1548	1298	489	182	762	1335	1191	753
		准 %	93	95	97	90	96	97	95	0	98	98	90	89	91	93	96	91	92	91	92	93	96	98
		否 人数	145	110	128	1	116	41	80	0	11	34	20	17	4	35	65	128	43	18	66	100	50	15
		否 %	7	5	3	10	4	3	5	0	2	2	10	11	9	7	4	9	8	9	8	7	4	2

(续表)

			民族		第一语言		性别		身份							年龄（岁）					文化程度			
			汉族	非汉族	汉语	非汉语	男	女	农民	牧民	教师	学生	乡镇干部	大夫、商贩、手艺人	宗教界人士	05～15	16～30	31～45	46～60	61以上	文盲半文盲	小学	中学	大专本科
普通话声母	g	准 人数	1903	2028	3921	9	2672	1272	1457	0	520	1618	185	142	39	476	1532	1326	489	180	753	1335	1179	737
		%	92	92	92	90	92	93	91	0	94	94	92	93	90	95	95	93	92	90	91	93	95	96
		否 人数	165	176	341	1	232	96	144	0	33	103	16	11	4	25	81	100	43	20	75	100	62	31
		%	8	8	8	10	8	7	9	0	6	6	8	7	10	5	5	7	8	10	9	7	5	4
	k	准 人数	1923	2072	4049	10	2730	1286	1473	0	525	1652	185	142	40	466	1532	1312	484	180	762	1306	1142	730
		%	93	94	95	100	94	94	92	0	95	96	92	93	93	93	95	92	91	90	92	91	92	95
		否 人数	145	132	213	0	174	82	128	0	28	69	16	11	3	35	81	114	48	20	66	129	99	38
		%	7	6	5	0	6	6	8	0	5	4	8	7	7	7	5	8	9	10	8	9	8	5
	h	准 人数	1944	2072	4134	9	2788	1327	1505	0	536	1669	189	145	41	476	1548	1369	484	182	778	1320	1179	737
		%	94	94	97	90	96	97	94	0	97	97	94	95	96	95	96	96	91	91	94	92	95	96
		否 人数	124	132	128	1	116	41	96	0	17	52	12	8	2	25	65	57	48	18	50	115	62	54
		%	6	6	3	10	4	3	6	0	3	3	6	5	4	5	4	4	9	9	6	8	5	7
	j	准 人数	1799	1851	3708	8	2410	1163	1265	0	476	1549	163	127	35	431	1387	1198	436	158	662	1162	1067	684
		%	87	84	87	80	83	85	79	0	86	90	81	83	82	86	86	84	82	79	80	81	86	89
		否 人数	269	353	554	2	494	205	336	0	77	172	38	26	8	70	226	228	96	42	166	273	174	84
		%	13	16	13	20	17	15	21	0	14	10	19	17	18	14	14	16	18	21	20	19	14	11
	q	准 人数	1820	1895	3878	8	2526	1163	1361	0	514	1601	175	129	37	451	1452	1212	431	164	712	1263	1154	714
		%	88	86	91	80	87	85	85	0	93	93	87	84	85	90	90	85	81	82	86	88	93	93
		否 人数	248	309	384	2	378	205	240	0	39	120	26	24	6	50	161	214	101	36	116	172	87	54
		%	12	14	9	20	13	15	15	0	7	7	13	16	15	10	10	15	19	18	14	12	7	7
	x	准 人数	1903	1962	3921	9	2672	1272	1457	0	520	1618	183	141	40	461	1516	1283	484	178	753	1320	1142	730
		%	92	89	92	90	92	93	91	0	94	94	91	92	92	92	94	90	91	89	91	92	92	95
		否 人数	165	242	341	1	232	96	144	0	33	103	18	12	3	40	97	143	48	22	75	115	99	38
		%	8	11	8	10	8	7	9	0	6	6	9	8	8	8	6	10	9	11	9	8	8	5
	zh	准 人数	1489	1653	3367	8	2120	1040	1185	0	442	1428	161	121	34	401	1355	1127	415	154	596	1062	968	653
		%	72	75	79	80	73	76	74	0	80	83	80	79	80	80	84	79	78	77	72	74	78	85
		否 人数	579	551	895	2	784	328	416	0	111	293	40	32	9	100	258	299	117	46	232	373	273	115
		%	28	25	21	20	27	24	26	0	20	17	20	21	20	20	16	21	22	23	28	26	22	15
	ch	准 人数	1510	1631	3324	8	2149	1053	1249	0	442	1446	161	121	34	406	1339	1141	420	152	588	1076	980	645
		%	73	74	78	80	74	77	78	0	80	84	80	79	79	81	83	80	79	76	71	75	79	84
		否 人数	558	573	938	2	755	315	352	0	111	275	40	32	9	95	274	285	112	48	240	359	261	123
		%	27	26	22	20	26	23	22	0	20	16	20	21	21	19	17	20	21	24	29	25	21	16
	sh	准 人数	1468	1631	3282	7	2178	1040	1233	0	437	1394	155	119	34	396	1274	1084	399	150	621	1076	968	653
		%	71	74	77	70	75	76	77	0	79	81	77	78	79	79	79	76	75	75	75	75	78	85
		否 人数	600	573	980	3	726	328	368	0	116	327	46	34	9	105	339	342	133	50	207	359	273	192
		%	29	26	23	30	25	24	23	0	21	19	23	22	21	21	21	24	25	25	25	25	22	25

(续表)

				民族		第一语言		性别		身份						年龄（岁）					文化程度			
				汉族	非汉族	汉语	非汉语	男	女	农民	牧民	教师	学生	乡镇干部	大夫、商贩、手艺人	宗教界人士	05~15	16~30	31~45	46~60	61以上	文盲半文盲	小学	中学	大专本科
普通话声母	r	准	人数	1758	1873	3836	8	2526	1163	1057	0	503	1635	163	122	35	446	1452	1212	431	158	546	1119	1104	737
			%	85	85	90	80	87	85	66	0	91	95	81	80	81	89	90	85	81	79	66	78	89	96
		否	人数	310	331	426	2	378	205	544	0	50	86	38	31	8	55	161	214	154	42	282	316	137	31
			%	15	15	10	20	13	15	34	0	9	5	19	20	19	11	10	15	29	21	34	22	11	4
	z	准	人数	1944	2072	4049	9	2730	1259	1473	0	525	1652	185	139	40	471	1532	1298	479	180	762	1320	1191	745
			%	94	94	95	90	94	92	92	0	95	96	92	91	93	94	95	91	90	90	92	92	96	97
		否	人数	124	132	213	1	174	109	128	0	28	69	16	14	3	30	81	128	53	20	66	115	50	23
			%	6	6	5	10	6	8	8	0	5	4	8	9	7	6	5	9	10	10	8	8	4	3
	c	准	人数	1923	2050	4006	9	2701	1272	1489	0	531	1669	185	142	40	476	1565	1326	484	180	753	1320	1142	745
			%	93	93	94	90	93	93	93	0	96	97	92	93	93	95	97	93	91	90	91	92	92	97
		否	人数	145	154	256	1	203	96	112	0	22	52	16	11	3	25	48	100	48	20	75	115	99	23
			%	7	7	6	10	7	7	7	0	4	3	8	7	7	5	3	7	9	10	9	8	8	3
	s	准	人数	1882	2028	3964	9	2701	1259	1473	0	525	1635	187	141	40	476	1532	1283	479	180	753	1306	1167	737
			%	91	92	93	90	93	92	92	0	95	95	93	92	94	95	95	90	90	90	91	91	94	96
		否	人数	186	176	298	1	203	109	128	0	28	86	14	12	3	25	81	143	53	20	75	129	74	31
			%	9	8	7	10	7	8	8	0	5	5	7	8	6	5	5	10	10	10	9	9	6	4
	ø	准	人数	1654	1763	3495	8	2381	1122	1249	0	476	1532	167	122	34	421	1419	1098	415	156	646	1162	1067	707
			%	80	80	82	80	82	82	78	0	86	89	83	80	79	84	88	77	78	78	78	81	86	92
		否	人数	414	441	767	2	523	246	352	0	77	189	34	31	9	80	194	328	117	44	182	273	174	61
			%	20	20	18	20	18	18	22	0	14	11	17	20	21	16	12	23	22	22	22	19	14	8
普通话韵母	a	准	人数	1965	2094	4092	9	2817	1327	1521	0	531	1652	193	141	40	471	1516	1340	489	182	770	1363	1191	753
			%	95	95	96	90	97	97	95	0	96	96	96	92	94	94	94	94	92	91	93	95	96	98
		否	人数	103	110	170	1	87	41	80	0	22	69	8	12	3	30	97	86	43	18	58	72	50	15
			%	5	5	4	10	3	3	5	0	4	4	4	8	6	6	6	6	8	9	7	5	4	2
	e	准	人数	1386	1609	3069	7	1975	917	993	0	404	1342	145	110	32	366	1210	1027	378	144	563	1005	943	607
			%	67	73	72	70	68	67	62	0	73	78	72	72	74	73	75	72	71	72	68	70	76	79
		否	人数	682	595	1193	3	929	451	608	0	149	379	56	43	11	135	403	399	154	56	265	431	298	161
			%	33	27	28	30	32	33	38	0	27	22	28	28	26	27	25	28	29	28	32	30	24	21
	-i（前）	准	人数	1985	2050	4134	9	2788	1313	1505	0	536	1687	187	144	40	476	1548	1326	489	180	778	1349	1204	745
			%	96	93	97	90	96	96	94	0	97	98	93	94	93	95	96	93	92	90	94	94	97	97
		否	人数	83	154	128	1	116	55	96	0	17	34	14	9	3	25	65	100	43	20	50	86	37	23
			%	4	7	3	10	4	4	6	0	3	2	7	6	7	5	4	7	8	10	6	6	3	3
	-i（后）	准	人数	1965	2072	4092	9	2730	1259	1473	0	520	1652	189	144	41	461	1484	1298	479	180	762	1335	1167	722
			%	95	94	96	90	94	92	92	0	94	96	94	94	95	92	92	91	90	90	92	93	94	94
		否	人数	103	132	170	1	174	109	128	0	33	69	12	9	2	40	129	128	53	18	66	100	74	38
			%	5	6	4	10	6	8	8	0	6	4	6	6	5	8	8	9	10	9	8	7	6	5

(续表)

				民族		第一语言		性别		身份							年龄（岁）					文化程度			
				汉族	非汉族	汉语	非汉语	男	女	农民	牧民	教师	学生	乡镇干部	大夫、商贩、手艺人	宗教界人士	05~15	16~30	31~45	46~60	61以上	文盲半文盲	小学	中学	大专本科
普通话韵母	ai	准	人数	1303	1631	2813	7	1800	821	945	0	415	1360	143	104	30	366	1258	856	325	118	472	933	844	591
			%	63	74	66	70	62	60	59	0	75	79	71	68	69	73	78	60	61	59	57	65	68	77
		否	人数	765	573	1449	3	1104	410	656	0	138	361	58	49	13	135	355	570	207	82	356	502	397	177
			%	37	26	34	40	38	30	41	0	25	21	29	32	31	27	22	40	39	41	43	35	32	23
	ei	准	人数	1985	2028	4134	9	2730	1300	1505	0	542	1687	187	142	41	481	1548	1369	500	190	762	1335	1191	737
			%	96	92	97	90	94	95	94	0	98	98	93	93	95	96	96	96	94	95	92	93	96	96
		否	人数	83	176	128	1	174	68	96	0	11	34	14	11	2	20	65	57	21	10	66	100	50	31
			%	4	8	3	10	6	5	6	0	2	2	7	7	5	4	4	4	4	5	8	7	4	4
	ao	准	人数	1427	1675	3026	8	2004	958	1041	0	393	1239	141	106	31	361	1210	998	372	136	513	933	819	561
			%	69	76	71	80	69	70	65	0	71	72	70	69	71	72	75	70	70	68	62	65	66	73
		否	人数	641	529	1236	2	900	410	560	0	160	482	60	47	12	140	403	428	160	64	315	502	422	207
			%	31	24	29	20	31	30	35	0	29	28	30	31	29	28	25	30	30	32	38	35	34	27
	ou	准	人数	1903	1984	3964	9	2643	1259	1441	0	520	1635	185	139	40	476	1516	1326	479	182	745	1292	1154	730
			%	92	90	93	90	91	92	90	0	94	95	92	91	93	95	94	93	90	91	90	90	93	95
		否	人数	165	220	298	1	261	109	160	0	33	86	16	14	3	25	97	100	53	18	83	144	87	38
			%	8	10	7	10	9	8	10	0	6	5	8	9	7	5	6	7	10	9	10	10	7	5
	an	准	人数	1778	1917	3751	9	2410	1149	1329	0	492	1514	173	136	37	436	1436	1184	447	164	696	1220	1055	684
			%	86	87	88	90	83	84	83	0	89	88	86	89	87	87	89	83	84	82	84	85	85	89
		否	人数	290	287	511	2	203	82	96	0	61	207	28	17	6	85	258	200	80	30	132	215	186	84
			%	14	13	12	20	7	6	6	0	11	12	14	11	13	17	16	14	15	15	16	15	15	11
	en	准	人数	1199	1389	2515	7	1684	793	833	0	382	1170	131	93	27	326	1113	870	309	112	389	761	807	545
			%	58	63	59	70	58	58	52	0	69	68	65	61	63	65	69	61	58	56	47	53	65	71
		否	人数	869	815	1747	3	1220	575	768	0	171	551	70	60	16	175	500	556	223	88	439	674	434	223
			%	42	37	41	30	42	42	48	0	31	32	35	39	37	35	31	39	42	44	53	47	35	29
	ang	准	人数	1778	1851	3751	9	2468	1176	1313	0	487	1497	171	127	36	416	1355	1226	436	166	679	1205	1080	684
			%	86	84	88	90	85	86	82	0	88	87	85	83	83	83	84	86	82	83	82	84	87	89
		否	人数	290	353	511	2	436	192	288	0	66	224	30	26	7	85	258	200	96	34	149	230	161	84
			%	14	16	12	20	15	14	18	0	12	13	15	17	17	17	16	14	18	17	18	16	13	11
	eng	准	人数	1551	1631	3282	7	2178	1040	1137	0	459	1463	157	115	34	391	1307	1041	388	150	596	1091	968	668
			%	75	74	77	70	75	76	71	0	83	85	78	75	78	78	81	73	73	75	72	76	78	87
		否	人数	517	573	980	3	726	328	464	0	94	258	24	38	9	110	306	385	144	50	232	344	273	100
			%	25	26	23	30	25	24	29	0	17	15	12	25	22	22	19	27	27	25	28	24	22	13
	i	准	人数	1944	2072	4049	10	2701	1286	1457	0	525	1652	183	141	40	471	1532	1326	495	184	762	1335	1179	745
			%	94	94	95	100	93	94	91	0	95	96	91	92	94	94	95	93	93	92	92	93	95	97
		否	人数	124	132	213	0	203	82	144	0	28	69	18	12	3	30	81	100	37	16	66	100	62	23
			%	6	6	5	0	7	6	9	0	5	4	9	8	6	6	5	7	7	8	8	7	5	3

(续表)

				民族		第一语言		性别		身份							年龄（岁）					文化程度			
				汉族	非汉族	汉语	非汉语	男	女	农民	牧民	教师	学生	乡镇干部	大夫、商贩、手艺人	宗教界人士	05~15	16~30	31~45	46~60	61以上	文盲半文盲	小学	中学	大专本科
普通话韵母	ia	准	人数	1985	2138	3964	10	2759	1313	1473	0	531	1652	189	144	41	481	1565	1326	489	184	762	1349	1191	745
			%	96	97	93	100	95	96	92	0	96	96	94	94	95	96	97	93	92	92	92	94	96	97
		否	人数	83	66	298	0	145	55	128	0	22	69	12	9	2	20	48	100	43	16	66	86	50	23
			%	4	3	7	0	5	4	8	0	4	4	6	6	5	4	3	7	8	8	8	6	4	3
	ie	准	人数	1675	1873	3537	8	2381	1149	1297	0	470	1463	167	125	36	426	1387	1198	447	166	671	1191	1055	668
			%	81	85	83	80	82	84	81	0	85	85	83	82	84	85	86	84	84	83	81	83	85	87
		否	人数	393	331	725	2	523	219	304	0	83	258	34	28	7	75	226	228	85	34	157	244	186	100
			%	19	15	17	20	18	16	19	0	15	15	17	18	16	15	14	16	16	17	19	17	15	13
	iao	准	人数	1489	1455	3111	7	1888	917	1025	0	393	1256	143	103	28	361	1194	998	362	132	530	961	856	576
			%	72	66	73	70	65	67	64	0	71	73	71	67	66	72	74	70	68	66	64	67	69	75
		否	人数	579	749	1151	3	1016	451	576	0	160	465	58	50	15	140	419	428	170	68	298	474	385	192
			%	28	34	27	30	35	33	36	0	29	27	29	33	34	28	26	30	32	34	36	33	31	25
	iou	准	人数	1965	2072	4134	9	2701	1286	1489	0	525	1669	185	141	39	471	1516	1312	484	184	762	1349	1179	745
			%	95	94	97	90	93	94	93	0	95	97	92	92	91	94	94	92	91	92	92	94	95	97
		否	人数	103	132	128	1	203	82	112	0	28	52	16	12	4	30	97	114	48	16	66	86	62	23
			%	5	6	3	10	7	6	7	0	5	3	8	8	9	6	6	8	9	8	8	6	5	3
	ian	准	人数	1696	1873	3623	8	2381	1149	1313	0	481	1514	171	133	37	426	1371	1184	442	162	671	1191	1055	676
			%	82	85	85	80	82	84	82	0	87	88	85	87	86	85	85	83	83	81	81	83	85	88
		否	人数	372	331	639	2	523	219	288	0	72	207	30	20	6	75	242	242	90	38	157	244	186	146
			%	18	15	15	20	18	16	18	0	13	12	15	13	14	15	15	17	17	19	19	17	15	19
	in	准	人数	1406	1477	2856	7	1888	903	1009	0	393	1256	139	109	28	361	1113	927	346	128	513	918	894	576
			%	68	67	67	70	65	66	63	0	71	73	69	71	65	72	69	65	65	64	62	64	72	75
		否	人数	662	727	1406	3	1016	465	624	0	160	465	62	44	15	190	500	528	186	72	315	517	347	192
			%	32	33	33	30	35	34	39	0	29	27	31	29	35	38	31	37	35	36	38	36	28	25
	iang	准	人数	1510	1697	3239	8	2178	1012	1153	0	426	1360	151	112	33	391	1226	1041	388	144	588	1048	943	607
			%	73	77	76	80	75	74	72	0	77	79	75	73	76	78	76	73	73	72	71	73	76	79
		否	人数	558	507	1023	2	726	356	448	0	127	361	50	41	10	110	387	385	144	56	240	344	298	161
			%	27	23	24	20	25	26	28	0	23	21	25	27	24	22	24	27	27	28	29	24	24	21
	ing	准	人数	1303	1344	2728	6	1830	889	977	0	404	1291	129	96	27	361	1194	998	362	122	513	933	844	584
			%	63	61	64	60	63	65	61	0	73	75	64	63	62	72	74	70	68	61	62	65	68	76
		否	人数	765	860	1534	4	1074	479	624	0	149	430	72	57	16	140	419	428	170	78	315	502	397	184
			%	37	39	36	40	37	35	39	0	27	25	36	37	38	28	26	30	32	39	38	35	32	24
	u	准	人数	1944	2094	4092	9	2759	1313	1521	0	536	1669	189	144	41	481	1565	1355	495	184	778	1363	1204	745
			%	94	95	96	90	95	96	95	0	97	97	94	94	95	96	97	95	93	92	94	95	97	97
		否	人数	124	110	170	1	145	55	80	0	17	52	12	9	2	20	48	71	37	16	50	72	37	23
			%	6	5	4	10	5	4	5	0	3	3	6	6	5	4	3	5	7	8	6	5	3	3

(续表)

				民族		第一语言		性别		身份						年龄（岁）					文化程度			
				汉族	非汉族	汉语	非汉语	男	女	农民	牧民	教师	学生	乡镇干部	大夫、商贩、手艺人	宗教界人士	05~15	16~30	31~45	46~60	61以上	文盲半文盲	小学	中学	大专本科
普通话韵母	ua	准	人数	1985	2116	4134	10	2788	1327	1521	0	536	1669	189	144	41	476	1548	1369	495	186	778	1349	1204	745
			%	96	96	97	100	96	97	95	0	97	97	94	94	95	95	96	96	93	93	94	94	97	97
		否	人数	83	88	128	0	116	41	80	0	17	52	12	9	2	25	65	57	37	14	50	86	37	23
			%	4	4	3	0	4	3	5	0	3	3	6	6	5	5	4	4	7	7	6	6	3	3
	uo/o	准	人数	1137	1256	2344	6	1655	807	865	0	431	1411	139	101	27	346	1161	898	298	108	439	933	894	653
			%	55	57	55	60	57	59	54	0	78	82	69	66	62	69	72	63	56	54	53	65	72	85
		否	人数	931	948	1918	4	1249	561	736	0	122	310	62	52	16	155	452	528	234	92	389	502	347	115
			%	45	43	45	40	43	41	46	0	22	18	31	34	38	31	28	37	44	46	47	35	28	15
	uai	准	人数	1468	1543	3111	7	2033	999	1089	0	442	1446	157	119	31	361	1274	1070	340	128	555	1062	993	684
			%	71	70	73	70	70	73	68	0	80	84	78	78	73	72	79	75	64	64	67	74	80	89
		否	人数	600	661	1151	3	871	369	512	0	111	275	44	34	12	140	339	357	192	72	273	373	248	84
			%	29	30	27	30	30	27	32	0	20	16	22	22	27	28	21	25	36	36	33	26	20	11
	uei	准	人数	1758	1873	3708	8	2410	1176	1329	0	470	1514	171	125	35	411	1371	1155	426	158	679	1205	1018	676
			%	85	85	87	80	83	86	83	0	85	88	85	82	81	82	85	81	80	79	82	84	82	88
		否	人数	310	331	554	2	494	192	272	0	83	207	30	28	8	90	242	271	106	42	149	230	223	92
			%	15	15	13	20	17	14	17	0	15	12	15	18	19	18	15	19	20	21	18	16	18	12
	uan	准	人数	1737	1895	3665	9	2410	1149	1313	0	487	1514	173	130	36	416	1371	1212	431	162	679	1205	1080	684
			%	84	86	86	90	83	84	82	0	88	88	86	85	84	83	85	85	81	81	82	84	87	89
		否	人数	331	309	597	1	494	219	288	0	66	207	28	23	7	85	242	214	101	38	149	230	161	84
			%	16	14	14	10	17	16	18	0	12	12	14	15	16	17	15	15	19	19	18	16	13	11
	uen	准	人数	1427	1521	3026	7	2004	958	1041	0	420	1360	139	112	30	366	1258	1055	388	136	538	976	943	630
			%	69	69	71	70	69	70	65	0	76	79	69	73	70	73	78	74	73	68	65	68	76	82
		否	人数	641	683	1236	3	900	410	560	0	133	361	62	41	13	135	355	371	144	64	290	459	298	215
			%	31	31	29	30	31	30	35	0	24	21	31	27	30	27	22	26	27	32	35	32	24	28
	uang	准	人数	1592	1653	3324	8	2178	1053	1169	0	459	1411	157	115	32	386	1274	1127	399	148	604	1105	980	660
			%	77	75	78	80	75	77	73	0	83	82	78	75	74	77	79	79	75	74	73	77	79	86
		否	人数	476	551	938	2	726	315	432	0	94	310	44	38	11	115	339	299	133	52	224	330	261	108
			%	23	25	22	20	25	23	27	0	17	18	22	25	26	23	21	21	25	26	27	23	21	14
	ong	准	人数	1551	1719	3367	8	2236	1026	1233	0	453	1463	149	116	32	396	1323	1098	399	152	613	1091	980	660
			%	75	78	79	80	77	75	77	0	82	85	74	76	75	79	82	77	75	76	74	76	79	86
		否	人数	517	485	895	2	668	342	368	0	100	258	52	37	11	105	290	328	133	48	215	344	261	108
			%	25	22	21	20	23	25	23	0	18	15	26	24	25	21	18	23	25	24	26	24	21	14
	ueng	准	人数	1592	1653	3367	7	2265	1040	1217	0	459	1394	153	115	34	391	1307	1184	394	146	629	1119	1005	653
			%	77	75	79	70	78	76	76	0	83	81	76	75	78	78	81	83	74	73	76	78	81	85
		否	人数	476	551	895	3	639	328	384	0	94	327	48	38	9	110	306	242	138	54	199	316	236	115
			%	23	25	21	30	22	24	24	0	17	19	24	25	22	22	19	17	26	27	24	22	19	15
	ü	准	人数	1903	2094	4049	9	2643	1245	1457	0	520	1635	183	144	40	466	1532	1298	484	180	745	1320	1154	737
			%	92	95	95	90	91	91	91	0	94	95	91	94	92	93	95	91	91	90	90	92	93	96

(续表)

				民族		第一语言		性别		身份						年龄（岁）					文化程度			
				汉族	非汉族	汉语	非汉语	男	女	农民	牧民	教师	学生	乡镇干部	大夫、商贩、手艺人	宗教界人士	05~15	16~30	31~45	46~60	61以上	文盲半文盲	小学	中学	大专本科
普通话韵母	üe	否	人数	165	110	213	1	261	123	144	0	33	86	18	9	3	35	81	128	48	20	83	115	87	31
			%	8	5	5	10	9	9	9	0	6	5	9	6	8	7	5	9	9	10	10	8	7	4
		准	人数	1468	1609	3069	7	2120	1026	1121	0	453	1411	145	110	32	396	1307	1155	399	142	588	1062	943	637
			%	71	73	72	70	73	75	70	0	82	82	72	72	74	79	81	81	75	71	71	74	76	83
		否	人数	600	595	1193	3	784	342	480	0	100	310	56	43	11	105	306	271	133	58	240	373	298	131
			%	29	27	28	30	27	25	30	0	18	18	28	28	26	21	19	19	25	29	29	26	24	17
	üan	准	人数	1613	1587	3282	8	2091	1012	1153	0	431	1394	153	113	33	386	1274	1070	404	144	588	1076	956	630
			%	78	72	77	80	72	74	72	0	78	81	76	74	77	77	79	75	76	72	71	75	77	82
		否	人数	455	617	980	2	813	356	448	0	122	327	48	40	10	115	339	357	128	56	240	359	285	138
			%	22	28	23	20	28	26	28	0	22	19	24	26	23	23	21	25	24	28	29	25	23	18
	ün	准	人数	1055	1212	2429	6	1539	739	817	0	343	1119	123	96	28	306	1000	813	298	110	422	761	831	530
			%	51	55	57	60	53	54	51	0	62	65	61	63	65	61	62	57	56	55	51	53	67	69
		否	人数	1013	992	1833	4	1365	629	784	0	210	602	78	57	15	195	613	613	234	90	406	674	410	238
			%	49	45	43	40	47	46	49	0	38	35	39	37	35	39	38	43	44	45	49	47	33	31
	iong	准	人数	1737	1829	3580	8	2323	1135	1281	0	476	1514	165	124	36	421	1403	1169	436	160	671	1177	1042	668
			%	84	83	84	80	80	83	80	0	86	88	82	81	83	84	87	82	82	80	81	82	84	87
		否	人数	331	375	682	2	581	233	320	0	77	207	36	29	7	80	210	257	96	40	157	258	199	100
			%	16	17	16	20	20	17	20	0	14	12	18	19	17	16	13	18	18	20	19	18	16	13
	er	准	人数	1468	1675	3324	7	2120	999	1121	0	437	1360	151	112	33	391	1290	1141	383	140	588	1062	931	614
			%	71	76	78	70	73	73	70	0	79	79	75	73	76	78	80	80	72	70	71	74	75	80
		否	人数	600	529	938	3	784	369	480	0	116	361	50	41	10	110	323	285	149	60	240	373	310	154
			%	29	24	22	30	27	27	30	0	21	21	25	27	24	22	20	20	28	30	29	26	25	20
普通话声调	阴	准	人数	1799	1917	3793	9	2556	1204	1313	0	492	1549	173	133	37	436	1403	1184	442	164	671	1191	1104	714
			%	87	87	89	90	88	88	82	0	89	90	86	87	85	87	87	83	83	82	81	83	89	93
		否	人数	269	287	469	1	348	164	288	0	61	172	28	20	6	65	210	242	90	36	157	244	137	54
			%	13	13	11	10	12	12	18	0	11	10	14	13	15	13	13	17	17	18	19	17	11	7
	阳	准	人数	1882	2006	4006	7	2614	1231	1297	0	509	1618	167	130	37	406	1339	1169	447	160	671	1205	1092	737
			%	91	91	94	70	90	90	81	0	92	94	83	85	86	81	83	82	84	80	81	84	88	96
		否	人数	186	397	256	3	290	137	304	0	44	103	34	23	6	95	274	257	85	40	157	230	149	31
			%	9	18	6	30	10	10	19	0	8	6	17	15	14	19	17	18	16	20	19	16	12	4
	上	准	人数	1261	1256	2856	6	1684	848	929	0	492	1446	141	109	31	396	1307	1084	356	126	505	961	881	684
			%	61	57	67	60	58	62	58	0	89	84	70	71	73	79	81	76	67	63	61	67	71	89
		否	人数	1220	948	1406	4	1220	520	672	0	61	275	60	44	12	105	306	342	176	74	323	474	360	84
			%	59	43	33	40	42	38	42	0	11	16	30	29	27	21	19	24	33	37	39	33	29	11
	去	准	人数	1841	1962	3836	9	2614	1231	1393	0	520	1618	181	136	37	441	1452	1283	452	168	696	1263	1154	730
			%	89	89	90	90	90	90	87	0	94	94	90	89	87	88	90	90	85	84	84	88	93	95
		否	人数	227	242	426	1	290	137	208	0	33	103	20	17	6	60	161	143	80	32	132	172	87	38
			%	11	11	10	10	10	10	13	0	6	6	10	11	13	12	10	10	15	16	16	12	7	5

表7

<table>
<tr><th colspan="3"></th><th colspan="2">民族</th><th colspan="2">第一语言</th><th colspan="2">性别</th><th colspan="7">身份</th><th colspan="5">年龄（岁）</th><th colspan="4">文化程度</th></tr>
<tr><th colspan="3"></th><th>汉族</th><th>非汉族</th><th>汉语</th><th>非汉语</th><th>男</th><th>女</th><th>农民</th><th>牧民</th><th>教师</th><th>学生</th><th>乡镇干部</th><th>大夫、商贩、手艺人</th><th>宗教界人士</th><th>05~15</th><th>16~30</th><th>31~45</th><th>46~60</th><th>61以上</th><th>文盲半文盲</th><th>小学</th><th>中学</th><th>大专本科</th></tr>
<tr><td colspan="2" rowspan="2">人员分布</td><td>人数</td><td>4589</td><td>1747</td><td>5890</td><td>446</td><td>3285</td><td>3051</td><td>3168</td><td>0</td><td>528</td><td>2376</td><td>132</td><td>96</td><td>36</td><td>1902</td><td>1136</td><td>1327</td><td>1238</td><td>733</td><td>737</td><td>2165</td><td>3053</td><td>381</td></tr>
<tr><td>%</td><td>72</td><td>28</td><td>93</td><td>7</td><td>52</td><td>48</td><td>50</td><td>0</td><td>8</td><td>37</td><td>2</td><td>2</td><td>1</td><td>30</td><td>18</td><td>21</td><td>21</td><td>10</td><td>12</td><td>34</td><td>48</td><td>6</td></tr>
<tr><td rowspan="14">普通话变调</td><td rowspan="4">上在阴阳去轻前</td><td rowspan="2">准</td><td>人数</td><td>3258</td><td>1205</td><td>4241</td><td>281</td><td>2234</td><td>2136</td><td>1964</td><td>0</td><td>380</td><td>1758</td><td>84</td><td>60</td><td>23</td><td>1065</td><td>761</td><td>823</td><td>656</td><td>374</td><td>391</td><td>1429</td><td>2229</td><td>293</td></tr>
<tr><td>%</td><td>71</td><td>69</td><td>72</td><td>63</td><td>68</td><td>70</td><td>62</td><td>0</td><td>72</td><td>74</td><td>64</td><td>62</td><td>63</td><td>56</td><td>67</td><td>62</td><td>53</td><td>51</td><td>53</td><td>66</td><td>73</td><td>77</td></tr>
<tr><td rowspan="2">否</td><td>人数</td><td>1331</td><td>542</td><td>1649</td><td>165</td><td>1051</td><td>915</td><td>1204</td><td>0</td><td>148</td><td>618</td><td>48</td><td>36</td><td>13</td><td>837</td><td>375</td><td>504</td><td>582</td><td>359</td><td>346</td><td>736</td><td>824</td><td>88</td></tr>
<tr><td>%</td><td>29</td><td>31</td><td>28</td><td>37</td><td>32</td><td>30</td><td>38</td><td>0</td><td>28</td><td>26</td><td>36</td><td>38</td><td>37</td><td>44</td><td>33</td><td>38</td><td>47</td><td>49</td><td>47</td><td>34</td><td>27</td><td>23</td></tr>
<tr><td rowspan="4">上在上前</td><td rowspan="2">准</td><td>人数</td><td>2891</td><td>1136</td><td>4064</td><td>259</td><td>2168</td><td>2105</td><td>1806</td><td>0</td><td>359</td><td>1687</td><td>81</td><td>59</td><td>23</td><td>1008</td><td>784</td><td>836</td><td>718</td><td>367</td><td>427</td><td>1342</td><td>2137</td><td>274</td></tr>
<tr><td>%</td><td>63</td><td>65</td><td>69</td><td>58</td><td>66</td><td>69</td><td>57</td><td>0</td><td>68</td><td>71</td><td>61</td><td>61</td><td>63</td><td>53</td><td>69</td><td>63</td><td>58</td><td>50</td><td>58</td><td>62</td><td>70</td><td>72</td></tr>
<tr><td rowspan="2">否</td><td>人数</td><td>1698</td><td>611</td><td>1826</td><td>187</td><td>1117</td><td>946</td><td>1362</td><td>0</td><td>169</td><td>689</td><td>51</td><td>37</td><td>13</td><td>894</td><td>352</td><td>491</td><td>520</td><td>367</td><td>310</td><td>823</td><td>916</td><td>107</td></tr>
<tr><td>%</td><td>37</td><td>35</td><td>31</td><td>42</td><td>34</td><td>31</td><td>43</td><td>0</td><td>32</td><td>29</td><td>39</td><td>39</td><td>37</td><td>47</td><td>31</td><td>37</td><td>42</td><td>50</td><td>42</td><td>38</td><td>30</td><td>28</td></tr>
<tr><td rowspan="4">"一"在阴阳上前</td><td rowspan="2">准</td><td>人数</td><td>3350</td><td>1136</td><td>4594</td><td>272</td><td>2332</td><td>2166</td><td>2123</td><td>0</td><td>375</td><td>1877</td><td>90</td><td>67</td><td>26</td><td>1179</td><td>886</td><td>955</td><td>854</td><td>454</td><td>464</td><td>1537</td><td>2259</td><td>293</td></tr>
<tr><td>%</td><td>73</td><td>65</td><td>78</td><td>61</td><td>71</td><td>71</td><td>67</td><td>0</td><td>71</td><td>79</td><td>68</td><td>70</td><td>71</td><td>62</td><td>78</td><td>72</td><td>69</td><td>62</td><td>63</td><td>71</td><td>74</td><td>77</td></tr>
<tr><td rowspan="2">否</td><td>人数</td><td>1239</td><td>611</td><td>1296</td><td>174</td><td>953</td><td>885</td><td>1045</td><td>0</td><td>153</td><td>499</td><td>42</td><td>29</td><td>10</td><td>723</td><td>250</td><td>372</td><td>384</td><td>279</td><td>273</td><td>628</td><td>794</td><td>88</td></tr>
<tr><td>%</td><td>27</td><td>35</td><td>22</td><td>39</td><td>29</td><td>29</td><td>33</td><td>0</td><td>29</td><td>21</td><td>32</td><td>30</td><td>29</td><td>38</td><td>22</td><td>28</td><td>31</td><td>38</td><td>37</td><td>29</td><td>26</td><td>23</td></tr>
<tr><td rowspan="4">"一"在去前</td><td rowspan="2">准</td><td>人数</td><td>3304</td><td>1118</td><td>4418</td><td>263</td><td>2398</td><td>2166</td><td>2028</td><td>0</td><td>391</td><td>1877</td><td>87</td><td>65</td><td>25</td><td>1198</td><td>886</td><td>982</td><td>867</td><td>403</td><td>450</td><td>1624</td><td>2320</td><td>316</td></tr>
<tr><td>%</td><td>72</td><td>64</td><td>75</td><td>59</td><td>73</td><td>71</td><td>64</td><td>0</td><td>74</td><td>79</td><td>66</td><td>68</td><td>70</td><td>63</td><td>78</td><td>74</td><td>70</td><td>55</td><td>61</td><td>75</td><td>76</td><td>83</td></tr>
<tr><td rowspan="2">否</td><td>人数</td><td>1285</td><td>629</td><td>1473</td><td>183</td><td>887</td><td>885</td><td>1140</td><td>0</td><td>137</td><td>499</td><td>45</td><td>31</td><td>11</td><td>704</td><td>250</td><td>345</td><td>371</td><td>330</td><td>287</td><td>541</td><td>733</td><td>65</td></tr>
<tr><td>%</td><td>28</td><td>36</td><td>25</td><td>41</td><td>27</td><td>29</td><td>36</td><td>0</td><td>26</td><td>21</td><td>34</td><td>32</td><td>30</td><td>37</td><td>22</td><td>26</td><td>30</td><td>45</td><td>39</td><td>25</td><td>24</td><td>17</td></tr>
<tr><td rowspan="4">"不"在阴阳上前</td><td rowspan="2">准</td><td>人数</td><td>4038</td><td>1467</td><td>5242</td><td>330</td><td>2825</td><td>2685</td><td>2344</td><td>0</td><td>480</td><td>2257</td><td>99</td><td>74</td><td>27</td><td>1350</td><td>1045</td><td>1101</td><td>941</td><td>513</td><td>545</td><td>1775</td><td>2778</td><td>370</td></tr>
<tr><td>%</td><td>88</td><td>84</td><td>89</td><td>74</td><td>86</td><td>88</td><td>74</td><td>0</td><td>91</td><td>95</td><td>75</td><td>77</td><td>76</td><td>71</td><td>92</td><td>83</td><td>76</td><td>70</td><td>74</td><td>82</td><td>91</td><td>97</td></tr>
<tr><td rowspan="2">否</td><td>人数</td><td>551</td><td>280</td><td>648</td><td>116</td><td>460</td><td>366</td><td>824</td><td>0</td><td>48</td><td>119</td><td>33</td><td>22</td><td>9</td><td>552</td><td>91</td><td>226</td><td>297</td><td>220</td><td>192</td><td>390</td><td>275</td><td>11</td></tr>
<tr><td>%</td><td>12</td><td>16</td><td>11</td><td>26</td><td>14</td><td>12</td><td>26</td><td>0</td><td>5</td><td>25</td><td>23</td><td>24</td><td>29</td><td>8</td><td>17</td><td>24</td><td>30</td><td>26</td><td>18</td><td>9</td><td>3</td></td></tr>
<tr><td rowspan="4">"不"在去前</td><td rowspan="2">准</td><td>人数</td><td>3258</td><td>1136</td><td>4300</td><td>245</td><td>2365</td><td>2166</td><td>1964</td><td>0</td><td>380</td><td>1901</td><td>86</td><td>65</td><td>25</td><td>1160</td><td>897</td><td>1009</td><td>891</td><td>418</td><td>464</td><td>1624</td><td>2381</td><td>328</td></tr>
<tr><td>%</td><td>71</td><td>65</td><td>73</td><td>55</td><td>72</td><td>71</td><td>62</td><td>0</td><td>72</td><td>80</td><td>65</td><td>68</td><td>69</td><td>61</td><td>79</td><td>76</td><td>72</td><td>57</td><td>63</td><td>75</td><td>78</td><td>86</td></tr>
<tr><td rowspan="2">否</td><td>人数</td><td>1331</td><td>611</td><td>1590</td><td>201</td><td>920</td><td>885</td><td>1204</td><td>0</td><td>148</td><td>475</td><td>46</td><td>31</td><td>11</td><td>742</td><td>239</td><td>318</td><td>347</td><td>315</td><td>273</td><td>541</td><td>672</td><td>53</td></tr>
<tr><td>%</td><td>29</td><td>35</td><td>27</td><td>45</td><td>28</td><td>29</td><td>38</td><td>0</td><td>28</td><td>20</td><td>35</td><td>32</td><td>31</td><td>39</td><td>21</td><td>24</td><td>28</td><td>43</td><td>37</td><td>25</td><td>22</td><td>14</td></tr>
<tr><td rowspan="4">形容词重叠</td><td rowspan="2">准</td><td>人数</td><td>1468</td><td>577</td><td>2120</td><td>134</td><td>1051</td><td>1007</td><td>919</td><td>0</td><td>232</td><td>1045</td><td>41</td><td>31</td><td>13</td><td>590</td><td>409</td><td>478</td><td>384</td><td>220</td><td>221</td><td>650</td><td>1313</td><td>198</td></tr>
<tr><td>%</td><td>32</td><td>33</td><td>36</td><td>30</td><td>32</td><td>33</td><td>29</td><td>0</td><td>44</td><td>44</td><td>31</td><td>32</td><td>37</td><td>31</td><td>36</td><td>36</td><td>31</td><td>30</td><td>30</td><td>30</td><td>43</td><td>52</td></tr>
<tr><td rowspan="2">否</td><td>人数</td><td>3121</td><td>1170</td><td>3770</td><td>312</td><td>2234</td><td>2044</td><td>2249</td><td>0</td><td>296</td><td>1331</td><td>91</td><td>65</td><td>23</td><td>1312</td><td>727</td><td>849</td><td>854</td><td>513</td><td>516</td><td>1516</td><td>1740</td><td>183</td></tr>
<tr><td>%</td><td>68</td><td>67</td><td>64</td><td>70</td><td>68</td><td>67</td><td>71</td><td>0</td><td>56</td><td>56</td><td>69</td><td>68</td><td>63</td><td>69</td><td>64</td><td>64</td><td>69</td><td>70</td><td>70</td><td>70</td><td>57</td><td>48</td></tr>
</table>

(续表)

				民族		第一语言		性别		身份							年龄（岁）					文化程度			
				汉族	非汉族	汉语	非汉语	男	女	农民	牧民	教师	学生	乡镇干部	大夫、商贩、手艺人	宗教界人士	05～15	16～30	31～45	46～60	61以上	文盲半文盲	小学	中学	大专本科
普通话轻声	第二音节轻声	准	人数	3947	1363	5242	357	2759	2593	2661	0	486	2186	108	81	30	1788	068	1168	1028	579	590	1862	2839	370
			%	86	78	89	80	84	85	84	0	92	92	82	84	83	94	94	88	83	79	80	86	93	97
		否	人数	642	384	648	89	526	458	507	0	42	190	24	15	6	114	68	159	210	154	147	303	214	11
			%	14	22	11	20	16	15	16	0	8	8	18	16	17	6	6	12	17	21	20	14	7	3
	第三音节轻声	准	人数	4084	1415	5419	366	2957	2746	2693	0	507	2281	127	84	31	1807	1079	1261	1176	608	634	1949	2992	373
			%	89	81	92	82	90	90	85	0	96	96	96	88	87	95	95	95	95	83	86	90	98	98
		否	人数	505	332	471	80	329	305	475	0	21	95	5	12	5	95	57	66	62	125	103	217	61	8
			%	11	19	8	18	10	10	15	0	4	4	4	12	13	5	5	5	5	17	14	10	2	2
	第四音节轻声	准	人数	3992	1380	5242	361	2891	2685	2756	0	507	2281	115	84	31	1598	1045	1221	990	572	604	1862	2717	358
			%	87	79	89	81	88	88	87	0	96	96	87	88	87	84	92	92	80	78	82	86	89	94
		否	人数	597	367	648	85	394	366	412	0	21	95	17	12	5	304	91	106	248	161	133	303	336	23
			%	13	21	11	19	12	12	13	0	4	4	13	12	13	16	8	8	20	22	18	14	11	6
普通话儿化	三音节	准	人数	3947	1380	5183	321	2661	2624	2566	0	491	2210	115	84	32	1388	966	1181	1003	542	575	1754	2717	354
			%	86	79	88	72	81	86	81	0	93	93	87	87	88	73	85	89	81	74	78	81	89	93
		否	人数	642	367	707	125	624	427	602	0	37	166	17	12	4	514	170	146	235	191	162	411	336	27
			%	14	21	12	28	19	14	19	0	7	7	13	13	12	27	15	11	19	26	22	19	11	7
	四音节	准	人数	3947	1415	5301	317	2792	2593	2598	0	507	2281	114	81	31	1560	1056	1208	990	608	619	1884	2839	366
			%	86	81	90	71	85	85	82	0	96	96	86	84	87	82	93	91	80	83	84	87	93	96
		否	人数	642	332	589	129	493	458	570	0	21	95	18	15	5	342	80	119	248	125	118	281	214	15
			%	14	19	10	29	15	15	18	0	4	4	14	16	13	18	7	9	20	17	16	13	7	4
	五音节	准	人数	3901	1450	5537	321	2727	2685	2756	0	512	2257	112	83	31	1579	1011	1247	1028	594	626	1927	2870	373
			%	85	83	94	72	83	88	87	0	97	95	85	86	85	83	89	94	83	81	85	89	94	98
		否	人数	688	297	353	125	558	366	412	0	16	119	20	13	5	323	125	80	210	139	111	238	183	8
			%	15	17	6	28	17	12	13	0	3	5	15	14	15	17	11	6	17	19	15	11	6	2
其他音变	句尾"啊"音变	准	人数	3029	891	4182	285	2102	2105	1647	0	396	1758	82	61	24	1160	841	982	842	462	398	1299	2015	282
			%	66	51	71	64	64	69	52	0	75	74	62	64	67	61	74	74	68	63	54	60	66	74
		否	人数	1560	856	1708	161	1183	946	1521	0	132	618	50	35	12	742	295	345	396	271	339	866	1038	99
			%	34	49	29	36	36	31	48	0	25	26	38	36	33	39	26	26	32	37	46	40	34	26

表8

			民族		第一语言		性别		身份							年龄（岁）					文化程度			
			汉族	非汉族	汉语	非汉语	男	女	农民	牧民	教师	学生	乡镇干部	大夫、商贩、手艺人	宗教界人士	05~15	16~30	31~45	46~60	61以上	文盲半文盲	小学	中学	大专本科
人员分布		人数	2231	2059	2689	1601	2317	1973	1188	990	396	792	132	594	198	772	1373	1115	729	301	901	1587	1416	386
		%	52	48	63	37	54	46	28	23	9	18	3	14	5	18	32	26	17	7	21	37	33	9
普通话变调	上在阴阳去轻前	准 人数	1629	1462	1963	1089	1645	1381	820	663	293	570	94	434	147	455	879	736	452	163	477	1000	963	286
		%	73	71	73	68	71	70	69	67	74	72	71	73	74	59	64	66	62	54	53	63	68	74
		否 人数	602	597	726	512	672	592	368	327	103	222	38	160	51	317	494	379	277	138	423	587	453	100
		%	27	29	27	32	29	30	31	33	26	28	29	27	26	41	36	34	38	46	47	37	32	26
	上在上前	准 人数	1472	1256	1855	961	1437	1263	725	614	285	554	87	380	129	455	865	680	445	175	559	1016	977	274
		%	66	61	69	60	62	64	61	62	72	70	66	64	65	59	63	61	61	58	62	64	69	71
		否 人数	759	803	834	640	880	710	463	376	111	238	45	214	69	317	508	435	284	126	342	571	439	112
		%	34	39	31	40	38	36	39	38	28	30	34	36	35	41	37	39	39	42	38	36	31	29
	"一"在阴阳上前	准 人数	1472	1235	1775	945	1437	1263	689	554	281	578	82	374	139	455	879	702	452	175	514	1047	977	282
		%	66	60	66	59	62	64	58	56	71	73	62	63	70	59	64	63	62	58	57	66	69	73
		否 人数	759	824	914	656	880	710	499	436	154	214	50	220	59	317	494	413	277	126	387	540	439	104
		%	34	40	34	41	38	36	42	44	39	27	38	37	30	41	36	37	38	42	43	34	31	27
	"一"在去前	准 人数	1450	1215	1802	977	1483	1263	630	515	273	570	86	410	143	455	865	680	423	169	478	968	1076	305
		%	65	59	67	61	64	64	53	52	69	72	65	69	72	59	63	61	58	56	53	61	76	79
		否 人数	781	844	887	624	834	710	558	475	123	222	46	184	55	317	508	435	306	132	423	619	340	81
		%	35	41	33	39	36	36	47	48	31	28	35	31	28	41	37	39	42	44	47	39	24	21
	"不"在阴阳上前	准 人数	1829	1585	2286	1185	1877	1638	843	673	352	721	102	463	147	618	1167	948	605	250	730	1317	1204	344
		%	82	77	85	74	81	83	71	68	89	91	77	78	74	80	85	85	83	83	81	83	85	89
		否 人数	402	474	403	416	440	335	345	317	44	71	30	131	51	154	206	167	124	51	171	270	212	42
		%	18	23	15	26	19	17	29	32	11	9	23	22	26	20	15	15	17	17	19	17	15	11
	"不"在去前	准 人数	1539	1297	1802	913	1576	1322	748	604	289	586	86	392	127	502	920	736	467	184	550	1095	991	282
		%	69	63	67	57	68	67	63	61	73	74	65	66	64	65	67	66	64	61	61	69	70	73
		否 人数	692	762	887	688	741	651	440	386	107	206	46	202	71	270	453	379	262	117	351	492	425	104
		%	31	37	33	43	32	33	37	39	27	26	35	34	36	35	33	34	36	39	39	31	30	27
	形容词重叠	准 人数	937	844	1156	608	996	809	451	376	226	436	63	273	101	332	659	535	299	117	342	667	623	189
		%	42	41	43	38	43	41	38	38	57	55	48	46	51	43	48	48	41	39	38	42	44	49
		否 人数	1294	1215	1533	993	1321	1164	737	614	170	356	69	321	97	440	714	580	430	184	559	920	793	197
		%	58	59	57	62	57	59	62	62	43	45	52	54	49	57	52	52	59	61	62	58	56	51

(续表)

<table>
<thead>
<tr><th colspan="2"></th><th></th><th></th><th colspan="2">民族</th><th colspan="2">第一语言</th><th colspan="2">性别</th><th colspan="7">身份</th><th colspan="5">年龄（岁）</th><th colspan="4">文化程度</th></tr>
<tr><th colspan="2"></th><th></th><th></th><th>汉族</th><th>非汉族</th><th>汉语</th><th>非汉语</th><th>男</th><th>女</th><th>农民</th><th>牧民</th><th>教师</th><th>学生</th><th>乡镇干部</th><th>大夫、商贩、手艺人</th><th>宗教界人士</th><th>05～15</th><th>16～30</th><th>31～45</th><th>46～60</th><th>61以上</th><th>文盲半文盲</th><th>小学</th><th>中学</th><th>大专本科</th></tr>
</thead>
<tbody>
<tr><td rowspan="12">普通轻声</td><td rowspan="4">第二音节轻声</td><td rowspan="2">准</td><td>人数</td><td>1852</td><td>1565</td><td>2205</td><td>1217</td><td>1738</td><td>1519</td><td>927</td><td>733</td><td>345</td><td>689</td><td>104</td><td>481</td><td>170</td><td>625</td><td>1195</td><td>970</td><td>598</td><td>232</td><td>694</td><td>1254</td><td>1189</td><td>332</td></tr>
<tr><td>%</td><td>83</td><td>76</td><td>82</td><td>76</td><td>75</td><td>77</td><td>78</td><td>74</td><td>87</td><td>87</td><td>79</td><td>81</td><td>86</td><td>81</td><td>87</td><td>87</td><td>82</td><td>77</td><td>77</td><td>79</td><td>84</td><td>86</td></tr>
<tr><td rowspan="2">否</td><td>人数</td><td>379</td><td>494</td><td>484</td><td>384</td><td>579</td><td>454</td><td>261</td><td>257</td><td>51</td><td>135</td><td>28</td><td>113</td><td>28</td><td>147</td><td>178</td><td>145</td><td>131</td><td>69</td><td>207</td><td>333</td><td>227</td><td>54</td></tr>
<tr><td>%</td><td>17</td><td>24</td><td>18</td><td>24</td><td>25</td><td>23</td><td>22</td><td>26</td><td>13</td><td>17</td><td>21</td><td>19</td><td>14</td><td>19</td><td>13</td><td>13</td><td>18</td><td>23</td><td>23</td><td>21</td><td>16</td><td>14</td></tr>
<tr><td rowspan="4">第三音节轻声</td><td rowspan="2">准</td><td>人数</td><td>1963</td><td>1709</td><td>2393</td><td>1361</td><td>2062</td><td>1697</td><td>986</td><td>822</td><td>360</td><td>737</td><td>116</td><td>517</td><td>170</td><td>656</td><td>1222</td><td>970</td><td>634</td><td>253</td><td>766</td><td>1412</td><td>1274</td><td>351</td></tr>
<tr><td>%</td><td>88</td><td>83</td><td>89</td><td>85</td><td>89</td><td>86</td><td>83</td><td>83</td><td>91</td><td>93</td><td>88</td><td>87</td><td>86</td><td>85</td><td>89</td><td>87</td><td>87</td><td>84</td><td>85</td><td>89</td><td>90</td><td>91</td></tr>
<tr><td rowspan="2">否</td><td>人数</td><td>268</td><td>350</td><td>296</td><td>240</td><td>255</td><td>276</td><td>202</td><td>168</td><td>36</td><td>55</td><td>16</td><td>77</td><td>28</td><td>116</td><td>151</td><td>145</td><td>95</td><td>48</td><td>135</td><td>175</td><td>142</td><td>35</td></tr>
<tr><td>%</td><td>12</td><td>17</td><td>11</td><td>15</td><td>11</td><td>14</td><td>17</td><td>17</td><td>9</td><td>7</td><td>12</td><td>13</td><td>14</td><td>15</td><td>11</td><td>13</td><td>13</td><td>16</td><td>15</td><td>11</td><td>10</td><td>9</td></tr>
<tr><td rowspan="4">第四音节轻声</td><td rowspan="2">准</td><td>人数</td><td>1896</td><td>1688</td><td>2339</td><td>1329</td><td>1993</td><td>1717</td><td>1022</td><td>832</td><td>364</td><td>744</td><td>111</td><td>511</td><td>168</td><td>656</td><td>1222</td><td>925</td><td>598</td><td>244</td><td>730</td><td>1333</td><td>1218</td><td>351</td></tr>
<tr><td>%</td><td>85</td><td>82</td><td>87</td><td>83</td><td>86</td><td>87</td><td>86</td><td>84</td><td>92</td><td>94</td><td>84</td><td>86</td><td>85</td><td>85</td><td>89</td><td>83</td><td>82</td><td>81</td><td>81</td><td>84</td><td>86</td><td>91</td></tr>
<tr><td rowspan="2">否</td><td>人数</td><td>335</td><td>371</td><td>350</td><td>272</td><td>324</td><td>256</td><td>166</td><td>158</td><td>32</td><td>48</td><td>21</td><td>83</td><td>30</td><td>116</td><td>151</td><td>190</td><td>131</td><td>57</td><td>171</td><td>254</td><td>198</td><td>35</td></tr>
<tr><td>%</td><td>15</td><td>18</td><td>13</td><td>17</td><td>14</td><td>13</td><td>14</td><td>16</td><td>8</td><td>6</td><td>16</td><td>14</td><td>15</td><td>15</td><td>11</td><td>17</td><td>18</td><td>19</td><td>19</td><td>16</td><td>14</td><td>9</td></tr>
<tr><td rowspan="12">普通话儿化</td><td rowspan="4">三音节</td><td rowspan="2">准</td><td>人数</td><td>1762</td><td>1482</td><td>2151</td><td>1201</td><td>1761</td><td>1519</td><td>867</td><td>743</td><td>329</td><td>657</td><td>99</td><td>440</td><td>158</td><td>571</td><td>1057</td><td>847</td><td>539</td><td>223</td><td>667</td><td>1238</td><td>1147</td><td>328</td></tr>
<tr><td>%</td><td>79</td><td>72</td><td>80</td><td>75</td><td>76</td><td>77</td><td>73</td><td>75</td><td>83</td><td>83</td><td>75</td><td>74</td><td>80</td><td>74</td><td>77</td><td>76</td><td>74</td><td>74</td><td>74</td><td>78</td><td>81</td><td>85</td></tr>
<tr><td rowspan="2">否</td><td>人数</td><td>469</td><td>577</td><td>538</td><td>400</td><td>556</td><td>454</td><td>321</td><td>248</td><td>67</td><td>135</td><td>33</td><td>154</td><td>40</td><td>201</td><td>316</td><td>268</td><td>190</td><td>78</td><td>234</td><td>349</td><td>269</td><td>58</td></tr>
<tr><td>%</td><td>21</td><td>28</td><td>20</td><td>25</td><td>24</td><td>23</td><td>27</td><td>25</td><td>17</td><td>17</td><td>25</td><td>26</td><td>20</td><td>26</td><td>23</td><td>24</td><td>26</td><td>26</td><td>26</td><td>22</td><td>19</td><td>15</td></tr>
<tr><td rowspan="4">四音节</td><td rowspan="2">准</td><td>人数</td><td>1874</td><td>1627</td><td>2339</td><td>1297</td><td>1946</td><td>1657</td><td>974</td><td>822</td><td>356</td><td>705</td><td>110</td><td>487</td><td>172</td><td>625</td><td>1222</td><td>937</td><td>590</td><td>241</td><td>739</td><td>1349</td><td>1246</td><td>351</td></tr>
<tr><td>%</td><td>84</td><td>79</td><td>87</td><td>81</td><td>84</td><td>84</td><td>82</td><td>83</td><td>90</td><td>89</td><td>83</td><td>82</td><td>87</td><td>81</td><td>89</td><td>84</td><td>81</td><td>80</td><td>82</td><td>85</td><td>88</td><td>91</td></tr>
<tr><td rowspan="2">否</td><td>人数</td><td>357</td><td>432</td><td>350</td><td>304</td><td>371</td><td>316</td><td>214</td><td>168</td><td>40</td><td>87</td><td>22</td><td>107</td><td>26</td><td>147</td><td>151</td><td>178</td><td>139</td><td>60</td><td>162</td><td>238</td><td>170</td><td>35</td></tr>
<tr><td>%</td><td>16</td><td>21</td><td>13</td><td>19</td><td>16</td><td>16</td><td>18</td><td>17</td><td>10</td><td>11</td><td>17</td><td>18</td><td>13</td><td>19</td><td>11</td><td>16</td><td>19</td><td>20</td><td>18</td><td>15</td><td>12</td><td>9</td></tr>
<tr><td rowspan="4">五音节</td><td rowspan="2">准</td><td>人数</td><td>1829</td><td>1606</td><td>2259</td><td>1217</td><td>1854</td><td>1578</td><td>939</td><td>792</td><td>356</td><td>729</td><td>112</td><td>499</td><td>178</td><td>618</td><td>1167</td><td>925</td><td>576</td><td>238</td><td>703</td><td>1349</td><td>1246</td><td>355</td></tr>
<tr><td>%</td><td>82</td><td>78</td><td>84</td><td>76</td><td>80</td><td>80</td><td>79</td><td>80</td><td>90</td><td>92</td><td>85</td><td>84</td><td>90</td><td>80</td><td>85</td><td>83</td><td>79</td><td>79</td><td>78</td><td>85</td><td>88</td><td>92</td></tr>
<tr><td rowspan="2">否</td><td>人数</td><td>402</td><td>453</td><td>430</td><td>384</td><td>463</td><td>395</td><td>249</td><td>198</td><td>40</td><td>63</td><td>20</td><td>95</td><td>20</td><td>154</td><td>206</td><td>190</td><td>153</td><td>63</td><td>198</td><td>238</td><td>170</td><td>31</td></tr>
<tr><td>%</td><td>18</td><td>22</td><td>16</td><td>24</td><td>20</td><td>20</td><td>21</td><td>20</td><td>10</td><td>8</td><td>15</td><td>16</td><td>10</td><td>20</td><td>15</td><td>17</td><td>21</td><td>21</td><td>22</td><td>15</td><td>12</td><td>8</td></tr>
<tr><td rowspan="4">其他音变</td><td rowspan="4">句尾"啊"音变</td><td rowspan="2">准</td><td>人数</td><td>1383</td><td>1112</td><td>1882</td><td>929</td><td>1460</td><td>1223</td><td>689</td><td>653</td><td>269</td><td>531</td><td>86</td><td>362</td><td>131</td><td>471</td><td>865</td><td>691</td><td>467</td><td>184</td><td>505</td><td>936</td><td>977</td><td>270</td></tr>
<tr><td>%</td><td>62</td><td>54</td><td>70</td><td>58</td><td>63</td><td>62</td><td>58</td><td>66</td><td>68</td><td>67</td><td>65</td><td>61</td><td>66</td><td>61</td><td>63</td><td>62</td><td>64</td><td>61</td><td>56</td><td>59</td><td>69</td><td>70</td></tr>
<tr><td rowspan="2">否</td><td>人数</td><td>848</td><td>947</td><td>807</td><td>672</td><td>857</td><td>750</td><td>499</td><td>337</td><td>127</td><td>261</td><td>46</td><td>232</td><td>67</td><td>301</td><td>508</td><td>424</td><td>262</td><td>117</td><td>396</td><td>651</td><td>439</td><td>116</td></tr>
<tr><td>%</td><td>38</td><td>46</td><td>30</td><td>42</td><td>37</td><td>38</td><td>42</td><td>34</td><td>32</td><td>33</td><td>35</td><td>39</td><td>34</td><td>39</td><td>37</td><td>38</td><td>36</td><td>39</td><td>44</td><td>41</td><td>31</td><td>30</td></tr>
</tbody>
</table>

表9

			民族		第一语言		性别		身份							年龄（岁）					文化程度			
			汉族	非汉族	汉语	非汉语	男	女	农民	牧民	教师	学生	乡镇干部	大夫、商贩、手艺人	宗教界人士	05~15	16~30	31~45	46~60	61以上	文盲半文盲	小学	中学	大专本科
人员分布		人数	2068	2204	4262	10	2904	1368	1601	0	553	1721	201	153	43	501	1613	1426	532	200	828	1435	1241	768
		%	48	52	91	9	68	32	37	0	13	40	5	4	1	12	38	33	12	5	19	34	29	18
普通话变调	上在阴阳去轻前	准 人数	1510	1631	3282	6	2004	958	1073	0	465	1394	157	115	34	346	1081	998	362	134	555	990	918	653
		准 %	73	74	77	60	69	70	67	0	84	81	78	75	78	69	67	70	68	67	67	69	74	85
		否 人数	558	573	980	4	900	410	528	0	88	327	44	38	9	155	532	428	170	66	273	445	323	115
		否 %	27	26	23	40	31	30	33	0	16	19	22	25	22	31	33	30	32	33	33	31	26	15
	上在上前	准 人数	1448	1587	3239	6	1917	917	1009	0	442	1411	149	110	30	321	1113	927	335	124	513	933	906	622
		准 %	70	72	76	60	66	67	63	0	80	82	74	72	69	64	69	65	63	62	62	65	73	81
		否 人数	620	803	834	4	880	710	592	376	111	238	45	214	69	317	500	435	284	126	342	571	439	112
		否 %	30	28	24	40	34	33	37	0	20	18	26	28	31	36	31	35	37	38	38	35	27	19
	"一"在阴阳上前	准 人数	1551	1411	3367	6	2091	985	1121	0	431	1325	143	109	31	356	1161	941	372	146	580	1048	956	645
		准 %	75	64	79	60	72	72	70	0	78	77	71	71	73	71	72	66	70	73	70	73	77	84
		否 人数	517	793	895	4	813	383	480	0	122	396	58	44	12	145	452	485	160	54	248	387	285	123
		否 %	25	36	21	40	28	28	30	0	22	23	29	29	27	29	28	34	30	27	30	27	23	16
	"一"在去前	准 人数	1510	1344	3282	6	2149	1012	1169	0	448	1428	149	118	33	361	1161	1055	378	142	580	1105	980	668
		准 %	73	61	77	60	74	74	73	0	81	83	74	77	77	72	72	74	71	71	70	77	79	87
		否 人数	558	860	980	4	755	356	432	0	105	293	52	35	10	140	452	371	154	58	248	330	261	100
		否 %	27	39	23	40	26	26	27	0	19	17	26	23	23	28	28	26	29	29	30	23	21	13
	"不"在阴阳上前	准 人数	1758	1917	3751	7	2439	1122	1153	0	492	1497	157	115	33	361	1274	1084	394	144	621	1119	1092	745
		准 %	85	87	88	70	84	82	72	0	89	87	78	75	77	72	79	76	74	72	75	78	88	97
		否 人数	310	287	511	3	465	246	448	0	61	224	44	38	10	140	339	342	138	56	207	316	149	23
		否 %	15	13	12	30	16	18	28	0	11	13	22	25	23	28	21	24	26	28	25	22	12	3
	"不"在去前	准 人数	1510	1411	3197	6	2062	971	1105	0	437	1411	147	109	30	361	1177	1041	378	138	588	1062	980	684
		准 %	73	64	75	60	71	71	69	0	79	82	73	71	70	72	73	73	71	69	71	74	79	89
		否 人数	558	793	1066	4	842	397	496	0	116	310	54	44	13	140	436	385	154	62	240	373	261	84
		否 %	27	36	25	40	29	29	31	0	21	18	27	29	30	28	27	27	29	31	29	26	21	11
	形容词重叠	准 人数	889	771	1918	4	1191	575	576	0	277	895	74	58	16	205	629	542	229	78	298	531	571	438
		准 %	43	35	45	40	41	42	36	0	50	52	37	38	37	41	39	38	43	39	36	37	46	57
		否 人数	1179	1433	2344	6	1713	793	1025	0	277	826	127	95	27	296	984	884	303	122	530	904	670	330
		否 %	57	65	55	60	59	58	64	0	50	48	63	62	63	59	61	62	57	61	64	63	54	43

(续表)

				民族		第一语言		性别		身份							年龄（岁）					文化程度			
				汉族	非汉族	汉语	非汉语	男	女	农民	牧民	教师	学生	乡镇干部	大夫、商贩、手艺人	宗教界人士	05~15	16~30	31~45	46~60	61以上	文盲半文盲	小学	中学	大专本科
普通话轻声	第二音节轻声	准	人数	1820	1917	3793	7	2439	1122	1297	0	498	1549	175	133	38	431	1387	1241	458	168	679	1220	1142	745
			%	88	87	89	70	84	82	81	0	90	90	87	87	88	86	86	87	86	84	82	85	92	97
		否	人数	248	287	469	3	465	246	304	0	55	172	26	20	5	70	226	185	74	32	149	215	99	23
			%	12	13	11	30	16	18	19	0	10	10	13	13	12	14	14	13	14	16	18	15	8	3
	第三音节轻声	准	人数	1882	1984	4006	8	2585	1245	1393	0	531	1601	173	135	39	431	1436	1269	468	172	704	1306	1167	753
			%	91	90	94	80	89	91	87	0	96	93	86	88	90	86	89	89	88	86	85	91	94	98
		否	人数	186	220	256	2	319	123	208	0	22	120	28	18	4	70	177	157	64	28	124	129	74	15
			%	9	10	6	20	11	9	13	0	4	7	14	12	10	14	11	11	12	14	15	9	6	2
	第四音节轻声	准	人数	1758	1895	3751	8	2439	1149	1329	0	492	1566	167	130	36	426	1403	1198	452	166	671	1191	1067	737
			%	85	86	88	80	84	84	83	0	89	91	83	85	84	85	87	84	85	83	81	83	86	96
		否	人数	310	309	511	2	465	219	272	0	61	155	34	23	7	75	210	228	80	34	157	244	174	31
			%	15	14	12	20	16	16	17	0	11	9	17	15	16	15	13	16	15	17	19	17	14	4
普通话儿化	三音节	准	人数	1778	1940	3751	8	2381	1176	1297	0	503	1549	169	129	37	436	1387	1212	442	164	662	1162	1092	722
			%	86	88	88	80	82	86	81	0	91	90	84	84	85	87	86	85	83	82	80	81	88	94
		否	人数	290	264	511	2	523	192	304	0	50	172	32	24	6	65	226	214	90	36	166	273	149	46
			%	14	12	12	20	18	14	19	0	9	10	16	16	15	13	14	15	17	18	20	19	12	6
	四音节	准	人数	1758	1962	3836	7	2497	1190	1361	0	520	1618	183	138	40	421	1387	1255	447	170	704	1263	1167	745
			%	85	89	90	70	86	87	85	0	94	94	91	90	93	84	86	88	84	85	85	88	94	97
		否	人数	310	242	426	3	407	178	240	0	33	103	18	15	3	80	226	171	85	30	124	172	74	23
			%	15	11	10	30	14	13	15	0	6	6	9	10	7	16	14	12	16	15	15	12	6	3
	五音节	准	人数	1737	1940	3964	8	2526	1190	1377	0	525	1652	169	133	38	426	1436	1269	463	170	704	1248	1179	745
			%	84	88	93	80	87	87	86	0	95	96	84	87	88	85	89	89	87	85	85	87	95	97
		否	人数	331	264	298	2	378	178	224	0	28	69	32	20	5	75	177	157	69	30	124	187	62	23
			%	16	12	7	20	13	13	14	0	5	4	16	13	12	15	11	11	13	15	15	13	5	3
其他音变	句尾"啊"音变	准	人数	1675	1785	3708	6	2468	1135	1121	0	476	1428	157	118	34	391	1226	1127	415	142	588	1048	918	622
			%	81	81	87	60	85	83	70	0	86	83	78	77	79	78	76	79	78	71	71	73	74	81
		否	人数	393	419	554	4	436	233	480	0	77	293	44	35	9	110	387	299	117	58	240	387	323	146
			%	19	19	13	40	15	17	30	0	14	17	22	23	21	22	24	21	22	29	29	27	26	19

表10

			民族		第一语言		性别		身份							年龄（岁）					文化程度			
			汉族	非汉族	汉语	非汉语	男	女	农民	牧民	教师	学生	乡镇干部	大夫、商贩、手艺人	宗教界人士	05~15	16~30	31~45	46~60	61以上	文盲半文盲	小学	中学	大专本科
人员分布		人数	4589	1747	5890	446	3285	3051	3168	0	528	2376	132	96	36	1902	1136	1327	1238	733	737	2165	3053	381
		%	72	28	93	7	52	48	50	0	8	37	2	2	1	30	18	21	21	10	12	34	48	6
多音词	埋 mái	准 人数	4268	1450	5654	361	3121	2929	3010	0	528	2328	127	90	34	1769	1068	1274	1201	704	685	2057	2992	381
		%	93	83	96	81	95	96	95	0	100	98	96	94	95	93	94	96	97	96	93	95	98	100
		否 人数	321	297	236	85	164	122	158	0	0	48	5	6	2	133	68	53	37	29	52	108	61	0
		%	7	17	4	19	5	4	5	0	0	2	4	6	5	7	6	4	3	4	7	5	2	0
	埋 mán	准 人数	3901	1380	5419	236	2727	2502	2598	0	496	2115	111	83	30	1407	932	1128	1040	623	597	1862	2717	347
		%	85	79	92	53	83	82	82	0	94	89	84	86	84	74	82	85	84	85	81	86	89	91
		否 人数	688	803	834	640	880	710	570	376	111	238	45	214	69	317	508	435	284	126	342	571	439	112
		%	15	21	8	47	17	18	18	0	6	11	16	14	16	26	18	15	16	15	19	14	11	9
	给 gěi	准 人数	4451	1485	5831	375	3154	2898	2851	0	528	2328	127	93	36	1769	1079	1287	1201	704	693	2078	3053	381
		%	97	85	99	84	96	95	90	0	100	98	96	97	99	93	95	97	97	96	94	96	100	100
		否 人数	138	262	59	71	131	153	317	0	0	48	5	3	0	133	57	40	37	29	44	87	0	0
		%	3	15	1	16	4	5	10	0	0	2	4	3	1	7	5	3	3	4	6	4	0	0
	给 jǐ	准 人数	1423	437	3298	103	1708	1526	665	0	338	1354	48	33	11	495	329	411	322	154	96	455	1404	221
		%	31	25	56	23	52	50	21	0	64	57	36	34	31	26	29	31	26	21	13	21	46	58
		否 人数	3166	1310	2592	343	1577	1526	2503	0	296	1022	84	63	25	1407	807	916	916	579	641	1710	1649	160
		%	69	75	44	77	48	50	79	0	56	43	64	66	69	74	71	69	74	79	87	79	54	42
	恶 è	准 人数	4405	1450	5772	384	3219	2990	2851	0	517	2305	123	91	35	1769	1091	1287	1188	704	678	2078	3053	381
		%	96	83	98	86	98	98	90	0	98	97	93	95	96	93	96	97	96	96	92	96	100	100
		否 人数	184	297	118	62	66	61	317	0	11	71	9	5	1	133	45	40	50	29	59	87	0	0
		%	4	17	2	14	2	2	10	0	2	3	7	5	4	7	4	3	4	4	8	4	0	0
	恶 wù	准 人数	3350	1450	4182	379	2201	2471	2598	0	0	1972	108	79	29	1541	841	1075	1015	616	612	1710	2534	331
		%	73	83	71	85	67	81	82	72	0	83	82	82	81	81	74	81	82	84	83	79	83	87
		否 人数	780	507	884	147	624	549	887	0	90	428	24	18	7	495	216	239	198	125	155	368	366	42
		%	17	29	15	33	19	18	28	0	17	18	18	19	19	26	19	18	16	17	21	17	12	11
	得 děi	准 人数	3121	1170	4241	281	2102	1892	2028	0	380	1663	94	61	24	1179	738	849	792	462	457	1407	2107	282
		%	68	67	72	63	64	62	64	0	72	70	71	64	68	62	65	64	64	63	62	65	69	74
		否 人数	1468	577	1649	165	1183	1159	1014	0	148	713	38	25	12	723	398	478	446	271	280	758	946	99
		%	32	33	28	37	36	38	32	0	28	30	29	26	32	38	35	36	36	37	38	35	31	26
	得 dé	准 人数	4084	1240	5360	370	2759	2502	2408	0	486	2138	115	82	32	1407	875	1101	1003	542	531	1645	2656	358
		%	89	71	91	83	84	82	76	0	92	90	87	85	89	74	77	83	81	74	72	76	87	94
		否 人数	505	507	530	76	526	549	760	0	42	238	17	14	4	495	261	226	235	191	206	520	397	8
		%	11	29	9	17	16	18	24	0	8	10	13	15	11	26	23	17	19	26	28	24	13	2
	倒 dǎo	准 人数	4222	1275	5596	343	2924	2807	2503	0	507	2233	121	86	33	1731	1056	1261	1139	660	604	1862	2900	373
		%	92	73	95	77	89	92	79	0	96	94	92	90	92	91	93	95	92	90	82	86	95	98
		否 人数	367	472	295	103	361	244	665	0	21	143	11	10	3	171	80	66	99	73	133	303	153	8
		%	8	27	5	23	11	8	21	0	4	6	8	10	8	9	7	5	8	10	18	14	5	2

(续表)

			民族		第一语言		性别		身份						年龄（岁）					文化程度			
			汉族	非汉族	汉语	非汉语	男	女	农民	牧民	教师	学生	乡镇干部	大夫、商贩、手艺人	宗教界人士	05～15	16～30	31～45	46～60	61以上	文盲半文盲	小学	中学	大专本科
异读词	倒 dào	准	人数	4268	1240	5713	339	2891	2624	2693	0	512	2305	124	88	33	1560	954	1154	1028	616	597	1840	2870	377
			%	93	71	97	76	88	86	85	0	97	97	94	92	93	82	84	87	83	84	81	85	94	99
		否	人数	321	367	177	107	394	427	475	0	16	71	8	8	3	342	182	173	210	117	140	325	183	4
			%	7	21	3	24	12	14	15	0	3	3	6	8	7	18	16	13	17	16	19	15	6	1
	较 jiào	准	人数	3579	1205	5065	277	2759	2502	2376	0	480	2233	107	80	30	1369	943	1009	916	520	464	1472	2473	366
			%	78	69	86	62	84	82	75	0	91	94	81	83	82	72	83	76	74	71	63	68	81	96
		否	人数	1010	542	825	169	526	549	792	0	48	143	25	16	6	533	193	318	322	213	273	693	580	15
			%	22	31	14	38	16	18	25	0	9	6	19	17	18	28	17	24	26	29	37	32	19	4
	谬 miù	准	人数	2799	996	4064	272	2037	1892	1869	0	444	2091	88	66	23	1084	761	849	780	410	383	1321	2076	309
			%	61	57	69	61	62	62	59	0	84	88	67	69	65	57	67	64	63	56	52	61	68	81
		否	人数	1790	751	1826	174	1248	1159	1299	0	84	285	44	30	13	818	375	478	458	323	354	844	977	72
			%	39	43	31	39	38	38	41	0	16	12	33	31	35	43	33	36	37	44	48	39	32	19
	嫩 nèn	准	人数	1514	908	2709	219	1117	1068	982	0	301	1402	54	42	15	609	409	464	446	213	228	736	1435	236
			%	33	52	46	49	34	35	31	0	57	59	41	44	42	32	36	35	36	29	31	34	47	62
		否	人数	3075	839	3181	227	2168	1983	2186	0	227	974	78	54	21	1293	727	863	792	520	509	1429	1618	145
			%	67	48	54	51	66	65	69	0	43	41	59	56	58	68	64	65	64	71	69	66	53	38
	质 zhì	准	人数	2524	1083	3711	259	1938	1739	1616	0	385	1853	81	57	22	1065	716	836	755	388	369	1234	2198	320
			%	55	62	63	58	59	57	51	0	73	78	61	59	62	56	63	63	61	53	50	57	72	84
		否	人数	2065	664	2179	187	1347	1312	1552	0	143	523	51	39	14	837	420	491	483	345	369	931	855	61
			%	45	38	37	42	41	43	49	0	27	22	39	41	38	44	37	37	39	47	50	43	28	16
	弦 xián	准	人数	3166	1083	4359	290	2070	1953	2091	0	401	1877	96	68	24	1160	738	889	792	454	442	1364	2259	297
			%	69	62	74	65	63	64	66	0	76	79	73	71	67	61	65	67	64	62	60	63	74	78
		否	人数	1423	664	1531	156	1215	1098	1077	0	127	499	36	28	12	742	398	438	446	279	295	801	794	84
			%	31	38	26	35	37	36	34	0	24	21	27	29	33	39	35	33	36	38	40	37	26	22

表11

			民族		第一语言		性别		身份							年龄（岁）					文化程度			
			汉族	非汉族	汉语	非汉语	男	女	农民	牧民	教师	学生	乡镇干部	大夫、商贩、手艺人	宗教界人士	05~15	16~30	31~45	46~60	61以上	文盲半文盲	小学	中学	大专本科
人员分布		人数	2231	2059	2689	1601	2317	1973	1188	990	396	792	132	594	198	772	1373	1115	729	301	901	1587	1416	386
		%	52	48	63	37	54	46	28	23	9	18	3	14	5	18	32	26	17	7	21	37	33	9
多音词	埋 mái	准 人数	1785	1462	2232	1153	1784	1559	855	673	337	642	104	481	162	556	1140	903	576	223	622	1222	1189	344
		%	80	71	83	72	77	79	72	68	85	81	79	81	82	72	83	81	79	74	69	77	84	89
		否 人数	446	597	457	448	533	414	333	317	59	150	28	113	36	216	233	212	153	78	279	365	227	42
		%	20	29	17	28	23	21	28	32	15	19	21	19	18	28	17	19	21	26	31	23	16	11
	埋 mán	准 人数	1651	1297	2097	977	1576	1322	784	624	301	570	90	386	131	502	920	769	474	193	550	1016	1020	297
		%	74	63	78	61	68	67	66	63	76	72	68	65	66	65	67	69	65	64	61	64	72	77
		否 人数	580	803	834	640	880	710	404	376	111	238	45	214	69	317	508	435	284	126	342	571	439	112
		%	26	37	22	39	32	33	34	37	34	38	32	35	34	35	33	31	35	36	39	36	38	23
	给 gěi	准 人数	2030	1647	2501	1249	1900	1598	1010	822	376	729	116	505	176	602	1181	992	620	253	712	1317	1232	355
		%	91	80	93	78	82	81	85	83	95	92	88	85	89	78	86	89	85	84	79	83	87	92
		否 人数	201	412	108	352	417	375	178	168	20	63	16	89	22	170	192	123	109	48	189	270	184	31
		%	9	20	4	22	18	19	15	17	5	8	12	15	11	22	14	11	15	16	21	17	13	8
	给 jǐ	准 人数	625	432	1049	320	1043	829	190	129	194	333	41	178	69	232	439	401	270	93	90	286	595	235
		%	28	21	39	20	45	42	16	13	49	42	31	30	35	30	32	36	37	31	10	18	42	61
		否 人数	1606	1627	1640	1233	1274	1144	998	861	202	459	91	416	129	540	934	714	459	208	631	1143	821	151
		%	72	79	61	77	55	58	84	87	51	58	69	70	65	70	68	64	63	69	70	72	58	39
	恶 è	准 人数	2030	1606	2528	1297	1969	1697	915	772	341	697	111	487	168	571	1085	836	547	217	730	1333	1289	371
		%	91	78	94	81	85	86	77	78	86	88	84	82	85	74	79	75	75	72	81	84	91	96
		否 人数	201	453	161	304	348	276	273	218	55	95	21	107	30	201	288	279	182	84	171	254	127	15
		%	9	22	6	19	15	14	23	22	14	12	16	18	15	26	21	25	25	28	19	16	9	4
	恶 wù	准 人数	1718	1400	2205	1009	1761	1539	760	594	333	642	98	451	154	533	1030	859	539	217	613	1174	1147	328
		%	77	68	82	63	76	78	64	60	84	81	74	76	78	69	75	77	74	72	68	74	81	85
		否 人数	513	659	484	592	556	434	428	396	63	150	34	143	44	239	343	256	190	84	288	413	269	58
		%	23	32	18	37	24	22	36	40	16	19	26	24	22	31	25	23	26	28	32	26	19	15
	得 děi	准 人数	1383	1256	1829	945	1460	1204	927	525	269	539	84	368	137	432	824	691	452	172	423	873	864	266
		%	62	61	68	59	63	61	78	53	68	68	64	62	69	56	60	62	62	57	47	55	61	69
		否 人数	848	803	860	656	857	769	261	465	127	253	48	226	61	340	577	435	277	129	478	714	552	120
		%	38	39	32	41	37	39	22	47	32	32	36	38	31	44	42	39	38	43	53	45	39	31
	得 dé	准 人数	1852	1359	2286	1169	1784	1519	820	693	352	665	103	440	162	533	975	836	532	205	604	1143	1175	347
		%	83	66	85	73	77	77	69	70	89	84	78	74	82	69	71	75	73	68	67	72	83	90
		否 人数	379	700	403	432	301	256	368	297	44	127	29	154	36	239	398	279	197	96	297	444	241	39
		%	17	34	15	27	13	13	31	30	11	16	22	26	18	31	29	25	27	32	33	28	17	10
	倒 dǎo	准 人数	1919	1400	2420	1185	1946	1677	879	713	352	697	112	511	170	641	1181	981	620	247	703	1317	1246	363
		%	86	68	90	74	84	85	74	72	89	88	85	86	86	83	86	88	85	82	78	83	88	94
		否 人数	312	659	269	416	371	296	190	277	44	95	20	83	28	131	192	134	109	54	108	270	170	23
		%	14	32	10	26	16	15	16	28	11	12	15	14	14	17	14	12	15	18	12	17	12	6

(续表)

				民族		第一语言		性别		身份						年龄（岁）					文化程度			
				汉族	非汉族	汉语	非汉语	男	女	农民	牧民	教师	学生	乡镇干部	大夫、商贩、手艺人	宗教界人士	05~15	16~30	31~45	46~60	61以上	文盲半文盲	小学	中学	大专本科
异读词	倒 dào	准	人数	1986	1318	2501	1169	1923	1618	903	733	360	737	119	517	176	602	1126	914	620	244	676	1254	1204	363
			%	89	64	93	73	83	82	76	74	91	93	90	87	89	78	82	82	85	81	75	79	85	94
		否	人数	245	741	188	432	394	355	285	257	36	55	13	77	22	170	247	201	109	57	225	333	212	23
			%	11	36	7	27	17	18	24	26	9	7	10	13	11	22	18	18	15	19	25	21	15	6
	较 jiào	准	人数	1673	1380	2286	961	1877	1657	843	693	364	737	103	481	164	548	1002	803	532	208	550	1016	1104	355
			%	75	67	85	60	81	84	71	70	92	93	78	81	83	71	73	72	73	69	61	64	78	92
		否	人数	558	679	672	640	440	316	345	297	32	55	29	113	34	224	371	312	197	93	351	571	312	31
			%	25	33	25	40	19	16	29	30	8	7	22	19	17	29	27	28	27	31	39	36	22	8
	谬 miù	准	人数	1361	1091	1829	977	1460	1263	642	525	329	681	88	374	131	417	906	691	452	172	460	936	949	297
			%	61	53	68	61	63	64	54	53	83	86	67	63	66	54	66	62	62	57	51	59	67	77
		否	人数	870	968	860	624	857	710	546	465	67	111	44	220	67	355	467	424	277	129	441	651	467	89
			%	39	47	32	39	37	36	46	47	17	14	33	37	34	46	34	38	38	43	49	41	33	23
	嫩 nèn	准	人数	625	947	1156	672	741	651	321	287	182	364	59	244	93	208	453	368	255	87	261	492	552	216
			%	28	46	43	42	32	33	27	29	46	46	45	41	47	27	33	33	35	29	29	31	39	56
		否	人数	1606	1112	1533	929	1576	1322	867	703	214	428	73	350	105	564	920	747	474	214	550	1095	864	170
			%	72	54	57	58	68	67	73	71	54	54	55	59	53	73	67	67	65	71	61	69	61	44
	质 zhì	准	人数	1272	1091	1802	1009	1344	1164	701	564	293	602	84	368	125	448	920	725	467	172	532	1016	963	313
			%	57	53	67	63	58	59	59	57	74	76	64	62	63	58	67	65	64	57	59	64	68	81
		否	人数	959	968	887	592	973	809	487	426	103	190	48	226	73	324	453	390	262	129	369	889	453	73
			%	43	47	33	37	42	41	41	43	26	24	36	38	37	42	33	35	36	43	41	56	32	19
	弦 xián	准	人数	1495	1235	1909	1089	1529	1302	808	644	321	602	96	446	154	479	934	814	467	190	559	1047	977	282
			%	67	60	71	68	66	66	68	65	81	76	73	75	78	62	68	73	64	63	62	66	69	73
		否	人数	736	824	780	512	788	671	380	347	75	190	36	149	44	293	439	301	262	111	342	540	439	104
			%	33	40	29	32	34	34	32	35	19	24	27	25	22	38	32	27	36	37	38	34	31	27

表12

				民族		第一语言		性别		身份						年龄（岁）					文化程度			
				汉族	非汉族	汉语	非汉语	男	女	农民	牧民	教师	学生	乡镇干部	大夫、商贩、手艺人	宗教界人士	05~15	16~30	31~45	46~60	61以上	文盲半文盲	小学	中学	大专本科
人员分布			人数	2068	2204	4262	10	2904	1368	1601	0	553	1721	201	153	43	501	1613	1426	532	200	828	1435	1241	768
			%	48	52	91	9	68	32	37	0	13	40	5	4	1	12	38	33	12	5	19	34	29	18
多音词	埋 mái	准	人数	1965	2072	4177	8	2788	131p	1505	0	542	1687	191	142	41	456	1500	1369	489	186	770	1378	1241	768
			%	95	94	98	80	96	96	94	0	98	98	95	93	95	91	93	96	92	93	93	96	100	100
		否	人数	103	132	85	2	116	55	96	0	11	34	10	11	2	45	113	57	43	14	58	57	0	0
			%	5	6	2	20	4	4	6	0	2	2	5	7	5	9	7	4	8	7	7	4	0	0
	埋 mán	准	人数	1799	1940	4006	8	2497	1204	1425	0	531	1635	185	139	40	391	1355	1241	442	166	696	1263	1167	745
			%	87	88	94	80	86	88	89	0	96	95	92	91	93	78	84	87	83	83	84	88	94	97
		否	人数	269	264	256	2	407	164	176	0	22	86	16	14	3	110	258	185	90	34	132	172	74	23
			%	13	12	6	20	14	12	11	0	4	5	8	9	7	22	16	13	17	17	16	12	6	3
	给 gěi	准	人数	1965	2050	4134	9	2817	1313	1473	0	542	1652	189	148	41	461	1516	1383	516	190	762	1349	1241	768
			%	95	93	97	90	97	96	92	0	98	96	94	97	96	92	94	97	97	95	92	94	100	100
		否	人数	103	154	128	1	87	55	128	0	11	69	12	5	2	40	97	43	16	10	66	86	0	0
			%	5	7	3	10	3	4	8	0	2	4	6	3	4	8	6	3	3	5	8	6	0	0
	给 jǐ	准	人数	662	661	1790	3	1946	834	336	0	326	964	68	55	18	140	500	485	170	54	116	344	633	530
			%	32	30	42	30	67	61	21	0	59	56	34	36	41	28	31	34	32	27	14	24	51	69
		否	人数	1406	1543	2472	7	958	534	1265	0	227	757	133	98	25	361	1113	941	362	146	712	1091	608	238
			%	68	70	58	70	33	39	79	0	41	44	66	64	59	72	69	66	68	73	86	76	49	31
	恶 è	准	人数	1944	2116	4177	8	2788	1327	1457	0	536	1704	181	141	41	451	1548	1383	500	188	720	1292	1216	753
			%	94	96	98	80	96	97	91	0	97	99	90	92	95	90	96	97	94	94	87	90	98	98
		否	人数	124	88	85	2	116	41	144	0	17	17	20	12	2	50	65	43	32	12	108	144	25	15
			%	6	4	2	20	4	3	9	0	3	1	10	8	5	10	4	3	6	6	13	10	2	2
	恶 wù	准	人数	1778	1895	3708	7	2410	1081	1217	0	476	1411	169	127	35	381	1339	1212	452	168	621	1205	1104	707
			%	86	86	87	70	83	79	76	0	86	82	84	83	81	76	83	85	85	84	75	84	89	92
		否	人数	290	309	554	3	494	287	384	0	77	310	32	26	8	120	274	214	80	32	207	230	137	61
			%	14	14	13	30	17	21	24	0	14	18	16	17	19	24	17	15	15	16	25	16	11	8
	得 děi	准	人数	1468	1521	3154	6	1888	903	1073	0	415	1274	147	103	31	311	1032	955	335	122	513	918	881	591
			%	71	69	74	60	65	66	67	0	75	74	73	67	71	62	64	67	63	61	62	64	71	77
		否	人数	600	683	1108	4	1016	465	528	0	138	447	54	50	12	190	581	471	197	78	315	517	360	177
			%	29	31	26	40	35	34	33	0	25	26	27	33	29	38	36	33	37	39	38	36	29	23
	得 dé	准	人数	1799	1962	3964	8	2497	1135	1201	0	520	1583	179	133	39	381	1210	1226	447	150	596	1105	1067	722
			%	87	89	93	80	86	83	75	0	94	92	89	87	90	76	75	86	84	75	72	77	86	94
		否	人数	269	242	298	2	407	233	400	0	33	138	22	20	4	120	403	200	85	50	232	330	174	46
			%	13	11	7	20	14	17	25	0	6	8	11	13	10	24	25	14	16	25	28	23	14	6

(续表)

			民族		第一语言		性别		身份						年龄（岁）					文化程度			
			汉族	非汉族	汉语	非汉语	男	女	农民	牧民	教师	学生	乡镇干部	大夫、商贩、手艺人	宗教界人士	05~15	16~30	31~45	46~60	61以上	文盲半文盲	小学	中学	大专本科
多音词	倒 dǎo	准	人数	1882	1962	4092	8	2556	1218	1217	0	536	1669	189	142	40	436	1532	1312	495	182	662	1248	1191	768
			%	91	89	96	80	88	89	76	0	97	97	94	93	94	87	95	92	93	91	80	87	96	100
		否	人数	186	242	170	2	348	150	384	0	17	52	12	11	3	65	81	114	37	18	166	187	50	0
			%	9	11	4	20	12	11	24	0	3	3	6	7	6	13	5	8	7	9	20	13	4	0
异读词	倒 dào	准	人数	1944	2116	4177	8	2585	1259	1361	0	536	1652	187	144	40	401	1355	1226	452	168	654	1234	1179	760
			%	94	96	98	80	89	92	85	0	97	96	93	94	94	80	84	86	85	84	79	86	95	99
		否	人数	124	88	85	2	319	109	240	0	17	69	14	9	3	100	258	200	80	32	174	201	62	8
			%	6	4	2	20	11	8	15	0	3	4	7	6	6	20	16	14	15	16	21	14	5	1
	较 jiào	准	人数	1675	1741	3751	7	2497	1176	1265	0	520	1669	175	132	36	396	1387	1184	442	158	571	1048	1092	745
			%	81	79	88	70	86	86	79	0	94	97	87	86	84	79	86	83	83	79	69	73	88	97
		否	人数	393	463	511	3	407	192	336	0	33	52	26	21	7	105	226	242	90	42	257	387	149	23
			%	19	21	12	30	14	14	21	0	6	3	13	14	16	21	14	17	17	21	31	27	12	3
	谬 miù	准	人数	1179	1168	2685	6	1655	848	849	0	420	1360	125	96	28	256	1065	898	325	126	422	847	794	545
			%	57	53	63	60	57	62	53	0	76	79	62	63	65	51	66	63	61	63	51	59	64	71
		否	人数	889	1036	1577	4	1249	520	752	0	133	361	76	57	15	245	548	528	207	74	406	588	447	223
			%	43	47	37	40	43	38	47	0	24	21	38	37	35	49	34	37	39	37	49	41	36	29
	嫩 nèn	准	人数	724	815	1833	5	929	438	512	0	337	1119	94	75	22	180	629	485	170	64	265	531	645	530
			%	35	37	43	50	32	32	32	0	61	65	47	49	51	36	39	34	32	32	32	37	52	69
		否	人数	1344	1389	2429	5	1975	930	1089	0	216	602	107	78	21	321	984	941	362	136	563	904	596	238
			%	65	63	57	50	68	68	68	0	39	35	53	51	49	64	61	66	68	68	68	63	48	31
	质 zhì	准	人数	1406	1477	3111	5	1946	930	1009	0	453	1446	139	113	31	316	1161	984	346	128	522	990	956	660
			%	68	67	73	50	67	68	63	0	82	84	69	74	72	63	72	69	65	64	63	69	77	86
		否	人数	662	727	1151	5	958	438	592	0	100	275	62	40	12	185	452	442	186	72	306	445	285	108
			%	32	33	27	50	33	32	37	0	18	16	31	26	28	37	28	31	35	36	37	31	23	14
	弦 xián	准	人数	1551	1697	3367	7	2062	999	1137	0	431	1342	153	115	33	351	1177	1070	415	148	588	1076	980	660
			%	75	77	79	70	71	73	71	0	78	78	76	75	77	70	73	75	78	74	71	75	79	86
		否	人数	517	507	895	3	842	369	464	0	122	379	48	38	10	150	436	357	117	52	240	359	261	108
			%	25	23	21	30	29	27	29	0	22	22	24	25	23	30	27	25	22	26	29	25	21	14

表13

			民族		第一语言		性别		身份							年龄（岁）					文化程度			
			汉族	非汉族	汉语	非汉语	男	女	农民	牧民	教师	学生	乡镇干部	大夫、商贩、手艺人	宗教界人士	05~15	16~30	31~45	46~60	61以上	文盲半文盲	小学	中学	大专本科
人员分布		人数	4589	1747	5890	446	3285	3051	3168	0	528	2376	132	96	36	1902	1136	1327	1238	733	737	2165	3053	381
		%	72	28	93	7	52	48	50	0	8	37	2	2	1	30	18	21	21	10	12	34	48	6
普通话词语	天地时空	准 人数	3350	1223	4594	277	2529	2227	2281	0	507	2233	116	83	32	1369	943	1128	1052	513	501	1537	2748	381
		%	73	70	78	62	77	73	72	0	96	94	88	86	88	72	83	85	85	70	68	71	90	100
		否 人数	1239	524	1296	169	756	824	887	0	21	143	16	13	4	533	193	199	186	220	236	628	305	0
		%	27	30	22	38	23	27	28	0	4	6	12	14	12	28	17	15	15	30	32	29	10	0
	人物孩童	准 人数	3855	1310	5301	317	2727	2624	2566	0	512	2210	121	81	31	1484	1000	1168	1052	579	523	1710	2717	373
		%	84	75	90	71	83	86	81	0	97	93	92	85	86	78	88	88	85	79	71	79	89	98
		否 人数	734	437	589	129	558	427	602	0	16	166	11	14	5	418	136	159	186	154	214	455	336	6
		%	16	25	10	29	17	14	19	0	3	7	8	15	14	22	12	12	15	21	29	21	11	2
	动物植物	准 人数	4084	1258	5419	361	2825	2685	2693	0	507	2081	121	84	31	1541	1000	1101	1040	601	553	1710	3053	381
		%	89	72	92	81	86	88	85	0	96	96	92	88	86	81	88	83	84	82	75	79	100	100
		否 人数	505	489	471	85	460	366	475	0	21	95	11	12	5	361	136	226	198	132	184	455	0	0
		%	11	28	8	19	14	12	15	0	4	4	8	12	14	19	12	17	16	18	25	21	0	0
	衣着饮食	准 人数	3763	1188	4948	317	2792	2532	2344	0	486	2138	116	85	31	1388	943	1128	990	520	560	1797	2626	305
		%	82	68	84	71	85	83	74	0	92	90	88	89	84	73	83	85	80	71	76	83	86	96
		否 人数	826	559	942	129	493	519	824	0	42	238	16	11	6	514	193	199	248	213	177	368	427	13
		%	18	32	16	29	15	17	26	0	8	10	12	11	16	27	17	15	20	29	24	17	14	4
	房屋建筑	准 人数	3579	1240	4241	335	2497	2258	2186	0	433	1877	106	79	28	1274	863	1061	966	520	494	1451	2259	258
		%	78	71	72	75	76	74	69	0	82	79	80	82	77	67	76	80	78	71	67	67	74	81
		否 人数	1010	507	1649	112	788	793	982	0	95	499	26	17	8	128	173	265	272	213	243	714	794	60
		%	22	29	28	25	24	26	31	0	18	21	20	18	23	33	24	20	22	29	33	33	26	19
	动作状态	准 人数	3992	1345	5301	326	2759	2685	2598	0	512	2210	116	81	31	1350	10111	1194	1040	535	597	1862	2687	308
		%	87	77	90	73	84	88	82	0	97	93	88	85	85	71	89	90	84	73	81	86	88	97
		否 人数	597	402	589	120	526	366	570	0	16	166	16	14	5	552	125	133	198	198	140	303	366	10
		%	13	23	10	27	16	12	18	0	3	7	12	15	15	29	11	10	16	27	19	14	12	3
	程度指代	准 人数	3717	1240	4948	312	2595	2532	2439	0	470	2186	111	81	29	1388	954	1088	1003	542	553	1775	2809	308
		%	81	71	84	70	79	83	77	0	89	92	84	85	81	73	84	82	81	74	75	82	92	97
		否 人数	872	507	942	134	690	519	729	0	58	190	21	14	7	514	182	239	235	191	184	390	244	10
		%	19	29	16	30	21	17	23	0	11	8	16	15	19	27	16	18	19	26	25	18	8	3

表14

			民族		第一语言		性别		身份							年龄（岁）					文化程度			
			汉族	非汉族	汉语	非汉语	男	女	农民	牧民	教师	学生	乡镇干部	大夫、商贩、手艺人	宗教界人士	05~15	16~30	31~45	46~60	61以上	文盲半文盲	小学	中学	大专本科
人员分布		人数	2231	2059	2689	1601	2317	1973	1188	990	396	792	132	594	198	772	1373	1115	729	301	901	1587	1416	386
		%	52	48	63	37	54	46	28	23	9	18	3	14	5	18	32	26	17	7	21	37	33	9
普通话词语	天地时空	准 人数	1584	1318	1990	881	1691	1302	808	465	333	697	107	451	152	510	961	769	496	196	532	1000	1161	351
		准 %	71	64	74	55	73	66	68	47	84	88	81	76	77	66	70	69	68	65	59	63	82	91
		否 人数	647	741	699	720	626	671	380	525	63	95	25	143	46	262	412	346	233	105	369	587	255	35
		否 %	29	36	26	45	27	34	32	53	16	12	19	24	23	34	30	31	32	35	41	37	18	9
	人物孩童	准 人数	1740	1380	2204	1105	1715	1381	843	594	348	721	107	457	162	525	1030	825	518	205	613	1143	1147	344
		准 %	78	67	82	69	74	70	71	60	88	91	81	77	82	68	75	74	71	68	68	72	81	89
		否 人数	491	679	484	496	602	592	345	396	48	71	25	137	36	247	343	290	211	96	288	444	269	42
		否 %	22	33	18	31	26	30	29	40	12	9	19	23	18	32	25	26	29	32	32	28	19	11
	动物植物	准 人数	1829	1400	2313	1153	1877	1421	915	733	352	665	115	493	160	579	1071	903	554	223	640	1159	1189	359
		准 %	82	68	86	72	81	72	77	74	89	84	87	83	81	75	78	81	76	74	71	73	84	93
		否 人数	402	659	376	288	440	552	273	257	44	127	17	101	38	193	302	212	175	78	261	428	227	27
		否 %	18	32	14	18	19	28	23	26	11	16	13	17	19	25	22	19	24	26	29	27	16	7
	衣着饮食	准 人数	1718	1297	2178	1057	1645	1342	820	663	321	626	98	446	143	548	1085	937	525	214	604	1127	1104	336
		准 %	77	63	81	66	71	68	69	67	81	79	74	75	72	71	79	84	72	71	67	71	78	87
		否 人数	513	762	511	544	672	631	368	327	75	166	34	149	56	224	288	178	204	87	297	460	312	50
		否 %	23	37	19	34	29	32	31	33	19	21	26	25	28	29	21	16	28	29	33	29	22	13
	房屋建筑	准 人数	1740	1277	2205	1025	1761	1460	772	604	321	673	100	446	158	525	1085	814	542	217	604	1159	1119	328
		准 %	78	62	82	64	76	74	65	61	81	85	76	75	80	68	79	73	73	72	67	73	79	85
		否 人数	491	782	484	576	556	513	416	386	75	119	32	149	40	247	398	301	197	84	297	428	297	58
		否 %	22	38	18	36	24	26	35	39	19	15	24	25	20	32	29	27	27	28	33	27	21	15
	动作状态	准 人数	1673	1297	2124	1025	1599	1440	760	594	345	673	96	422	160	486	920	825	503	199	577	1111	1147	347
		准 %	75	63	79	64	69	73	64	60	87	85	73	71	81	63	67	74	69	66	64	70	81	90
		否 人数	558	762	565	576	718	533	428	396	51	119	36	172	38	286	453	290	226	102	324	476	269	39
		否 %	25	37	21	36	31	27	36	40	13	15	27	29	19	37	33	26	31	34	36	30	19	10
	程度指代	准 人数	1629	1235	2071	1041	1668	1342	748	604	305	642	99	446	147	479	1071	725	467	184	568	1143	1147	344
		准 %	73	60	77	65	72	68	63	61	77	81	75	75	74	62	78	65	64	61	63	72	81	89
		否 人数	602	824	618	560	649	631	440	386	91	150	33	149	51	293	302	390	262	117	333	444	269	42
		否 %	27	40	23	35	28	32	37	39	23	19	25	25	26	38	22	35	36	39	37	28	19	11

表15

			民族		第一语言		性别		身份							年龄（岁）					文化程度			
			汉族	非汉族	汉语	非汉语	男	女	农民	牧民	教师	学生	乡镇干部	大夫、商贩、手艺人	宗教界人士	05~15	16~30	31~45	46~60	61以上	文盲半文盲	小学	中学	大专本科
人员分布		人数	2068	2204	4262	10	2904	1368	1601	0	553	1721	201	153	43	501	1613	1426	532	200	828	1435	1241	768
		%	48	52	91	9	68	32	37	0	13	40	5	4	1	12	38	33	12	5	19	34	29	18
普通话词语	天地时空	准 人数	1634	1719	3537	7	2381	1081	1249	0	498	1566	173	133	37	391	1339	1212	447	154	571	1076	1142	768
		%	79	78	83	70	82	79	78	0	90	91	86	87	86	78	83	85	84	77	69	75	92	100
		否 人数	434	485	725	3	523	287	352	0	55	155	28	20	6	110	274	214	85	46	257	359	99	0
		%	21	22	17	30	18	21	22	0	10	9	14	13	14	22	17	15	16	23	31	25	8	0
	人物孩童	准 人数	1758	1807	3921	8	2381	1149	1313	0	514	1601	183	132	38	400	1355	1255	442	154	646	1177	1129	753
		%	85	82	92	80	82	84	82	0	93	93	91	86	88	80	84	88	83	77	78	82	91	98
		否 人数	310	397	341	2	523	219	288	0	39	120	18	21	5	100	258	171	90	46	182	258	112	15
		%	15	18	8	20	18	16	18	0	7	7	9	14	12	20	16	12	17	23	22	18	9	2
	动物植物	准 人数	1861	1983	3964	8	2556	1149	1361	0	521	1635	187	138	38	416	1371	1255	458	170	696	1234	1191	768
		%	90	90	93	80	88	84	85	0	96	95	93	90	88	83	85	88	86	85	84	86	96	100
		否 人数	207	220	298	2	348	219	240	0	22	86	14	15	5	85	197	171	74	30	132	201	50	0
		%	10	10	7	20	12	16	15	0	4	5	7	10	12	17	15	12	14	15	16	14	4	0
	衣着饮食	准 人数	1820	1851	3878	8	2556	1149	1313	0	520	1635	187	139	39	426	1419	1241	468	166	662	1205	1117	745
		%	88	84	91	80	88	84	82	0	94	95	93	91	91	85	88	87	88	83	80	84	90	97
		否 人数	248	353	384	2	348	219	288	0	33	86	14	14	4	75	194	185	64	34	166	230	124	23
		%	12	16	9	20	12	16	18	0	6	5	7	9	9	15	12	13	12	17	20	16	10	3
	房屋建筑	准 人数	1737	1807	3793	8	2410	1190	1329	0	470	1463	163	130	36	366	1258	1212	431	164	638	1191	1080	684
		%	84	82	89	80	83	87	83	0	85	85	81	85	84	73	78	85	81	82	77	83	87	89
		否 人数	331	397	469	2	494	178	272	0	83	258	38	23	7	135	355	214	101	36	190	244	161	85
		%	16	18	11	20	17	13	17	0	15	15	19	15	16	27	22	15	19	18	23	17	13	11
	动作状态	准 人数	1841	1895	3878	9	2497	1204	1345	0	520	1652	181	141	42	421	1484	1212	436	170	671	1248	1179	753
		%	89	86	91	90	86	88	84	0	94	96	90	92	92	84	92	85	82	85	81	87	95	98
		否 人数	227	309	384	1	407	164	256	0	33	69	20	12	3	80	129	214	96	30	157	187	62	15
		%	11	14	9	10	14	12	16	0	6	4	10	8	8	16	8	15	18	15	19	13	5	2
	程度指代	准 人数	1799	1873	3751	8	2439	1176	1329	0	492	1566	171	129	36	426	1419	1198	452	172	187	1248	1167	745
		%	87	85	88	80	84	86	83	0	89	91	85	84	83	85	88	84	85	86	83	87	94	97
		否 人数	269	331	511	2	465	192	272	0	61	155	30	24	7	75	194	228	80	28	141	187	74	23
		%	13	15	12	20	16	14	17	0	11	9	15	16	17	15	12	16	15	14	17	13	6	3

表16

			民族		第一语言		性别		身份							年龄（岁）					文化程度			
			汉族	非汉族	汉语	非汉语	男	女	农民	牧民	教师	学生	乡镇干部	大夫、商贩、手艺人	宗教界人士	05~15	16~30	31~45	46~60	61以上	文盲半文盲	小学	中学	大专本科
人员分布		人数	4589	1747	5890	446	3285	3051	3168	0	528	2376	132	96	36	1902	1136	1327	1238	733	737	2165	3053	381
		%	72	28	93	7	52	48	50	0	8	37	2	2	1	30	18	21	21	10	12	34	48	6
普通话词语	"子"尾词	准 人数	3121	1066	4300	285	2332	210	2028	0	428	1853	95	68	25	1008	727	969	768	432	339	1321	2046	324
		%	68	61	73	64	71	69	64	0	81	78	72	71	69	53	64	73	62	59	46	61	67	85
		否 人数	1468	681	1590	161	953	95	1104	0	100	523	37	28	11	894	409	358	470	301	398	844	1007	57
		%	32	39	27	36	29	31	36	0	19	22	28	29	31	47	36	27	38	41	54	39	33	15
	"儿"尾词	准 人数	2845	1013	3946	272	2037	195	1837	0	407	1758	92	68	25	894	613	823	706	381	361	1234	1923	312
		%	62	58	67	61	62	64	58	0	77	74	70	71	68	47	54	62	57	52	49	57	63	82
		否 人数	1744	734	1944	174	1248	110	1331	0	121	618	40	28	12	1008	523	504	532	352	376	931	1130	69
		%	38	42	33	39	38	36	42	0	23	26	30	29	32	53	46	38	43	48	51	43	37	18
	"头"尾词	准 人数	3579	1293	4535	317	2464	344	1964	0	459	2115	110	78	30	1369	886	982	904	513	457	1537	2412	351
		%	78	74	77	71	75	77	62	0	87	89	83	81	84	72	78	74	73	70	62	71	79	92
		否 人数	1010	454	1355	129	821	70	1204	0	69	261	22	18	6	533	250	345	335	220	280	628	641	30
		%	22	26	23	29	25	23	38	0	13	11	17	19	16	28	22	26	27	30	38	29	21	8

表17

			民族		第一语言		性别		身份							年龄（岁）					文化程度			
			汉族	非汉族	汉语	非汉语	男	女	农民	牧民	教师	学生	乡镇干部	大夫、商贩、手艺人	宗教界人士	05~15	16~30	31~45	46~60	61以上	文盲半文盲	小学	中学	大专本科
人员分布		人数	2231	2059	2689	1601	2317	1973	1188	990	396	792	132	594	198	772	1373	1115	729	301	901	1587	1416	386
		%	52	48	63	37	54	46	28	23	9	18	3	14	5	18	32	26	17	7	21	37	33	9
普通话词语	"子"尾词	准 人数	1472	1277	1936	961	1552	1302	725	594	309	626	91	416	143	394	906	702	445	169	378	841	878	305
		%	66	62	72	60	67	66	61	60	78	79	69	70	72	51	66	63	61	56	42	53	62	79
		否 人数	759	782	753	640	765	671	463	396	87	166	41	178	55	378	467	413	284	132	523	746	538	81
		%	34	38	28	40	33	34	39	40	22	21	31	30	28	49	34	37	39	44	58	47	38	21
	"儿"尾词	准 人数	1139	1112	1721	929	1413	1164	653	505	293	562	86	386	133	332	810	702	423	151	396	873	850	301
		%	60	54	64	58	61	59	55	51	74	71	65	65	67	43	59	63	58	50	44	55	60	78
		否 人数	892	947	968	672	904	809	534	485	103	230	46	208	65	440	563	413	306	151	505	714	566	85
		%	40	46	36	42	39	41	45	49	26	29	35	35	33	57	41	37	42	50	56	45	40	22
	"头"尾词	准 人数	1606	1400659	1990	1105	1599	1381	713	574	329	657	104	457	162	533	1043	814	539	208	532	1079	1020	347
		%	72	68	74	69	69	70	60	58	83	83	79	77	82	69	76	73	74	69	59	68	72	90
		否 人数	625	659	699	496	718	592	475	416	67	135	28	137	36	239	330	301	190	93	369	508	396	39
		%	28	32	26	31	31	30	40	42	17	17	21	23	18	31	24	27	26	31	41	32	28	10

表18

				民族		第一语言		性别		身份							年龄（岁）					文化程度			
				汉族	非汉族	汉语	非汉语	男	女	农民	牧民	教师	学生	乡镇干部	大夫、商贩、手艺人	宗教界人士	05~15	16~30	31~45	46~60	61以上	文盲半文盲	小学	中学	大专本科
人员分布			人数	2068	2204	4262	10	2904	1368	1601	0	553	1721	201	153	43	501	1613	1426	532	200	828	1435	1241	768
			%	48	52	91	9	68	32	37	0	13	40	5	4	1	12	38	33	12	5	19	34	29	18
普通话加尾词	"子"尾词	准	人数	1489	1587	3282	7	2207	1053	1089	0	465	1428	153	113	31	291	1097	1041	356	126	431	918	868	660
			%	72	72	77	70	76	77	68	0	84	83	76	74	73	58	68	73	67	63	52	64	70	86
		否	人数	579	617	980	3	697	315	512	0	88	293	48	40	12	210	516	385	176	74	397	517	372	108
			%	28	28	23	30	24	23	32	0	16	17	24	26	27	42	32	27	33	37	48	36	30	14
	"儿"尾词	准	人数	1613	1697	3537	7	2265	1108	1105	0	487	1446	169	121	34	376	1242	1155	404	146	563	1062	1055	684
			%	78	77	83	70	78	81	69	0	88	84	84	79	78	75	77	81	76	73	68	74	85	89
		否	人数	455	507	725	3	639	260	496	0	66	275	32	32	9	125	371	271	128	54	90	373	186	84
			%	22	23	17	30	22	19	31	0	12	16	16	21	22	25	23	19	24	27	32	26	15	11
	"头"尾词	准	人数	1386	1455	3154	7	2004	958	1009	0	453	1146	161	115	31	311	1177	984	330	120	505	904	1005	699
			%	67	66	74	70	69	70	63	0	82	84	80	75	72	62	73	69	62	60	61	63	81	91
		否	人数	682	749	1108	3	900	410	592	0	100	275	40	38	12	190	436	442	202	80	323	531	236	69
			%	33	34	26	30	31	30	37	0	18	16	20	25	28	38	27	31	38	40	39	37	19	9

表19

				民族		第一语言		性别		身份							年龄（岁）					文化程度			
				汉族	非汉族	汉语	非汉语	男	女	农民	牧民	教师	学生	乡镇干部	大夫、商贩、手艺人	宗教界人士	05~15	16~30	31~45	46~60	61以上	文盲半文盲	小学	中学	大专本科
人员分布			人数	4589	1747	5890	446	3285	3051	3168	0	528	2376	132	96	36	1902	1136	1327	1238	733	737	2165	3053	381
			%	72	28	93	7	52	48	50	0	8	37	2	2	1	30	18	21	21	10	12	34	48	6
普通话重叠词	名词	准	人数	3763	1205	5242	285	2595	235	2313	0	491	216	108	81	28	1331	943	1154	953	550	531	1689	2626	362
			%	82	69	89	64	79	77	73	0	93	91	82	84	79	70	83	87	77	75	72	78	86	95
		否	人数	826	542	648	161	690	70	855	0	37	21	24	15	8	571	193	173	285	183	206	476	427	19
			%	18	31	11	36	21	23	27	0	7	9	18	16	21	30	17	13	23	25	28	22	14	5
	形容词	准	人数	3396	1188	4535	272	2365	223	2281	0	444	204	99	74	27	1312	863	982	879	506	509	1602	2503	339
			%	74	68	77	61	72	73	72	0	84	86	75	77	74	69	76	74	71	69	69	74	82	89
		否	人数	1193	559	1355	174	920	82	887	0	84	33	33	22	9	590	273	357	359	227	228	563	550	42
			%	26	32	23	39	28	27	28	0	16	14	25	23	26	31	24	26	29	31	31	26	18	11
	量词	准	人数	3304	1223	4535	308	2365	213	2123	0	470	204	106	74	27	1027	829	942	829	381	383	1429	2412	320
			%	72	70	77	69	72	70	67	0	89	86	80	77	76	54	73	71	67	52	52	66	79	84
		否	人数	1285	524	1355	138	920	92	1045	0	58	33	26	22	9	875	307	385	409	352	354	736	641	61
			%	28	30	23	31	28	30	33	0	11	14	20	23	24	46	27	29	33	48	48	34	21	16
	副词	准	人数	3809	1258	5242	317	2431	217	2154	0	459	201	100	70	27	1201	886	982	842	484	472	1494	2412	347
			%	83	72	89	71	74	71	68	0	87	85	76	73	75	63	78	74	68	66	64	69	79	91
		否	人数	780	489	648	129	854	88	1014	0	69	36	32	26	9	705	250	345	396	249	265	671	641	343
			%	17	28	11	29	26	29	32	0	13	15	24	27	25	37	22	26	32	34	36	31	21	9

表20

			民族		第一语言		性别		身份							年龄（岁）					文化程度			
			汉族	非汉族	汉语	非汉语	男	女	农民	牧民	教师	学生	乡镇干部	大夫、商贩、手艺人	宗教界人士	05~15	16~30	31~45	46~60	61以上	文盲半文盲	小学	中学	大专本科
人员分布		人数	2231	2059	2689	1601	2317	1973	1188	990	396	792	132	594	198	772	1373	1115	729	301	901	1587	1416	386
		%	52	48	63	37	54	46	28	23	9	18	3	14	5	18	32	26	17	7	21	37	33	9
普通话重叠词	名词	准 人数	1718	1277	2178	1009	1784	1440	796	604	341	657	100	422	164	486	1016	803	510	202	568	1190	1189	340
		%	77	62	81	63	77	73	67	61	86	83	76	71	83	63	74	72	70	67	63	75	84	88
		否 人数	513	782	511	608	533	533	392	386	55	135	32	172	34	286	357	312	219	99	333	397	227	46
		%	23	38	19	38	23	27	33	39	14	17	24	29	17	37	26	28	30	33	37	25	16	12
	形容词	准 人数	1562	1256	1990	929	1622	1342	796	614	309	634	91	440	150	479	934	769	452	190	559	1095	1048	320
		%	70	61	74	58	70	68	67	62	78	80	69	74	76	62	68	69	62	63	62	69	74	83
		否 人数	669	803	699	672	695	631	392	376	87	158	41	154	48	293	439	346	277	111	342	492	368	66
		%	30	39	26	42	30	32	33	38	22	20	31	26	24	38	32	31	38	37	38	31	26	17
	量词	准 人数	1539	1256	1963	929	1576	1302	737	574	297	713	95	440	152	394	920	680	452	172	496	984	1005	313
		%	69	61	73	58	68	66	62	58	75	79	72	74	77	51	67	61	62	57	55	62	71	81
		否 人数	692	803	726	672	741	671	451	416	99	166	37	154	46	378	453	435	277	129	405	603	411	73
		%	31	39	27	42	32	34	38	42	25	21	28	26	23	49	33	39	38	43	45	38	29	19
	副词	准 人数	1762	1400	2232	945	1506	1223	796	604	313	657	91	422	149	448	961	747	481	172	514	1079	1119	324
		%	79	68	83	59	65	62	67	61	79	83	69	71	75	58	70	67	66	57	57	68	79	84
		否 人数	469	659	457	656	811	750	392	386	83	135	41	232	50	324	412	368	248	129	387	508	297	62
		%	21	32	17	41	35	38	33	39	21	17	31	39	25	42	30	33	34	43	43	32	21	16

表21

			民族		第一语言		性别		身份							年龄（岁）					文化程度			
			汉族	非汉族	汉语	非汉语	男	女	农民	牧民	教师	学生	乡镇干部	大夫、商贩、手艺人	宗教界人士	05~15	16~30	31~45	46~60	61以上	文盲半文盲	小学	中学	大专本科
人员分布		人数	2068	2204	4262	10	2904	1368	1601	0	553	1721	201	153	43	501	1613	1426	532	200	828	4351	1241	768
		%	48	52	91	9	68	32	37	0	13	40	5	4	1	12	38	33	12	5	19	34	29	18
普通话重叠词	名词	准 人数	1737	1895	3665	7	2381	1081	1265	0	520	1566	171	133	35	386	1419	1255	447	154	629	3568	1104	745
		%	84	86	86	70	82	79	79	0	94	91	85	87	81	77	88	88	84	77	76	82	89	97
		否 人数	331	309	597	3	523	287	336	0	33	155	30	20	8	115	194	171	85	46	199	783	137	23
		%	16	14	14	30	18	21	21	0	6	9	15	13	19	23	12	12	16	23	24	18	11	3
	形容词	准 人数	1592	1719	3367	6	2207	1012	1265	0	481	1532	163	129	35	366	1339	1141	410	148	563	3394	1080	699
		%	77	78	79	60	76	74	79	0	87	89	81	84	82	73	83	80	77	74	68	78	87	91
		否 人数	480	485	895	4	697	356	336	0	72	189	38	24	8	135	274	285	122	52	265	957	161	69
		%	23	22	21	40	24	26	21	0	13	11	19	16	18	27	17	20	23	26	32	22	13	9
	量词	准 人数	1551	661	3324	6	2120	958	1089	0	448	1428	157	115	31	326	1242	106	378	136	489	2785	943	660
		%	75	73	78	60	73	70	68	0	81	83	78	75	72	65	77	75	71	68	59	64	76	86
		否 人数	517	295	938	4	784	410	512	0	105	293	44	38	12	175	371	357	154	64	339	1566	298	108
		%	25	27	22	40	27	30	32	0	19	17	22	25	28	35	23	25	29	32	41	36	24	14
	副词	准 人数	1178	1895	3623	7	2381	1081	1105	0	492	1480	157	116	33	336	1274	1169	399	138	546	3220	1055	707
		%	86	86	85	70	82	79	69	0	89	86	78	76	76	67	79	82	75	69	66	74	85	92
		否 人数	290	309	639	3	523	287	496	0	61	241	44	37	10	165	339	257	133	62	282	1131	186	61
		%	14	14	15	30	18	21	31	0	11	14	22	24	24	33	21	18	25	31	34	26	15	8

表22

<table>
<tr><th colspan="2" rowspan="2"></th><th rowspan="2"></th><th colspan="2">民族</th><th colspan="2">第一语言</th><th colspan="2">性别</th><th colspan="7">身份</th><th colspan="5">年龄（岁）</th><th colspan="4">文化程度</th></tr>
<tr><th>汉族</th><th>非汉族</th><th>汉语</th><th>非汉语</th><th>男</th><th>女</th><th>农民</th><th>牧民</th><th>教师</th><th>学生</th><th>乡镇干部</th><th>大夫、商贩、手艺人</th><th>宗教界人士</th><th>05~15</th><th>16~30</th><th>31~45</th><th>46~60</th><th>61以上</th><th>文盲半文盲</th><th>小学</th><th>中学</th><th>大专本科</th></tr>
<tr><td colspan="2" rowspan="2">人员分布</td><td>人数</td><td>4589</td><td>1747</td><td>5890</td><td>446</td><td>3285</td><td>3051</td><td>3168</td><td>0</td><td>528</td><td>2376</td><td>132</td><td>96</td><td>36</td><td>1902</td><td>1136</td><td>1327</td><td>1238</td><td>733</td><td>737</td><td>2165</td><td>3053</td><td>381</td></tr>
<tr><td>%</td><td>72</td><td>28</td><td>93</td><td>7</td><td>52</td><td>48</td><td>50</td><td>0</td><td>8</td><td>37</td><td>2</td><td>2</td><td>1</td><td>30</td><td>18</td><td>21</td><td>21</td><td>10</td><td>12</td><td>34</td><td>48</td><td>6</td></tr>
<tr><td rowspan="12">普通话量词结构</td><td rowspan="4">搭配名词</td><td>准 人数</td><td>3121</td><td>1066</td><td>4182</td><td>250</td><td>2300</td><td>207</td><td>1932</td><td>0</td><td>428</td><td>1877</td><td>94</td><td>70</td><td>25</td><td>1084</td><td>807</td><td>982</td><td>891</td><td>454</td><td>450</td><td>1472</td><td>2351</td><td>328</td></tr>
<tr><td>%</td><td>68</td><td>61</td><td>71</td><td>56</td><td>70</td><td>68</td><td>61</td><td>0</td><td>81</td><td>79</td><td>71</td><td>73</td><td>69</td><td>57</td><td>71</td><td>74</td><td>72</td><td>62</td><td>61</td><td>68</td><td>77</td><td>86</td></tr>
<tr><td>否 人数</td><td>1468</td><td>681</td><td>1708</td><td>196</td><td>986</td><td>98</td><td>1236</td><td>0</td><td>100</td><td>499</td><td>38</td><td>26</td><td>11</td><td>818</td><td>329</td><td>345</td><td>347</td><td>279</td><td>287</td><td>693</td><td>702</td><td>53</td></tr>
<tr><td>%</td><td>32</td><td>39</td><td>29</td><td>44</td><td>30</td><td>32</td><td>39</td><td>0</td><td>19</td><td>21</td><td>29</td><td>27</td><td>31</td><td>43</td><td>29</td><td>26</td><td>28</td><td>38</td><td>39</td><td>32</td><td>23</td><td>14</td></tr>
<tr><td rowspan="4">搭配动词</td><td>准 人数</td><td>2937</td><td>1031</td><td>4064</td><td>268</td><td>2037</td><td>189</td><td>1932</td><td>0</td><td>412</td><td>1782</td><td>96</td><td>68</td><td>24</td><td>1162</td><td>841</td><td>902</td><td>792</td><td>454</td><td>657</td><td>1451</td><td>1741</td><td>316</td></tr>
<tr><td>%</td><td>64</td><td>59</td><td>69</td><td>60</td><td>62</td><td>62</td><td>61</td><td>0</td><td>78</td><td>75</td><td>73</td><td>71</td><td>68</td><td>61</td><td>74</td><td>68</td><td>64</td><td>62</td><td>62</td><td>67</td><td>74</td><td>83</td></tr>
<tr><td>否 人数</td><td>1652</td><td>716</td><td>1826</td><td>178</td><td>1248</td><td>116</td><td>1236</td><td>0</td><td>116</td><td>594</td><td>36</td><td>28</td><td>12</td><td>742</td><td>295</td><td>425</td><td>446</td><td>279</td><td>280</td><td>714</td><td>612</td><td>65</td></tr>
<tr><td>%</td><td>36</td><td>41</td><td>31</td><td>40</td><td>38</td><td>38</td><td>39</td><td>0</td><td>22</td><td>25</td><td>27</td><td>29</td><td>32</td><td>39</td><td>26</td><td>32</td><td>36</td><td>38</td><td>38</td><td>33</td><td>26</td><td>17</td></tr>
<tr><td rowspan="4">搭配形容词</td><td>准 人数</td><td>2845</td><td>1013</td><td>3829</td><td>250</td><td>2102</td><td>189</td><td>1932</td><td>0</td><td>354</td><td>1497</td><td>81</td><td>60</td><td>23</td><td>1103</td><td>738</td><td>916</td><td>780</td><td>425</td><td>450</td><td>1364</td><td>1577</td><td>263</td></tr>
<tr><td>%</td><td>62</td><td>58</td><td>65</td><td>56</td><td>64</td><td>62</td><td>61</td><td>0</td><td>67</td><td>63</td><td>61</td><td>63</td><td>63</td><td>58</td><td>65</td><td>69</td><td>63</td><td>58</td><td>61</td><td>63</td><td>67</td><td>69</td></tr>
<tr><td>否 人数</td><td>1744</td><td>734</td><td>2062</td><td>196</td><td>1183</td><td>116</td><td>1236</td><td>0</td><td>174</td><td>879</td><td>51</td><td>36</td><td>13</td><td>989</td><td>398</td><td>411</td><td>458</td><td>308</td><td>287</td><td>801</td><td>776</td><td>118</td></tr>
<tr><td>%</td><td>38</td><td>42</td><td>35</td><td>44</td><td>36</td><td>38</td><td>39</td><td>0</td><td>33</td><td>37</td><td>39</td><td>37</td><td>37</td><td>42</td><td>35</td><td>31</td><td>37</td><td>42</td><td>39</td><td>37</td><td>33</td><td>31</td></tr>
</table>

表23

<table>
<tr><th colspan="2" rowspan="2"></th><th rowspan="2"></th><th colspan="2">民族</th><th colspan="2">第一语言</th><th colspan="2">性别</th><th colspan="7">身份</th><th colspan="5">年龄（岁）</th><th colspan="4">文化程度</th></tr>
<tr><th>汉族</th><th>非汉族</th><th>汉语</th><th>非汉语</th><th>男</th><th>女</th><th>农民</th><th>牧民</th><th>教师</th><th>学生</th><th>乡镇干部</th><th>大夫、商贩、手艺人</th><th>宗教界人士</th><th>05~15</th><th>16~30</th><th>31~45</th><th>46~60</th><th>61以上</th><th>文盲半文盲</th><th>小学</th><th>中学</th><th>大专本科</th></tr>
<tr><td colspan="2" rowspan="2">人员分布</td><td>人数</td><td>2231</td><td>2059</td><td>2689</td><td>1601</td><td>2317</td><td>1973</td><td>1188</td><td>990</td><td>396</td><td>792</td><td>132</td><td>594</td><td>198</td><td>772</td><td>1373</td><td>1115</td><td>729</td><td>301</td><td>901</td><td>1587</td><td>1416</td><td>386</td></tr>
<tr><td>%</td><td>52</td><td>48</td><td>63</td><td>37</td><td>54</td><td>46</td><td>28</td><td>23</td><td>9</td><td>18</td><td>3</td><td>14</td><td>5</td><td>18</td><td>32</td><td>26</td><td>17</td><td>7</td><td>21</td><td>37</td><td>33</td><td>9</td></tr>
<tr><td rowspan="12">普通话量词</td><td rowspan="4">搭配名词</td><td>准 人数</td><td>1383</td><td>1091</td><td>1802</td><td>817</td><td>1506</td><td>1184</td><td>677</td><td>505</td><td>309</td><td>602</td><td>90</td><td>410</td><td>143</td><td>409</td><td>906</td><td>691</td><td>459</td><td>163</td><td>514</td><td>934</td><td>1104</td><td>302</td></tr>
<tr><td>%</td><td>62</td><td>53</td><td>67</td><td>51</td><td>65</td><td>60</td><td>57</td><td>51</td><td>78</td><td>76</td><td>68</td><td>69</td><td>72</td><td>53</td><td>66</td><td>62</td><td>63</td><td>54</td><td>57</td><td>62</td><td>78</td><td>83</td></tr>
<tr><td>否 人数</td><td>848</td><td>968</td><td>887</td><td>784</td><td>811</td><td>789</td><td>511</td><td>485</td><td>87</td><td>190</td><td>42</td><td>184</td><td>50</td><td>363</td><td>467</td><td>424</td><td>270</td><td>138</td><td>387</td><td>603</td><td>312</td><td>66</td></tr>
<tr><td>%</td><td>38</td><td>47</td><td>33</td><td>49</td><td>35</td><td>40</td><td>43</td><td>49</td><td>22</td><td>24</td><td>32</td><td>31</td><td>28</td><td>47</td><td>34</td><td>38</td><td>37</td><td>46</td><td>43</td><td>38</td><td>22</td><td>17</td></tr>
<tr><td rowspan="4">搭配动词</td><td>准 人数</td><td>1361</td><td>1153</td><td>1775</td><td>849</td><td>1506</td><td>1263</td><td>748</td><td>584</td><td>297</td><td>618</td><td>92</td><td>434</td><td>141</td><td>448</td><td>920</td><td>736</td><td>459</td><td>193</td><td>514</td><td>1032</td><td>977</td><td>309</td></tr>
<tr><td>%</td><td>61</td><td>56</td><td>66</td><td>53</td><td>65</td><td>64</td><td>63</td><td>59</td><td>75</td><td>78</td><td>70</td><td>73</td><td>71</td><td>58</td><td>67</td><td>66</td><td>63</td><td>64</td><td>57</td><td>65</td><td>69</td><td>80</td></tr>
<tr><td>否 人数</td><td>870</td><td>906</td><td>914</td><td>752</td><td>811</td><td>710</td><td>440</td><td>406</td><td>99</td><td>174</td><td>40</td><td>160</td><td>57</td><td>324</td><td>453</td><td>379</td><td>270</td><td>108</td><td>387</td><td>555</td><td>439</td><td>77</td></tr>
<tr><td>%</td><td>39</td><td>44</td><td>34</td><td>47</td><td>35</td><td>36</td><td>37</td><td>41</td><td>25</td><td>22</td><td>30</td><td>27</td><td>29</td><td>42</td><td>33</td><td>34</td><td>37</td><td>36</td><td>43</td><td>35</td><td>31</td><td>20</td></tr>
<tr><td rowspan="4">搭配形容词</td><td>准 人数</td><td>1495</td><td>1256</td><td>1909</td><td>913</td><td>1529</td><td>1342</td><td>820</td><td>663</td><td>273</td><td>507</td><td>83</td><td>386</td><td>131</td><td>463</td><td>879</td><td>758</td><td>474</td><td>187</td><td>541</td><td>934</td><td>1034</td><td>274</td></tr>
<tr><td>%</td><td>67</td><td>61</td><td>71</td><td>57</td><td>66</td><td>68</td><td>69</td><td>67</td><td>69</td><td>64</td><td>63</td><td>65</td><td>66</td><td>60</td><td>64</td><td>68</td><td>65</td><td>62</td><td>60</td><td>62</td><td>73</td><td>71</td></tr>
<tr><td>否 人数</td><td>736</td><td>803</td><td>780</td><td>688</td><td>788</td><td>631</td><td>368</td><td>327</td><td>123</td><td>285</td><td>49</td><td>208</td><td>67</td><td>309</td><td>494</td><td>357</td><td>255</td><td>114</td><td>360</td><td>603</td><td>382</td><td>112</td></tr>
<tr><td>%</td><td>33</td><td>39</td><td>29</td><td>43</td><td>34</td><td>32</td><td>31</td><td>33</td><td>31</td><td>36</td><td>37</td><td>35</td><td>34</td><td>40</td><td>36</td><td>32</td><td>35</td><td>38</td><td>40</td><td>38</td><td>27</td><td>29</td></tr>
</table>

表24

			民族		第一语言		性别		身份							年龄（岁）					文化程度			
			汉族	非汉族	汉语	非汉语	男	女	农民	牧民	教师	学生	乡镇干部	大夫、商贩、手艺人	宗教界人士	05~15	16~30	31~45	46~60	61~以上	文盲半文盲	小学	中学	大专本科
人员分布		人数	2068	2204	4262	10	2904	1368	1601	0	553	1721	201	153	43	501	1613	1426	532	200	828	1435	1241	768
		%	48	52	91	9	68	32	37	0	13	40	5	4	1	12	38	33	12	5	19	34	29	18
普通话量词	搭配名词	准 人数	1427	1521	3111	6	1975	917	1041	0	465	1497	153	119	32	306	1210	1070	383	128	489	990	1030	668
		%	69	69	73	60	68	67	65	0	84	87	76	78	75	61	75	75	72	64	59	69	83	87
		否 人数	641	683	1151	4	929	451	560	0	88	224	48	34	11	195	403	357	149	72	339	445	211	100
		%	31	31	27	40	32	33	35	0	16	13	24	22	25	39	25	25	28	36	41	31	17	13
	搭配动词	准 人数	1406	1521	3026	5	1917	876	1009	0	448	1360	149	113	31	306	1113	1027	351	130	505	976	956	660
		%	68	69	71	50	66	64	63	0	81	79	74	74	72	61	69	72	66	65	61	68	77	86
		否 人数	662	683	1236	5	987	492	592	0	105	361	52	40	12	195	500	399	181	70	323	459	285	108
		%	32	31	29	50	34	36	37	0	19	21	26	26	28	39	31	28	34	35	39	32	23	14
	搭配形容词	准 人数	1468	1609	3154	5	2062	958	1105	0	448	1325	125	99	28	311	1145	1070	367	130	530	976	906	630
		%	71	73	74	50	71	70	69	0	81	77	62	65	64	62	71	75	69	65	64	68	73	82
		否 人数	600	595	1108	5	842	410	496	0	105	396	76	54	15	190	468	357	165	70	298	459	335	138
		%	29	27	26	50	29	30	31	0	19	23	38	35	36	38	29	25	31	35	36	32	27	18

表25

			民族		第一语言		性别		身份							年龄（岁）					文化程度			
			汉族	非汉族	汉语	非汉语	男	女	农民	牧民	教师	学生	乡镇干部	大夫、商贩、手艺人	宗教界人士	05~15	16~30	31~45	46~60	61以上	文盲半文盲	小学	中学	大专本科
人员分布		人数	4589	1747	5890	446	3285	3051	3168	0	528	2376	132	96	36	1902	1136	1327	1238	733	737	2165	3053	381
		%	72	28	93	7	52	48	50	0	8	37	2	2	1	30	18	21	21	10	12	34	48	6
普通话"们"字结构	名词+们	准 人数	3442	1205	4653	272	2332	2227	2091	0	428	2043	99	71	27	1293	886	995	817	454	472	1537	2351	324
		%	75	69	79	61	71	73	66	0	81	86	75	74	75	68	78	75	66	62	64	71	77	85
		否 人数	1147	512	1237	174	953	824	1077	0	100	333	33	25	9	609	250	332	421	279	265	628	702	57
		%	25	31	21	39	29	27	34	0	19	14	25	26	25	32	22	25	34	38	36	29	23	15
	代词+们	准 人数	3856	1363	5183	330	2694	2471	2439	0	491	2257	117	84	30	1541	1000	1181	1003	586	575	1819	2778	366
		%	84	78	88	74	82	81	77	0	93	95	89	87	84	81	88	89	81	80	78	84	91	96
		否 人数	734	384	707	116	591	580	706	0	37	119	15	12	6	361	136	146	235	147	162	346	275	15
		%	16	22	12	26	18	19	23	0	7	5	11	13	16	19	12	11	19	20	22	16	9	4

表26

				民族		第一语言		性别		身份							年龄（岁）					文化程度			
				汉族	非汉族	汉语	非汉语	男	女	农民	牧民	教师	学生	乡镇干部	大夫、商贩、手艺人	宗教界人士	05~15	16~30	31~45	46~60	61以上	文盲半文盲	小学	中学	大专本科
人员分布			人数	2231	2059	2689	1601	2317	1973	1188	990	396	792	132	594	198	772	1373	1115	729	301	901	1587	1416	386
			%	52	48	63	37	54	46	28	23	9	18	3	14	5	18	32	26	17	7	21	37	33	9
普通话"们"字结构	名词+们	准	人数	1539	1277	1936	977	1529	1243	760	594	293	610	95	410	143	471	947	747	459	101	577	1047	977	301
			%	69	62	72	61	66	63	64	60	74	77	72	69	72	61	69	67	63	60	64	66	69	78
		否	人数	692	782	753	624	788	730	428	396	103	182	37	184	55	301	426	368	270	120	324	540	439	85
			%	31	38	28	39	34	37	36	40	26	23	28	31	28	39	31	33	37	40	36	34	31	22
	代词+们	准	人数	1606	1138	2017	1105	1645	1440	832	663	329	681	99	446	162	548	1002	870	518	205	622	1143	1104	324
			%	72	65	75	69	71	73	70	67	83	86	75	75	82	71	73	78	71	68	69	72	78	84
		否	人数	625	721	672	496	672	533	356	327	67	111	33	189	36	224	371	245	211	96	186	444	312	62
			%	28	35	25	31	29	27	30	33	17	14	25	25	18	29	27	22	29	32	31	28	22	16

表27

				民族		第一语言		性别		身份							年龄（岁）					文化程度			
				汉族	非汉族	汉语	非汉语	男	女	农民	牧民	教师	学生	乡镇干部	大夫、商贩、手艺人	宗教界人士	05~15	16~30	31~45	46~60	61以上	文盲半文盲	小学	中学	大专本科
人员分布			人数	2068	2204	4262	10	2904	1368	1601	0	553	1721	201	153	43	501	1613	1426	532	200	828	1435	1241	768
			%	48	52	91	9	68	32	37	0	13	40	5	4	1	12	38	33	12	5	19	34	29	18
普通话"们"字结构	名词+们	准	人数	1696	1851	3580	8	2323	1122	1233	0	487	1549	169	132	36	396	1436	1212	426	154	629	1134	1042	699
			%	82	84	84	80	80	82	77	0	88	90	84	86	83	79	89	85	80	77	76	79	84	91
		否	人数	372	353	682	2	581	246	368	0	66	172	32	21	7	105	177	214	106	46	199	301	199	69
			%	18	16	16	20	20	18	23	0	12	10	16	14	17	21	11	15	20	23	24	21	16	9
	代词+们	准	人数	1716	187	3580	8	2381	1135	1249	0	509	1566	165	122	34	396	1339	1212	410	154	638	1177	1154	745
			%	83	85	84	80	82	83	78	0	92	91	82	80	79	79	83	85	77	77	77	82	93	97
		否	人数	352	331	683	2	523	233	352	0	44	155	36	31	9	105	274	214	122	46	190	258	87	23
			%	17	15	16	20	18	17	22	0	8	9	18	20	21	21	17	15	23	23	23	18	7	3

表28

			民族		第一语言		性别		身份						年龄（岁）					文化程度			
			汉族	非汉族	汉语	非汉语	男	女	农民	牧民	教师	学生	乡镇干部	大夫、商贩、手艺人	宗教界人士	05~15	16~30	31~45	46~60	61以上	文盲半文盲	小学	中学	大专本科
人员分布		人数	4589	1747	5890	446	3285	3051	3168	0	528	2376	132	96	36	1902	1136	1327	1238	733	737	2165	3053	381
		%	72	28	93	7	52	48	50	0	8	37	2	2	1	30	18	21	21	10	12	34	48	6
普通话句式	处置句	准 人数	3304	1101	4476	263	2135	192	2091	0	407	1334	94	66	25	1217	784	1009	904	498	486	1494	2229	309
		%	72	63	76	59	65	63	66	0	77	73	71	69	70	64	69	76	73	68	66	69	73	81
		否 人数	1285	646	1414	183	1150	113	1077	0	121	642	38	30	11	685	352	318	334	235	251	671	824	72
		%	28	37	24	41	35	37	34	0	23	27	29	31	30	36	31	24	27	32	34	31	27	19
	被动句	准 人数	2891	1031	4064	254	2135	189	1964	0	396	1853	98	68	25	1103	807	889	768	418	427	1386	2198	297
		%	63	59	69	57	65	62	62	0	75	78	74	71	69	58	71	67	62	57	58	64	72	78
		否 人数	1698	716	1826	192	1150	116	1204	0	132	523	34	28	11	799	329	438	470	315	310	779	855	84
		%	37	41	31	43	35	38	38	0	25	22	26	29	31	42	29	33	38	43	42	36	28	22
	比较句	准 人数	3763	1240	5124	326	2464	235	2281	0	454	2115	112	80	28	1350	943	1048	904	520	538	1710	2565	351
		%	82	71	87	73	75	77	72	0	86	89	85	83	79	71	83	79	73	71	73	79	84	92
		否 人数	826	507	766	120	821	70	887	0	74	261	20	16	8	552	193	279	334	213	199	455	488	30
		%	18	29	13	27	25	23	28	0	14	11	15	17	21	29	17	21	27	29	27	21	16	8
	选择问句	准 人数	3258	1118	4418	294	2497	223	2186	0	417	1830	98	73	26	1160	761	982	891	506	457	1472	2229	301
		%	71	64	75	66	76	73	69	0	79	77	74	76	73	61	67	74	72	69	62	68	73	79
		否 人数	1331	629	1473	152	788	82	982	0	111	546	34	23	10	742	375	345	347	227	280	693	824	80
		%	29	36	25	34	24	27	31	0	21	23	26	24	27	39	33	26	28	31	38	32	27	21
	"给"字句	准 人数	3350	1118	4418	277	2365	223	2059	0	380	1663	91	68	24	1198	852	942	842	484	472	1516	2259	301
		%	73	64	75	62	72	73	65	0	72	70	69	71	67	63	75	71	68	66	64	70	74	79
		否 人数	1239	629	1473	169	920	82	1109	0	148	713	41	28	12	704	284	385	396	249	256	650	794	80
		%	27	36	25	38	28	27	35	0	28	30	31	29	33	37	25	29	32	34	36	30	26	21

表29

<table>
<tr><th rowspan="2"colspan="3"></th><th colspan="2">民族</th><th colspan="2">第一语言</th><th colspan="2">性别</th><th colspan="6">身份</th><th colspan="5">年龄（岁）</th><th colspan="4">文化程度</th></tr>
<tr><th>汉族</th><th>非汉族</th><th>汉语</th><th>非汉语</th><th>男</th><th>女</th><th>农民</th><th>牧民</th><th>教师</th><th>学生</th><th>乡镇干部</th><th>大夫、商贩、手艺人</th><th>宗教界人士</th><th>05~15</th><th>16~30</th><th>31~45</th><th>46~60</th><th>61以上</th><th>文盲半文盲</th><th>小学</th><th>中学</th><th>大专本科</th></tr>
<tr><td colspan="2" rowspan="2">人员分布</td><td>人数</td><td>2231</td><td>2059</td><td>2689</td><td>1601</td><td>2317</td><td>1973</td><td>1188</td><td>990</td><td>396</td><td>792</td><td>132</td><td>594</td><td>198</td><td>772</td><td>1373</td><td>1115</td><td>729</td><td>301</td><td>901</td><td>1587</td><td>1416</td><td>386</td></tr>
<tr><td>%</td><td>52</td><td>48</td><td>63</td><td>37</td><td>54</td><td>46</td><td>28</td><td>23</td><td>9</td><td>18</td><td>3</td><td>14</td><td>5</td><td>18</td><td>32</td><td>26</td><td>17</td><td>7</td><td>21</td><td>37</td><td>33</td><td>9</td></tr>
<tr><td rowspan="12">普通话句式</td><td rowspan="2">处置句</td><td>准</td><td>人数</td><td>1495</td><td>1256</td><td>1855</td><td>913</td><td>1506</td><td>1243</td><td>737</td><td>584</td><td>289</td><td>602</td><td>95</td><td>410</td><td>141</td><td>471</td><td>906</td><td>734</td><td>445</td><td>184</td><td>550</td><td>1032</td><td>977</td><td>301</td></tr>
<tr><td></td><td>%</td><td>67</td><td>61</td><td>69</td><td>57</td><td>65</td><td>63</td><td>62</td><td>59</td><td>73</td><td>76</td><td>72</td><td>69</td><td>71</td><td>61</td><td>66</td><td>64</td><td>61</td><td>61</td><td>61</td><td>65</td><td>69</td><td>78</td></tr>
<tr><td rowspan="2">否</td><td>人数</td><td>736</td><td>803</td><td>834</td><td>688</td><td>811</td><td>730</td><td>451</td><td>406</td><td>107</td><td>190</td><td>37</td><td>184</td><td>57</td><td>301</td><td>467</td><td>401</td><td>284</td><td>117</td><td>352</td><td>555</td><td>439</td><td>85</td></tr>
<tr><td>%</td><td>33</td><td>39</td><td>31</td><td>43</td><td>35</td><td>37</td><td>38</td><td>41</td><td>27</td><td>24</td><td>28</td><td>31</td><td>29</td><td>39</td><td>34</td><td>36</td><td>39</td><td>39</td><td>39</td><td>35</td><td>31</td><td>22</td></tr>
<tr><td rowspan="2">被动句</td><td>准</td><td>人数</td><td>1383</td><td>1153</td><td>1829</td><td>945</td><td>1413</td><td>1164</td><td>689</td><td>554</td><td>293</td><td>562</td><td>430</td><td>386</td><td>139</td><td>471</td><td>892</td><td>769</td><td>474</td><td>187</td><td>514</td><td>968</td><td>949</td><td>293</td></tr>
<tr><td></td><td>%</td><td>62</td><td>56</td><td>68</td><td>59</td><td>61</td><td>59</td><td>58</td><td>56</td><td>74</td><td>71</td><td>68</td><td>65</td><td>70</td><td>61</td><td>65</td><td>69</td><td>65</td><td>62</td><td>57</td><td>61</td><td>67</td><td>76</td></tr>
<tr><td rowspan="2">否</td><td>人数</td><td>848</td><td>906</td><td>860</td><td>656</td><td>904</td><td>809</td><td>499</td><td>436</td><td>143</td><td>230</td><td>202</td><td>208</td><td>59</td><td>301</td><td>481</td><td>346</td><td>255</td><td>118</td><td>387</td><td>619</td><td>467</td><td>93</td></tr>
<tr><td>%</td><td>38</td><td>44</td><td>32</td><td>41</td><td>39</td><td>41</td><td>42</td><td>44</td><td>26</td><td>29</td><td>32</td><td>35</td><td>30</td><td>39</td><td>35</td><td>31</td><td>35</td><td>38</td><td>43</td><td>39</td><td>33</td><td>24</td></tr>
<tr><td rowspan="2">比较句</td><td>准</td><td>人数</td><td>1651</td><td>1421</td><td>2071</td><td>977</td><td>1761</td><td>1460</td><td>808</td><td>434</td><td>325</td><td>649</td><td>493</td><td>446</td><td>154</td><td>486</td><td>1002</td><td>769</td><td>525</td><td>196</td><td>595</td><td>1143</td><td>1119</td><td>332</td></tr>
<tr><td></td><td>%</td><td>74</td><td>69</td><td>77</td><td>61</td><td>76</td><td>74</td><td>68</td><td>65</td><td>82</td><td>82</td><td>78</td><td>75</td><td>78</td><td>63</td><td>73</td><td>71</td><td>72</td><td>65</td><td>66</td><td>72</td><td>79</td><td>86</td></tr>
<tr><td rowspan="2">否</td><td>人数</td><td>580</td><td>638</td><td>618</td><td>624</td><td>556</td><td>513</td><td>380</td><td>347</td><td>71</td><td>143</td><td>139</td><td>149</td><td>44</td><td>286</td><td>371</td><td>346</td><td>204</td><td>105</td><td>306</td><td>444</td><td>297</td><td>54</td></tr>
<tr><td>%</td><td>26</td><td>31</td><td>23</td><td>39</td><td>24</td><td>26</td><td>32</td><td>35</td><td>18</td><td>18</td><td>22</td><td>25</td><td>22</td><td>37</td><td>27</td><td>29</td><td>28</td><td>35</td><td>34</td><td>28</td><td>21</td><td>14</td></tr>
<tr><td rowspan="4">选择问句</td><td rowspan="2">准</td><td>人数</td><td>1517</td><td>1277</td><td>1990</td><td>977</td><td>1645</td><td>1401</td><td>796</td><td>634</td><td>305</td><td>578</td><td>442</td><td>422</td><td>143</td><td>455</td><td>947</td><td>747</td><td>481</td><td>196</td><td>532</td><td>984</td><td>923</td><td>297</td></tr>
<tr><td>%</td><td>68</td><td>62</td><td>74</td><td>61</td><td>71</td><td>71</td><td>67</td><td>64</td><td>77</td><td>73</td><td>70</td><td>71</td><td>72</td><td>59</td><td>69</td><td>67</td><td>66</td><td>65</td><td>59</td><td>62</td><td>68</td><td>77</td></tr>
<tr><td rowspan="2">否</td><td>人数</td><td>714</td><td>782</td><td>699</td><td>624</td><td>672</td><td>572</td><td>392</td><td>356</td><td>91</td><td>214</td><td>190</td><td>172</td><td>55</td><td>317</td><td>426</td><td>368</td><td>248</td><td>105</td><td>369</td><td>603</td><td>453</td><td>89</td></tr>
<tr><td>%</td><td>32</td><td>38</td><td>26</td><td>39</td><td>29</td><td>29</td><td>33</td><td>36</td><td>23</td><td>27</td><td>30</td><td>29</td><td>28</td><td>41</td><td>31</td><td>33</td><td>34</td><td>35</td><td>41</td><td>38</td><td>32</td><td>23</td></tr>
<tr><td rowspan="4">"给"字句</td><td rowspan="2">准</td><td>人数</td><td>1539</td><td>1297</td><td>1963</td><td>993</td><td>1576</td><td>1322</td><td>748</td><td>604</td><td>273</td><td>562</td><td>417</td><td>392</td><td>139</td><td>463</td><td>947</td><td>758</td><td>467</td><td>178</td><td>532</td><td>1016</td><td>935</td><td>282</td></tr>
<tr><td>%</td><td>69</td><td>63</td><td>73</td><td>62</td><td>68</td><td>67</td><td>63</td><td>61</td><td>69</td><td>71</td><td>66</td><td>66</td><td>70</td><td>60</td><td>69</td><td>68</td><td>64</td><td>59</td><td>59</td><td>64</td><td>66</td><td>73</td></tr>
<tr><td rowspan="2">否</td><td>人数</td><td>692</td><td>762</td><td>726</td><td>608</td><td>741</td><td>651</td><td>440</td><td>386</td><td>123</td><td>230</td><td>245</td><td>202</td><td>59</td><td>309</td><td>426</td><td>357</td><td>262</td><td>123</td><td>369</td><td>571</td><td>481</td><td>104</td></tr>
<tr><td>%</td><td>31</td><td>37</td><td>27</td><td>38</td><td>32</td><td>33</td><td>37</td><td>39</td><td>31</td><td>29</td><td>34</td><td>34</td><td>30</td><td>40</td><td>31</td><td>32</td><td>36</td><td>41</td><td>41</td><td>36</td><td>34</td><td>27</td></tr>
</table>

表30

				民族		第一语言		性别		身份							年龄（岁）					文化程度			
				汉族	非汉族	汉语	非汉语	男	女	农民	牧民	教师	学生	乡镇干部	大夫、商贩、手艺人	宗教界人士	05~15	16~30	31~45	46~60	61以上	文盲半文盲	小学	中学	大专本科
人员分布			人数	2068	2204	4262	10	2904	1368	1601	0	553	1721	201	153	43	501	1613	1426	532	200	828	1435	1241	768
			%	48	52	91	9	68	32	37	0	13	40	5	4	1	12	38	33	12	5	19	34	29	18
普通话句式	处置句	准	人数	1551	1609	3239	7	2120	985	1169	0	481	1514	157	121	32	346	1210	1112	404	148	604	1048	980	653
			%	75	73	76	70	73	72	73	0	87	88	78	79	75	69	75	78	76	74	73	73	79	85
		否	人数	517	595	1023	3	784	383	432	0	72	207	44	32	11	155	403	314	128	52	224	387	261	115
			%	25	27	24	30	27	28	27	0	13	12	22	21	25	31	25	22	24	26	27	27	21	15
	被动句	准	人数	1386	1521	3026	6	1946	889	1073	0	448	1463	159	113	33	331	1210	1055	362	132	546	990	906	607
			%	67	69	71	60	67	65	67	0	81	85	79	74	76	66	75	74	68	66	66	69	73	79
		否	人数	682	683	1236	4	958	479	528	0	105	258	42	40	10	170	403	371	170	168	282	445	335	161
			%	33	31	29	40	33	35	33	0	19	15	21	26	24	34	25	26	32	34	34	31	27	21
	比较句	准	人数	1799	1962	3793	7	2294	1108	1265	0	492	1583	169	133	37	391	1403	1184	404	144	588	1191	1080	722
			%	87	89	89	70	79	81	79	0	89	92	84	87	85	78	87	83	76	72	71	83	87	94
		否	人数	269	242	469	3	610	260	336	0	61	138	32	20	6	110	210	242	128	56	240	244	161	46
			%	13	11	11	30	21	19	21	0	11	8	16	13	15	22	13	17	24	28	29	17	13	6
	选择问句	准	人数	1468	1543	3324	7	2120	1026	1137	0	453	1411	158	116	32	346	1210	1070	394	142	571	990	1094	653
			%	71	70	78	70	73	75	71	0	82	82	79	76	75	69	75	75	74	71	69	69	77	85
		否	人数	600	661	938	3	784	342	464	0	100	310	42	37	11	155	403	357	138	58	257	445	327	115
			%	29	30	22	30	27	25	29	0	18	18	21	24	25	31	25	25	26	29	31	31	23	15
	"给"字句	准	人数	1530	1631	3197	7	2091	1012	1153	0	437	1342	141	113	31	361	1274	1055	399	142	580	1048	1108	653
			%	74	74	75	70	72	74	72	0	79	78	70	74	71	72	79	74	75	71	70	73	78	85
		否	人数	538	573	1066	3	813	356	448	0	116	379	60	40	12	140	339	371	133	58	248	387	313	115
			%	26	26	25	30	28	26	28	0	21	22	30	26	29	28	21	26	25	29	30	27	22	15

表31

				民族		第一语言		性别		身份							年龄（岁）					文化程度			
				汉族	非汉族	汉语	非汉语	男	女	农民	牧民	教师	学生	乡镇干部	大夫、商贩、手艺人	宗教界人士	05~15	16~30	31~45	46~60	61以上	文盲半文盲	小学	中学	大专本科
人员分布			人数	4589	1747	5890	446	3285	3051	3168	0	528	2376	132	96	36	1902	1136	1327	1238	733	737	2165	3053	381
			%	72	28	93	7	52	48	50	0	8	37	2	2	1	30	18	21	21	10	12	34	48	6
普通话语序	动宾语序	准	人数	3350	1083	4476	268	2267	214	2028	0	433	1077	98	70	25	1236	204	969	792	447	450	1472	2290	316
			%	73	62	76	60	69	70	64	0	82	79	74	73	69	65	73	73	64	61	61	68	75	83
		否	人数	1239	664	1414	178	1018	92	1140	0	95	499	34	26	11	666	307	358	446	286	287	693	763	65
			%	27	38	24	40	31	30	36	0	18	21	26	27	31	35	27	27	36	39	39	32	25	17
	否定+动宾	准	人数	3396	1101	4418	277	2365	214	2218	0	449	2067	103	71	26	1255	886	982	891	469	479	1580	2442	331
			%	74	63	75	62	72	70	70	0	85	87	78	74	71	66	78	74	72	64	65	73	80	87
		否	人数	1193	646	1473	169	920	92	950	0	79	309	29	25	10	647	250	345	347	264	258	585	611	50
			%	26	37	25	38	28	30	30	0	15	13	22	26	29	34	22	26	28	36	35	27	20	13
	状动/形语序	准	人数	3350	1083	4535	268	2332	214	2154	0	433	1996	96	69	24	1198	829	955	854	454	464	1472	2412	320
			%	73	62	77	60	71	70	68	0	82	84	73	72	68	63	73	72	69	62	63	68	79	84
		否	人数	1239	664	1355	178	953	92	1046	0	95	380	36	27	12	704	307	372	384	279	273	693	614	61
			%	27	38	23	40	29	30	32	0	18	16	27	28	32	37	27	28	31	38	37	32	21	16
	否定+状动/形	准	人数	3258	1066	4359	263	2300	214	2190	0	422	1948	95	67	24	1217	807	929	829	440	450	1451	2351	316
			%	71	61	74	59	70	69	67	0	80	82	72	70	66	64	71	70	67	60	61	67	77	83
		否	人数	1331	681	1531	183	986	95	1078	0	106	428	37	29	12	685	443	398	409	293	287	714	702	65
			%	29	39	26	41	30	31	33	0	20	18	28	30	34	36	29	30	33	40	39	33	23	17

表32

			民族		第一语言		性别		身份						年龄（岁）					文化程度			
			汉族	非汉族	汉语	非汉语	男	女	农民	牧民	教师	学生	乡镇干部	大夫、商贩、手艺人	宗教界人士	05~15	16~30	31~45	46~60	61以上	文盲半文盲	小学	中学	大专本科
人员分布		人数	2231	2059	2689	1601	2317	1973	1188	990	396	792	132	594	198	772	1373	1115	729	301	901	1587	1416	386
		%	52	48	63	37	54	46	28	23	9	18	3	14	5	18	32	26	17	7	21	37	33	9
普通话语序	动宾语序	准 人数	1428	1050	1775	800	1437	1184	725	574	285	602	91	410	139	502	961	758	452	172	532	1016	1020	305
		%	64	51	66	50	62	60	61	58	72	76	69	69	70	65	70	68	62	57	59	64	72	79
		否 人数	803	1009	914	800	880	789	463	416	111	190	41	184	59	270	411	357	277	129	369	571	396	81
		%	36	49	34	50	38	40	39	42	28	24	31	31	30	35	30	32	38	43	41	36	28	21
	否定+动宾	准 人数	1495	1235	1829	945	1529	1263	701	554	285	586	90	404	143	463	920	747	467	175	523	1000	991	297
		%	67	60	68	59	66	64	59	56	72	74	68	68	72	60	67	67	64	58	58	63	70	77
		否 人数	736	824	860	656	789	710	487	436	111	206	42	190	55	309	453	368	262	126	378	587	425	89
		%	33	40	32	41	34	36	41	44	28	26	32	32	28	40	33	33	36	42	42	37	30	23
	状动/形语序	准 人数	1472	1174	1855	849	1506	1243	677	535	285	594	87	398	139	479	961	747	474	184	559	1047	1020	309
		%	66	57	69	53	65	63	57	54	72	75	66	67	70	62	70	67	65	61	62	66	72	80
		否 人数	759	885	834	752	811	730	511	455	111	198	45	196	59	293	411	368	255	117	342	540	396	77
		%	34	43	31	47	35	37	43	46	28	25	34	33	30	38	30	33	35	39	38	34	28	20
	否定+状动/形	准 人数	1406	1132	1829	817	1483	1223	653	525	289	610	86	374	137	471	975	758	452	181	559	1032	991	301
		%	63	55	68	51	64	62	55	53	73	77	65	63	69	61	71	68	62	60	62	65	70	78
		否 人数	825	927	860	784	834	750	535	465	107	182	46	220	61	301	398	357	277	120	342	555	425	85
		%	37	45	32	49	36	38	45	47	27	23	35	37	31	39	29	32	38	40	38	35	30	22

表33

			民族		第一语言		性别		身份						年龄（岁）					文化程度			
			汉族	非汉族	汉语	非汉语	男	女	农民	牧民	教师	学生	乡镇干部	大夫、商贩、手艺人	宗教界人士	05~15	16~30	31~45	46~60	61以上	文盲半文盲	小学	中学	大专本科
人员分布		人数	2068	2204	4262	10	2904	1368	1601	0	553	1721	201	153	43	501	1613	1426	532	200	828	1435	1241	768
		%	48	52	91	9	68	32	37	0	13	40	5	4	1	12	38	33	12	5	19	34	29	18
普通话句式	动宾语序	准 人数	1572	1675	3239	6	2178	999	1137	0	498	1514	171	132	37	356	1323	1155	415	152	621	1134	1018	676
		%	76	76	76	60	75	73	71	0	90	88	85	86	85	71	82	81	78	76	75	79	82	88
		否 人数	496	529	1023	4	726	369	464	0	55	207	30	21	6	145	290	271	117	48	207	301	223	92
		%	24	24	24	40	25	27	29	0	10	12	15	14	15	29	18	19	22	24	25	21	18	12
	否定+动宾	准 人数	1530	1609	3197	5	2091	985	1089	0	481	1497	165	122	35	341	1258	1112	388	142	596	1076	993	637
		%	74	73	75	50	72	72	68	0	87	87	82	80	81	68	78	78	73	71	72	75	80	83
		否 人数	538	595	1066	5	813	383	512	0	72	224	36	31	8	160	355	314	90	58	232	359	248	131
		%	26	27	25	50	28	28	32	0	13	13	18	20	19	32	22	22	17	29	28	25	20	17
	状动/形语序	准 人数	1592	1741	3410	6	1612	999	1185	0	509	1549	167	130	37	386	1290	1169	394	142	613	1177	1067	707
		%	77	79	80	60	77	73	74	0	92	90	83	85	85	77	80	82	74	71	74	82	86	92
		否 人数	476	463	852	4	482	369	416	0	44	172	34	23	6	65	323	257	138	58	215	258	174	61
		%	23	21	20	40	23	27	26	0	8	10	17	15	15	13	20	18	26	29	26	18	14	8
	否定+状/动形	准 人数	1572	1697	3282	5	2149	985	1153	0	492	1463	163	124	34	376	1274	1084	394	140	588	1105	1018	676
		%	76	77	77	50	74	72	72	0	89	85	81	81	80	75	79	76	74	70	71	77	82	88
		否 人数	496	507	980	5	755	363	448	0	61	258	38	29	9	125	339	342	138	60	240	330	223	92
		%	24	23	23	50	26	28	28	0	11	15	19	19	20	25	21	24	26	30	29	23	18	12